U0944221

中国经济转型与创新驱动发展研究丛书

中国社会经济发展已进入新时代，正处于从中等收入向高收入阶段跨越的重要转型发展时期。建设创新型国家任重道远，中国特色发展道路正在形成之中。

本丛书立足于国家现实发展需求，尝试运用“创新、协调、绿色、开放、共享”的全新发展理念，在全球化视野中探寻经济结构转型与创新驱动发展，实现经济发展方式转变。我们期待这些研究将为中国转型与创新发展的实践决策提供重要的理论支撑。

湖北省学术著作出版专项资金资助项目
中国经济转型与创新驱动发展研究丛书
总主编：张建华

华中科技大学张培刚
发展研究院文库

2012年度国家社科基金重大项目“基于创新驱动的产业结构优化升级研究”（编号12&ZD045）成果

The Principles, Paths and Policies for the Transformation and Upgrading of China's Industrial Structure

中国工业结构转型升级的原理、路径与政策

张建华　等◎著

華中科技大學出版社
http://www.hustp.com
中国·武汉

作◇者◇简◇介

张建华　现任华中科技大学经济学院和张培刚发展研究院院长，“华中学者”领军岗教授、博士生导师，湖北省人文社会科学重点研究基地“创新发展研究中心”主任。

主要研究领域包括发展经济学、产业经济学、增长理论和中国经济转型发展。在《中国社会科学》、《经济研究》等期刊上发表数十篇论文，出版《发展经济学》、《创新、激励与经济发展》、《贫困测度与政策评估——基于中国转型时期城镇贫困问题的研究》、《基于新型工业化道路的工业结构优化升级研究》等十几部论著。研究成果荣获第七届高等学校科学研究优秀成果奖（人文社会科学）二等奖、第九届湖北省社会科学优秀成果奖一等奖等多个奖项。

内容提要

Summary

一国工业结构转型升级既要解决资源配置的平衡问题，又要解决资源配置的效率问题；既要实现结构合理化、协调化，又要不断实现高度化、高效化。本书基于我国工业结构转型升级的历史与现状，着重探寻了工业结构转型升级的作用机理、实现路径与政策措施。结合我国探索新型工业化道路的实践，作者试图从微观、中观、开放环境及产业关联等视角，探讨工业行业全要素生产率变动、产业技术创新、资源与环境影响下的工业结构绿色转型、就业效应，以及国内外分工专业化和产业关联影响，为我国工业结构转型升级提供新思路和实施方案；与此同时，从体制机制创新角度探讨了我国工业结构转型升级过程中的政府作用和面向未来的政策选择。

总序

General preface

中国社会经济发展已进入转型发展的新阶段，正处于从中等收入向高收入阶段跨越的重要时期。中国经济面临新的机遇与挑战，肩负结构调整和转变经济发展模式的使命，建设创新型国家任重道远，中国特色发展道路正在形成之中。在现阶段，我国工业化发展、产业结构演进出现了新特点，加快结构调整的紧迫性越来越强，通过创新驱动加快产业结构优化升级，已成为我国新时期实现经济转型发展的一项重要战略举措。正是在这样的背景下，华中科技大学张培刚发展研究院研究团队，先后承担了两项国家社会科学基金重大项目“新型工业化道路的工业结构优化升级研究”(2006年立项)、“基于创新驱动的产业结构优化升级研究”(2012年立项)。最近几年来，本研究团队着力从创新驱动的视角，围绕中国经济转型和产业结构优化升级这一主题进行了深入研究。现在呈现给各位读者的中国经济转型与创新驱动发展研究丛书，就是在这些研究项目成果的基础上经过总结、提炼后形成的阶段性成果。

经济转型与创新驱动是中国当前经济发展的重大议题，也是国家持续关注和重视的问题。本丛书尝试全面系统地从创新驱动视角研究中国经济转型和产业结构优化升级，既有理论探讨，又有实证研究。研究议题涉及中国工业结构转型升级的原理、路径与政策，中国经济转型发展与动能转换，企业自主创新与产业转型，区域创新系统，基于创新的产业政策，新型城镇化，反贫困研究，国际分工与国际贸易新发展，进出口贸易内涵自然资本，以及金融发展对产业发展的影响等。毫无疑问，这些专题既是中国面临的重大现实问题，也是国际社会关注的前沿发展问题。

本丛书采用理论与实证分析相结合，从微观、中观、宏观等多层次，从企业、区域、全球价值链等多维度，探讨中国经济转型与创新驱动发展过程中的关键问题，对于我国经济转型和创新型国家建设具有重大的现实意义。本丛书立足于国家现实发展需求，在全球化视野中探索经济结构转型与创新驱动发展，实现经济发展方式转变。本丛书尝试运用“创新、协调、绿色、开放、共享”的全新发展理念对中国的创新驱动发展和经济转型问题做了系统梳理，丛书中不仅有体现创新理念的创新驱动产业结构调整、企业自主创新、基于创新导向的产业政策主题，也有体现协调理念的区域创新系统、新型城镇化主题，有体现绿色理念的贸易生态足迹主题，还有体现开放理念的国际分工、体现共享理念的反贫困等重要议题。总之，我们从较为宽广的视角进行选题，将有助于我们对创新驱动和中国转型发展问题更好地从全局进行把握。因此，本丛书的研究成果，势必将有利于推进经济转型与创新驱动发展议题的深入探讨，而且我们也预期许多研究结果将能够为中国转型与创新发展的实践决策提供重要的理论支撑。

本丛书（第一辑）共有10本书。在此，我们简要介绍一下第一辑10本书的基本内容。

第一本是《中国工业结构转型升级的原理、路径与政策》。该书基于我国工业结构转型升级的历史与现状，探寻工业结构转型升级的作用机理、实现路径与政策措施。该书结合我国探索新型工业化道路的实践，试图从微观、中观、开放环境以及产业关联等视角，为我国工业结构转型升级提供新思路和实施方案；与此同时，从体制机制创新角度探讨其对我国工业结构优化升级产生的经济效应，并探讨了促进工业结构转型升级的政策支持体系。

第二本是《中国经济转型发展与动能转换》。该书立足于中国经济社会转型升级的大背景，深入探讨当前中国经济减速背后的成因，实证探索中国经济总体以及地区和各行业经济增长的动力机制，揭示全要素生产率（TFP）黑箱的构成及其溢出效应，并深入研究了中国经济转型发展的微观基础和影响因素。研究表明：制定适宜的区域与行业发展政策并最终促进中国经济发展质量提升，具有非常重要的现实意义。该书也为中国经济转型发展的动能转换提供了新思路。

第三本是《中国企业创新与产业转型升级研究》。该书聚焦于以企业创新驱动中国产业转型升级，吸纳、融合了经济学、管理学与计算机科学的最新理论，采用企业考察与产业分析相结合的研究路径，探讨了开放条件下内资与外资企业创新，模块化技术发展与企业产品创新，国家高新区建设与区域创新系统效率。在此基础上，结合基于大数据可视化分析的产品空间图，深入探寻了以创新驱动中国产业转型升级的作用机理与实现路径，并对中国产业转型升级的先行者与示范者——国家高新区的政策效果进行了实证检验，从而为更好地促进中国产业转型升级提供了现实的政策着力点。该书建构了中国企业创新与产业转型升级的全新理论框架，为中国实施创新驱动战略、实现产业转型升级目标提供了科学决策的理论依据。

第四本是《区域创新系统与中国产业结构转型升级》。该书立足于当前中国经济新常态，着力于创新驱动产业结构优化升级的国家战略。应用熊彼特创新理论，基于其研发多部门的一般均衡模型，探讨区域创新系统影响产业结构转型升级的作用机理。应用该理论模型，结合中国区域创新系统运行的现状，分别从区域创新系统促进产业专业化演化和提升企业创新能力两个方面，展开实证分析，以揭示区域创新系统影响创新驱动产业结构转型升级的作用机制和实现路径。

第五本是《创新资源再配置与中国工业发展》。现代研究表明：创新资源的优化配置是提升创新效率、加快创新驱动、推进产业结构优化升级的关键。该书将集中探讨创新资源再配置与中国工业生产率增长、创新绩效之间的关系，并从产业政策维度分析如何实现创新资源优化配置并最终促进工业创新绩效的提升和生产率增长。该书主要探寻创新资源再配置影响生产率增长的微观机理、宏观效应，评析我国创新资源再配置的现状和特征，着重分析创新资源再配置与工业创新之间的关系，并从行政进入壁垒、补贴政策等层面探寻产业政策的调整、优化方向。该书在理论分析的基础上，对中国工业企业微观数据进行实证检验，从创新资源再配置的视角为创新驱动产业结构优化升级提供理论支撑和决策依据。

第六本是《中国城市经济转型发展》。该书基于经济增长本质的视角，以区域经济学理论中的聚集经济与拥挤成本为切入点，采用理论与实证相结合的研究方法，深入研究了城市的经济增长与转型发展、城市规模与城市民生、城市创新与大中小城市协调发展等三大城市经济理论与实践问题，这些问题也是中国目前城市经济发展面临的难点和热点问题。针对中国经济由粗放型向品质型增长方式转型的现实，该书还着重论证了城市规模过大导致的无效率或低效率，并针对这些问题提出明确的对策建议，为正处于经济增长方式转型中的中国城市发展提供了重要的理论和实践参考。

第七本是《中国农村多维贫困测度与反贫困政策研究》。该书从多维贫困视角，采用实证分析和描述分析相结合的方法，研究了我国农村

20世纪90年代以来的多维贫困的变化趋势和当今多维贫困的状况及特征。以此为基础，对我国历来的农村反贫困政策效果进行了评价，试图为今后我国实施精准扶贫战略、制定更为有效的农村反贫困政策提供理论依据。该书基于可行能力视角的多维贫困理论，提出了我国农村反贫困政策必须遵从经济政策和社会政策相融合的建议。我国的农村反贫困政策一直以经济政策为主，社会政策长期处于从属地位，从而导致农民的保障水平和发展权利不足，要加强社会政策的反贫困功能，特别要从传统的社会政策向发展型社会政策转变。

第八本是《产品内国际分工与中国产业发展》。加工贸易、外包、中间品贸易等产品内国际分工形式的出现，对原有针对"最终品"的贸易理论提出挑战。该书通过对产品内国际分工进行新的理论分析，探讨对接包国生产效率产生影响的作用机制，随后对产品内国际分工程度进行度量，并对全行业中国数据进行实证研究，分析产品内国际分工对产业生产率、出口技术水平、就业等方面的影响，并讨论在"一带一路"、互联网+等新形势下的新挑战等。研究发现中国参与产品内国际分工程度呈现出先降低后上升的趋势，产品内国际分工显著促进生产率的提高，但对就业不存在直接的拉动作用，在这个过程中，我国产业结构优化存在相互促进作用。

第九本是《中国进出口贸易内涵自然资本研究》。该书以生态足迹(EF)测度自然资本，运用产品用地系数矩阵(PLUM)法测算中国与美国、中国与欧盟、中国与金砖国家双边货物贸易内涵自然资本流向，运用投入产出(IO)法测算中国进出口贸易内涵自然资本流向，在此基础上拓展出IO-PLUM法，测算中国进出口贸易及中国与欧盟双边货物贸易内涵自然资本流向。采用生态赤字作为衡量中国整体生态资源贫瘠化的指标，运用向量自回归模型分析、协整分析、Granger因果检验、广义脉冲响应分析与方差分解分析，考察中国消费、投资、政府采购及南北贸易净出口增长和南南贸易净出口增长与生态资源贫瘠化之间的因果关系。进而引入南北贸易相关数据作为中介变量，采用中国等56个发展中国家2002—2008年的面板数据，考察不清晰和不稳定的产权制度导致发展中国家生态资源贫瘠化的影响机制。

第十本是《金融发展对中国全要素生产率的影响研究》。在严峻的国内外形势下，加快推动全要素生产率增长是中国经济实现可持续发展的关键所在。一国全要素生产率的增长离不开金融的支持，特别是随着金融体制改革的日益深化，中国金融体系在现代经济体系中的支撑地位日益凸显，对全要素生产率的演变产生了越来越重要的作用。因此，在中国急需实现经济增长方式转型和金融体制改革持续深化的双重背景下，系统研究金融发展对全要素生产率的影响及其作用机制具有重要的理论和实践意义。该书从理论上利用熊彼特增长框架探讨了金融发展对全要素生产率的影响及其作用机制，主要包括：促进技术进步和优化资源配置等途径的传导机制；选择合适的度量指标和度量方法对当前中国金融发展现状及全要素生产率的发展现状进行了描述及统计性分析；利用中国省级层面的面板数据对金融发展的生产率效应及各个作用机制进行实证检验。本研究为建立并完善基于创新驱动的金融体系提供研究基础和政策依据。

当然，这套丛书只是我们课题组研究的部分成果，许多探讨还是尝试性的。我们预期，伴随着中国转型发展的深入展开，全面深化改革和全面建设小康社会的推进，更多深入细致的研究必将不断涌现。我们期待中国经济转型与创新驱动发展研究不断深入，中国早日进入高收入国家行列，中华民族伟大复兴的中国梦早日实现！

本套丛书作为华中科技大学张培刚发展研究院文库成果，在丛书策划、研究推进过程中，得到了张培刚发展经济学研究基金会的大力支持，也得到了湖北省学术著作出版专项资金、湖北省人文社会科学重点研究基地“创新发展研究中心”、华中科技大学一流学科建设项目以及华中科技大学出版社的大力支持。特别值得一提的是，课题组主要成员叶翠红博士在丛书策划和推进协调过程中积极工作，发挥了极其重要的作用。在此一并表示衷心的感谢！

华中科技大学经济学院和张培刚发展研究院院长

湖北省人文社会科学重点研究基地“创新发展研究中心”主任

2017 年 8 月 25 日

目录

Contents

INTRODUCTION

导论

工业结构是生产要素在不同部门、不同区域配置中的比例关系，它既是以往经济增长的结果，又是未来经济增长的基础和新起点。调整工业结构的主要目的有两个：一是消除结构性短缺或结构性过剩，实现市场供求平衡，保证工业以及国民经济协调发展，实现经济的持续稳定增长；二是促进生产要素向效率更高的部门转移，推进产业升级，提高资源配置效率和国际竞争力。一国工业结构转型升级不仅要解决资源配置的平衡问题，而且要解决资源配置的效率问题。换言之，既要实现结构合理化、协调化，又要不断实现结构高度化、高效化。

改革开放以来，中国经济飞速发展，与此同时，产业结构不断调整，工业结构不断优化升级。产业结构经历了一系列调整变动：第一次是20世纪70年代末80年代初开始的以“加强轻工业”为重点的结构调整；第二次是20世纪80年代末90年代初实施的以“加强基础设施建设”为重点的结构调整。这两次产业结构调整主要都是以“补短”（即弥补短线产业、克服供应短缺）为目标，主要任务是克服产业“瓶颈”或填补产业“空白”，其实质是一种以“宏观平衡”为导向的调整。第三次是20世纪90年代中期以来实施的产业结构战略性调整。战略性调整就是要使产业结构适应经济发展的新形势、新要求，在总体上、全局上发生一些根本性的变化，不再是过去的“补短”，而是要使产业结构在内容上、组织上、技术上、效益上都有一些根本性的转变，实现产业结构的优化升级。中国于2010年成为世界第二大经济实体，已经实现了从农业国向工业国的转变，并且已成为世界制造业大国。2013年中国服务业产值占比首次超越第二产业，2015年服务业更是占据半壁江山，中国经济进入服务经济主导发展的新阶段。

但是从目前来看，我国工业经济仍然在工业化进程中扮演着十分重要的角色。在较长时期的快速发展过程中，我国工业也产生了日益凸显的问题和矛盾，如经济增长方式粗放、产业高度化水平较低、劳动力就业压力加剧等。此外，企业规模小而散，国际竞争力不强；产品结构层次低，高附加值产品少；技术水平低，过分依赖进口，自主创新发展的动力不足；区域产业结构趋同，地区发展差距日益扩大；工业发展中单位能耗较高，环境破坏问题较严重，可持续发展能力不足，等等。这些问题和矛盾在很大程度上直接或间接地与现行产业结构不合理和低度化相关联。它们严重制约着我国工业化进程，阻碍我国从工业大国向工业强国的转变。因此，从根本上说，解决上述问题的途径在于实现工业结构的转型升级。

本书认为，选择今后一段时期我国产业结构调整的方向和重点，必须立足于我国产业发展现状和未来产业结构变动趋势，并充分考虑国内外发展环境变化因素。加大推进产业结构优化升级的力度，加快转变经济发展方式，建立和发展符合我国国情的附加值高、节能环保、高效安全的现代产业体系，走一条不同于传统工业化战略的新型工业化道路。按照走新型工业化道路的要求，坚持以市场为导向，以企业为主体，把增强自主创新能力作为中心环节，继续发挥劳动密集型产业的竞争优势，调整优化产品结构、企业组织结构和产业布局，提升整体技术水平和综合竞争力，促进工业由大变强。可见，推进工业结构优化升级和中国特色新型工业化道路，在相当长一段时期内已成为我国实现工业化的一项重要战略举措。

因此，在新形势下研究工业结构转型升级，具有极其重要的现实意义。

第一，关系到中国由工业大国向工业强国的转变。如前所述，中国目前已经成为一个工业大国，但还不是工业强国。中国经济要想由大变强，就必须走新型工业化道路，在工业结构优化升级上下功夫：大力提高自主创新能力和科学技术水平、工业现代化水平;优化产品结构,提高产品的技术含量和附加值;优化企业组织结构,提高企业国际竞争力。

第二,关系到中国经济的可持续发展。资源和环境是制约我国工业化进程的重要因素,即使在信息化时代也是如此。要缓解和解决资源和环境约束与工业发展之间的矛盾,实现经济的可持续发展,就必须进行工业结构的调整,使我国的工业体系和工业部门实现从以消耗资源技术为主向以节约资源技术为主的转变,走一条“资源消耗低、环境污染少”的新型工业化道路。

第三,关系到中国经济发展能否惠及全体民众,保证社会的和谐与稳定。随着我国市场化程度的不断提高和市场化资源配置机制的完善,社会经济成分、组织形式、就业方式、利益关系和分配方式日趋多样化,我国经济社会的发展不平衡加剧,贫富差距不断拉大,给维护社会稳定带来了新的压力和挑战。按照实施新型工业化战略的要求,工业结构的优化升级必须考虑如何协调区域发展,必须充分利用人力资本,创造出更多就业机会,减少失业并吸收农村剩余劳动力。只有这样,才能使越来越多的民众平等地享受到经济发展带来的好处。

从理论上讲,如何以新型工业化推进我国工业结构优化升级,尚需一些新的探索研究。在这里,我们需要探寻一个适应中国转型发展特点(典型的二元经济结构转型和体制结构转型并存)和基本国情(人口多、历史文化悠久、区域差异大等)的工业结构优化理论框架,需要建立一个以增强自主创新能力为中心环节的调整优化工业结构的新路径,需要在理论的高度上探寻在工业结构优化升级过程中协调各种矛盾和冲突的原理和方式,需要提供一套可靠可行的政策措施和保障机制以促进工业由大变强。可以说,这是一个在理论和实践上都急需突破的重大课题。

本书的基本目标就是要探索一条工业结构优化升级的新路径，走一条符合国情、不同于传统工业化的新路子，从而实现我国从工业大国向工业强国的转变。总体思路为：一方面，以新型工业化战略思想为指导，推进我国工业结构优化升级；另一方面，以工业结构优化升级为契机，探讨协调经济发展当中的各种矛盾和冲突的方法，寻找可靠可行的政策措施。本课题研究的主要任务如下。①从理论上厘清工业结构优化升级的科学内涵，把握工业结构变化的规律，探索规律背后的动因、作用机制和变动途径，并试图建立一个工业结构优化升级的分析框架，以准确把握我国工业结构优化升级的目标制定、方向选择。②解决如何利用新型工业化战略指导我国工业结构优化升级的问题，研究如何在工业结构优化升级过程中提高科技含量、节约资源与保护环境、充分利用人力资源优势等问题。③从分工与专业化、模块化发展的微观视角，研究企业组织、产业组织与工业结构优化升级的关系。④研究三次产业协调和开放经济发展协调与我国工业结构优化升级问题，以及如何处理好我国工业结构优化升级过程中所遇到的有关问题。⑤探讨未来工业结构优化升级的长效机制和有效途径，使其能够随着经济形势和环境因素的改变而不断修改政策引导方向，为工业结构优化升级过程中的一系列制度变革和政策调整提供依据。

全书安排如下。

第一章重在研究工业结构转型升级的基本规律与机制机理。本章总结了工业结构演进的一般规律和差异性，探讨工业结构优化升级的动因和作用机制，试图提出一个较系统的分析框架；然后，从走新型工业化道路的视角研究工业结构优化升级的内涵，进一步探讨工业结构优化升级的思路和途径。主要思路包括主导产业的选择与更替和按价值链路线促进产业升级，实现的根本途径包括完善市场选择机制、推动创新过程、优化调整需求结构和要素禀赋结构。

第二章研究了中国工业行业全要素生产率（TFP）的变动及其分解。为了准确地把握工业发展的全貌，进行工业分行业层面的研究是必要的，也是非常有意义的。无论是从增加产出、创造就业还是促进技术进步等方面来看，工业都表现出不可替代的重要作用。如果仅从全行业整体层面去研究工业的全要素生产率，有可能掩盖行业之间的差异。本章运用随机前沿超越对数生产函数模型，将技术因素对生产率增长的影响，从前沿技术进步和相对前沿的技术效率改善的角度去深入考察。为此，本章对我国工业两位数行业在1986—2008年间的TFP增长率进行了测度，并将TFP增长率分解为前沿技术进步、技术效率变化、规模效应、结构效应等四个贡献因子分别加以考察。技术进步作为全要素生产率增长的重要源泉，一直以来备受关注。

第三章研究了自主创新、高新技术与工业结构优化升级。本章将首先从自主创新、技术进步对工业结构优化升级的作用机理着手，探讨专有技术（或一般技术）和共性技术（或重大核心技术）这两种不同的技术创新方式对工业结构优化升级的效应；其次，探讨我国以企业为主体的自主创新体系对专有技术和共性技术创新的促进作用；最后，基于技术创新链探讨了科技成果转化和产业化的实现方式，就如何通过自主创新实现工业结构升级、最终走向全球产业链的高端提出相应对策。毫无疑问，提高自主创新能力是提高我国综合国力的关键，也是促进工业结构优化升级、转变经济发展方式的中心环节。通过何种路径或政策加大我国技术创新的投入，促进自主创新能力的提升，以推动我国工业结构优化升级，就成为本部分重点解决的问题。

第四章探讨了资源节约、环境保护条件下的工业结构优化升级问题。如何走出一条既能保护环境又能发展经济的可持续发展之路，关键在于不断提高绿色全要素生产率对经济增长的质量贡献，从而转变经济增长方式。尤其当前我国工业面临资源加速耗竭与环境污染的挑战，工业的进一步发展面临“两难”，工业的绿色转型迫在眉睫。本章首先从技术、结构、制度三个方面来探讨资源和环境约束下的工业结构优化升级的机制。其次，从实证角度对工业经济增长方式的转变进行了测度，实证检验了中国工业经济的EKC（环境库兹涅茨曲线）理论假说是否存在。最后探讨了环境规制与工业经济的绿色转型的关系，系统分析了现行环境规制对我国工业经济绿色转型的影响机制，为更加合理地制定环境规制、协调经济增长与环境保护的关系、加快我国工业的绿色转型提供实证依据。

第五章探讨人力资源充分利用与工业结构优化升级的关系。现阶段，我国面临着工业结构优化升级的迫切任务，又面临着巨大的就业压力。在这种背景下，如何正确处理工业结构升级和人力资源充分利用的关系，就构成了我国工业结构转型升级的重要导向。本章首先探讨了我国工业结构升级对就业的作用机理；其次，对中国工业结构升级的就业效应进行了客观评价，试图通过理论探讨和实证研究，找到当前阶段工业结构升级和劳动力就业的均衡点和突破路径；最后，本章还将探讨劳动异质情况下的产业结构偏离及其影响因素。

在第六章中，我们主要从模块化、地区专业化对企业组织创新影响的角度出发，来探讨工业结构优化升级的问题。信息技术的发展，使现阶段产业组织形态演变为一种基于模块化分工的网络模式，模块化组织采取的则是一种基于核心能力的分工形式。基于模块化分工的企业价值网是一种高效的组织形态，正成为占主导地位的产业组织形式，它加快了产业结构优化升级的进程。在模块化分工下，大量涌现的地方产业集群使得地区产业专业化取代地区产业多样化成为区域工业结构优化升级的主导方向，中国的地区工业结构演变符合先多样化后专业化的一般规律，并且大部分地区已经进入地区产业专业化的发展阶段。在此背景下，如何通过政策引导来促进东、中、西部地区产业专业化的协调发展，进而推动工业结构优化以及缩小地区间差距就显得尤为重要。基于这些考虑，本章首先选取模块化作为研究视角，分析工业结构优化升级的推动力量，探讨模块化促进产业结构优化升级的机制与途径，针对我国产业模块化发展受阻提出了政策建议。然后从分工、专业化和产业发展的关系出发，探讨了地区产业专业化与工业结构优化升级之间的互动关系，揭示了中国地区产业结构演化路径背后所蕴含的深层经济原因，试图为我国地区工业结构优化指明具体的发展方向。

第七章探讨开放经济条件下的工业结构优化升级问题。随着国内和国际形势的变化，我国的经济转型迈入一个新的阶段。在新的分工条件下，发达国家为防止产业空心化，出现了制造业回流现象。在此情况下，我国的"世界加工厂"地位面临挑战，全球产业重构正在掀起，积极寻求新的国际地位是我们所必须面临的抉择。在新的形势下，我国必须要找准自己的定位，对内提升综合实力，构建完善的产业体系，对外要继续对接国际产业链，逐步改变并重新定位我国在全球经济发展中的角色和地位。本章基于世界投入产出数据，测度产品内国际分工的程度和要素收入份额，并构建一国在产品内国际分工中的相对地位指数，并在此基础上研究国际生产分工对中国制造业价值链提升的影响及其传导机制。

第八章讨论三次产业协调发展与工业结构优化升级。本章先讨论三次产业协调发展对工业结构升级的促进机理，接着讨论美国、英国、日本在工业化阶段的经验教训，再分析我国现阶段产业结构变动的演进，深入分析生产性服务业滞后的深层原因。最后，实证分析生产性服务业发展的影响因素，并提出相应的建议。

第九章是政策研究与对策建议。本章着重探讨了工业结构优化升级过程中的政府作用和面向未来的政策选择，从原理上探讨政府在工业结构优化升级过程中发挥作用的必要性及政府作用的重点和方向；结合中国实际情况，探讨在未来中国工业结构调整的方向、战略重点及政府在保障工业结构优化升级顺利实现时应进行的政策安排。本书认为，面向未来，中国工业结构转型升级的任务还十分艰巨，面临新的国际、国内环境，中国工业结构的重点是结构如何优化升级、经济发展方式如何转变、产业之间如何实现协调发展等。此外，政府还应在创新体系建设、推动产业集聚、改善企业环境等方面提供一些政策保障。

CHAPTER 1

第一章

工业结构转型升级的基本原理

工业化是一国经济结构不断从低级结构向高级结构演进的过程。在这一过程中，无论是产业之间还是产业内部都会呈现一定的规律性变动。例如，三次产业随着经济发展发生变化，其中制造业的比重、重工业和轻工业之间的相对关系发生变动等。问题是，产业变化的动力机制是什么，有哪些因素在起主导作用？对此领域进行研究的代表性人物包括霍夫曼（W. G. Hoffman）、保罗·罗森斯坦-罗丹（Paul Rosenstein-Rodan）、赫尔希曼（A. O. Hirschman）、张培刚、库兹涅茨（S. Kuznets）、罗斯托（W. Rostow）、钱纳里（H. Chenery）、赛尔昆（M. Syrquin），以及世界银行的一些经济学家。本章结合这些理论和经验分析成果，试图把握这些结构变化的规律，并探索背后的动因、作用机制和变动途径，从而建立一个工业结构转型升级的分析框架。

第一节
工业结构演变的经验规律：一般性和差异性

从近现代工业化历史来看，产业结构演进主要表现为三次产业变动具有规律性，而且与工业化阶段有密切关系，近来又呈现产业结构演变的新趋势。把握这些一般规律，有利于我们进一步把握工业结构变动的内在规律。

一、三次产业变动关系：配第-克拉克定理

早在17世纪，英国经济学家威廉·配第(William Petty)就发现世界各国的国民收入水平差异和其形成不同的经济发展阶段的关键在于产业结构的不同。比起农业来，工业的收入多，而商业的收入又比工业多，即工业比农业、服务业比工业的附加值高。科林·克拉克在威廉·配第发现的基础上，对产业结构演进趋势进行了考察。科林·克拉克的研究表明：随着经济的发展，人均国民收入水平提高，劳动力首先由第一产业向第二产业转移；当人均国民收入水平进一步提高时，劳动力便向第三产业转移。这一产业结构演变的基本趋势被人们称为配第-克拉克定理。

科林·克拉克认为，劳动力从第一产业转向第二、三产业的原因是由经济发展中各产业间出现收入(附加值)的相对差异造成的。人们总是从低收入的产业向高收入的产业移动。这不仅可以从一个国家经济发展的时间序列分析中得到印证，而且可以从处于不同发展水平上的国家在同一时点的横截面比较中得到类似结论：人均国民收入越高的国家，农业劳动力在全部劳动力中所占的比重相对来说就越小，而第

二、三产业中劳动力所占的比重相对来说就越大;反之亦然。

美国经济学家库兹涅茨在科林·克拉克等人研究的基础上,使用现代经济统计方法,对截面数据进行了统计回归分析,得出了更一般的结论,不仅证实了配第-克拉克定理,而且进一步阐明了产业结构变动的一般趋势。

库兹涅茨发现,根据人均国内生产总值从横向、纵向考察总产值结构变动和劳动力分布的结构变动,产业结构变动的总方向与国民收入比重的变动有关。在工业化起点,第一产业比重较高,第二产业比重较低。随着工业化进程的推进,第一产业比重持续下降,第二和第三产业比重都相应有所提高,且第二产业比重的上升幅度大于第三产业比重的上升幅度,第一产业在产业结构中的优势地位被第二产业所取代。当第一产业比重降至20%以下时,第二产业比重高于第三产业比重,工业化进入中期阶段;当第一产业比重再降至10%左右时,第二产业比重上升到最高水平,工业化进入后期阶段,此后第二产业的比重转为相对稳定或有所下降。在整个工业化进程中,工业在国民经济中的比重将经历一个由上升到下降的倒U形变化。

二、工业化阶段与结构变动的标准模式:钱纳里经验规律

人均GDP水平是用来衡量工业化水平的一个常用指标。根据国际经验,人均GDP水平越高,工业化水平也就越高。工业化也是产业结构变动最迅速的时期,其演进阶段可以通过产业结构的变动过程反映出来。

钱纳里等人按人均GDP水平将所研究国家的工业化分为四个不同的阶段(见表1-1),该划分方法被人们称为钱纳里的一般标准工业化

模型。表 1-1 表明，在不同的阶段，由于国际美元币值的变动，其所反映的美元数额是有所差别的。例如，1964 年第一阶段工业化的标准额为 200～400 美元，而到 1982 年第一阶段工业化的标准额则上升到 728～1456 美元。与此同时，钱纳里等人还概括了准工业国家的标准模型：准工业国家的人均收入水平一般处于第一至第三阶段。

表 1-1　人均 GDP 水平变动所反映的工业化阶段

人均 GDP　年份 阶段	1964 年/美元	1970 年/美元	1982 年/美元	1996 年/美元	1998 年 a/1998 年 b/美元
第一阶段	200～400	280～560	728～1456	1240～2480	1200～2400/3010～5350
第二阶段	400～800	560～1120	1456～2912	2480～4960	2400～4800/5350～8590
第三阶段	800～1500	1120～2100	2912～5460	4960～9300	4800～9000/8590～11530
第四阶段	1500～2400	2100～3360	5460～8736	9300～14880	900～16600/11530～16850

注：“1998 年 a”为按汇率测算，“1998 年 b”为按购买力平价(PPP)测算。1996 年的数据为周叔莲、郭克莎计算所得，1998 年的数据为国务院发展研究中心社会发展研究部计算所得。

根据赛尔昆与钱纳里等人的研究成果(见表 1-2)，产业结构具有一定的规律性：从三次产业 GDP 结构的变动看，在工业化起点，第一产业的比重较高，第二产业的比重较低；由于市场经济国家在工业化开始时市场化已得到较大进展，因此以商业、服务业为基础的第三产业比重较高；随着工业化的推进，第一产业的比重持续下降，第二产业的比重迅速上升，而第三产业的比重只是缓慢提高。具体衡量标准为：当第一产业的比重低到20%以下、第二产业的比重上升到高于第三产业而在GDP结构中占最大比重时，工业化进入了中期阶段；当第一产业的比重再降低到10%左右、第二产业的比重上升到最高水平时，工业化则到了结束阶段，即后期阶段，此后第二产业的比重转为相对稳定或有所下降。赛尔昆与钱纳里等人还概括了准工业国家的制造业标准模型：在工业化的第一阶段，制造业产出在GDP中的比重，一般模式为18%，大国模式为19%，随后逐步提高。与人均收入从280美元到2100美元(1970年的数据)变动相联系，制造业产出在GDP中的比重上升到36%的最高水平，形成自然限制，此时为工业化的后期阶段。

表1-2 赛尔昆和钱纳里产业结构与就业结构模式(1989年)

人均GDP(1980年)/美元	产业结构/(%)			就业结构/(%)		
	第一产业	第二产业	第三产业	第一产业	第二产业	第三产业
100	48.0	21.0	31.0	81.0	7.0	12.0
300	39.4	28.2	32.4	74.9	9.2	15.9
500	31.7	33.4	34.6	65.1	13.2	21.7
1000	22.8	39.2	37.9	51.7	19.2	29.1
2000	15.4	43.4	41.2	38.1	25.6	36.3
4000	9.7	45.6	44.7	24.2	32.6	43.2

资料来源：Syrquin, M. and H. B. Chenery (1989), Three Decades of Industrialization, The World Bank Economic Reviews, Vol. 3, pp152-153.

注：小数点后四舍五入的原因，导致某些数据间存在一定误差，后同。

总之，随着工业化过程的推进，人均收入水平提高，第一产业在总产值和劳动力就业构成中的份额会显著下降，第二产业和第三产业的产值份额和就业构成份额都会增加。这些模型进一步揭示了产业结构变动过程中大量相互关联的情形，并描述了不同类型的国家产业结构变动过程的特征及差异性，大大深化了对产业结构变动及其一般趋势的认识（张培刚，张建华，2009）。

在第二阶段，还可以根据反映经济发展阶段的人均收入或人均GDP，反映国民经济中工业化程度的工业或制造业的份额，或三大产业部门的产值及就业比例、城市化程度的城市人口比重，反映生产要素密集程度的工业内部结构等几项指标，将工业化进程划分为工业化的初期、中期、后期三个时期：初期以轻纺工业为主；中期又可以分为以原材料为主的中工业化时期和以高加工度为主的时期；后期即技术集约化阶段。

三、产业结构变化新趋势：服务化、高技术化、融合化、绿色化与国际化

产业结构的状态总是随着经济发展的变化而处于不断变动过程中。以美国和日本为代表的世界发达国家从20世纪80年代开始了新一轮的产业结构调整，这次调整伴随信息技术和全球化大发展，世界产业结构转换呈现出一些新趋势。主要表现出如下特征。

第一，产业结构服务化。不仅表现为第三产业内部服务业的不断扩大，同时还表现为第一、第二产业内部服务量的不断扩大。从第三产业内部服务业来看，对企事业部门提供的服务、对个人提供的服务以及对社会提供的服务均在不断扩大。从第二产业来看，其内部的服务量也在显著增加。在企业生产活动中，信息管理、综合计划、研究开发、市场调查、广告宣传、产品销售等与服务有关的业务的比重急速增大。与

此相适应，在第二产业的产品成本中，与服务有关的价值含量也在扩大。制造业内部的软化和服务化促进了第三产业的发展，而第三产业的扩张又使第二产业进一步趋向软化和服务化。各产业就是在这种相互联系中相互促进，使经济日益趋向软化和服务化。

第二，产业结构高技术化。随着高加工度化过程和技术集约化过程，在整个产业过程中，对信息、服务、技术和知识等(软要素)的依赖程度加深。科技进步极大地促进了工业劳动生产率的提高，推动着传统工业向高新技术产业的转化，使整个工业日益呈现高技术化。此外，新技术加快了产业化。

第三，产业结构融合化。随着知识经济的兴起，在知识分解和融合的基础上，大量新生技术日益趋同而形成新的知识产业群，以及产业技术融合而导致的产业重叠加深，使传统的三次产业分立的边界具有了越来越不清晰的趋势。信息化和工业化的产业融合已经成为当今世界产业结构变化势不可挡的潮流与趋势。

第四，产业结构绿色化。进入21世纪，生态革命迅速发展，势必推动着经济模式由工业经济向知识经济特别是生态经济的巨大转变，引起全球社会生产技术体系的整体变革。未来社会的中心技术将由信息技术、生物技术、生态技术等知识要素所构成，它们将形成信息技术、生物技术与生态技术以及整个知识经济乃至全球经济一体化协调发展的格局。生态经济及其带动的相关产业类型所共同构成的绿色新经济，一方面表现为“经济的生态化”，另一方面表现为“生态的经济化”，即生态环境因素向国民经济各个领域的渗透与融合，甚至催生了崭新的产业形态和经济模式，从而带动传统产业的升级换代。

第五，产业结构国际化。主要表现为：一国或地区的产业结构变动通过产业构成的核心要素的国际流动，在全球产业结构调整中实现转换的过程。随着以信息技术产业为核心的知识产业的兴起，逐渐出现了全球性产业，发展突破了地区和产业的界限，推动着全球范围内现代产业的发展，引起了世界新的产业革命和全球性产业结构调整浪潮。世界范围内产业结构变动的这一特征打破了产业结构变动局限在一国国内的传统格局，出现了产业结构变动无疆界的新趋势。

四、工业结构演进的一般规律

工业化不仅是一个国家农业部门向非农业结构的转变过程，而且也是工业部门内部结构的变化过程。各国在工业化和现代化过程中，工业部门之间的结构变动，具有明显的阶段性和规律性。

1. 工业化历史上工业结构的升级演变

从近现代世界工业化进程看，工业结构经历了五次重大的结构升级。

第一级工业结构起始于18世纪80年代，基本标志是蒸汽机的发明及其广泛应用。作为一种能量转换工具，蒸汽机结束了自然力（人力、畜力、水力等）作为主要动力的历史。工业结构的相应变化为：机器工业代替了手工业，工业在社会经济结构中开始占据主导地位，实现了农业社会向工业社会的转变。

第二级工业结构起始于19世纪中后期，基本标志是内燃机、电动机的发明与应用。发电机、电动机、变压器等新兴产业迅速兴起，从而带动了钢铁等重工业的发展。这次升级实现了由轻纺工业占优势比重向重工业占优势比重的转变，因此，又称为工业结构的“重工业化”。

第三级工业结构起始于20世纪初，基本标志是电力工业、化学工业和汽车工业的兴起。电力和化学开辟了社会产业发展的一个崭新时代，一方面改变了旧的产业技术基础，另一方面建立了许多新的产业，带来了新的材料。这一时期由于化学工业的巨大发展而被称为“化学工业化”。

第四级工业结构起始于20世纪50年代,基本标志是以电子工业为整个工业的中心。这一时期发生了电子革命,即对控制器中硬件的技术革命,实现由人手现场操纵机器向机器自动开关的转变。电子工业成为社会经济的优势产业。

第五级工业结构起始于20世纪70年代,基本标志是以电子计算机为代表的微电子技术的广泛应用。从此人类社会进入信息产业时代,而且开辟了宇航工业、生物工程工业、海洋工业、新型材料工业、新能源工业等。信息产业是控制器中的软件部分代替生产过程中人脑发出的指令,而用程序控制指挥生产的产业。以信息产业为主要内容的新的产业革命,其发展速度对世界所有国家影响的深度和广度,远远超过过去所有的产业革命和技术革命。

2. 工业内部结构演变与先行工业化国家的“重工业化”现象

从一国工业化进程看,一方面工业比重呈上升趋势,另一方面工业内部结构也不断发生变化。霍夫曼(1931)、张培刚(1949)、盐谷佑一(1956)、钱纳里(1960)、钱纳里和泰勒(1968)等人研究了先行工业化国家的历史经验,发现当工业化进入中后期阶段,即进入重化工业(或资本品工业)比重不断上升的阶段。

霍夫曼(1931)根据近20个国家的时间序列数据,将有代表性的8类产品分为消费品工业(包括食品、饮料、烟草等,布匹、制鞋、皮革制品、家具等)和资本品工业(包括生铁、有色金属、机械、车辆、化工等),对工业内部结构演变的规律进行了经验研究,提出了霍夫曼工业化经验法则——在工业化进程中,霍夫曼比率或霍夫曼系数(消费品工业的净产值与资本品工业净产值之比)是不断下降的(见表1-3)。

表 1-3　霍夫曼工业化阶段及其变化

阶　　段	霍夫曼比率	阶段特征描述
第一阶段	5(±1)	消费品工业占主要地位
第二阶段	2.5(±1)	资本品工业快于消费品工业增长
第三阶段	1(±0.5)	资本品工业继续快速增长，基本与消费品工业平衡
第四阶段	1以下	资本品工业占主要地位，实现工业化

资料来源：Pei-kang Chang, Agriculture and Industrialization, Harvard University Press, 1949, pp101-105.

根据该经验法则，霍夫曼发现：在20世纪20年代，达到第三阶段的国家有英国、瑞士、美国、法国、德国、比利时、瑞典等；进入第二阶段的国家有日本、荷兰、丹麦、加拿大、澳大利亚等；处于第一阶段的国家有智利、印度、新西兰等（谭崇台，1989）。其中，英国和美国的重工业化现象尤为明显。例如，自1812年至1924年，英国的霍夫曼系数从6.5/1下降到1.5/1，即消费品工业在工业中的比重不断下降，而资本品工业在工业中的比重则不断上升。其中，在重化工业高速发展的1871—1901年间，即钢铁、石油、化学、电力等产业高速发展的“第二次产业革命”时期，霍夫曼系数从3.9/1显著下降到1.7/1。美国在工业化中后期的“重工业化”表现比英国更为明显。1850—1927年间，美国消费品工业占总生产的比重从43.5%下降到32.4%，资本品工业占总生产的比重从18.2%上升到39.9%。到1914年，资本品工业所占比重已超过消费品工业。仅从制造业的内部结构来看，1870—1910年间美国的“重工业化”趋势也很明显，表现为消费品制造部门就业人数比重不断下降，资本品制造部门就业人数比重不断上升。

张培刚（1949）在《农业与工业化》一书中指出：“从一个社会的整

个生产结构来看，工业化的主要特征是资本品（capital goods，指以生产工具为主的生产资料）的相对增加以及消费品（consumption goods）的相对减少。在这种意义下，工业化可以定义为生产的'资本化'（在一定的生产过程中，扩大利用资本并加深利用资本）；换言之，就是生产采用更加迂回的方法。”他还在霍夫曼经验研究的基础上，根据资本品生产与消费品生产的关系，将工业化过程划分为消费品工业占优势、资本品工业相对增加、消费品工业与资本品工业平衡且资本品工业有渐占优势地位的趋势等三个阶段。

日本经济学家盐谷佑一（Yichi Shionoya）利用产业关联理论，对霍夫曼定理进行了重新论证。其计算结果表明：霍夫曼定理主要适用于工业化中期，工业化后期霍夫曼系数比较稳定，原因是随着科技进步，重工业产品不仅作为投资品，而且用作最终消费品（如家用电器、汽车等耐用消费品），但此时重工业化率（不等于资本品比率）却在上升。

与霍夫曼有所不同，钱纳里（1960）将工业部门分为三类：投资物品及相关产品（机械、运输设备、冶金、非金属矿物，相当于资本品）工业、其他中间产品（纸及纸制品、石油制品、橡胶、化工产品、纺织）工业和消费产品工业（木材制品、印刷、服装、皮革及其制品、食品饮料、烟草）。他运用截面数据，对20世纪50年代不同收入国家的工业结构差异进行了比较研究。结果表明：随着人均收入的提高，投资物品及相关产品工业在工业中的比重显著增加，消费产品工业的比重则显著下降，其他中间产品工业的比重则变动不大。

后来，钱纳里和泰勒（1968）又将工业分为早期工业、中期工业和晚期工业三类。早期工业包括食品、皮革、纺织等部门，其产品主要满足基本生活需求，具有最终产品性质，且需求的收入弹性低，生产技术简单；中期工业包括非金属矿产品、橡胶制品、木材和木材制品、石油化工、煤炭制品等，既包括中间产品又包括最终产品，其产品需求收入弹性高，增长较快；晚期工业包括印刷出版、粗钢、纸制品、金属制品、机械制造等部门，其产品需求收入弹性很高，产业关联效应强，增长速度大大超过 GDP 的增长速度。

总之，从先行工业化国家工业内部结构演变的趋势来看，在工业化前期，轻工业或消费品工业（或消费资料工业）占据主导地位；在工业化中后期，重工业或资本品工业（或生产资料工业）比重显著上升，即出现“重工业化”现象。

为什么在工业化过程中，工业内部结构呈现出上述趋势？这是因为，工业发展过程正常情况下要经历三个阶段。在第一阶段，初级消费品工业，如食品加工、纺织、烟草、家具等工业是主要工业部门，并且比资本品工业，如冶金、化学、机械、汽车、钢铁等部门以更快的速度发展。在第二阶段，资本品工业增长加速进行，资本品工业产值在工业总产值中的比重趋于上升，但这时消费品工业在产值和增长速度上仍然都占有主导地位。在第三阶段，资本品工业比消费品工业以更快的速度增长，并渐占优势。在工业化初期，消费品工业之所以首先发展，原因之一是食品加工和纺织之类的工业是满足人们最基本需求的部门，只有当基本需求得到满足后，才有可能将更多的资源投资于其他工业；原因之二是在工业化初期的国家要素禀赋（资本、技术和熟练劳动力稀缺，非熟练劳动力丰富）有利于发展消费品工业，不利于发展资本品工业。而当工业化进行到一定阶段后，资本品工业必须加速发展，原因之一是如果一个国家长期只是发展消费品工业，它就永远不可能站在科技和工业发展的前沿阵地；原因之二是消费品工业的扩张和质量的提高只有在资本品工业不断发展的条件下才有可能进行。

五、工业结构演进的阶段性

在各国工业化和现代化过程中，工业部门是国家经济发展的主导部门，整个工业化进程依次会出现重工业化、高加工度化、技术集约化三个阶段。

第一阶段为重工业化阶段，包括以原材料、基础工业为重心和以加工装配工业为重心两个时期；第二阶段为高加工度化阶段，包括以一般加工工业为重心和以技术密集型加工工业为重心两个时期；第三阶段是技术集约化阶段，包括以一般技术密集型工业为重心和以高新技术密集型工业为重心两个时期。其中，重工业化阶段的第二个时期是高加工度化阶段的第一个时期，而高加工度化阶段的第二个时期也是技术集约化阶段的第一个时期。

与工业产值结构演变同步进行的工业投入要素禀赋结构的变动，也是有序发生的。在工业化初期，整个工业发展以轻工业（特别是纺织工业）为主要支柱产业，这一时期有一定技能的劳动力在工业投入要素中占有突出的地位。随着重工业化的推进，由于原材料和燃料动力工业的迅速发展，要求投入大量资本，因而资本因素又跃居突出地位。随着工业结构向高加工度化转变，技术又取代了资本的地位，在要素投入结构中占主要地位。因此，从要素禀赋结构变动来看，工业化过程表现为：劳动密集型工业→资本密集型工业→技术密集型工业。在不同国家工业部门间结构变化不尽相同。例如，联合国拉丁美洲委员会从地区比较入手全面地考察了影响工业结构变动的因素，提出工业结构演变的 5 个阶段（见表 1-4）。

表 1-4　工业结构演变的 5 个阶段(联合国拉丁美洲委员会)

演变阶段	特　点
前制造业阶段	以手工业和家庭手工业为主,主要生产纺织、服装和家庭用品等简单制成品
生产传统消费品阶段	工厂生产代替手工作坊,主要生产工具、建筑材料、纺织皮革制品、肥皂、玻璃等
基础工业行业兴起阶段	生产基本材料和简单机械设备,制造业产品的种类开始迅速扩大,出现了低技术水平的钢铁业、机械制造业、炼油业、基础化学工业
高技术行业兴起阶段	生产高级中间产品和创造复杂机械设备,已经能够解决复杂的、多方面的设计和建造任务
最新技术行业兴起阶段	以当代最先进的科学技术发展新部门和生产,如核能工业、复杂的电子设备生产、宇航工业及新材料工业等

资料来源:联合国拉丁美洲委员会:《拉丁美洲的工业发展过程》,R/CN,12,716,纽约,1965 年修订版,第 1 章。

日本学者赤松要(Kaname Akamatsu)则从比较优势的角度解释了发展中国家工业结构的顺序变迁过程,并以日本和东亚经济的经验分析为基础,提出了一个工业发展四阶段模型(又称为雁形工业发展阶段论,见表 1-5),用以描述开放经济条件下发展中国家的工业化赶超过程。这一过程是指通过进口→当地生产+开拓出口→出口增长四个阶段并呈周期循环使后起国实现产业结构的重工业化和高加工度化。由于四个阶段呈倒 V 型,就如三只大雁展翅翱翔,故称之为"雁形工业发展阶段论"(Flying Geese Paradigm)。

表 1-5　赤松要的雁形工业发展阶段论

演变阶段	生产/出口	进　口	经济发展阶段
第一阶段	出口原材料，初级产品	消费品	欠发达国家
第二阶段	生产消费品	资本品	新兴工业化国家
第三阶段	出口消费品，生产资本品	资本品进口减少	成熟工业化国家
第四阶段	出口资本品，将消费品生产转移到其他国家	重新进口消费品	发达国家

资料来源：喆儒：《产业升级——开放条件下中国的政策选择》，北京：中国经济出版社，2006。

六、工业结构演变的几点评论

从历史上看，曾出现过重工业产品只用于满足基本建设和军事物资需要的情况，在这样的历史背景下，霍夫曼的观点是符合实际的。但是，随着科技进步，工业化过程进入中、后期即工业部门结构从以原材料为重心转向以加工组装工业为重心后，重化学工业产品广泛用于制造消费资料，尤其是进入耐用消费品的发达阶段更是如此。这样，随着机械工业中耐用消费品生产的迅速增长，产业的供求关系发生了结构性变化，重工业内部消费资料生产的比重日益增大。因而，从总体上看，消费品工业和资本品工业的比率不是继续下降，而是趋于稳定。工业部门发展具有时序性，由于受人均国民生产总值、需求规模和投资率等因素影响，不同阶段的制造业部门是不同的。① 工业化早期，对经济发展起主要作用的制造业部门是食品、皮革、纺织等部门。这些部门的

① H. Chenery and L. Taylor, Development patterns: among countries and over time, Review of Economics and Statistics, Vol. 50, No, 4(1968), pp391-415. 转引自方甲：《产业结构问题研究》，第 38 页。

产品主要用于满足基本生活需要，具有较强的最终需求性质，且需求的收入弹性小，生产技术简单。在中期起主要作用的工业制造业部门包括非金属矿产品、橡胶制品、木材及木材加工、石油、化工、煤炭制品等部门。这些部门的产品既包括中间产品又包括最终产品，需求收入弹性很高，因此，这些产品的生产在发展中期增长较快，但只是稍快于总量GNP（国民生产总值）的增长。在工业化后期对经济发展起着主要作用的是制造业部门，如服装和日用品、印刷出版、粗钢、纸制品、金属制品和机械制造等部门。这些部门的产品需求收入弹性很大，产业关联效应强。这些制造业部门在发展的晚期增长速度加快，大大超过GNP的增长速度，致使这些工业在国民经济中渐占优势。但是，当经济发展到相当高水平时，这些工业发展速度开始下降，甚至低于GNP的增长。而其他一些新发明出来的产品和新兴工业将取代重工业而迅速发展起来，如IT（信息技术）工业就是一个很好的例子。该工业在发展早期是不存在的。

以上所分析的产业间结构的变动以及工业部门结构变动，是许多已实现工业化的发达国家和正在实现工业化的发展中国家工业化过程中所表现出的一般趋势。但这并不一定意味着，所有的发展中国家都一定遵循这一模式，因为各国的资源禀赋条件①、需求偏好不同②，历史

① 一国资源禀赋如何，如土地、森林、草原、淡水、空气、矿藏等资源的种类、蕴藏量、分布状态、可利用的经济价值等的差异，对该国的工业结构演变过程有着重大影响。资源禀赋丰裕的国家在工业结构演变过程中自然会偏向资源性行业，如澳大利亚；而资源禀赋稀缺的国家在工业结构演变过程中则会偏向极少使用或不使用自然资源的行业，如日本。

② 虽然不同种族、不同国家的居民消费都会受到恩格尔法则的限制，但是不同种族、不同国家的居民需求会存在不同的偏好，这种偏好自然会对各国工业结构演变趋势产生影响。

条件、制度条件、人口条件、地理条件、发展战略和开放程度都是不同的。不过，研究工业化过程中结构变动的一般规律对制定发展战略是有重大参考意义的。

从各国工业结构演变的历史来看，既存在一般规律，也存在很大差异性。差异性是由各种复杂因素影响和作用的共同结果。这些因素既有内部的，也有外部的；既有主观的，也有客观的。内部因素主要包括在市场机制作用下的需求结构和供给结构及其相互作用；外部因素主要指在开放经济条件下国际贸易和国际投资等国际经济关系各个方面的影响。主观因素主要指国家按照其不同的战略目标自觉制定经济发展战略，并通过实施各种经济政策而对产业发展所造成的影响。在封闭条件下决定产业结构演变的主要变量是内部因素和政府各种产业政策与经济政策；而在开放条件下外部因素（如国际贸易、国际投资等）是产业结构演变函数的重要变量，而且开放度越高，外部因素的影响权重也就越大，这就使得产业结构演变呈现出纷纭复杂的多样性。

从世界各国产业结构演变的历史看，一个国家特别是发展中国家只要实行对外开放，其产业结构必然会发生很大的调整与变化，但这种变化并不一定导致产业结构升级，也并不一定有利于促进发展中国家的经济增长，特别是从长期发展的角度来考虑时，其矛盾有时甚至会相当尖锐。有些发展中国家通过对外开放，有力推动了产业升级与技术进步的进程，逐步步入发达经济的行列；有些国家则在实行对外开放之后，虽然国民经济在一定时期内有较大发展，但经济发展中的一些深层次的矛盾并没有得以解决，甚至一些发展中国家尽管对外开放的时间并不短，但经济状况并没有得到根本改观，产业结构不仅没有得以改善，反而趋于恶化。形成这种差异的主要原因是，这些发展中国家缺乏产业升级的内在动力，单纯依赖初级原始的资源禀赋确定自身在国际分工中的地位，企图长期以劳动密集型产品作为出口导向，无法将比较优势转化为竞争优势，必然在国际分工中长期处于不利地位。

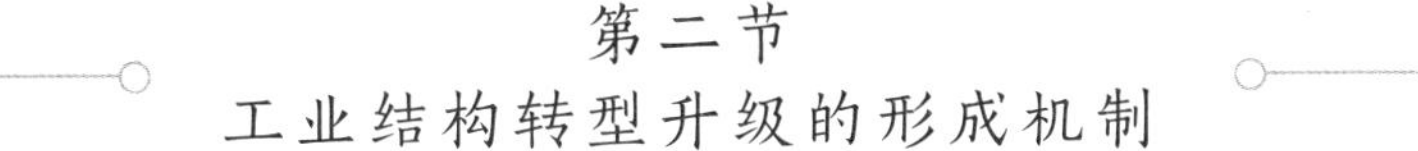

第二节 工业结构转型升级的形成机制

一、产业结构演变的影响因素

引起产业结构变动的因素较多，其中起决定作用的因素主要包括需求结构变化及其拉动作用、要素禀赋结构变化及其推动作用、技术进步、国际因素变化等。

1. 需求结构变化及其拉动作用

在工业化初期，人均收入低，人们的需要主要是解决生存的需要，对农业和轻纺工业产品需求最大。同时，由于人均产值低，也无力发展资本有机构成高的产业。因而，在当时的产业结构中农业和轻纺工业占较大份额，成为该时期占主导地位的产业。随着工业化的进行，人均产值和收入水平提高，人们的需要在基本解决温饱之后，便向享受需要层次过渡，尤其对耐用消费品的需求迅速增长，从而拉动以耐用消费品生产为中心的基础工业和重加工工业发展，推进产业结构从以农业、轻纺工业为重心向以基础工业、重加工工业为重心转换。当然，这次产业结构的重大转换，没有轻工业的充分发展和农业生产率的大幅度提高是不可能的。在实现工业化进入人均产值和人均收入水平更高的阶段后，由于物质相当丰富，人们的需要又进一步向发展需要层次过渡，物质生活和精神生活的要求都大大提高，在满足多样、新颖、高质量物质产品需求的同时，在社会分工日益深化的背景下，现代服务性产业又成为人们需求的重心，以信息为中心的高科技产业，逐步取代重加工工业的主导地位，这就实现了又一次产业结构的重大转换。

2. 要素禀赋结构变化及其推动作用

林毅夫(1999)、蔡昉(2002)和李周(2003)认为，要素禀赋结构是任何政府制定发展战略时最重要的既定外生变量，直接决定人均收入和综合国力的产业结构和技术结构内生于要素禀赋结构；当一国的产业结构、技术结构与其要素禀赋结构的比较优势相匹配时，该国的资本积累速度将高于自然资源和劳动力增加的速度，从而提升本国的要素禀赋结构，升级比较优势；随着要素禀赋结构和比较优势的动态变化，该国经济的产业结构和技术结构将自然而然地升级。要素禀赋结构包括自然资源、劳动力、人力资本和物质资本的相对丰裕程度，也包括与之配套的软件基础设施和硬件基础设施①。显然，要素禀赋状况如何，能否提高劳动生产率和降低成本等，都关系到产业的发展。因此，供给因素的变动或相对成本的变动会推动产业结构的变动。

3. 技术进步

技术进步对产业结构的影响可从以下几个方面进行分析。①技术进步影响需求结构，从而导致产业结构的变化。具体表现为：技术进步使产品成本下降，市场扩大，需求随之变化；技术进步使资源消耗弹性减小，使可替代资源增加，改变了生产需求结构；技术进步使消费品升级换代，改变了消费需求结构。②技术进步影响供给结构，从而直接导致产业结构的变化。具体表现为：技术进步的结果是社会劳动生产率

① 软件基础设施包括金融体系及其管制、教育体系、法制体系、社会网络、价值观和其他无形结构。硬件基础设施包括电力、运输和电信系统等。

的提高，从而导致产业分工的加深和产业经济的发展；技术进步改变国际竞争格局，从而影响到一国产业结构的变化。技术进步促进产业结构变化的机理为：当某一产业的产品需求价格弹性较小时，技术进步使得其产出大量增加，而生产部门的收益会有所下降，在这种情况下，该产业的某些生产要素就会流向其他产业；相反，当某一产业的产品需求价格弹性较大时，技术进步使得其产出大量增加，也能提高该部门的收益，于是，就会有一部分生产要素从其他产业流向该产业。新的要素流入又促进了该产业部门的发展并加快了需求价格弹性小的产业部门的衰退及其效益水平的提高。

在一定的需求水平下，供给方面的变化主要是技术进步和市场竞争引起的。技术进步会出现新的生产工具、新的生产工艺和新的材料，以至大幅提高现有劳动生产率，降低生产供给有关资源（资本、劳动力、原材料等）的消耗水平，从而导致现有生产的相对成本下降。另外，由于技术进步会开发新的产品形成新兴产业，在市场经济中，相对成本低的产业，会有更强的竞争能力，吸引资源向该产业部门流动，使其获得迅速扩大，从而推动产业结构的变动。这时，新兴部门由于自身潜力或政府扶植，总会在市场上赢得一席之地，这也必然引起产业结构的变动。

4. 国际因素变化

随着经济全球化的深入，许多原本非贸易的服务逐步国际贸易化。业务流程外包的增长越来越引人注目，近几十年来国外直接投资扩张的速度甚至超过了贸易增长的速度，这使得国际贸易、国际投资（国际产业转移）对一国行业结构变迁的影响力不断加强（Barry et al.，2008）。因此，在分析一国工业结构的演变时，绝不能忽视国外因素的影响。

二、工业结构演变的关键机制：市场机制和政府干预机制

经济发展本质上是一个技术和产业不断创新、结构不断变化的过程。早期的主流发展理论是结构主义的观点，认为经济结构由外生因素决定，强调市场失灵及政府在改变经济结构、促进经济发展中的作用。由于结构主义所主张的以政府主导产业结构升级的政策在发展中国家普遍失败，到了20世纪70年代以后，发展经济学转而以华盛顿共识为主流，强调政府失灵、片面侧重市场的作用，并且忽视了对结构及其变迁问题的研究（林毅夫，2010）。但是，从各国工业化的历史来看，我们认为，工业结构演变主要是由两种机制（市场机制和政府干预机制）共同作用的结果，一种是由市场驱动的调节、引导机制，另一种是由政府推动的干预、调整机制。前者起基础性作用，是一种内生机制；后者提供制度保障，改善供求，是一种主动的干预机制。因此，从影响方式的角度，可以将工业结构变迁分为市场主导型、政府主导型和共同作用型三类。

在经济发展的每一给定阶段，市场是资源有效配置的基本机制。市场机制倾向于按照真实的要素禀赋结构和需求结构的动态变化推动工业结构以循序渐进的方式变动，能够使工业结构、要素禀赋结构和需求结构协调发展，两两之间的结构偏差具有自然收敛的趋势。

经济发展作为从某一阶段转变到另一阶段的动态过程，需要产业多元化，产业升级和配套软、硬基础设施的改善。在大多数情形下，基础设施的改善不能在某个企业的投资决策中内部化，它对其他企业的交易成本产生了巨大的外部性。因而，除有效的市场机制外，政策在产业多元化，产业升级以及配套软、硬基础设施的改善过程中应起到积极的推动作用。政府干预则倾向于通过扭曲实际的要素禀赋结构和需求

结构使工业结构以非连续的方式变动，试图实现“跳跃式”的结构升级。当然，不当的政府干预，可能导致工业结构与要素禀赋结构、需求结构之间的偏差加剧，结构性波动剧烈，长期结构升级无以为继。工业结构变迁的模式和路径千差万别，其中一个重要的原因在于各国政府对工业化的干预程度和方式不同。

工业结构的变迁究竟是由政府主导，还是由市场主导，只是资源配置的方式不同。不管采取何种方式，最终都是通过要素禀赋结构和需求结构两个核心变量，进而作用于工业结构。①市场机制的核心是价格形成机制，在一个完善的、自由竞争的市场体系下，要素市场上的价格信号能够反映真实的要素禀赋结构，从而基于比较优势的动态变化推动工业结构变迁，而商品市场上的价格信号能够反映真实的需求结构，从而根据需求结构的动态变化拉动工业结构变迁。②与此相对，政府干预的关键在于影响市场经济的价格形成机制，往往会根据不同的发展战略和目标设定，通过一系列产业政策来调整要素禀赋结构和需求结构，进而推动工业结构朝着“合意”的方向变迁。

政府干预工业结构变迁的程度和方式应取决于实施相关产业政策的成本和收益。毋庸置疑，政府干预会导致价格机制失灵，使得工业结构与真实的要素禀赋结构和需求结构产生偏差，并产生一系列其他负面影响，很可能不利于工业结构的持续升级。但是，在存在市场失灵（知识溢出和动态规模经济、协调成本、信息外部性等）的情况下，政府的参与在理论上具有提高社会整体福利的可能性，而且，出于发展战略或其他非经济因素的考虑，政府对工业结构变迁的干预具有一定的必要性。

根据政府是否主导工业结构变迁的方向和进程，可以将工业结构变迁的形式分为诱致性变迁和强制性变迁（张冰、金戈，2007）。对于发达国家而言，由于政府不具有关于比较优势动态变化以及下一个有前景的产业何在的信息，适宜采取以私人部门为主导的诱致性变迁，通过市场竞争使成千上万的经济主体自发地相互作用，这一过程包括了不同的人所知道的不同信息的交互。对于发展中国家，其每个产业都处于世界产业链的内部，发达国家的产业结构变迁已经为它们提供了示范，不确定性大大降低了，政府和市场上的经济主体很容易对下一个有前景的产业达成共识，采取强制性变迁往往会优于采取诱致性变迁(潘士远、金戈，2008)。

三、工业结构优化升级的动因：微观基础分析

工业结构的优化升级，主要包括工业结构高度化、高效化和协调化。工业结构的高度化过程，就是伴随着技术进步和生产社会化程度的提高，不断提高工业结构作为资源转换器的效能和效益的过程。因此，创新(包括技术创新和制度创新)也就成为产业结构高度化演进的直接推动力。创新必然带来技术进步，导致一些产业(主导产业)高速扩张，而主导产业的有序更替，就使得产业结构迈向更高的阶段。工业结构的协调化，可以从企业组织和产业组织两个层面进行理解。

在企业组织层面，工业结构的协调化包括产品结构的调整、组织结构的调整、生产方式的转变和管理方式的转变等方面。在产业组织层面，其协调化又体现在结构比例协调、结构有序变动、资源效率提高和产业布局合理诸方面。这两个层面之间存在互动关系。工业结构变动的基础是专业化分工及其发展或生产方式的变化。专业化首先表现为劳动分工与人的专业化，即劳动力不断从较低素质的“全能选手”向较高素质的专门人才转变。由于非农产业和城市的专业化分工水平较农业或农村高，因此人的专业化常常表现为劳动力从农业或农村向非农

产业或城市的转移，即人口的非农化和城市化。工业化的基本主体除了工人外，还应包括有待专业化的农民，工业化过程也正是农民的专业化过程（包括农业内部）。专业化还表现为“物的专业化”，具体包括产品专业化、工序专业化、产业专业化、区域专业化等各个层次的专业化。农业、工业和服务业的分化就是产业专业化最直接的表现，重工业和轻工业是工业内部专业化分工的结果，钢铁工业、机械工业又是重工业内部的进一步专业化分工，机械工业内部还可以进一步细分为建筑机械和纺织机械等，纺织机械内部还可以分出很多产品，产品中又可分出不同的型号，不同型号的纺织机械产品还可分出不同的工序等。工业化的过程就是这种专业化分工不断深化的过程。区域专业化是工业化在区域上的表现，城市化、城市与农村的分化都是专业化分工发展的结果。[①]

工业结构优化升级机制机理分析框架图如图 1-1 所示。

产业化和专业化分工的基本特征是各种劳动力越来越只专门从事自己最擅长的工作，各类专业组织（如企业）越来越只生产经营自身最擅长的产品，凡是自己没有比较优势的工作或产品都让其他人或企业去做，凡是自己需要而自身不能生产的产品都必须通过交换来获得。而交换必须有市场。市场化即市场的发育和扩大过程。随着市场化的推进，市场品种（各种产品市场和要素市场）越来越全，市场范围越来越宽，交换的规模越来越大，专业化分工程度越来越深，产业也就可以越分越细或产业种类越来越多，工业化程度就越来越高。因此，根据斯密定理（专业化分工的程度由市场范围决定），市场化是推进工业化和工业结构变化的基本保障。

① 李佐军：《正确理解新型工业化》，载华中科技大学学报（社科版），2007 年第二期，第 94—99 页。

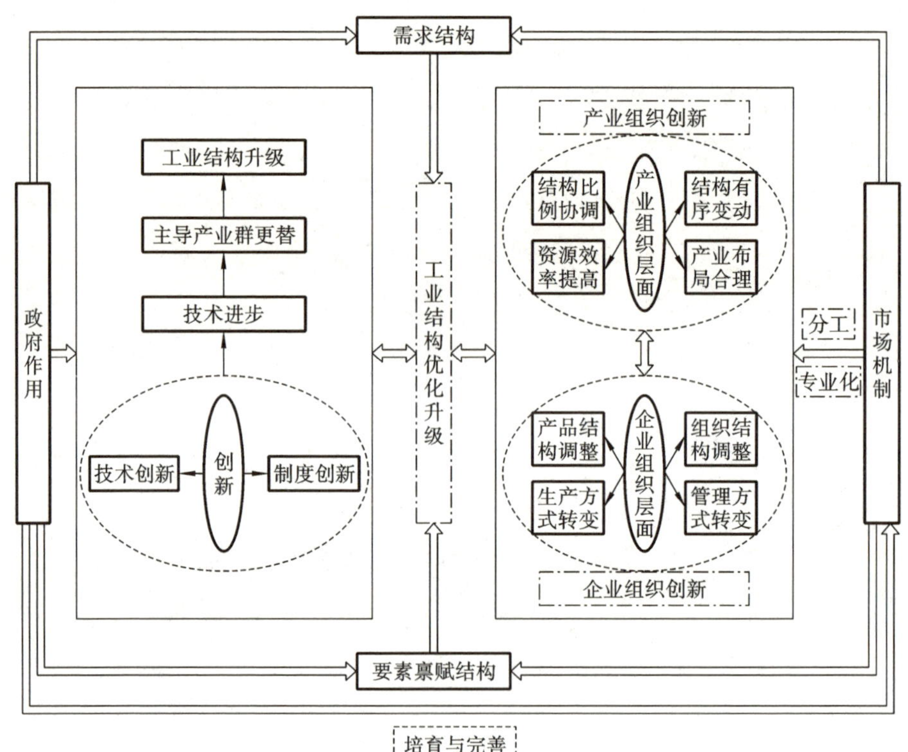

图 1-1　工业结构优化升级机制机理分析框架图

企业是构成各产业的微观主体，行业内各企业的行为决定着该行业的演进过程。以单个工业行业的变动为基础，进而会引起整个工业结构的变化。企业作为追求利益最大化的微观主体，会想方设法降低产品成本，提升产品质量，力求在相互竞争中生存下来并获得更加丰厚的利润。在这一过程中，行业平均成本不断降低，竞争力相对较弱的企业逐步退出市场，市场结构发生改变，行业依次经历兴起、成熟和衰退等各个阶段。可以说，导致产业兴衰的微观机制就是企业相互竞争和优胜劣汰的市场选择机制。

此外，正如我们前面提到的，政府通过政策调整等适当的干预手段促成价格机制和市场选择机制正常发挥作用，即往往会根据不同的发展战略和目标设定，通过一系列产业政策来调整要素禀赋结构和需求结构，进而推动工业结构朝着“合意”的方向变迁。

第三节 工业结构转型升级的思路与途径

一、新型工业化赋予工业结构优化升级的新内涵

随着经济社会发展进程的推进，工业结构优化升级会被不断赋予新的内涵。基于目前我国所处的发展阶段以及国际国内形势，我们选择了一条不同于其他发达国家已经走过的发展道路，选择了走新型工业化道路，因此，工业结构优化升级在中国也就被赋予了更加丰富的内涵。

(1) 工业结构优化升级要充分体现产业科技含量和自主创新能力的进一步提高。产业科技含量的高低直接决定了一国经济增长速度和增长质量，特别是对于中国这样正处于工业化阶段的发展中国家来说，产业技术结构升级对经济增长具有明显的带动作用。但目前我国产业技术结构方面还存在许多问题，例如：缺乏具有自主知识产权的核心技术，自主创新能力不适应社会经济发展和参与国际竞争的要求，科技研发经费投入不足，企业成为技术创新主体的地位还没有确立，科技成果转化率低等。由于科技创新已经成为推动经济发展和提升国际分工地

位的决定性因素，因此在工业结构调整的过程中必须抓住科技创新这个关键环节，改变在高新技术产业领域为跨国公司加工组装、做代工的状况，并积极利用高新技术对传统产业进行改造。

(2) 工业结构优化升级要充分体现促进资源节约和环境保护。中国的基本国情是人均资源短缺，土地、森林、水、石油、金属矿产等资源的人均占有水平都显著低于世界平均水平。在这种条件下，要实现工业化，使13亿以上的人口普遍过上比较宽裕的小康生活，并逐步走向现代化，资源约束是实现持续发展的瓶颈，特别是制约着资源密集型工业的发展，工业结构调整必须着力解决资源瓶颈障碍。全球范围内自然环境的不断恶化越发凸显，已经给人类的生产和生活造成了极大的影响，海啸、飓风、雪灾和不断出现的疾病等，无时无刻不在提醒我们，在发展经济和提高物质水平的同时必须重视自然环境的承载能力。因此，工业结构优化升级还必须着力协调人类与环境之间的共生关系。

(3) 工业结构优化升级要充分体现人力资源得以充分利用。不同的产业结构对应于不同的劳动力需求结构，因此理想情况下产业结构应该与劳动力供给结构相吻合，以保证人力资源得到充分的利用。当然，无论是产业结构还是劳动力结构都是不断变化的，因此两者之间需要相互协调才能达到预期的理想效果。但是，劳动力供给结构的变化速度较慢，人力资本的积累需要一定的时间才能完成，所以，工业结构优化升级的另外一个外延性目标就是通过结构调整来合理配置人力资源，使得人力资源得到充分利用。

(4) 通过工业结构优化升级促进三次产业协调发展。工业部门是整个国民经济产业体系中的重要组成部分。因而，工业结构优化升级也是整个产业结构优化升级过程中的关键环节。尤其是对于正处于工业化阶段的发展中国家，工业结构的优化升级既关系到传统农业向现代农业的转换，也关系到现代服务业，特别是生产性服务业和高新技术服务业（如软件业等）的发展。因此，工业结构优化升级并不仅仅是工业部门内部的事，还必须在工业部门内部结构优化升级的同时，促进和带动其他产业的发展，使得国民经济三次产业能够协调发展。因此，促进三次产业协调发展应该作为新型工业化进程中工业结构优化升级的重要衍生目的之一。

（5）通过工业结构优化升级来促进区域经济协调发展。一国内部各个区域之间经济发展不平衡往往是一种常态。古典经济增长理论证明了这种不平衡状态经过一段时间是会逐渐收敛的，至于收敛过程究竟需要多长时间却不一定。工业区域结构的调整，除了能够在区域间有效配置资源，使得工业结构趋于合理化以外，还可能对区域之间的经济增长速度（收敛速度）造成影响。因此，协调区域经济发展很自然地成为工业结构优化升级的外延之一。

（6）通过工业结构优化升级提升开放条件下的国际竞争力。在开放经济条件下，一国产业结构与其他国家的产业结构通过国际贸易、国际投资等手段紧密联系起来，相互影响。要想在未来竞争中提升本国竞争力和国际地位，就必须处理好开放经济与结构升级的关系。以出口贸易为例，中国已经成为进出口贸易大国，随着出口额的增长，对中国出口产品实行反倾销的贸易摩擦日益增加。与此同时，人民币升值的压力将持续存在。因此，工业结构优化升级应当促进对外贸易增长方式的转变，由主要依靠扩大出口数量和价格竞争转向提高出口产品的附加值。

二、工业结构优化升级的两种思路

产业发展往往是针对某个特定产业而言的。从短期看，产业发展是指某一特定产业的总量增长和质量提升过程；从长期看，产业发展过程就是产业兴衰过程，这一过程遵循产品生命周期，是事物发展的必然规律。产业结构优化升级则是针对整个产业体系而言的。然而，没有哪个产业能够独立于其他产业而单独发展，如果各产业保持平衡发展，产业结构就不会发生改变，也不会存在有关产业结构优化升级的讨论。因此，产业发展或产业升级就成为产业结构优化升级的基础。一个国家的产业升级路径选择需解决三大问题，即产业升级的方向、产业升级的幅度和产业升级中断风险的规避等。从国际经验来看，产业升级存在两种思路：一是主张主导产业的选择与更替；二是主张按价值链路线促进产业升级。

1. 主导产业的选择与更替

产业结构演变是一个有序的、高级化的过程，也就是新旧产业优势地位不断更替的过程。一般来说，新旧产业更替和转换序列主要有：①从生产要素的密集度上看，存在着由劳动密集型向资金密集型，向资金技术密集型，再向知识技术密集型演变的顺序；②从采纳新技术革命成果的能力上看，存在着由传统产业向新兴产业，再向新兴与传统相结合产业转换的顺序；③从产业的价值变动看，存在着由低附加值向高附加值，再向更高附加值演变的顺序，等等。

产业一般会经历一个“兴起—扩张—减速—收缩”的过程。由于各产业生命周期的起点不同，因而在同一时点上各产业之间的增长速度就存在差异性。以产业部门增长率为标准，就可以判断出各产业在其结构中所处的地位。如果一个产业的增长率在前一时期也许大体接近平均增长率，在后一时期却远远高出平均增长率，则称之为“发展产业”；其增长率在两个时期都超过平均增长率，则称之为“成长产业”；在前一时期其增长率高于平均增长率，而在后一时期大体与平均增长率相等，则称之为“成熟产业”；在两个时期中其增长率与平均增长率不相上下，或都低于平均增长率，则称之为“衰退产业”。从一个确定的时点看，这四种类型的产业部门都是同时存在的。但如果从时间序列上看，这四类产业部门又是一个连续发展的过程：旧的产业增长缓慢，被新的高增长的产业取代；在历次的发展进程中，潜在的高增长产业又将跑到前面，代替原来高增长的产业。正是以上这种产业间优势地位的更迭，才形成了产业结构的有序转换和高级化。

在产业结构中，处于主要的支配地位，比重较大，综合效益较高，与其他产业关联度高，对国民经济的驱动作用较大，具有较大的增长潜力的产业，就是所谓的主导产业。显然主导产业本身成长性很好，并具有很高的创新率，能迅速引入技术创新，对一定阶段的技术进步和产业结构升级转换具有重大的、关键性的导向作用和推动作用，对经济增长具有很强的带动性和扩散性。在产业的生命周期中，处于成长期的是主导产业，处于成熟期的是支柱产业，处于初创期的是先导产业。

长期以来，人们对主导产业提出了许多选择标准。

(1) 产业关联基准。主导产业对经济发展和产业结构的引导、带动作用，主要通过其关联效应表现出来。主导产业的关联效应有三种形式。一是前向关联效应。主导产业广阔的市场前景和持续发展，必然扩大对相关设备、技术和原材料等要素的需求，从而带动为其提供这些要素的产业的迅速发展。二是后向关联效应。主导产业关联性强，技术领先，发展快速，能够为其后续产业的发展提供更多的产品和技术，创造更好的条件，帮助这些后续产业的发展。三是旁侧关联效应。主导产业的发展，还会引起一系列经济、社会、文化等多方面的变化，对主导产业主要分布地区的市场繁荣、就业面扩大、基础设施建设以及其他产业的形成和壮大产生积极的影响。

(2)需求收入弹性基准。需求收入弹性基准是指在国际和国内市场上,某种产品的需求增长率与国民收入增长率之比,它能反映产品的需求增长对收入增长的敏感程度。需求收入弹性大于1的产品和行业,其增长速度将高于国民收入的增长;需求收入弹性小于1的产品和行业,其增长速度将低于国民收入的增长。随着人均国民收入的增长,需求收入弹性高的产品在产业结构中的比重逐渐提高,选择这些产业作为主导产业,将促进整个产业持续高速增长,有利于创造更多国民收入。需求收入弹性高的产品的产业部门将获得更快的发展,占有更大的比重。

(3)生产率上升率基准。这是日本经济学家筱原三代平在20世纪50年代中期提出的,此后日本政府在制定产业政策时参照了这一基准。它是指某一产业的要素生产率与其他产业的要素生产率之比,一般用全要素生产率进行比较。全要素生产率的上升主要取决于技术进步,按生产率上升率基准选择主导产业,就是选择技术进步快、技术要素密集的产业,因此,生产率上升率基准也被称为比较技术进步率基准。这一基准反映了主导产业迅速有效地吸收技术进步成果的特征,优先发展全要素生产率上升快的产业,有利于技术进步、提高创汇能力、改善贸易条件和贸易结构,有利于提高整个经济资源的使用效率。

(4)技术密集度基准。产业的技术密集度不仅通过影响产业技术进步而影响产业的生产率上升率,而且具有提高产业增加值率的作用(技术含量高使附加值高)。产业的生产率上升率与就业功能有一定的反向变动关系。全要素生产率指标,包括了劳动、资本、中间投入等要素生产率的变动,但劳动生产率毕竟是其中的一个重要方面,劳动生产率增长会相对减少就业量;而产业的技术密集度带来的技术进步、生产率上升率和增加值率,不一定影响产业的就业功能。

(5)就业基准。从产业的要素密集度看,劳动密集型产业的就业功能强,资本密集型产业的就业功能弱,技术密集型产业则分为两种情况:劳动技术密集型产业的就业功能相对较强,资本技术密集型产业的就业功能相对较弱。但是,各个产业的实际就业功能及其差别,还要取决于产业的发展水平、趋势和特点。从产业的相对就业密度看,一方面是每亿元工业增加值或产品销售收入所对应的就业人数;另一方面,可以从产业的资本与劳动力比率来分析提供一个就业机会所需要的资本量。

(6)可持续发展性基准。制造业的可持续发展性,主要表现在资源消耗(物耗和能耗)低和环境污染小两个方面。这两个方面基本上可以通过产业的经济效益水平来考察,因为物耗和能耗本身就是经济效益的部分内容,而环境污染的大小一般可以通过治理污染的成本反映出来。高污染产业有负的外部性,我们可以将这些产业排除。这里主要通过总资产贡献率和工业成本费用利润率两项指标来考察我国制造业中各个产业的经济效益水平。此外,还有比较优势基准、动态能力基准和国情基准等。

然而,主导部门的更迭序列不是任意的,而是具有技术的、经济的内在逻辑,呈现出有序的方向性。罗斯托把纺织工业说成是"起飞"阶段古典式的主导部门,钢铁电力、通用机械等是成熟阶段的主导部门,汽车制造业则是群众性高消费阶段的主导部门。主导部门这种有序演变实际上反映了产业结构高级化的趋势。因为产业结构高级化本质上并不是指某些部门比例的上升或下降,而是指技术集约化。因此,只有引入了新的生产函数,出现对其他部门增长有广泛的、直接或间接影响的主导部门的更迭,才能提高整个产业的技术集约化程度,使产业结构向高级化方向演进。因此,产业结构变动的方向性是由创新在某一产业内迅速、有效地积聚，并通过部门间的技术联系发生扩散效应来决定的。可见，以创新为核心的主导部门的更迭正是产业结构高级化的作用机制。

2. 按价值链路线促进产业升级

格里芬(Gereffi，1999)关于东亚服装产业的一系列研究，开始了“价值链思路”下的“产业升级”研究。在这种思路下，一国或地区的产业被视作全球价值链(global value chain，GVC)的一部分，产业升级可以看成该国或地区的企业以及产业整体在价值链上或者不同价值链间的攀越过程，其意义不仅仅是统计上的产业结构变迁，更重要的是增加价值获取，以及企业增加值、国家税赋、劳动者收入、企业与国家形象乃至自然环境等一系列条件的改善。从全球价值链的角度来研究的产业升级，指的是价值链之中或尚未嵌入的企业通过嵌入价值链获取技术进步和市场联系，从而提高竞争力，进入增加值更高的活动中。升级过程包括各个价值环节内在属性和外在组合两个方面的变动，这两个方面都连接在同一链条之中或不同链条之间。由于一个国家或地区在全球价值链中所处的功能环节直接决定了其在该产业获得的附加值，因此要想改变在价值链中的被动局面，发展中国家的产业必须进行升级。

全球价值链可以分为技术、生产和营销三大环节。在全球价值链下，产业升级的目的是获取技术进步或加强市场联系，从而提高竞争力。其形式主要有四种，即工艺流程升级(process upgrading)、产品升级(product upgrading)、功能升级(functional upgrading)和链条升级(chain upgrading)，各升级模式的实践形式(Humphrey & Schmitz，2000)如表1-6所示。

表 1-6 全球价值链各升级模式的实践形式

升级模式	实践形式
工艺流程升级	通过重构生产系统或引进先进技术，提高价值链中加工流程的效率
产品升级	通过引进新产品或改进已有产品使其比竞争对手更有效率，移向更先进的生产线（增加单位价值）
功能升级	重新组合价值链中的环节，以提高经济活动的附加值，获得新的功能或放弃已有的功能，增加经济活动的技术含量。例如从生产环节向设计环节和营销等利润丰厚的环节跨越，改变企业自身在价值链中所处的位置
链条升级	从一条价值链跨越到一条新的、价值量高的相关产业的价值链，企业把在一个产业获得的能力应用到另一个新的产业，或转向一个新的全球价值链中

资料来源：Humphrey J.，Schmitz H.. Governance and Upgrading: Linking Industrial Cluster and Global Value Chain, IDS Working Paper 120，Brighton: 2000.

工艺流程升级是通过整合生产系统或者引入先进技术含量较高的加工工艺，把投入更为高效地转化为产出，从而保持和强化了竞争优势。比如传统制造业中计算机技术的使用就促进了流程升级。产品升级通过提升引进新产品或改进已有产品的效率达到超越竞争对手的目的，具体体现为从低附加值的低层次简单产品转向同一产业中高附加值的更为复杂、精细的产品，比如从衬衫到西服的升级。功能升级是通过重新组合价值链中的环节来获取竞争优势的一种升级方式，企业从低附加值环节转向高附加值环节的生产，更多地把握战略性价值环节。比如，从制造环节到营销、设计等价值环节。通常把从委托加工到贴牌生产，再到自有品牌创造的转换看作是功能升级的基本路径。链条升级是从一个产业链条转换到另一个产业链条的升级方式。企业利用在特定价值环节获取的竞争优势嵌入新的、更加有利可图的全球价值链。比如，从自行车价值链到摩托车价值链，再到汽车全球价值链的转变。

对于工艺流程升级、产品升级、功能升级和链条升级四种产业升级的方式，众多研究表明其内部是有一定规律可循的。一般认为，产业升级大都依循从工艺流程升级到产品升级，再到功能升级，最后到链条升级这一规律（见表1-7）。但应指出，当技术出现突破性创新时，升级轨迹可能打破常规。当然，随着产业升级的不断深化，附加值不断提升，参与价值链中实体经济活动的环节变得越来越稀少，产业空心化程度也将不断提升。

表1-7 全球价值链产业升级的一般轨迹

发展轨迹	工艺流程升级	产品升级	功能升级	链条升级
实证	委托组装（OEA） 委托加工（OEM）	自主设计和加工（ODM）	自主品牌生产（OBM）	链条转换（例如从收音机到计算机）
经济活动中非实体性程度	随着附加值的不断提升，经济活动非实体性或产业空心化程度也不断提升			

资料来源：Kaplinsky R. & Morris M.：A Handbook for Value Chain Research，Prepared for the IDRC，2002.

从全球价值链的角度来研究我国在全球化背景下的产业发展问题，需要有全球视野和方法。在日益加速的经济全球化的大背景下，一国产业结构已经逐步融入以国际分工合作为主线的国际产业结构体系之中，其产业结构调整已不是传统意义上产业结构调整的延伸，而要以构建开放型的经济体系为导向，形成与开放经济相适应的资源配置方式。整个产业结构重组应当以参与国际经济循环为立足点，以提高国际竞争力为中心，使生产结构适应国内、国际的市场需求结构及其变化，才能达到产业结构演进、升级的良性循环。全球价值链的方法更强调国家发展政策的制定不应仅立足于单一国家视角，而是要超越国界，从更开放、更全面的视角来研究全球化背景下产业发展政策的调整，以实现国家的战略利益。其理论框架的核心是，通过识别价值链战略环节，根据自身已有条件和价值链的治理模式来找到最合适的切入点或价值环节，突破价值链升级的瓶颈，根据该价值链的增值路径来安排未来产业发展战略。以此为基础，制定并实施反映产业升级规律、符合中国国情的产业促进政策。我国需要重新审视和调整企业战略以及相应的产业发展政策，以推进产业升级，提升在全球价值链体系中的地位，进一步增强产业国际竞争力，为国家谋取更大的战略利益。产业升级的实现取决于企业层次的个体努力、产业层次的集体行动以及政府产业政策的支持。这种政府产业政策的支持将极大地鼓励本国企业去进行技术创新，从而促进本国的产业升级。另外，从整个社会层面来看，政府、产业与企业间的互动对于一国的产业升级也有重要的作用。同时，制度建设、文化建设是产业实现升级的依托和内生要素。

由于各方面因素的综合作用，全球价值链是连续动态变化的，因此，我国产业应不断挖掘自身内生因素，利用集群的自增强效应、积累效应，以主动的方式不断改变自身在全球价值链中的组织，保持和强化集群在“战略性环节”的竞争优势，提高集群所在价值环节的进入壁垒，最终通过不断调整嵌入价值链的方式，促进集群实现持续升级。总之，我国需要不断重新审视和调整企业战略以及相应的产业发展政策，以推进产业升级，提升在全球价值链体系中的地位，进一步增强产业国际竞争力。

三、工业结构优化升级的实现途径

1. 培育与完善市场机制

市场机制是工业结构优化升级的微观机制，培育与完善市场机制，使其更加有效地运行，能够加速推动产业发展和新旧产业更迭，促进工业结构优化升级。

第一，深化政府管理体制改革，完善市场机制，优化产业发展和结构调整的制度环境。坚持以市场为主体，政府应由经济性管制转向社会性管制，尽量少采取随意性强的直接行政干预手段，为产业结构调整创造有利的制度环境。

第二，营造竞争性的市场环境，充分发挥市场机制的功能。竞争强度越大，市场选择系数越大，产业发展速度越快，工业结构优化升级进度越快。

第三，创造有利条件，为企业营造更好的融资环境。企业融资越容易，市场选择系数越大，产业发展速度越快，工业结构优化升级进度越快。

2. 根本途径：推动创新过程

自主创新是提升科技水平和经济竞争力的关键，也是调整产业结构、转变发展方式的中心环节。建立以企业为主体、以市场为导向、产学研相结合的技术创新体系，形成自主创新的基本体制架构，通过推动创新来促进工业结构优化升级。

(1) 通过对创新活动进行引导来促进工业结构优化升级。在工业结构优化升级的不同阶段，主导产业不同，急需的技术支持也不同。因此，要根据自身发展阶段的变化，制定动态的创新规划，明确每一个时期所急需的创新成果，并制定相应的激励机制，引导创新者根据工业化发展的实际需要进行有的放矢的创新活动。

（2）加大政府对通用技术创新的投入，提升产业技术外溢效应，促进工业结构优化升级。通用技术创新往往能够对一系列相关产业发展起到积极的推动作用，类似于公共物品，政府应加大通用技术创新的投入力度。同时，通过政府补贴等方式，鼓励企业之间和产业之间的技术共享，提升产业技术外溢效应。这不仅有利于各产业自身发展，同时也能够提升产业之间的技术关联程度，促进工业结构优化升级。

（3）为企业的创新活动提供足够的制度保障，激励企业自主创新，促进工业结构优化升级。通过完善专利保护制度等方式，给予企业创新行为足够的制度保障，使企业进行自主创新的积极性得以提高，能够有效促进工业结构优化升级。

（4）加大引进适宜技术力度，提升对引进技术的消化吸收能力，促进工业结构优化升级。在招商引资和对外贸易过程中，通过政策引导，能够更好地引进适应本国工业化道路和发展阶段的适宜技术。与此同时，通过产学研结合等方式提升对引进技术的消化吸收能力，有效地推进本国工业结构优化升级。

3. 优化调整需求结构

需求结构升级是带动工业结构高度化的重要动力之一，同时工业结构与需求结构的耦合程度决定了工业结构的协调程度，因此可以通过优化调整需求结构来促进工业结构优化升级。

（1）促进居民收入水平提升，加快消费结构升级。通过提高劳动报酬在收入分配中的比重，能够在短期内快速提升居民收入水平，并促进消费结构升级。国内消费是总需求中最为稳定的有效需求，消费结构的升级能够有效带动工业结构优化升级。

(2) 通过政策手段激励企业购买更加高端的资本品。企业在选购资本品的过程中,面对便宜的成熟设备和昂贵很多但性价比较低的新型设备时,往往会选择前者,这是经济人的理性选择。但如果政府通过补贴等方式鼓励企业购买新型设备,就能够有效改变企业的需求结构,从而带动新兴制造业的发展,促进工业结构优化升级。

(3) 进一步开拓国际市场,提升工业结构的协调性。国际市场的进一步开拓和稳定,能够有效地提高需求结构的稳定性,当需求结构或工业结构受到冲击,协调性降低时,国际市场能够起到很好的缓冲作用。

(4) 进一步完善产品市场价格调节机制,提升产品市场的开放度。通过推进市场化进程,使工业产品价格由供求关系决定,同时消除市场分割,提升产品流通速度,这样就能有效地提升工业结构与需求结构的协调性。

4. 优化调整要素禀赋结构

(1) 引进外资并优化结构。引进外资能够快速改变国内要素禀赋结构,提高资本要素的丰裕度,推动资本密集型行业发展。在招商引资过程中优化引资结构,提高外商投资质量,通过外溢效应也能够促进本国工业结构优化升级。

(2) 增加人力资本投资。现代工业发展过程中,人力资本要素是非常重要的,而人力资本的积累需要教育和培训,并不像一般资本积累那样简单。重视教育的国家,其资本积累的速度会较快;反之,则较慢。

(3) 完善要素市场价格调节机制,提升生产要素的流动性。通过完善要素市场化改革,使生产要素的价格由供求关系决定,同时提升生产要素的流动性,有效推动工业结构的高效化过程。

CHAPTER 2

第二章

中国工业行业全要素生产率变动及其分解

中国正处于工业化进程中，工业的不断发展壮大是整个国民经济增长的强劲动力。无论是从增加产出、创造就业，还是促进技术进步等各方面来看，工业都表现出不可替代的重要作用。如果仅从全行业整体层面去研究工业的全要素生产率，有可能掩盖行业之间的差异。比如，高新技术产业和传统产业，以及国有垄断成分重的行业和非国有经济主导的行业，理应具有不同的发展特征。因此，为了准确把握工业发展的全貌，进行工业分行业层面的研究是必要的，也是非常有意义的。本章对我国工业36个行业的资本存量进行了重新测算，并构造了全部工业口径分行业的投入、产出面板数据。进一步地，运用随机前沿超越对数生产函数模型，对我国工业两位数行业在1986—2008年间的TFP增长进行了测度和分解。研究表明：①在1986—2008年间，中国工业全行业的TFP保持了年均8.11%的持续增长，这高于现有文献的估计；②前沿技术进步是支撑工业TFP持续增长最重要的因素，而技术效率的不断恶化则阻碍了TFP的增长；③研究初期，结构效应一度促进了TFP增长，1992年开始则表现为结构负利，1999年后结构负利呈现减弱的趋势，这主要源于我国工业的就业不足和投资过度；④高新技术产业作为我国工业发展的引擎，表现出举足轻重的作用。

第一节
工业结构变迁与技术进步的关系

结构红利假说在理论上阐释了结构变迁与生产率增长的关系。该理论认为，由于经济各部门的生产率和生产率增长率是不同的，所以当低生产率或低生产率增长率部门的投入要素向高生产率或高生产率增长率部门流动时，经济总体的生产率就会有额外增长(Peneder，2002)，总生产率增长率与各部门生产率增长率加权(通常是以产出值加权)和之差，就是“结构红利”，即结构变迁对生产率增长的贡献；反之，如果结构变迁阻碍了生产率的增长，则称为“结构负利”。

技术进步作为生产率增长的重要源泉，一直备受关注。早期，学术界简单地认为技术进步就是全要素生产率增长。现在看来这一观点显然是有失偏颇的。因为先进生产工艺和技术进步了，并不代表生产者的生产效率就提高了，还必须考虑生产者对先进技术的掌握程度和运用能力。由于各种原因，大多数生产者都存在非效率的生产。这正是生产前沿(production frontier)分析方法的主要思想。它将技术因素对生产率增长的影响，从两个更细致深入的角度——前沿技术进步和相对前沿的技术效率改善去考察。

学者们从不同的角度、运用不同的方法建立了生产率的分解模型，以探索并测度生产率增长的贡献因子。根据不同模型从生产率增长中剥离出来的因素的不同，我们可以将这些研究大致分为以下三类。

第一类分解模型仅从生产率增长中剥离出结构变迁的作用。最早由Fabricant(1942)提出的“shift-share method”，将生产率的增长分解为结构变化的贡献和产业部门内部增长的贡献两部分，而结构变化的贡献又可以进一步分解为要素的静态转移效应和动态转移效应。这种方法基于统计学的因素分析法原理，是最简单、最常用的。Fagerberg(2000)、吕铁(2002)、Peneder(2003)、Akkemik(2005)、刘伟和张辉(2008)、干春晖和郑若谷(2009)等，均运用这一方法对不同的样本进行了经验检验。但其局限性在于只能分析单要素生产率。胡永泰(1998)将TFP的增长分解为劳动力的再配置效应和净TFP增长。蔡昉和王德文(1999)采用不同的生产函数形式，放松规模报酬不变的假设，也将劳动力再配置效应从TFP增长中分离出来。这两种分解都只针对劳动力再配置效应，不能全面考察结构变化的贡献，因而难免显得粗糙。参照Syrquin(1989)、Timmer和Szirmai(2000)的研究将全要素生产率增长率分解为产业内部增长效应、劳动力再配置效应及资本再配置效应。在此基础上，李小平和卢现祥(2007)构建了一个模型将制造业全要素生产率的增长分解为内部增长效应、产出结构效应、劳动转移效应和资本转移效应。应该来说，这两种分解对结构效应的度量是相对全面和深入的。

第二类分解模型仅从生产率增长中剥离出前沿技术进步和技术效率变化的作用。这种方法建立在生产前沿技术之上。Malmquist指数于1953年被提出，随后被用于全要素生产率变化的测算。Charnes等(1978)建立了数据包络分析方法(data envelopment analysis，DEA)，用以测算技术效率。之后Fare等(1994)将两种方法加以结合，将全要素生产率分解为前沿技术进步和技术效率变化，并可以进一步在规模报酬不变的假定下将技术效率分解为纯技术效率改善和规模效率，这使Malmquist指数法得到广泛的应用。颜鹏飞和王兵(2004)、傅晓霞和吴利学(2007)等运用这一方法对中国的实际情况加以考察。Kumar和Russell(2002)在Fare等人的基础上将劳动生产率分解为前沿技术进步变化、技术效率变化以及资本深化。以上分解属于非参数前沿方法，它并不需要对生产函数做出经验判断，因而能避免函数形式设定的先验性带来的诸多问题。但这也正是该方法的一个缺点，即不能提供关于生产函数的任何描述信息，以至于难以深入地了解生产细节。如果在设定生产函数的基础上运用生产前沿分析，就是所谓的参数前沿方法，这样可以达到将TFP增长分解为前沿技术进步和技术效率变化的目的。Wu(2003)的研究是这种方法的一个代表，其优点在于通过估计生产函数可以描述有关生产的经济特征，但问题是如何保证生产函数模型估计的稳健性。

第三类分解模型则同时考虑了结构变迁和技术因素(包括前沿技术进步和技术效率变化)对生产率增长的作用，并将两者同时剥离出来。Kumbhakar等(2000)把前沿分析法分别应用到超越对数形式的生产函数、成本函数和利润函数上，可以从三种角度将全要素生产率进行分解。这也属于参数前沿分析，其中应用较广的是随机前沿超越对数生产函数模型，它将TFP增长分解为前沿技术进步、技术效率改善、结构效应[①]以及规模效应。涂正革和肖耿(2005)、王志刚等(2006)、李胜文和李大胜(2008)、张军等(2009)都采用了该模型。实际上，还可以将前沿方法应用到其他生产函数(C-D函数、CES函数、VES函数等)并分解TFP增长率，比如姚战琪(2009)就采用了随机前沿柯布-道格拉斯生产函数模型。需要指出的是，上述研究都使用了随机前沿形式的分析，而非确定性前沿形式的分析。两者的根本区别在于对随机误差的处理不同。具体而言，确定性前沿分析法假定所有的产出波动都

① 实际上，“结构效应”和“要素配置效应”的含义有细微的区别，但本书对两者不加区分。

由技术非效率引起，而忽略了随机冲击的影响。随机前沿分析法则考虑了随机误差，并采用混合误差分离技术将残差项分离为技术非效率和纯粹随机误差。从经济意义上来说，随机前沿分析法更符合实际经济运行情况。

实际上，对TFP增长的分解模型可能不仅仅限于上述讨论，学者们运用各种方法进行的经验检验也非常多，得出的结论不尽一致。尤其是对结构效应的测度存在截然不同的结果。比如：Fonfría和Álvarez(2005)运用"shift-share method"对西班牙制造业的研究显示，结构效应并不显著；王争等(2006)运用随机前沿超越对数生产函数对中国地区工业生产绩效的研究发现显著的"结构负利"；刘伟和张辉(2008)运用Timmer和Szirmai(2000)的方法对中国三次产业结构变迁的考察却表明"结构红利"对TFP增长有非常积极的作用。这些研究的结论存在分歧，固然是由于方法和样本选取的不同，但也反映了问题的复杂性和进一步研究的必要性。本书正是致力于综合考察结构变迁和技术因素对TFP增长的作用，拟采用第三类方法对我国工业行业的TFP增长进行测度和分解。

纵使关于生产率增长的分解工具如此之多，对方法的选择似乎并非生产率增长研究中最重要的问题。从现有经验检验的文献来看，还是存在一些有待补充的地方。第一，数据质量问题，对指标和数据的选取没有予以很好的甄别。学者们所采用的投入产出指标存在较大差异，这对研究结论影响极大。如产出指标有总产值、增加值，劳动投入指标有职工人数和从业人数等。由于数据的局限性，资本投入的准确估计问题更为突出，这也使现有关于中国经济TFP增长研究的结论可靠性大打折扣。另外，在我国工业TFP增长的研究中，普遍存在投入产出数据口径前后不一致的问题。第二，对工业内部的研究限于细分行业或资本深化率不同的部门等，却鲜见有文献关注高新技术产业和传统产业之间，以及国有经济和非国有经济之间的发展差异。而基于这两个视角的研究有助于更全面地认识工业发展的全貌，无疑具有重要的意义。

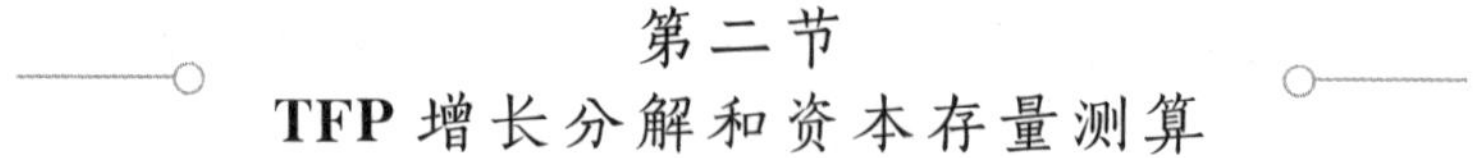

第二节 TFP增长分解和资本存量测算

一、随机前沿超越对数生产函数模型

第三类分解模型相对于另外两类分解模型具有许多优点。最重要的一点是，估计生产者的生产函数，不仅能够描述生产者的生产过程，还能考察结构变迁和技术因素对生产率增长的作用，从而将生产率增长的研究引向细致和深入。另外，这种方法分离了技术非效率项和白噪声项，更符合现实经济情况。这些也是本文选择随机前沿方法的根本出发点。

接下来的问题是选用什么样的生产函数形式。常用的生产函数有C-D函数、CES函数以及超越对数生产函数。其中，超越对数生产函数具有更强的拟合性，它放松了规模报酬不变、中性技术进步和固定要素替代弹性等假设，使数据和模型的匹配效率大大提高，因而更加灵活有效。

本书拟采用随机前沿超越对数生产函数对TFP增长率进行测算和分解。将工业行业的生产函数形式设定如下：

$$\ln y_{it} = \beta_0 + \sum_{j=1}^{2} \beta_j \ln x_{ijt} + \beta_t t + \frac{1}{2} \beta_{tt} t^2 + \frac{1}{2} \sum_{j=1}^{2} \sum_{m=1}^{2} \beta_{jm} \ln x_{ijt} \ln x_{imt}$$

$$+ \sum_{j=1}^{2} \beta_{jt} t \ln x_{ijt} - u_{it} + v_{it} \tag{2.1}$$

其中：y 表示产出；$t=1,2,\cdots,T$，表示时间趋势；$i=1,2,\cdots,36$，表示工业 36 个两位数行业；x_j 和 x_m（j、$m=1$、2）代表资本和劳动两种投入要素；所有的 β 为待估系数；u_{it} 表示技术非效率；v_{it} 表示随机误差。参照 Battese 和 Coelli(1992)的方法，对 u 和 v 的分布做出假设：

$$u_{it} = \mu_i \times \exp[-\eta(t-T)] \tag{2.2}$$

$$u_{it} \sim N(\mu, \sigma_\mu^2) \tag{2.3}$$

$$v_{it} \sim N(0, \sigma_v^2) \tag{2.4}$$

$$\text{cov}(v_{it}, u_{it}) = 0 \tag{2.5}$$

其中，μ、η 是模型的待估参数。$\gamma = \frac{\sigma_\mu^2}{\sigma_\mu^2 + \sigma_v^2}$ 也是模型的待估参数，代表技术非效率方差在总的误差项中所占的比例，反映了技术非效率能够解释的产出波动的比例。

进一步，参考 Kumbhakar(2000)的方法，可以将全要素生产率增长率（TFP^*）依次分解为前沿技术进步（TC）、技术效率变化（TEC）、规模效应（SEC）、要素配置效应（FAEC），即：

$$TFP^* = TC_{it} + TEC_{it} + (RTS - 1) \sum_{j=1}^{2} \lambda_j x_{ijt}^* + \sum_{j=1}^{2} (\lambda_j - s_j) x_{ijt}^* \tag{2.6}$$

$$TC_{it} = \beta_t + \beta_{tt} t + \sum_{j=1}^{2} \beta_{jt} \ln x_{ijt} \tag{2.7}$$

$$TEC_{it} = \eta u_{it} \tag{2.8}$$

$$\varepsilon_j = \beta_j + \frac{1}{2} \sum_{m=1}^{2} \beta_{jm} \ln x_m + \beta_{jt} t \tag{2.9}$$

其中，x^* 表示投入要素增长。这里用ε_j表示生产前沿上要素 j 的产出弹性，$RTS = \sum_{j=1}^{2} \varepsilon_j$ 则可以度量总体规模报酬。$\lambda_j = \frac{\varepsilon_j}{RTS}$表示要素 j 的边际产出份额。s_j是外生变量，表示要素 j 的成本份额。$\lambda_j - s_j$度量了要素配置非效率或者配置扭曲程度。式(2.6)中的第三项和第四项分别表示规模效应(SEC)和要素配置效应(FAEC)。

二、资本存量测算理论模型

Godsmith 于 1951 年开创性地运用永续盘存法来估计固定资本存量，这也是学术界测算资本存量最常用的方法。该方法的基本结论如下：

$$A_t = A_{t-1} + I_t - \phi_t A_{t-1}$$

其中，A_t表示 t 期资本存量。I_t表示 t 期固定资产投资。ϕ_t 表示在保持资本存量不变的情况下，目前所必须重置的资本品比率，又称为重置率。

由于重置率的计算非常困难，因此实际测量资本存量时常常需要对资本的相对效率模式(退役模式)做出一定的假设。常用的相对效率模式有“单驾马车式”、直线下降模式和几何下降模式。其中几何下降模式在理论上具有良好的性质，即折旧率与重置率相等，因而可以避免资本存量测算中的内在不一致问题。而且在此模式下，可以在数学上严格地证明出$A_t = (1-\delta)A_{t-1} + I_t$，$\delta$ 表示经济折旧率。这样，测算资本存量的工作可以得到简化。在适用性方面，Hulten 和 Wykoff (1981)关于美国资本品效率递减模式的经验研究支持了相对效率几何递减模型。鉴于以上原因，本书采用资本品相对效率几何下降的模式假设，并在此假设下进行资本存量的测算。

三、数据来源和处理说明

本书将考察工业两位数行业TFP增长率及其四个贡献因子。由于1985年以前相关数据质量较差，本书的研究期间定为1986—2008年。在整个研究期间，工业的行业分类发生了两次变化，一共涉及39个两位数行业。本章做出如下取舍和归并调整："木材及竹材采运业"在2003年之后划归农业，我们将其剔除；"废弃资源和废旧材料回收加工业"在2003年才开始纳入工业统计，时间序列较短，本书也不予考察；"其他矿采业"和"工艺品及其他制造业"的数据并不是很完整，质量较差，而且"其他矿采业"的数据很小，如果将这两个行业纳入分析，预期可能影响结果可靠性，本章也将两者剔除；"采盐业"与"建筑材料及其他非金属矿采选业"合并为"非金属矿采选业"(1986—1992)①；"食品制造业"和"饲料工业"合并后(1986—1992)，按照1993—1995年的平均比例分为"农副食品加工业"和"食品制造业"②；"机械工业"(1986—1992)按照1993—1995年的平均比例分为"通用设备制造业"和"专用设备制造业"。至于其他行业，有的前后名称发生了一定变化，有的统计范围有细微的改变，但从普查资料的行业小类数据来看，不会对本书的研究产生实质性影响，故笔者对其不做调整。

---

① 在1994年版及2002年版的《国民经济行业分类标准》中，"非金属矿采选业"均包含了"采盐业"，这样做可以保证"非金属矿采选业"行业数据的连续性和可比性。

② 由1994年版《国民经济行业分类标准》可知，1993年前"食品制造业"实际包含食品制造和一部分食品加工，而1993年后"食品加工业"则包含"饲料工业"。按道理应该将1993年前"食品制造业"中的食品加工部分和食品制造部分分离，但这一点难以做到。因此，本书将1993年前的"食品制造业"和"饲料工业"合并作为食品工业，然后再分为"农副食品加工业"和"食品制造业"，从而保证行业分类的一致性。

工业统计口径的调整是个难点，陈诗一（2011）也做了尝试。[①] 1986—1997年工业统计范围是“乡及乡以上独立核算工业企业”，而从1998年开始调整为“国有及规模以上非国有工业企业”。本书则将两者均调整为全部工业口径，以保证口径上的前后一致。笔者注意到，1986—1997年的《中国工业经济统计年鉴》公布了村办工业分行业的相关数据，而城镇合营、农村合营、城镇私营个体、农村私营个体工业企业只有整个工业行业的总数据，没有分行业统计。我们需要找到这样一个合理的比例，能够将合营及私营工业企业各个指标的总量分到各行业中去。根据1995年工业普查提供的信息，我们可以得到年销售收入在100万元以上的合营和私营工业企业的分行业数据。尽管年销售收入在100万元以上的合营和私营工业企业比例较小，但这是我们能够找到的唯一的、相对明确的、能够刻画合营和私营工业企业分行业特征的信息。本书即按照这一信息计算出相关比例，对合营及私营工业企业的总量数据进行劈分。最后，将三部分数据汇总，即得到1986—1997年全部工业口径的数据。1998—2008年，统计资料中公布了“国有及规模以上非国有工业企业”的分行业数据，我们只能估算“国有及规模以上非国有工业企业”占全部工业企业的比例，并据此进行调整。

---

① 这里的调整只针对增加值和劳动数据。相比陈诗一（2011）的研究而言，本书最大的特点在于，1986—1997年的数据调整充分注意到了行业差异，1998—2008年的数据调整比例的构建则利用了2008年经济普查的最新数据。具体而言，陈诗一（2011）对于1986—1997年所有行业合营和私营工业企业指标的调整是根据一个相同的整体比例，而1998年后的调整则没有注意到国有及规模以上非国有工业企业占比增加速度递减这个问题。笔者发现这一比例在1998—2004年及2004—2008年间的变化速度确实有很大的差异。另外，本书接下来将要讨论的资本存量测算是独立的，测算口径为全社会工业，与这里的全部工业口径基本吻合，因而不需要调整。

但问题是，在如此长的时间跨度内，“国有及规模以上非国有工业企业”的占比不可能不发生变化。因此，如果采用一个固定的比例进行调整，势必会产生较大误差。就统计数据来看，这一比例的确是不断增加的，而且由于该比例渐近于100%，增加速度应该是递减的。2004年和2008年经济普查提供了用于各指标调整的两组比例，这里参考陈诗一(2011)的做法，假设1998年全部工业企业的各指标增长速度与1997年相同，便可以估算出1998年全部工业企业的数据，进而得到第三组调整比例。这样，我们便可以利用贯穿1998—2008整个期间的三组比例，并假设相邻两组比例线性变化，估计出各年的调整比例。至此，便可以得到1986—2008年36个两位数行业、全部工业口径的投入产出面板数据。至于模型涉及的五类数据的选取和处理，下面将作分别说明。其中工业两位数行业的资本存量测算，本书将另起一章详细讨论。

(1) 产出数据。本书的投入要素只涉及劳动和资本，因此选用增加值作为产出指标。《中国统计年鉴》、《中国工业经济统计年鉴》、《中国工业交通能源50年统计资料汇编》提供了1992年前的工业净产值和1993年及其以后的工业增加值。《中国统计年鉴》同时提供了1992年前各行业提取的本年折旧基金。本书将1992年前的工业净产值与本年折旧基金相加，得到1992年前各年各行业的增加值。[①] 利用《2009年中国城市(镇)生活与价格年鉴》提供的各行业工业品出厂价格指数对增加值进行平减，得到1990年不变价的各行业增加值序列。1986—1997年的村办工业及合营、私营个体工业只有总产值数据，1998—2008年的产出调整比例也只有总产值的相关比例。本书假设

① 张军等(2009)、吕铁(2002)都是这样处理的。事实上这也是准确的，具体分析见张军等(2009)的研究。

村办、合营、私营个体工业各行业的增加值率与乡及乡以上独立核算工业相同，规模以下工业企业与规模以上工业企业的增加值率也相同，从而得到全部工业口径的增加值。

（2）劳动数据。《中国工业经济统计年鉴》和《中国工业交通能源50年统计资料汇编》提供了1986—1992年分行业全部职工年末人数、1993—1997年分行业全部职工年均人数以及1998—2008年分行业全部从业人员年均人数。本书假设1986—1992年各年全部职工人数均匀变化，取上年末全部职工年末人数和本年末全部职工年末人数的平均数作为本年全部职工年均人数。至于劳动统计由职工人数变为从业人数，笔者认为影响不大并不作调整。[①] 1986—1997年村办、合营、私营个体工业企业的劳动统计是全部从业人员年末人数，本书按照上述方法计算全部从业人员年均人数，然后直接与乡及乡以上独立核算工业企业的全部职工年均人数相加。

（3）劳动成本。综合考虑数据的可得性和指标选择的准确性，本书采用劳动工资和劳动报酬作为劳动成本。《中国劳动统计年鉴》给出了1993—1997年城镇单位分行业在岗职工工资总额和平均工资，以及

① 这出于以下考虑。《中国工业交通能源50年统计资料汇编》解释，从业人员是指在本企业工作并取得劳动报酬的全部人员数，包括在岗职工和其他从业人员两部分，不包括离开本单位但仍保留劳动关系的职工。在岗职工是指调查时期（时点）在本企业工作并领取工资的职工，包括长期职工和临时职工。其他从业人员是指按劳动统计规定不作为职工统计，但实际参加本企业生产或工作并取得劳动报酬的人员，包括再就业的离、退休人员，民办教师，聘用的港、澳、台地区人员等。随着经济改革的深入和结构调整的加快，国有企业出现了下岗职工，用职工平均人数计算劳动生产率等指标已不能反映实际情况。因此，工业统计从1998年开始统计全部从业人员平均人数，用于计算劳动生产率。可见，劳动统计口径的变化反映了实际经济情况的变化，前后口径在经济意义上是一致的。

1998—2008年分行业从业人员劳动报酬总额和平均劳动报酬。《中国统计年鉴》中的数据基本取自这里，这也是《中国统计年鉴》与《中国工业经济统计年鉴》中的劳动统计数据相去甚远的原因。鉴于劳动报酬总额和上述劳动数量在统计口径上的不一致，本书将平均工资和平均劳动报酬与上面得到的劳动数量相乘以得到分行业的劳动成本总额。由于只需得到各行业劳动成本和资本成本的份额，而估计各行业全部工业的劳动成本和资本成本是非常困难的，本书也只能以乡及乡以上独立核算工业企业、国有及规模以上非国有工业企业中劳动成本的份额，作为全部工业企业的相应估计。① 对于资本成本的估算也是如此。

(4) 资本成本。本书采用各行业的当年资本折旧作为资本成本。《中国工业经济统计年鉴》提供了1986—1991年各行业提取的折旧基金，以及2001—2008年各行业本年折旧额，1992—2000年的数据缺省。文献中常用的估计方法是根据固定资产原值、固定资产净值、累计折旧、本年折旧之间的内在关系进行推算的，如张军等(2009)。但是笔者发现，这样计算的当年资本折旧存在许多缺陷：推算出来的折旧序列不像1986—1991年和2001—2008年直接提供的数据那样平稳，而是存在相当大的波动，且许多推算值为负值。虽然这也是可以解释的(北京大学CCER研究报告，2002)，但在经济意义上或许并不真实，我

① 必须指出的是，即使使用平均劳动报酬数据，对劳动成本总额的估计也可能有误差。因为有理由相信，城镇单位的平均工资和报酬普遍高于农村单位。但是，这样的误差几乎是无法消除的——对农村单位的劳动报酬情况从没有进行过很好的统计，也很难进行统计。我们只能用城镇单位的平均劳动报酬代替乡及乡以上独立核算工业企业和国有及规模以上非国有工业企业的平均劳动报酬。事实上，这样的估计也并不像看起来那样与现实经济情况格格不入，因为城镇单位包括国有单位、城镇集体单位及其他类型经济单位，可以大致反映各种类型经济单位的平均劳动报酬情况。

们更愿意相信，资本成本和当年资本折旧至少应该是一个正值。鉴于此，本书利用1990年和1991年的折旧分别除以上一年末的固定资产原值，得到各行业的固定资产折旧率，取平均值后，用于估计1992—1996年的当年资本折旧。1997—2000年的当年资本折旧则利用2001年和2002年固定资产折旧率的平均值去估计。

四、工业两位数行业资本存量的测算

我们的测算需要用到四个方面的数据：折旧率、投资价格平减指数、基期资本存量以及历年投资流量序列。

1. 折旧率

对于折旧的计算和讨论需要在经济折旧的意义下进行，它反映的是资产相对效率的下降，包含了资产有形损耗和无形损耗。后者指的是随着技术进步和更新，新资本将包含更多的技术成分，以前年份的资本的相对效率实际上下降了。从严格理论意义上讲，任何一种资本都具有一种特定的折旧率，我们需要针对不同的资本给出不同的折旧率。但是可以预期，这样做在实践上难以操作，而且没有必要。就目前中国的统计数据而言，我们仅仅能够将资本品区分为建筑和设备两大类并分别设定折旧率，更细致的分类尝试基本上举步维艰。李京文等(1993)曾经利用官方发表的各行业资产的综合寿命期的相应数据估算各行业的建筑和设备的折旧率。遗憾的是，其采用的资料为1980年的数据，这一数据不仅较老，而且估算的设备折旧率明显偏低。笔者认为其估算结果并不具有良好的适用性，因而没有采用。另外，由于技术进步的加快，资本品的折旧率理应随年份的推移而递增，但是递增的速度究竟为多少，却没有过严格的研究。叶宗裕(2010)在测算全国资本存量时，假定建筑和设备的折旧率每年以一定的速度分别递增，而且不同时间段的递增速度也不同。应该说，这种尝试是有益的，却难免缺乏科学性，因为这种假设具有较强的主观成分。

鉴于上述情况，笔者拟将工业两位数行业的资本投资区分为建筑和设备两类，并分别设定不同的折旧率，但忽略折旧率在行业间的差异和测算期间内的变动。现有的统计资料中，投资实际上被分为建筑安装工程、设备工器具购置以及其他投资三类，笔者采用黄勇峰和任若恩(2002)的做法，认为其他投资是依附于建筑与设备投资的其他费用，将其按照两者的比例劈分到建筑和设备中去。在建筑40年、设备16年的寿命期假设下，参考李京文等(1993)利用残值率和寿命期来估计相对效率的方法，估算出我国建筑和设备的经济折旧率分别为17%和8%。[①]

2. 投资价格平减指数

1992年以后统计年鉴才开始公布固定资产投资价格指数，并且只有1990年之后年份的数据，此前没有官方可用数据。所以，现有研究或者选用其他价格指数代替，或者自创方法来估算，详细介绍见孙琳琳、任若恩(2005a)的相关研究。

对于1990年以后各年的建筑、设备、其他投资的平减指数，本书直接取自《2009中国城市(镇)生活与价格年鉴》。不同于现有测算省际资本存量或全国资本存量文献的是，这里对三类投资分别平减以换算为1990年不变价投资额，而并非仅仅采用单一的固定资产投资价格总

---

① 需要指出的是，细心的读者可能会发现，这里用于估计的固定资产折旧率与前文计算资本成本时用到的固定资产折旧率是不同的，但这并不冲突。前文中，固定资产折旧率建立在财务意义上，而资本成本也是一个财务概念，两者是一致的；而此处测算资本存量时设定的固定资产折旧率，是建立在经济意义上的，反映了资本实际的有形损耗和无形损耗。

指数。对于1990年之前各年，笔者选取《中国统计年鉴》中公布的建筑材料工业品及机械工业品出厂价格指数，分别代替建筑和设备投资的价格平减指数。通过比较1990年之后替代价格指数与建筑、设备投资价格指数，笔者发现两者在整个研究期间具有相同的趋势，并且在大多数年份是相当接近的，许多年份甚至是重合的。可以认为，替代价格指数与国家统计局固定资产投资统计司公布的投资价格指数具有一致性。

3．基期资本存量

关于基期资本存量的估算，现有文献的研究方法差异非常大，而且估计结果相差悬殊，在专门测算资本存量的文章中都有大量的评述，这里不再赘述。必须指出的是，基期资本存量估计上的巨大差异，归结于问题本身的复杂性。有必要简要讨论一下孙琳琳、任若恩(2005b)以及黄勇峰等(2002)的代表性研究。他们均从中国早期投资和GDP估计的研究中推算出中国的早期投资流，并使用标准的永续盘存法推导出历年投资序列加权和表示的基期资本存量。笔者认为，这种方法在理论上是严格的，完全符合永续盘存法的要求，美中不足的是存在数据上的缺陷——估计的时间序列数据如此之长，以至于最后还必须利用各行业固定资产原值或净值的比例将工业总量层次的建筑和设备存量劈分下去，实际上是假设了各行业的建筑设备比与总量层次相同。这样做的累积误差是可想而知的。仔细权衡各种估计方法，我们甚至难以断定哪一种方法更好。本书决定选用1980年的工业两位数行业的固定资产净值作为各行业基期资本存量，数据源自1985年工业普查资料，口径为乡及乡以上独立核算企业。笔者再按照1995年工业普查中，各行业乡及乡以上独立核算企业总产值占全部工业企业的比例，估计出各行业全部社会工业的固定资产净值。[①] 接着，将基期资本存量按照1981年的建筑设备构成比例劈分下去，分别平减以换算为1990年不变价的基期建筑和设备存量。之所以这样做，是出于以下考虑：既然各种估计方法差异很大，都存在较大误差，我们不如选用简单的、相近的统计数据代替来得直接，至少这样的估计有统计上的支持，而且我们相信普查资料的数据更为翔实可靠。此外，李小平、朱钟棣（2005）曾指出，20世纪80年代以前我国的价格波动较小，因此这样做将不会引起较大的误差。

4．历年投资流量序列

这项工作是估计资本存量的真正难点所在。尤其在中国，统计数据的可得性并不乐观。关于投资指标的甄别比较，本书不拟作过多讨论。综合考虑各种指标的定义范围以及数据情况，笔者采用固定资产投资作为资本投资指标。实际上，为了达到在行业层次分资产类型的资本存量估计这一目的，也只能选取这一指标。本书的原始数据摘自《中国固定资产投资统计资料（1950—1985、1986—1987、1988—1989、1990—1991）》以及相关年份《中国固定资产投资统计年鉴》、《中国统计年鉴》、《中国工业经济统计年鉴》、《中华人民共和国1985年工业普查资料汇编》、《中华人民共和国1995年工业普查资料汇编》。由于数据量相当庞大，而且不同统计资料中的数据也不尽相同，因此必须进行大量细致而烦琐的对比分析，甚至更正一些明显的统计错误。

在开始介绍投资流量序列数据的处理之前，有必要简单说明一下相关的基本情况。在我国的统计体系中，工业行业包括采矿业、制造业

① 之所以不是按照1985年工业普查，是因为1995年工业普查提供的数据相对更加明确。

以及电力燃气及水的生产和供应业这三大行业，而采矿业可以进一步分为6个小行业，制造业可以分为30个小行业，电力燃气及水的生产和供应业可以分为3个小行业。这样，工业实际上包括39个小行业。而我们的估计中，剔除了“其他矿采业”、“工艺品及其他制造业”以及“废旧资源和废旧材料回收加工业”这三个小行业。在整个1986—2008年研究期间，工业行业的分类有三次改变，为了获得工业两位数行业一致范围内的连续投资流量序列，必须对前后数据进行必要的调整，具体需要参照1994年版和2002年版的国民经济行业分类标准。根据数据情况，本书的数据处理在五个分段期间内是大致相同的，以下分别作简要说明。

(1) 2003—2008年。《中国固定资产投资统计年鉴》有这一时间段内各年的统计数据，在整个研究期间这一时期的数据是最为翔实的。全社会的固定资产投资包括城镇、农村农户、农村非农户3个部分。城镇部分的数据是最全面的，固定资产投资在各行业按构成分类，可以直接取用。相比之下，农村农户和农村非农户部分的数据则显得非常粗糙，都只有采矿业、制造业以及电力燃气及水的生产供应业这三个大行业的总投资数据可以利用。我们需要找到这样一个比例，能够较好地刻画农村投资在工业各行业的分布情况，并据此将工业三大行业的总投资劈分到相应小行业中去。本书是根据各年城镇投资中城镇集体、私营、个体、个人合伙等四种经济在分行业的投资比重进行上述劈分的。[①] 接着，必须将各行业的农村投资按构成劈分。本书完全按照城镇

① 农村投资中，农户投资具有私营个体性质，而农村非农户投资中农村集体经济投资占有较大的比例。鉴于此，本书选取这四种类型经济作为农村经济的近似，并认为这大体反映了农村投资在工业各行业的分布情况。

投资中各行业的构成比例去劈分农村投资，因为笔者以为各行业的投资构成反映的是行业性质，取决于行业特点，城镇投资和农村投资的构成情况理应相差不大。

(2) 2002年和1996—1998年。这一时间段内各年的统计数据源自《中国固定资产投资统计年鉴》，全社会的固定资产投资按两种分类方式提供。从管理渠道角度分为基本建设投资、更新改造投资及其他固定资产投资3个部分。其中，基本建设投资和更新改造投资有工业分行业按构成分的投资数据，可以直接取用，但是其他固定资产投资没有任何可以利用的信息。从经济类型角度分为国有经济、集体经济(包括城镇集体经济和农村集体经济)、个体经济(包括城镇私营个体经济和农村私营个体经济)、联营经济、股份制经济、外商投资经济、港澳台投资经济及其他经济。其中，联营经济、股份制经济、外商投资经济、港澳台投资经济有各行业按构成分的投资数据，可以直接取用，但毕竟这一部分投资占比不是很大。国有经济和城镇集体经济有各行业的投资额数据，却没有按构成分类，而农村集体经济、个体经济和其他经济可利用的信息非常少。在这样的数据情况下，笔者采取的做法为：首先，将国有经济、城镇集体经济、联营经济、股份制经济、外商投资经济、港澳台投资经济在各行业的投资额数据汇总；接着，按照2003年农村投资在各行业的分布比例，将农村集体经济、个体经济和其他经济在三大行业的总投资劈分到相应小行业中去；①最后，将基本建设投资和更新改造投资的数据汇总，并按照这一汇总数据中各行业投资构成的比例，

① 这几年的《中国固定资产投资统计年鉴》公布了工业三个大行业的总投资额，因此可以推算出农村集体经济、个体经济和其他经济在三大行业的投资额，进而将其劈分。

将各行业投资额劈分为建筑、设备及其他投资。[①]

(3) 1992—1995年和1999—2001年。这几年都没有《中国固定资产投资统计年鉴》出版,1993—1995年以及1999—2000年唯一可以利用的是2002年出版的《中国固定资产投资统计数典(1950—2000)》。全社会固定资产投资总额也是按两种分类方式提供。按管理渠道可分为基本建设投资、更新改造投资、房地产开发投资,按经济类型可分为国有经济、集体经济(包括城镇集体经济和农村集体经济)、城乡个体经济。需要指出的是,我们不能得到工业全行业的总投资额,只能加以估计。基本建设投资和更新改造投资以及国有经济和城镇集体经济都有工业两位数行业的投资额数据,却都没有按构成分类。[②] 农村集体经济只有一个工业全行业的总投资额,而联营经济、股份制经济、外商投资经济、港澳台投资经济、城乡个体经济和其他经济则都只有整个经济的总投资额。[③] 笔者首先还是按照2003年农村投资的分行业比例对农村集体经济在全部工业中的投资额进行劈分。然后根据1996年和1997年联营经济、股份制经济、外商投资经济、港澳台投资经济及其他经济在工业各行业的投资占整个经济投资比例的平均值,

---

① 之所以是按照基本建设投资和更新改造投资中的构成比例劈分,而不是按照联营经济、股份制经济、外商投资经济、港澳台投资经济的投资构成比例劈分,原因在于,前者较后者能将更多的投资额劈分下去,因而也相对更可靠。

② 对于1992年,统计数典中给出了工业各小行业的基本建设投资和更新改造投资,但是从多方面信息基本可以断定这里的投资数据实际上仅包含国有经济投资,而不是各种经济的投资。1992之前的所有年份都是这样。

③ 《中国固定资产投资统计年鉴》只公布了城乡个体经济在整个经济中的总投资额,《中国统计年鉴》则公布了联营经济、股份制经济、外商投资经济、港澳台投资经济、城乡个体经济及其他经济在整个经济中的投资额,其中城乡个体经济的数据与《中国固定资产投资统计年鉴》是相同的。

估算出这五种经济在工业各行业的投资额。[①] 至此，便可以得到工业各行业的投资额。[②] 接下来，取1996年、1997年各行业投资构成比例的平均值，将各行业的投资额按构成劈分。2001年的数据只能取自2002年的《中国统计年鉴》，可利用的信息非常少。本书假设各行业2000—2002年的投资额均匀变化，估计出各行业投资额，按构成劈分的做法与1999年的一样。

(4) 1986—1991年。根据统计资料编撰的先后顺序，可以知道统计数典中这一部分数据建立在《中国固定资产投资统计年鉴(1950—1995)》基础上，两者是一致的，并且工业行业分类满足1994年版的国民经济行业分类标准。最原始的数据出自《中国固定资产投资统计资料》1986—1991各年，行业分类与统计数典存在一定差异。在交叉对比中，可以得到较完整的国有经济和城镇集体经济在工业各行业的投资额。农村集体经济也只有工业整体的投资额，将其劈分到各行业的做法同上。城乡个体经济只有整个经济的总投资额。正如黄勇峰、任若恩(2002)指出的，城乡个体投资数据在1980年之后才有简单的统计，在很长的时间内，个人投资统计主要限于住房投资的统计以及农村生产资料购买的统计。在1993年后才将外资经济和股份制经济等其他经济形式的投资数据从个人投资数据中分离出来。从城乡个体投资额的序列平稳性来看，笔者认为1992年之前的城乡个体投资数据包含了联营经济、股份制经济、外商经济等其他经济的投资。即使不是这

① 1999年和2000年则根据1998年、2002年相应比例的平均值，下面按构成劈分时也是这样。

② 按照这种方法估计的各行业的投资额，理应比基本建设投资和更新改造投资加总的投资额要大。事实上，绝大多数行业都满足这一点。对于极个别不满足这一约束的行业，笔者做出了相应的调整。

样，在1992年确立市场经济制度以前，其他几种经济的投资也是比较少的。因此，本书还是按照1996年和1997年联营经济、股份制经济、外商投资经济、港澳台投资经济在工业各行业的投资占整个经济投资的比例，估算出城乡个体经济在工业各行业的投资额。国有经济中，基本建设投资和更新改造投资数据提供了各行业按构成劈分投资额的比例。

(5) 1981—1985年。这一研究期间的可得数据是最少的，基本上只有统计数典可以利用。这里只有国有经济在各小行业的投资额。城镇集体经济有工业各部门的投资额数据，笔者根据工业部门与工业行业的对应关系，按照1985年、1986年的部门内各行业投资比重的平均值，估计出城镇集体经济在各行业的投资额。对于农村集体经济和城乡个体经济投资的处理，基本同上。由于这一期间国有经济中，基本建设投资和更新改造投资没有按构成分的数据，因此只能按照1986年、1987年各行业构成比例的平均值劈分。估计过程中，所有缺失数据，均就近补齐或线性插值。至此，本书的投资流量序列构造完毕，从而可以得到工业两位数行业1980—2008年的资本存量。为节省篇幅，测算结果在附录A中予以展示。

最后，有必要简单讨论一下资本存量估计结果的稳健性。目前，针对工业两位数行业资本存量进行估计的研究不多，黄勇峰等(2002)是较少的几篇研究文献的代表。不过由于其研究较早，行业分类与本书不一致，而且其估算主要限于全民所有制的范围内，本书无法与之直接比较。单就本书的估计来看，涉及的四个主要变量中，本书对投资价格平减指数的选取是准确的。折旧率方面，由于国内鲜见关于资本品相对效率模式的研究，因而也很难作进一步改进，本书所采用的折旧率与现有研究基本一致。基期资本存量的确定，在学术界存在较大的争议，难以判断各种方法孰优孰劣。类似本书这样采用固定资产净值的应用，详见张军和章元（2003）、李小平和朱钟棣（2005）等。实际上，基期资本存量仅对期初之后几年里的资本存量估算影响较大，后期的资本存量估计会越来越准确，因此笔者以为本书基期资本存量的选取是可以接受的。关于投资流量序列的构造，应该是本书最可能产生误差的部分。但是，在现有的统计数据情况下，这基本上也是我们所能做出的尽可能大的努力和尽可能准确的估计。尽管本书对所有的估计假设再三斟酌，审慎地考量它们究竟在多大程度上符合实际经济情况并刻画了现实经济特征，有些假设却实在是迫于数据局限的权宜之计，这些毕竟都会引起一定误差。总体来看，本书资本存量的测算，遵循了三个原则：尽可能少的估算环节以使估计误差得到控制，尽可能明确的数据支持，以及尽可能满足统计数据约束，预期估计误差在允许范围之内，具有较好的稳健性。至少，在工业两位数行业层次上测算资本存量，本书是一次初步的学术尝试。

第三节 行业前沿技术进步及其效应分析

行业前沿技术进步及其效应分析涉及行业前沿技术进步、行业技术效率变化、行业规模效应、行业结构效应（要素配置效应）、行业全要素生产率增长及分解分析。表 2-1 报告了运用 FRONTIER4.1 软件对中国工业两位数行业随机前沿超越对数生产函数进行回归估计的结果。包括常数项在内的 10 个参数均在 1% 的水平上显著；对数似然函数值为 1150.72，表明整个模型的拟合程度非常好，具有很强的解释能力；无效率项服从断尾正态分布，$\mu>0$、$\eta<0$ 都符合预期，并且伴随概率都通过了 1% 水平上的显著性检验，表明工业各行业的生产确实存

在技术无效率，并且在整个研究期间技术效率是持续恶化的；通过对混合误差项进行分离，模型的 γ 值高达 0.931337，表明技术无效率能解释产出波动的绝大部分，再一次支持了对工业两位数行业进行随机前沿分析的必要性。表 2-2 报告了对工业两位数行业的 TFP 增长进行分解的结果。下面，本书按照 TFP 增长的分解方法，分别考察各行业前沿技术进步、技术效率变化、规模效应、结构效应的情况。

表 2-1　中国工业两位数行业随机前沿超越对数生产函数模型估计结果

参　数	系　数	标　准　误	t 统计量	p 值
常数项	16.288817	2.019160	8.067127	0.00
$\ln L$	3.089840	0.368725	8.379791	0.00
$\ln K$	−3.164237	0.346982	−9.119306	0.00
t	0.550607	0.044767	12.299470	0.00
$t*t$	0.006951	0.000656	10.591551	0.00
$\ln L*t$	0.045126	0.003670	12.297206	0.00
$\ln K*t$	−0.052062	0.003939	−13.217426	0.00
$\ln L*\ln L$	0.168895	0.025145	6.716780	0.00
$\ln K*\ln K$	0.181240	0.016008	11.321846	0.00
$\ln L*\ln K$	−0.307392	0.033496	−9.176926	0.00
sigma-squared	1.414069	0.105957	13.345744	0.00
gamma	0.931337	0.007709	120.817340	0.00
mu	2.295191	0.234362	9.793353	0.00
eta	−0.028655	0.001722	−16.641880	0.00

表 2-2　中国工业两位数行业 TFP 增长及其分解结果(1986—2008 年)

两位数行业	TFP 增长	TC	TEC	SEC	FAEC
煤炭开采和洗选业	0.0648	0.1551	−0.0764	0.0007	−0.0146
	100	240	−118	1	−23

续表

两位数行业	TFP 增长	TC	TEC	SEC	FAEC
石油和天然气开采业	−0.0220	0.0452	−0.0797	−0.0083	0.0209
	100	−205	362	38	−95
黑色金属矿采选业	0.0576	0.1522	−0.0716	−0.0076	−0.0154
	100	264	−124	−13	−27
有色金属矿采选业	0.0726	0.1544	−0.0610	−0.0010	−0.0198
	100	213	−84	−1	−27
非金属矿采选业	0.0896	0.2002	−0.0637	0.0132	−0.0602
	100	224	−71	15	−67
农副食品加工业	0.0827	0.1668	−0.0492	−0.0014	−0.0334
	100	202	−60	−2	−40
食品制造业	0.0742	0.1672	−0.0587	−0.0020	−0.0324
	100	225	−79	−3	−44
饮料制造业	0.0804	0.1511	−0.0427	−0.0033	−0.0247
	100	188	−53	−4	−31
烟草制品业	0.1163	0.1165	−0.0025	−0.0108	0.0131
	100	100	−2	−9	11
纺织业	0.0897	0.1750	−0.0539	0.0011	−0.0326
	100	195	−60	1	−36
纺织服装、鞋、帽制造业	0.0906	0.2335	−0.0690	0.0058	−0.0798
	100	258	−76	6	−88
皮革、毛皮、羽毛(绒)及其制品业	0.0958	0.2407	−0.0730	0.0077	−0.0796
	100	251	−76	8	−83
木材加工及木、竹、藤、棕、草制品业	0.0755	0.1977	−0.0623	0.0020	−0.0619
	100	262	−83	3	−82

续表

两位数行业	TFP 增长	TC	TEC	SEC	FAEC
家具制造业	0.0803	0.2095	−0.0652	0.0073	−0.0712
	100	261	−81	9	−89
造纸及纸制品业	0.0703	0.1613	−0.0556	−0.0026	−0.0328
	100	229	−79	−4	−47
印刷业和记录媒介的复制	0.0746	0.1874	−0.0583	0.0001	−0.0547
	100	251	−78	0	−73
文教体育用品制造业	0.0936	0.2393	−0.0725	0.0049	−0.0782
	100	256	−77	5	−83
石油加工、炼焦及核燃料加工业	0.0298	0.1040	−0.0584	−0.0131	−0.0027
	100	349	−196	−44	−9
化学原料及化学制品制造业	0.0661	0.1239	−0.0476	−0.0016	−0.0086
	100	187	−72	−2	−13
医药制造业	0.0866	0.1348	−0.0372	−0.0127	0.0017
	100	156	−43	−15	2
化学纤维制造业	0.0577	0.1182	−0.0419	−0.0074	−0.0112
	100	205	−73	−13	−19
橡胶制品业	0.0872	0.1784	−0.0511	−0.0013	−0.0388
	100	205	−59	−1	−45
塑料制品业	0.0809	0.1924	−0.0537	−0.0005	−0.0572
	100	238	−66	−1	−71
非金属矿物制品业	0.0712	0.1799	−0.0615	0.0015	−0.0487
	100	253	−86	2	−68
黑色金属冶炼及压延加工业	0.0600	0.1162	−0.0488	−0.0020	−0.0055
	100	194	−81	−3	−9

续表

两位数行业	TFP 增长	TC	TEC	SEC	FAEC
有色金属冶炼及压延加工业	0.0641	0.1325	−0.0476	−0.0075	−0.0132
	100	207	−74	−12	−21
金属制品业	0.0879	0.1923	−0.0536	0.0021	−0.0529
	100	219	−61	2	−60
通用设备制造业	0.0960	0.1743	−0.0475	0.0010	−0.0319
	100	182	−49	1	−33
专用设备制造业	0.0913	0.1653	−0.0528	0.0003	−0.0216
	100	181	−58	0	−24
交通运输设备制造业	0.0886	0.1487	−0.0441	−0.0030	−0.0130
	100	168	−50	−3	−15
电气机械及器材制造业	0.1046	0.1782	−0.0380	−0.0028	−0.0327
	100	170	−36	−3	−31
通信设备、计算机及其他电子设备制造业	0.1052	0.1451	−0.0257	−0.0053	−0.0060
	100	138	−24	−8	−6
仪器仪表及文化、办公用机械制造业	0.1007	0.1946	−0.0506	−0.0000	−0.0433
	100	193	−50	−0	−43
电力、热力的生产和供应业	−0.0063	0.0442	−0.0695	−0.0022	0.0212
	100	−705	1109	35	−339
燃气生产和供应业	0.0005	0.0983	−0.1026	−0.0247	0.0295
	100	20012	−20889	−5035	6012
水的生产和供应业	−0.0084	0.0991	−0.0943	−0.0223	0.0091
	100	−1185	1127	266	−109

注：各行业的第一行数字表示相应项占 TFP 增长的百分比，第二行数字表示绝对值水平，下同。

1．行业前沿技术进步

行业前沿技术进步的含义是，假设行业在前沿面上生产，即使不增加要素投入，仅仅通过技术进步和技术革新能够得到的产出增长。从行业层面看，前沿技术进步对TFP增长贡献最大的前5个行业分别为皮革、毛皮、羽毛(绒)及其制品业(年均24.07%)，文教体育用品制造业(年均23.93%)，纺织服装、鞋、帽制造业(年均23.35%)，家具制造业(年均20.95%)，非金属矿采选业(年均20.02%)。前沿技术进步对TFP增长贡献最小的5个行业分别为电力、热力的生产和供应业(年均4.42%)，石油天然气开采业(年均4.52%)、燃气生产和供应业(年均9.83%)，水的生产和供应业(年均9.91%)，石油加工、炼焦及核燃料加工业(年均10.4%)。一目了然，前沿技术进步较快的行业全部是劳动密集型的传统行业，而前沿技术进步缓慢的行业则全部是垄断程度高、国有成分重的行业。本书的研究结果与涂正革、肖耿(2005)利用大中型工业企业数据的研究极为接近，而与姚战琪(2009)完全相反。实际上，由前沿技术进步的计算方法可以知道，各行业前沿技术进步速度的差异完全取决于要素投入水平。这是因为本书针对所有行业构造了整个工业的生产前沿面，各行业前沿技术进步中由时间趋势决定的部分完全相同。

2．行业技术效率变化

由于行业并不在有效率的前沿面上生产，其实际产出与前沿产出的比例即为技术效率。FRONTIER 4.1软件给出了工业各行业各年的技术效率，本书根据相邻两年的技术效率值计算技术效率变化。从表2-2可以看出，所有行业的技术效率均呈现负增长，阻碍了TFP的增长。在行业层面上，技术效率变化对TFP增长阻碍作用最小的5个行业分别为烟草制品业(年均−0.25%)，通信设备、计算机及其他电子设备制造业(年均−2.57%)，医药制造业(年均−3.72%)，电气机械及器材制造业(年均－3.8%),化学纤维制造业(年均－4.19%)。技术效率变化对TFP增长阻碍作用最大的5个行业分别为燃气生产和供应业(年均－10.26%)、水的生产和供应业(年均－9.43%)、石油和天然气开采业(年均－7.97%)、煤炭开采和洗选业(年均－7.64%)、文教体育用品制造业(年均－7.25%)。技术效率可以衡量行业整体的生产效率,其影响因素是多样的,也是复杂的。从本书的结果来看,技术效率变化对TFP增长阻碍作用较小的5个行业中,烟草制品业国有垄断程度较高。而其余4个行业的技术密集度非常高,除化学纤维制造业外的3个行业都属于高新技术产业[①]。技术效率变化对TFP增长阻碍作用最大的5个行业除文教体育用品制造业外,都属于国有垄断成分较高的行业。如果用研发投入和科技人员比重来刻画技术密集度,可以预期技术密集度越大,行业的技术效率水平将越高。关于这一点,在本书接下来的探讨中可以看得更加明白。而国有垄断程度对技术效率的影响,似乎得不出一个简单的结论,可能还必须联系行业规模来考察。一般认为,国有经济由于产权模糊、权责不清、激励和监督机制不完善,生产效率会更低;但另一方面,国有垄断程度高通常会导致行业内部的企业规模较大,大企业由于专业化分工、管理流程更科学等原因,又可能具有较高的生产效率,即规模经济。如果以行业的增加值表示行业规模,烟草制品业相对于燃气生产和供应业、水的生产和供应

① 2002年起,国家统计局把高新技术产业划分为医药制造业,航空、航天器及设备制造业,电子及通信设备制造业,计算机及办公设备制造业,医疗仪器设备及仪器仪表制造业。本书根据《中国科技统计年鉴2008》中工业各行业R&D(研发)强度和科技人员比重加权平均值的高低,将医药制造业,仪器仪表及文化、办公用机械制造业,专用设备制造业(其中包含航空、航天器制造),通信设备、计算机及其他电子设备制造业,电气机械及器材制造业划入高新技术产业。另外,鉴于交通运输设备制造业的技术密集度非常高,这里也将该行业划进来了。除上述6个行业之外的所有行业都归属于传统产业。后文对高新技术产业和传统产业的区分也是这样。

业、石油和天然气开采业、煤炭开采和洗选业而言,具有更大的规模。因此虽然同属于国有垄断程度高的行业,其技术效率却相差悬殊。电力、热力的生产和供应业规模相对较大,其技术效率变化对TFP增长的阻碍作用不在最高之列,也支持了上述分析。

3. 行业规模效应

行业规模效应一方面取决于行业的规模报酬,另一方面取决于行业的要素投入。如果行业是规模报酬递增的,增加要素投入、扩大行业生产将会促进行业TFP的增长;相反,减少要素投入、缩小行业生产将会阻碍行业TFP的增长。就本书的结果而言,大多数行业的规模效应为负值,但规模效应对TFP的作用是非常小的,在决定TFP增长的四个因子中,其影响微不足道。在计算行业的规模效应时,笔者发现所有行业的规模报酬呈现不同程度的递减特征,而大多数行业的要素投入增加尤其是资本投入的增加几乎是必然趋势,因此工业整体的规模效应为负,就完全是预料之中的结论了。从行业层面考察,尽管大多数行业的规模效应阻碍了TFP的增长,但仍然有一些行业的规模效应为正值,这几个行业为非金属矿采选业(年均1.32%),皮革、毛皮、羽毛(绒)及其制品业(年均0.77%),家具制造业(年均0.73%),纺织服装、鞋、帽制造业(年均0.58%),文教体育用品制造业(年均0.49%),金属制品业(年均0.21%),木材加工及木、竹、藤、棕、草制品业(年均0.2%),非金属矿物制品业(年均0.15%),纺织业(年均0.11%),通用设备制造业(年均0.1%),煤炭开采和洗选业(年均0.07%),专用设备制造业(年均0.03%),印刷业和记录媒介的复制(年均0.01%)。根据前面的分析,可以断定这些行业的要素投入是逐渐减少的,至少在多数年份是这样的。事实上也的确如此。就非金属矿采选业来说,其劳动投入由1986年的229万人减少到2008年的132万人,而其资本投入在1994年到2001年间也一度出现略微减少。因此,尽管规模报酬是递减的，规模效应反而促进了 TFP 的增长。以上其他行业的情况也完全适用于上述解释。最后，我们关注一下规模效应对 TFP 增长的负面作用最大的 5 个行业：石油加工、炼焦及核燃料加工业（年均－1.31％），医药制造业（年均－1.27％），烟草制品业（年均－1.08％），石油和天然气开采业（年均－0.83％），黑色金属矿采选业（年均－0.76％）。这几个行业基本上属于国有垄断行业。在整个研究期间，这几个行业的要素投入，尤其是资本投入都有较大幅度的增加。这一现象与中国的经济特征不无关系。Fung 等（2006）曾指出，1998—2002 年间，超过一半的资本投向了国有工业企业；Li 和 Xia（2008）的研究也表明，中国的国有要素配置体系仍然控制了非常广泛的要素资源，国有垄断的金融行业对国有企业更加倾斜，造成投资结构不合理。

4. 行业结构效应

本书对结构效应的度量，与“Shift-Share Method”等其他方法稍有不同。这里，结构效应同时取决于要素配置的扭曲程度“λ_j-s_j”以及要素的增长情况。在充分竞争的市场上，一种要素的边际产出份额应该等于其投入成本份额，而现实经济中并不是所有行业都满足这一均衡。如果某种要素的边际产出份额大于其投入成本份额，那么这种要素为正向扭曲，增加该要素的投入，就会获得 TFP 的额外增长。随着这种扭曲逐渐被矫正，结构效应释放出来的能量也会逐渐减少，直至要素配置完全处于有效率的均衡状态。Fan 等（2003）就曾指出，一旦经济结构达到新的均衡以后，行业调整对经济增长的较大影响将会不可避免地出现下降。表 2-2 清楚表明，就整个研究期间来看，大多数行业的平均结构效应阻碍了 TFP 的增长，其影响程度介于技术效率变化和规模效应之间。换句话说，在 1986 年以来的改革开放期间，工业大多数行业内部要素配置的扭曲并没有得到很好的矫正。我们还是取部分典型行业加以剖析，以便能够更清楚地讨论这个问题。所有行业中，有 6 个行业的结构效应平均为正值，促进了TFP的增长。这6个行业分别为燃气生产和供应业(年均2.95%)，电力、热力的生产和供应业(年均2.12%)，石油和天然气开采业(年均2.09%)，烟草制品业(年均1.31%)，水的生产和供应业(年均0.91%)，医药制造业(年均0.17%)。与上述对前沿技术进步、技术效率变化和规模效应的考察一样，这几个国有垄断比重较大的行业仍然表现出与其他行业不同的特征。以燃气生产和供应业为例，其资本要素的扭曲程度由1986年的0.73矫正到2008年的0.16，而资本投入则在1986—2008年保持了年均12%的高速增长，这导致行业内显著的资本要素配置效应；其劳动要素的扭曲则对称地由－0.73矫正到－0.16。尽管在1986—2008年间劳动投入年均增长1.1%，劳动要素的配置效应也为－0.46%，但总体来看，行业的要素配置效应极大地促进了TFP的增长。对于其他行业结构效应的解读，完全可以按照同样的思路展开。需要强调的是，国有垄断行业表现出了较为显著的结构红利，有力地证实了国有经济改革的成效还是明显的。相反，非国有经济却表现出一定程度的结构负利，这阻碍了行业TFP的增长，说明非国有经济的市场化改革的效果似乎并不明显，工业改革仍然任重道远。不过，只要能充分挖掘结构红利，改革释放出来的巨大潜在能量将会支撑中国工业的持续高速增长。从这个意义上看，结构负利现象或许并不是一个坏消息。

5. 行业全要素生产率增长

本书所计算的TFP增长，不同于传统的增长核算法，不是产出增长扣除投入增长后的“索洛余值”，而是前沿技术进步、技术效率变化、规模效应、结构效应的加总。由于决定TFP增长的四个因素在前文已经详细讨论过，这里我们只简要关注一下表2-2所反映的最核心的结论。TFP增长最快的5个行业为烟草制品业(年均11.63%)，通信设备、计算机及其他电子设备制造业(年均10.52%),电气机械及器材制造业(年均10.46%),仪器仪表及文化、办公用机械制造业(年均10.07%),通用设备制造业(年均9.6%)。其中有3个行业属于高新技术产业,可见我国高新技术产业的增长质量是乐观的。关于这一点,后文还将进一步考察。而TFP增长最慢的5个行业为石油和天然气开采业(年均-2.2%),水的生产和供应业(年均-0.84%),电力、热力的生产和供应业(年均-0.63%),燃气生产和供应业(年均0.05%),石油加工、炼焦及核燃料加工业(年均2.98%)。这些全部是国有垄断行业。由前面的分析可以知道,导致这些行业的TFP增长如此之低的根本原因是技术进步(包括前沿技术进步和技术效率变化)并没有发挥显著作用。没有加强技术革新的动力和压力,行业生产效率低下,国有经济的弊端在此可谓一览无余。

6. 工业全行业、高新技术产业和传统产业TFP增长及分解分析

以上部分,本书从行业层面剖析了工业TFP增长及其分解因子。但这对于想从较高结构层面把握工业TFP增长情况的读者来说,可能显得不得要领。为此,本书接下来考察工业全行业TFP增长的特征。鉴于高新技术产业在我国工业发展中起着举足轻重的作用,笔者还将高新技术产业和传统产业加以对比考察。表2-3报告了三个阶段及整个研究期间,工业全行业TFP增长及其分解的结果。图2-1至图2-5显示了中国工业全行业、高新技术产业和传统产业的TFP增长及其贡献因子在整个研究期间的变化情况。

表2-3 工业全行业各阶段及整个研究期间TFP增长及分解结果

阶　　段	TFP增长	TC	TEC	SEC	FAEC
1986—1991年	0.0337	0.0700	-0.0408	-0.0055	0.0100
	100	208	-121	-16	30

续表

阶　段	TFP 增长	TC	TEC	SEC	FAEC
1992—2000 年	0.0828	0.1565	−0.0479	0.0015	−0.0272
	100	189	−58	2	−33
2001—2008 年	0.1089	0.2108	−0.0550	−0.0042	−0.0426
	100	194	−51	−4	−39
1986—2008 年	0.0811	0.1565	−0.0489	−0.0021	−0.0243
	100	193	−60	−3	−30

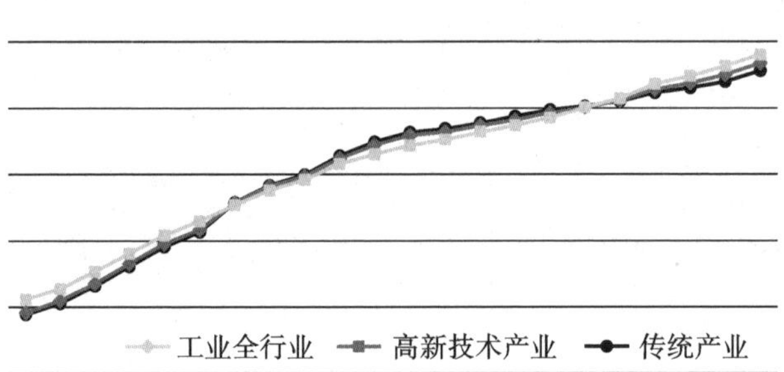

图 2-1　前沿技术进步变化

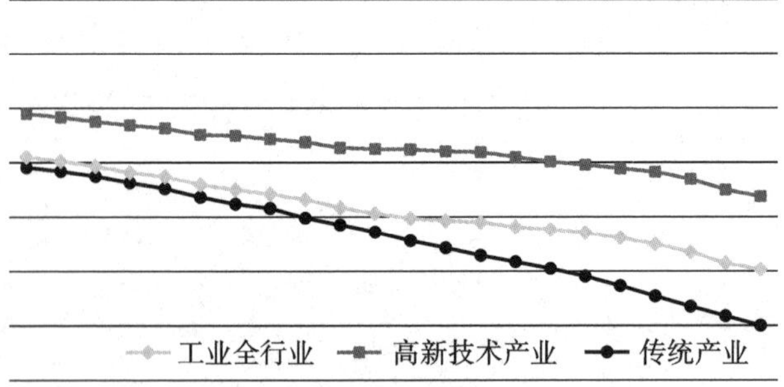

图 2-2　技术效率变化

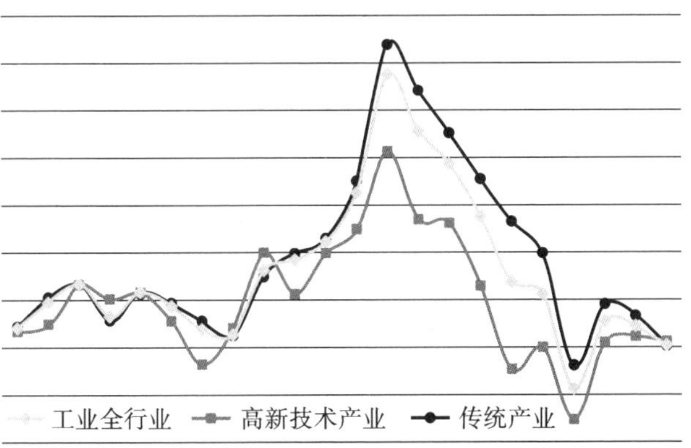

图 2-3　规模效应变化

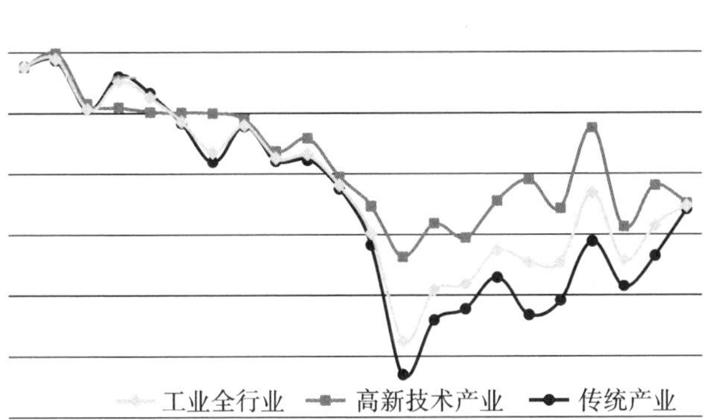

图 2-4　结构效应变化

可以看出，前沿技术进步始终是支撑工业 TFP 增长的首要因素，其变化速度逐年递增。前沿技术进步的计算方法、时间趋势和要素的产出弹性、增长速度共同决定了前沿技术进步的速度。时间趋势包含了所有对前沿技术进步有影响的因素，例如制度作用、外商投资的技术溢出效应、研发强度、市场竞争等，其贡献直接表现为生产函数的向上

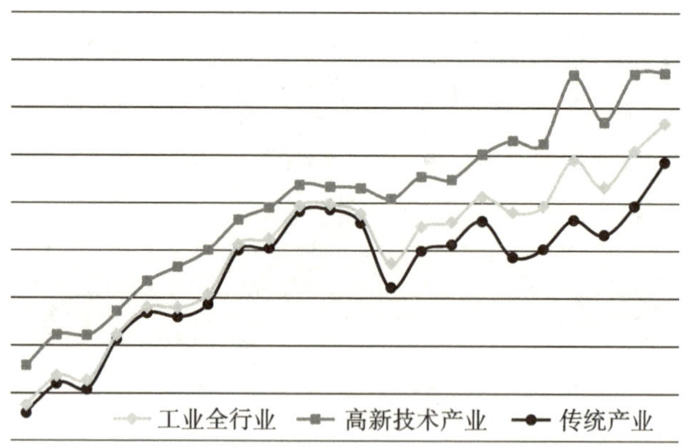

图 2-5　TFP 增长率变化

移动。本书的模型估计中，时间趋势及时间趋势平方的系数都显著为正，表明上述各种因素的综合作用显著促进了工业的前沿技术进步。并且本书放松了要素的产出弹性为常数的假设，估计出的产出弹性随时间变化，这可能更符合实际经济情况。要素的产出弹性和要素投入水平，决定了各个行业前沿技术进步速度的差异。由图 2-1 可知，高新技术产业和传统产业的前沿技术进步几乎不存在差异。这意味着，用时间趋势表示的各种因素决定了工业各行业前沿技术进步的主要趋势。

图 2-2 表明，高新技术产业和传统产业的技术效率持续恶化，但前者的变化速度明显低于后者。事实上，即使在技术效率的绝对水平上，高新技术产业也显著高于传统产业。这如何解释呢？我们知道，技术效率反映了行业利用先进技术的能力，也即是行业生产距离前沿面的远近程度。很多因素可以影响行业的生产效率。比如外商直接投资的大量流入，一方面通过技术外溢效应加快了前沿技术进步的速度（从而使技术效率有下降的趋势），另一方面通过引入先进的管理经验等又可

以提高行业的生产效率，因此对技术效率的最终影响取决于两种作用的相对强度；所有制结构不同，对微观经济主体的激励监督方式也不同，因此企业的生产积极性、劳动人员的主观能动性的发挥程度也不同，可以对技术效率产生影响；企业家通过影响企业的运作方式，无疑也可以改变生产效率。而本书最大的一个发现在于，技术密集度也可以显著影响技术效率，进而影响TFP的增长速度。这一点是容易理解的。企业的研发投入强度越大，其生产工艺和技术越先进，革新速度也越快，因而也越接近于生产前沿面，这充分保证了行业生产的相对有效性。当然，对于两者关系的严格证明，还需要更深入的探讨，比如采用计量回归的方法进行实证检验，这已经超出了本书的范围。实际上，技术效率及其变化速度的悬殊，基本决定了高新技术产业和传统产业TFP增长速度的差异。这也从一个新的角度，有力证明了提高自主创新能力和产品技术含量的重要性。当然，本书的发现也有助于理解我国高新技术产业在发展技术能力方面的成效。

中国工业全行业的规模效应在1986—2008年这一阶段为负，阻碍了TFP的增长，但其作用相对较小，甚至可以忽略。从回归模型的计算结果来看，所有行业都呈现出不同程度的规模报酬递减的特征。张军等(2009)、涂正革和肖耿(2005)、李胜文和李大胜(2008)也同样发现了我国工业整体的规模报酬递减现象。这或许是因为，我国工业的行业规模已超过了最优水平。因而伴随工业的发展，投入要素不断积累，规模效应必然为负。在1999年前后，规模效应表现为正。进一步分析发现，在这一时期，大多数行业出现了不同程度的劳动负增长。这主要缘于其国有企业改革和东南亚金融危机造成了大量职工下岗。高新技术产业和传统产业规模效应的差异，从1995年后表现较为突出，这是其各自的规模报酬递减程度和要素积累速度共同决定的结果。

我们重点关注一下结构效应的变化情况。平均来看,工业全行业的结构效应在1992年前始终对TFP增长起积极的作用,而之后则保持为负。我们的发现与张军等(2009)、陈诗一(2011)的非常不同,这可能是由于本书与他们计算资本存量和劳动成本的方法不同。在他们的研究中,使用了工资总额数据。李胜文和李大胜(2008)使用了三投入的随机前沿模型,结果表明结构效应在1986—2004年均为负,仅个别年份出现例外。姚战琪(2009)使用了与本书不同的传统分解模型,得出的结论却与本书非常相似,尤其是同样发现了结构效应在1992年后由正转负。王争等(2006)的研究显示,我国四个地区工业中要素配置效应变化趋势与本书基本重合。工业全行业的结构效应变化为什么会是图2-4所显示的那样? 前已述及,结构效应由要素配置扭曲和要素投入变化决定,而后者又可以影响前者。因此对要素投入变化的分析是剖析结构效应的着手点。数据显示,在整个研究期间,工业中劳动投入的增长始终较资本投入的增长要缓慢,以至于劳均资本过快增加,出现过度的资本深化。这也是许多研究的发现,即中国存在严重的"过度投资"和"投资饥渴症"现象。例如,Fisher-Vanden和Jefferson(2008)发现中国工业中的过度投资恶化了要素配置效率。图2-6将中国工业全行业总要素配置效应分解为劳动配置效应和资本配置效应。1987年,36个行业中有28个行业的资本要素扭曲表现为正向扭曲。因此,尽管在1987—1991年间,劳动和资本投入都在增长,以至于劳动配置效应表现为负而资本配置效应表现为正,但前者的相对强度显然不及后者,导致这一期间总的要素配置效应表现为正。然而,1992年是这一现象的转折点。在这一年,36个行业中有19个行业的资本扭曲是负向的,而且扭曲的程度较大。实际上,如果还是以行业增加值对各行业的要素扭曲进行简单加权的话,可以发现刚好在1992年工业全行业的要素扭曲发生了逆转，资本扭曲由正转负，这是资本快速积累、资本成本迅速增加的结果。1992—1998年，资本要素负的配置效应仍然主导了劳动要素正的配置效应，也就表现为结构负利逐年加大的趋势。在1998年前后，国企改革以及东南亚金融危机的爆发造成了大量的失业人员，这导致1999—2001年，劳动要素负的配置效应一度超过了资本要素负的配置效应，并且总的要素配置效应在1999年达到最低点。随着就业的恢复，结构负利也逐渐减弱。2001年，中国加入WTO(世界贸易组织)，其就业拉动和投资引致效应在2003年及以后表现明显，劳动配置效应保持为正，但资本配置效应仍然表现为负，两者的相互作用使总要素配置效应有所波动，但基本呈现上升的趋势。通过上述分析，我们可以清晰地把握结构效应变化的轮廓。总体来看，整个研究期间要素配置的扭曲呈恶化迹象，这与要素投入的消长变化共同决定了结构效应的走向。高新技术产业的结构效应在2000年后明显好于传统产业，说明前者的行业市场化机制较后者更为完善。这与国家重视、鼓励、引导高新技术产业发展的相关政策是分不开的。

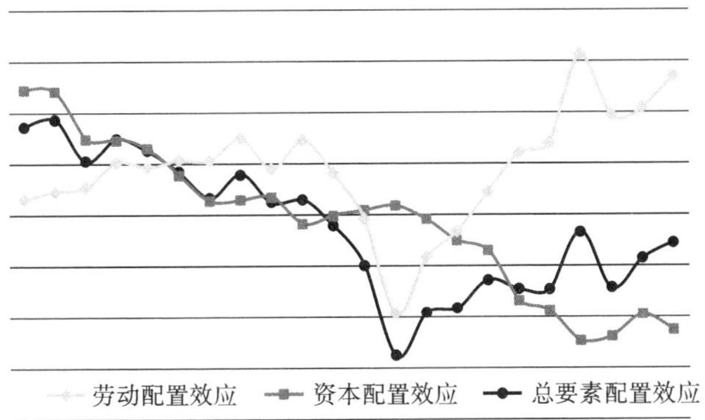

图 2-6　工业全行业要素配置效应的分解

最后，将上述四个贡献因子加总，即得到工业全行业 TFP 增长率。本书计算出来的工业全行业平均 TFP 增长率为 8.11%，远高于李小平和朱钟棣(2005)的 0.83%，也比张军等(2009)和干春晖、郑若谷(2009)的测算结果要高出 1～2 个百分点。这可能主要因为本书使用了不同的资本存量数据。现有的大多数文献使用的资本存量建立在“固定资产原值”和“固定负资产净值”等财务指标上，由于采用了明显过低的固定资产折旧率，势必会高估行业资本存量，因而低估了行业 TFP 的增长。高新技术产业的平均 TFP 增长快于传统产业，而且差距在 1997 年后有扩大趋势。可见，高新技术产业的经济增长质量的确显著高于传统产业，其在拉动我国工业增长方面扮演着十分重要的角色。

第四节 小　结

本章运用随机前沿超越对数生产函数模型，对我国工业两位数行业在 1986—2008 年间的 TFP 增长进行了测度，并将 TFP 增长率分解为前沿技术进步、技术效率变化、规模效应、结构效应等四个贡献因子分别加以考察。为了保证经验检验的结果具有可靠性和适用性，本章用永续盘存法对工业两位数行业的资本存量重新加以测算，因此资本投入的数据不再建立在“固定资产原值”和“固定资产净值”等财务指标之上。另外，本章较好地解决了工业统计口径的前后不一致问题，构造了全部工业口径的分行业投入、产出面板数据，因而可以更好地把握我国工业改革和发展的情况。通过研究，本章得出的主要结论如下。

(1) 在 1986—2008 年整个研究期间，中国工业全行业的 TFP 保持了持续的增长，年均增长率达到 8.11%。正如前文指出的，本章的这一估计结果普遍高于现有文献的测算值，最主要的原因是本书对资本存量数据质量的改进。这一发现为更好地理解我国经济增长的质量和可持续性提供了新的证据。换句话说，中国工业发展中，生产率相对于要素投入而言具有越来越重要的作用。我国经济由高投入、高能耗、高污染的粗放式外延增长，向资源节约型、环境友好型的集约式内涵增长方式的转变趋势，已经越来越明显。

(2) 前沿技术进步是支撑工业 TFP 持续增长最重要的因素，而技术效率的不断恶化则阻碍了 TFP 的增长。各种宏观基本面和微观经济因素，极大地促进了技术进步，表明我国工业发展的经济环境良好。由于所有制结构、外资流入、研发强度等原因，工业各行业的技术效率相差悬殊，而且技术效率水平普遍降低了。要逆转这种态势，必须促进行业间的技术交流，致力于消除技术垄断，真正提高各行业运用先进生产工艺和技术的能力。

(3) 平均来看，工业全行业的规模报酬呈现递减特征，因此伴随着要素积累和工业发展，规模效应阻碍了 TFP 的增长。所幸的是，这一阻碍作用并不显著。要想改变这一现象，或许可以从微观经济主体着手，适当减小企业规模。

(4) 研究初期，结构效应对 TFP 增长一度表现为积极作用，但由于对要素配置扭曲的矫枉过正，从 1992 年开始，这种态势发生了逆转。1999 年的结构负利达到最低点，之后则有减弱的趋势。之所以发生这种现象，根本原因是我国的投资过度和就业增长缓慢。因此，要想挖掘结构效应所蕴藏的潜在能量，必须适度控制投资速度，改善投资结构，提高就业量。当然，对结构效应的考察，还必须注意行业差异。国有垄断程度较高的行业表现出正的结构效应，说明我国工业中国有经济的改革成效还是较好的。但是，非国有经济中，健全的市场机制和完善的要素配置体系的建立，仍然任重道远。

(5) 高新技术产业作为我国工业发展的引擎，表现出举足轻重的作用。从本章的比较来看，高新技术产业的 TFP 增长率显著高于传统产业。前者相对于后者最明显的区别，是具有更高的技术效率水平和更低的技术效率恶化速度。此外，由于国家的扶持、引导等因素，高新技术产业的结构效应要好于传统产业。鉴于以上原因，我国必须更加坚定不移地提高自主创新能力，促进高新技术产业的快速发展，以此带动整个工业的增长。

CHAPTER 3

第三章

自主创新、高新技术与工业结构优化升级

提高自主创新能力，是保持经济长期平稳较快发展的重要支撑，也是提高我国综合国力的关键。我国在提出“提高自主创新能力，建设创新型国家”发展战略的同时，把增强自主创新能力作为促进工业结构优化升级、转变经济发展方式的中心环节，把建立以企业为主体、产学研紧密结合的技术创新体系作为突破口，以加速实现我国企业技术升级。然而，我国经济增长方式仍属于粗放型；科技缺乏自主创新，国际竞争压力加大；具有自主知识产权的核心技术匮乏，已成为中国经济发展的瓶颈。那么，通过何种路径或政策加大我国技术创新的投入，促进自主创新能力的提升，以推动我国工业结构优化升级，就成为本章要重点解决的问题。本章将首先从自主创新、技术进步对工业结构优化升级的作用机理着手，探讨专有技术（或一般技术）和共性技术（或重大核心技术）这两种不同的技术创新方式对工业结构优化升级的效应；其次，探讨我国以企业为主体的自主创新体系对专有技术和共性技术创新的促进作用；最后，基于技术创新链探讨了科技成果转化和产业化的实现方式，就如何通过自主创新实现工业结构优化升级，最终走向全球产业链的高端提出相应对策。

第一节 自主创新、技术进步对工业结构优化升级的作用机理

技术创新从其影响宽度可以分为两大类:一是专有技术创新(proprietary technology innovation),二是共性技术创新(generic technology innovation)。本节首先分析创新推进工业结构优化升级的实现机制,然后分别探讨专有技术创新和共性技术创新促进工业结构优化升级的机理。

一、创新推动工业结构优化升级的实现机制

创新是经济增长的动力源泉,在经济增长的过程中,收入水平不断提高,资本不断积累。由于不同产品的本质属性存在差异,从而导致不同产业的需求收入弹性以及要素密集程度都会存在差异。因此,收入水平提高会导致需求结构不断升级,从而带动工业结构高度化,而资本积累则使得要素禀赋结构升级(资本要素不断丰裕),资本密集型工业行业扩张,同样能推动工业结构的高度化进程。

创新与需求结构升级会相互促进,有时可能是新产品的出现吸引了消费者,开拓了新的需求,有时则可能是旧的产品无法满足更新、更高端的需求,因而促使企业去进行产品创新,迎合消费者。总而言之,需求结构升级和创新活动的相互作用能够推动产品创新的步伐,而新产品、新产业的不断涌现又会推动新旧产业更替和工业结构高度化的步伐。

创新还能够通过其他机制作用于要素禀赋结构进而推动工业结构

高度化(见图 3-1):一是在创新过程中技术和知识不断积累;二是通过创新提升生产要素的有机联系或创造新的生产要素(如新能源)。

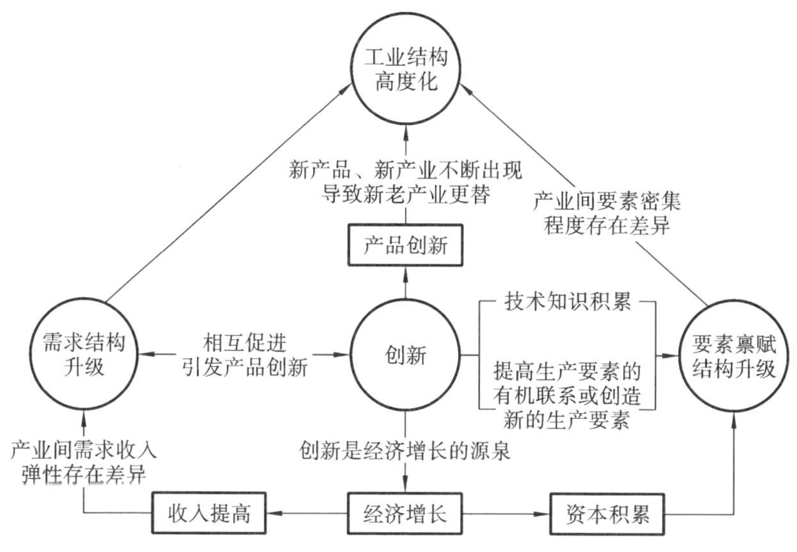

图 3-1　创新推动工业结构优化升级的实现机制

二、专有技术自主创新促进工业结构升级的机理

工业结构升级有多种途径:一是通过技术创新,产生新兴部门或行业,从外围促使产业结构发生突变式变动;二是通过技术创新,生产新兴产品,或对老产品进行技术改进,以更低投入形成更多产出,促进产业结构升级;三是通过工艺创新,降低产品生产成本,促使产业结构升级。本节将首先分析技术创新促进工业结构升级的一般机理,然后探讨技术创新促进产业结构升级的具体渠道。

1. 技术创新促进工业结构升级的作用机理

技术创新对工业结构升级的作用机理可用图 3-2 来阐述。企业研

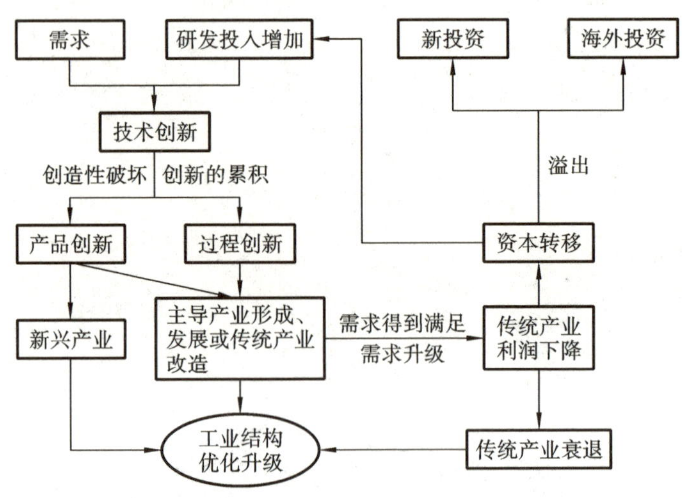

图 3-2 技术创新促进工业结构升级机理图

发投入增加与需求二者共同作用，增加了企业技术创新的可能性。技术创新呈现出两个方面的特性。其一是“创造性破坏”（creative destruction）。熊彼特在分析资本主义发展过程时认为，“不断地从内部使这个经济结构革命化，不断地破坏旧结构，不断地创造新结构，这个创造性破坏过程，就是资本主义的本质事实”（Schumpeter，1942）。熊彼特本意强调的是结构变换，新的创新称为“创造”，但新的创新必然会破坏原来的创新，这就是破坏效应。新旧替代必然破坏经济和社会系统的结构，所以用“创造性破坏”来描述整个动态过程。在创新理论中，增长主要是通过引入新产品，也就是通过增加产品的种类和创造出更高质量的产品来实现。但注意到，在新种类和更高质量产品引入过程中存在着“创造性破坏”效应——新产品会使得原来产品的需求减少，更高质量的产品会减少当前质量产品的需求，也就是退化和破坏过程。其二是创新具有累积性质。创造性破坏和创新的累积二者其实是一个问题的两个方面，创造性破坏强调创新对原有产品的替代，对原有技术的淘汰，是技术进步的表现，而创新的累积则是将创新视为两个阶段：先期创新（第一代创新）和后续创新（第二代创新）。先期创新具有正外部性，是后续创新的基础。创新的累积很可能以序列形式出现，每一个创新既是先期创新又是后续创新。

技术创新结果体现在两个方面：一是产品创新，二是过程创新。产品创新能够形成新兴市场，最终有可能产生新兴产业，从外围使整个产业结构发生变化。过程创新主要包括新工艺、新设备及新的管理和组织方法。这是一个渐进的过程，最终促使企业生产效率乃至整个产业效率得以提高，主导产业得以发展，传统产业得以改造，而随着产品的技术生命周期走向成熟，社会需求得到满足，传统产业利润会逐渐下降，最终结果是传统产业的淡出，整个国家的工业结构得到升级。当然，企业为了在市场博弈中取胜，将获得的利润投入到新一轮技术研发之中，将促使企业步入良性发展，多个企业及行业的发展便形成整个国家产业结构升级的良性循环。

在工业化进程中，产业结构与技术结构具有极强的相关性。技术创新是新兴产业产生的源泉，技术创新促进产业结构升级；反过来，产业结构升级与否又制约着技术创新。一国技术创新水平在一定程度上决定了一国技术结构，从而间接地决定一国产业结构。[①] 其关系如图3-3所示。

---

① 当然，有人认为一国技术可以通过引进而获得迅速提高，但从世界发展的经验来审视，发达国家的技术转移是以“不对其构成威胁”为准则的，虽然引进可以获得高技术，但产业结构的相对地位没变。即使获得高技术，也需要进行消化、吸收才能发挥应有的效果。

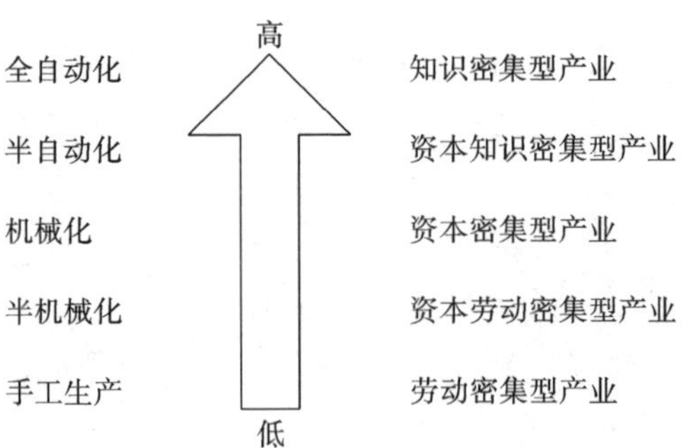

图 3-3　技术结构与产业结构演化关系图

从图 3-3 可以看出，技术结构与产业结构是相呼应的，有什么样的技术结构，就有什么样的产业结构与之相对应。技术结构决定产业结构，产业结构反过来影响技术结构。随着经济全球化进一步深化，一国技术结构决定了该国在世界产业结构中的地位。

此外，企业创新动力部分来自市场的需求。美国经济学家J. Schmookler(1966)认为，“专利活动，也就是发明活动，与其他经济活动一样，基本上是追求利润的经济活动”，即技术创新受市场需求的引导、制约。在现实市场中，消费者或用户产生对某一产品的需求，通过企业销售部门反馈给企业研发部门，研发部门进行技术攻关，最终取得相关专利并实现产业化。这一过程即是工业结构升级过程。考虑到本书的研究主要是探讨技术创新促进产业结构升级问题，因此，对需求一侧对产业结构升级的影响将进行有意识的忽略。

同时，技术创新将通过需求拉动或推动整个社会产业变化，即新知识和技术革新的这些影响是在增长进程中一层层地添加在已存在的需求结构上的。不论是为了适应改变了的生活条件还是为了对新产品做出反应，它们都会造成新的需求压力，即科技创新能满足消费需求，使居民用于文化娱乐、教育培训等享受和发展需要上的支出比例上升，带动服务业发展；能够满足生产需求升级，拉动固定资产投资，从而改变生产技术基础和生产结构；能够改变进出口需求结构，实现产业结构的变化。技术创新促使生产要素从效率低的行业向效率高的行业转移，整个社会产业结构随之发生变化，工业结构实现升级。

2. 专有技术与新兴部门或行业的产生

纵观整个工业发展史，每一次重大技术创新都导致一系列新兴产业兴起（见表 3-1）。第一次技术革命，以瓦特发明的蒸汽机为起点，迅速改变了传统手工作坊式生产，使整个人类文明进入机器大工业时代，英国纺织业得到迅速发展，英国工业从此处于全球产业链高端，工业结构得到迅速升级。第二次技术革命发生在 19 世纪下半叶，以电、变电和输电为中心的技术体系标志着电气自动化时代的到来，为后续工业发展打开了方便之门，石油开采和提炼、汽车、飞机以及电报、电话等技术的产生，形成了许多新兴行业，当时在整个工业领域中发展最快的国家和地区就是那些技术创新成绩突出的国家和地区，全球产业结构为之迅速改变。20 世纪 40 年代后，产生了计算机、大规模集成电路技术、生物技术、航空航天技术等一系列新技术创新，在技术进步推动下产生的新产业，往往不止一个产业，而是一个产业群。随着技术创新及其迅速推广，生产手段更加现代化，生产过程更加合理化，生产出技术密集度高的一系列产品，人类社会从此步入发展的快车道，产业发展迅速走向高度化。

表 3-1 科学革命、技术革命与产业革命分期

		科学(知识)革命	技术革命	产业革命
第一次	开始时间	16 世纪至 17 世纪	18 世纪 60 年代	18 世纪 70 年代到 19 世纪 30 年代
	标志	近代经典力学建立	蒸汽机发明	纺织业、蒸汽机、炼铁业
第二次	开始时间	19 世纪 30 年代至 50 年代	19 世纪下半叶	19 世纪 70 年代
	标志	三大发现	电机、电力运输、无线电通讯	钢铁业、铁路运输、电力汽车业、化学制品
第三次	开始时间	20 世纪上半叶	20 世纪初	20 世纪 40 年代
	标志	相对论、量子力学板块模型	原子能、计算机空间技术	核工业、计算机业、航空航天业

资料来源:赵俊杰,《科技复兴——欧洲的梦想与现实》,陕西人民出版社 1997 年版,第 80 页。转引自马云泽,《产业结构软化理论研究》,中国财政经济出版社 2006 年版,第 57～58 页。

3. 专有技术与传统产业改造及衰退

传统产业是指建立在一般技术基础上的原有产业部门,是一个相对的概念。传统技术是指技术发展过程中处在成熟、饱和、衰退状态的技术,也是一个相对概念。企业在技术创新过程中通过对传统技术进行扬弃,提高技术的质量,而新技术最终使产品附加值得到较大幅度提高,最终达到对传统产业的改造,实现产业结构升级。

技术创新对传统产业的改造或技术创新引起传统产业的衰退可以说是一条"内涵式"促进产业结构升级的道路,即通过对现存产业的技术创新,使产业结构的质量得以改善,也就是说,通过技术创新引起产业结构发生质的变化。

如制造业领域,由于新技术和新工艺的运用,传统制造技术得以发

生根本性的变化，使整个制造业的产业结构得到升级。随着信息、生物、纳米、新能源和新材料等高技术的迅速发展，高技术已逐渐融入传统制造技术，使制造业发生了深刻变化，制造业传统生产方式发生变革，并引发出柔性制造系统(FMS)、计算机集成制造系统(CIMS)、精益生产模式(LP)、清洁生产模式(CP)、高效快速重组生产系统、虚拟制造模式(VM)等。当前，正在开发下一代制造和生产模式，如并行工程和协同制造(HM)、生物制造(BM)、远程网络制造(RM)、全球制造(GM)和下一代制造系统(NGMS)等。这些新制造技术对产业结构升级的作用主要体现在：由于先进技术的融入，这些工艺具有优质、高效、低耗、无污染或少污染等特点；覆盖了从产品设计、加工制造到产品销售、使用、维护等整个过程；超越传统制造业仅仅驾驭生产过程的物质流和能量流的局面，成为驾驭生产过程物质流、能量流和信息流的系统工程；形成多学科交叉、融合的一种综合、集成的新技术。从而，对传统制造业产生革命性的影响，使制造业重新成为发达国家经济发展的动力之一。如美国的"先进技术计划(ATP)"、"先进制造技术计划(AMT)"和"下一代制造行动纲要"，德国的"2000 年生产计划"，日本的"智能制造系统计划"、"新兴工业创新型技术研究开发促进计划"和"新产业创造战略"，等等。这些计划的实施，对美、德、日等国产业结构产生了深刻的影响，制造业在 GDP 中所占比重迅速上升(上海市经济委员会，2004)。而且通过制造业的前向效应、回顾效应以及旁侧效应促使整个国民经济产业结构发生变化。

此外，技术创新使传统产业逐渐销声匿迹的现象也较为普遍，如 James M. Utterback 在《把握创新》一书中所列举的因机械制冰技术的发展，机械制冰由于具有成本低廉、自动化和易于操作等特性，最终将自然采冰业逐出市场，实现了产业结构升级。

4. 专有技术创新与主导产业形成及发展

主导产业是指对一个产业结构系统的未来发展具有决定性引导作用的产业(龚仰军,2004)。[①] 主导产业最早是由发展经济学家罗斯托(Rostow,1960)提出的。罗斯托认为,在任何时期,一个经济系统能够具有或保持"前进的冲击力",是若干个"主导部门"迅速扩张的结果。这些主导部门在自身扩张的同时,对其他部门产生影响,最终带动整个经济发展。

主导产业具有较强的关联效应或扩散效应,而关联效应是回顾效应、前向效应和旁侧效应三种效应的综合,主导产业技术创新会通过这三种效应使产业链的上游产业、下游产业以及其他产业产生连锁反应,从而使产业结构逐渐趋向高度化。

20 世纪 50 年代,筱原三代平提出的"收入弹性基准"和"生产率上升基准",以及后来的"关联度基准"等是主导产业的选择标准。主导产业的形成和发展过程,其实质对应的是这些产业技术逐渐走向成熟的过程,伴随着一国工业结构升级的过程。

美国 20 世纪 10—20 年代汽车产业的发展就是一个明证。福特公司采用流水线生产工艺后,流水线生产在汽车生产中迅速普及,汽车单位生产成本大幅度下降,汽车不再是奢侈品,消费者潜在需求迅速释

① 有学者将"主导产业"、"带头产业"或"领衔产业"视作等同,指一个国家在一定时期内,经济发展所依托的重点产业,这些产业在此发展阶段形成国民经济的"龙头",并在产业结构中占据较大比重,对整个经济发展和其他产业发展具有强烈的前向拉动或后向推动作用,国民经济在这些产业发展的波及带动下,形成以这些产业为中心的系统,这些产业发展的快慢基本决定了国民经济的发展速度。参见李京文,郑友敬:《技术进步与产业结构——选择》,经济科学出版社 1989 年版。也有文献称之为"先导产业"。

放，从而促使美国汽车生产在短短几十年里便获得了几十倍的增长。1911年美国汽车产量只有20万辆，1916年产量超过了160万辆，1923年产量超过了400万辆，最终汽车工业成为美国的主导产业，美国产业结构随之升级。

又如计算机产业发展也充分说明技术创新促使主导产业的形成与发展。根据摩尔定律可知：微处理器性能每隔18个月提高一倍，而价格下降一半。[①] 由于生产成本大幅度下降，原来不被看好的个人计算机产业已经发展成为许多国家的主导产业，而且被广泛应用于其他行业，最终导致发达国家乃至全球产业结构迅速升级。

三、共性技术自主创新促进产业结构升级的机理

共性技术是一种竞争前技术，其创新将会对整个工业结构产生决定性的影响，甚至可能会使一国工业结构发生"跳跃式变迁"。国外学者从不同视角探讨共性技术与经济增长之间的关系，经济的良性发展是工业结构优化升级的一种表现，工业结构优化升级反过来又能促进经济的快速发展。Aghion 和 Howitt(1991)分析了共性技术在推动经济增长过程中所导致的经济周期性波动。Bresnahan 和 Trajtenberg(1995)指出共性技术的特征不仅是用途广泛，而且具有技术累积性和创新互补性。Helpman 和 Trajtenberg(1994)在 Grossman 和 Helpman(1991)增长模型的基础上建立了一个分析共性技术在应用中引起周

① 摩尔定律最初由英特尔(Intel)创始人之一戈登·摩尔(Gordon Moore)经过长期观察发现得出。摩尔定律是指IC(集成电路)上可容纳的晶体管数目，约每隔18个月便会增加一倍，性能也将提升一倍。但现在有三种版本：集成电路芯片上所集成的电路的数目，每隔18个月就翻一番；微处理器的性能每隔18个月提高一倍，而价格下降一半；用一美元所能买到的电脑性能，每隔18个月翻两番。

期波动的两阶段模型。模型中,共性技术的应用一般需要有一系列中间品的配套使用,这些中间品的发现和完善需要很大成本,只有当关键的配套中间品积累到一定量的时候,使用共性技术才能赢利。Susanto Basu和John Fernald(2007)通过实证分析指出,美国20世纪90年代中后期出现的新经济是广泛使用信息和通信共性技术的结果,21世纪初工业全要素生产率的加速增长与20世纪90年代ICT(信息和通信技术)产业资本增长呈正相关。美国经济协会主席Jorgenson(2001)在就职仪式上明确强调了信息技术对20世纪90年代后期美国经济复苏的影响(Iordanis Petsas,2003)。①

制约我国工业结构优化升级既有专有技术落后的影响,更有共性技术滞后的掣肘。共性技术的研发和推广,能使我国真正快速走上"科技含量高、经济效益好、资源消耗低、环境污染少"的新型工业化道路。共性技术自主创新,可以说抓住了我国工业结构优化升级中遇到的主要矛盾,有助于调整企业产品结构、技术结构,最终使我国摆脱工业产品结构性过剩与结构性短缺的困局。

1. 共性技术自主创新促进工业结构升级的微观作用机理

共性技术是企业专有技术的技术平台,共性技术平台搭建的好坏直接决定企业产品结构的合理性。企业专有技术的开发,在很大程度上依赖于共性技术平台。而专有技术的发展,一方面,促使企业新产品的涌现,使企业产品结构更趋合理;另一方面,完善了企业工艺流程,改善了产品的性能,节约了成本,这些均是工业结构升级的重要表现。

① 据OECD(经济合作与发展组织)有关资料记载,美国在信息生产设备和软件上的投资从1987年的29%增加到1999年的52%。

共性技术的研发,在一定程度上降低了企业专有技术自主创新的风险。企业专有技术自主创新存在两种不确定性:市场的不确定性和技术的不确定性。前者是指新产品的性能表现能否满足市场需求,或者新工艺技术带来的成本降低能否将企业单位成本降低到可以实现市场渗透的目标水平,而这种不确定性的降低在一定程度上取决于企业自主创新的基础平台——共性技术平台。后者是指企业技术开发过程成功与否,面临许多不确定因素。共性技术问题如未解决,企业专有技术的研发可能会延续很长时间或者根本没法取得成功,这将增加企业投资的机会成本,最终导致企业专有技术自主创新的动机受到严重影响。

如自 1996 年以来,我国连续多年成为世界钢铁生产大国,但一直以来并没有成为钢铁生产强国,我国在出口大量低端钢铁产品的同时,却大量进口国外高档钢材。2004 年我国进口钢材中,90%为冷轧薄板、镀锌板、不锈钢板、冷轧硅钢片、石油管等高附加值板管材产品。然而,我们进一步研究发现,2004 年是我国钢材净进口首次出现下降的一年,这部分归功于 20 世纪 90 年代我国对钢铁工业共性技术的研发与推广。自 20 世纪 90 年代以来,我国钢铁工业在连铸技术、高炉喷煤技术、高炉一代炉役长寿技术、棒线材连轧技术、流程工序结构调整综合节能技术和转炉溅渣护炉技术等关键共性技术进行自主创新与运用方面取得重要进展,从而为企业从微观上改善产品结构、节约成本、降低能耗、提高产品质量打下了坚实基础。据王晓齐、李忠娟(2004)估计:2000 年因连铸比提高,相应的成材率提高,扣除相应废钢减少的价值,节约成本 95 亿元;因高炉喷煤比例提高,节约成本 11 亿元;因连轧技术运用,节约成本 14 亿元;因采用综合节能技术、清洁生产措施,节约成本 356 亿元。同时,因国内共性技术自主创新能力增强,采用国产设备使企业投资成本大幅度降低。

又据相关专家介绍，催化剂技术是现代化学工业、建筑工业、环境保护的关键共性技术。美国国家科技研究委员会催化剂专家组调查表明：化学工业90%的工艺过程中60%以上的产品与催化剂有关。研究表明：催化剂产生的价值，一般是本身价值的500～1000倍，例如运用合成氨催化剂技术生产的产品是其自身价值的2000倍。而制约我国生物化学领域发展最关键的技术就是催化剂——酶，如今在我国企业许多产品的生产中，“酶”都依赖进口，生产对外依存度过高，严重制约我国生物化学领域产品结构的改善。

2. 共性技术自主创新促进工业结构升级的中观作用机理

共性技术自主创新可以从两个方面改变工业结构。一是从行业内部影响并改变工业结构。共性技术的研发与应用，改变企业专有技术自主创新平台，降低了企业技术创新的不确定性，使企业可以开发更多的新产品。而多个企业产品结构的改善，提升了整体工业加工水平，推进工业结构向合理化、高度化方面发展。二是从外部影响工业结构。共性技术的发展，可能将导致新兴行业产生。

如蒸汽动力技术被认为是典型的共性技术，瓦特蒸汽机的发明，大大地提高了能源的利用率，使英国纺织工业迅速发展，使运输、采掘等各种工业发生了革命性变化，完全改变了工业革命之前手工业的面貌。可以说蒸汽动力技术的运用开创了现代工业的先河，建立了整个世界工业体系。又如福特始建的流水线生产工艺，对各种生产要素进行重新配置，从而为汽车走向普通家庭打下坚实的技术基础，这一创新为此后美国汽车工业在世界上多年的领袖地位奠定了基石，并且影响了整个世界工业化进程。

又如在未来新型材料技术中，纳米技术的使用将在广泛的工业领域内改变机械、电子和产品组成成分的热物理特性，从而可能找到性能更加优良的材料，开辟新兴行业。如在基础领域研究发现激光具有优良性能，经过开发，激光技术找到了广泛的应用空间。如今激光技术已应用到医学、国防、航空航天等多个领域，也就诞生了激光这一新兴行业。

3．共性技术自主创新促进工业结构升级的宏观作用机理

从整个社会来看，企业如同整个经济的细胞，企业这个细胞的好坏决定了经济能否良好运行，企业产品结构的改善，能耗的降低，成本的减少，技术水平的提高，将促进整个社会工业结构优化升级。产业共性技术与企业专有技术之间的关系，如同“水涨船高”，共性技术创新打造了企业专有技术发展的更好技术平台，将使社会资源重新配置，环境得以保护，使我国在国际分工中的地位得以提升。

一国共性技术自主创新能力强，将大大提升该国在国际竞争中的地位。如集成电路是微电子技术领域的关键共性技术。20世纪70年代，在美国的压力之下，日本被迫开放国内计算机市场和半导体市场，企业完全暴露在激烈的国际竞争环境下。同时，美国公司经常在日本进行激烈的价格竞争，日本企业生存空间逐渐缩小，计算机生产厂家市场份额逐渐降低，更为紧迫的是IBM在开发高性能计算机，严重威胁到日本生产厂家生存和未来在世界计算机工业价值链中的地位。面对严峻的现实和可以预见的未来激烈竞争，1976—1979年，由日本通产省组织的以富士通、日立、三菱、日本电气、东芝等五大公司为主体，联合日本工业技术研究院电子综合研究所和计算机综合研究所，共同实施了超大规模集成电路(VLSI)项目。该项目主要关注对所有成员都有用的共性技术和面向未来不需要利用企业现有知识的基础技术。VLSI项目实施4年，获得1000多项专利，大大提升了成员企业VLSI的制造技术水平，使日本企业在迅速扩张的VLSI芯片市场上抢得先机。1986年，日本企业在半导体产品市场中取得45.5%的世界市场份额，高于美国的44%，成为世界最大的半导体生产国；1989年，在世界存储芯片市场，日本企业取得了53%的份额，而当年美国企业所占份额仅为37%。日本在超大规模集成电路方面这一共性技术创新，使日本企业在微电子和半导体领域持续保持强势国际竞争力(Sakakibara，1993；方厚政，2006)。

20世纪80年代末90年代初，美国面对日本在半导体领域、计算机领域与汽车领域咄咄逼人的竞争态势，成立了半导体制造技术研究联合体(SEMATECH)，实施了先进技术计划(ATP)，支持高风险高回报的前瞻性共性技术研究，从而对美国经济后来的强势增长起到功不可没的作用。

4. 共性技术促进工业结构升级的乘数效应

共性技术作为一种竞争前技术，在多个方面为企业节约了成本，提高了企业的附加值。共性技术开发成功使企业能在其基础上进行众多的专有技术开发，一方面增强了企业开发专有技术的信心，增加专有技术成功的可能性，为微观企业提供了更大利润空间；另一方面，共性技术的研发节约了企业研发的机会成本。一般情况下，单个企业限于财力、研发设备和人力资源方面的因素，对共性技术研发需要较长时间，而且从基础研究到专有技术开发之间存在难以跨越的共性技术开发障碍，增加了企业专有技术开发不确定性因素以及市场不确定性。

对共性技术这一特性我们可以采用共性技术促进工业结构升级乘数表示，此处的乘数指某项共性技术的提升使整个国民经济的增加值是该项共性技术研发支出的倍数，即：乘数＝某项共性技术使用带来的国民经济的增加值/该项共性技术研发总支出。共性技术使用带来的国民经济的增加值主要包括因共性技术开发给相关企业或行业带来的增加值的间接增加额，以及企业在无共性技术条件下开发专有技术的机会成本等；共性技术的技术研发总支出是指该项共性技术开发过程中从投入最后到成功的一切费用。

第二节 专有技术、共性技术与我国技术创新体系的运行

一、专有技术、共性技术与累积创新

自熊彼特（1934）提出"创造性破坏"的论述来研究创新问题，到后续的经典文献作者 Arrow（1962）、Nordhaus（1969），以及沿着这一思路的众多经济学家，都是在孤立创新的框架下分析相关问题。总体上看，这些研究文献都只是注意到了孤立创新，而没有考虑累积创新框架下前期创新者对后期创新者的正外部性或溢出（纵向溢出）效应。然而，在现实中，各种技术的研发活动并不一定是相互孤立的，研究和创新活动往往是具有累积性的。创新相互之间可能彼此依赖，后续的研究活动直接是对先前发现的改进或应用。

具体地，本课题中技术创新的累积性是指，上游共性技术（常常是关键或核心技术）不仅具有直接的市场价值，并且还是进行下一阶段技术创新的中间产品或研究工具，正如 Scotchmer（1991）指出的，"大部分创新者站在巨人的肩膀上"。企业只有掌握上游技术，才能自主开发出下游的专有技术。这里，下游的新技术可以理解为更具应用性、贴近市场型的技术。从现实情况看，大多数的技术创新与技术进步都是基于前人提供的研究基础。尤其在当代高新技术产业中，更新换代的频

率与速度加快，间隔时间趋于缩短，这些都有赖于前面创新者的贡献。例如，生物技术和医药行业中新药的研制，计算机软件行业中新软件的开发，在很大程度上源于前人提供的研究工具。在实证研究中，Arora(1997)发现，就具体产业技术而言，行业产品技术存在一定的差异，比如在电子及半导体行业，技术往往呈现出累积性的特点，而化工行业却呈现出累积性和离散性等混合特点。因此，在一般情况下，共性技术与企业专有技术之间存在累积性，对共性技术的掌握能促进企业专有技术的开发。失去上游共性技术的支撑，企业对下游专有技术的研发将变得困难。

二、以企业为主体的创新体系：累积创新框架下的分析

随着科技体制改革的不断深入，中国科技创新体系的转型和建设取得较大进展。改革开放前，中国科技创新体系为政府研究机构所主导，而这些机构都远离市场和生产体系。生产体系本身又为国有企业所主导。目前，创新活动则主要由企业承担，而且民营企业已经成为创新参与的主体，其中，中小企业成为一支重要的科技创新力量。改革开放前，中国的科研部门、高等院校与国家经济建设及产业发展严重脱节，导致大量科技成果不能转化为生产力，目前则初步形成产学研相结合的有效机制。改革开放前，中国科技创新主体是科研院所和高等院校，企业既缺少创新的环境也缺少创新的动力，目前则初步建立起以企业为主体、以市场为导向的技术创新体系和科学研究与高等教育有机结合的知识创新体系，以及社会化、网络化的科技中介服务体系。从科技创新完全由政府主导、缺乏活力，发展到市场化管理，相关个人和机构的积极性大为提高。

1. 我国技术创新体系的转型

1）企业逐渐成为创新活动的主体

在传统的科技创新体系中，政府研究机构和大学扮演着极为重要的角色，是科技创新活动的真正主体，企业只是一个生产单位，几乎没有研发活动。政府规划是这个体系发挥作用的关键，生产所需的大量技术都通过进口取得。改革开放后，由于市场竞争机制的不断引入，中国的创新体系发生根本性转变，企业和科研机构有了越来越大的自主权，政府虽然还是技术创新的发起者、组织者和推广者，但企业、科研院所和高校在创新中的作用大大增强。政府通过许多措施建立起较为完整的技术创新支撑服务体系，同时，开始注重通过立法、政策手段来推动技术创新。

2）高校和研究机构与企业的联系更加紧密

改革开放以来，高等院校从单纯的教学单位转型为科技研发与创新主体之一，其所申请的专利已占国内专利比重的 1/3 以上。高等院校还积极与企业建立联系，逐步形成多样化的产学互动关系，创造出许多与发达国家不同的新型产学合作模式与成果。如，高等院校以“有偿契约”“建立产学联合研究中心”“组织建立科技产业集团”“参与企业技术升级与管理机制改革”等方式，运用自身力量协助科技产业从“量”与“质”方面进行双重转变，同时运用政府的扶持措施，进行企业之间的科技信息重组与交流。科技企业也越来越重视科学技术研究开发的部署，以与高等院校进行研究开发合作为提升自身技术创新能力的主要途径之一，视高等院校为重要科技资源和研发外包合作伙伴。这也使得大学从事科技研究开发活动的资金来源呈现多元化。

3）创新外部环境逐渐改善

改革开放后，我国除持续推动实施科技计划，促进高等院校与科技产业间的结合外，同时也以“官、产、学、研、金合作”的形式合作兴办40余家“大学科技园”，带动整体科技产业结构转变。高新技术园区的建立促进了区域创新体系的形成，是促进高新技术产业发展的重要引擎。2007年，国家高新区所属企业达到5万家，营业总收入52840亿元，实交税金2452亿元，出口创汇1611亿美元。国家高新区已成为最具活力的高新技术产业基地和技术创新基地。为解决新兴科技型企业融资难的问题，1986年国家科学技术委员会等发起建立国内第一家创业投资公司，2004年中国证监会批准在深圳证券交易所设立中小企业板。财政税收资助、金融资助等多层次创新资助体系逐渐形成。以科技企业孵化器为中心的技术创新社会化服务体系也正在形成。技术市场发展速度惊人。技术交易的内容和形式不断丰富，从科技成果的转让、技术服务和咨询发展到技术承包、技术培训等，并出现了技术入股等新形式。

2. 我国技术创新体系的组成与运行

在前文提出的累积创新框架下，可以清楚地理解创新体系各组成部分在体系中的地位和所发挥的作用(具体可参见图3-4)。

1）企业的地位和作用

在市场经济条件下，企业成为市场竞争主体，当然也就要求企业同时必须成为技术创新主体。企业作为技术创新主体，首先是技术创新的决策主体和投入主体。企业根据自身实力，分析把握市场需求，寻求技术机会，自主决策技术创新的方向和项目，付诸实施。企业作为技术创新主体，当然也应该是技术创新的利益主体和风险承担主体。企业追求经营利润，选择技术创新，企业技术创新的目的就是获取更大利润。这点也恰恰体现了企业技术创新的动力所在。所以技术创新的收益理所应当归自主决策、自行投入并付出创新努力的企业。作为利益主体的企业，自然也是风险承担主体。这就是说，不论是因为内部或外

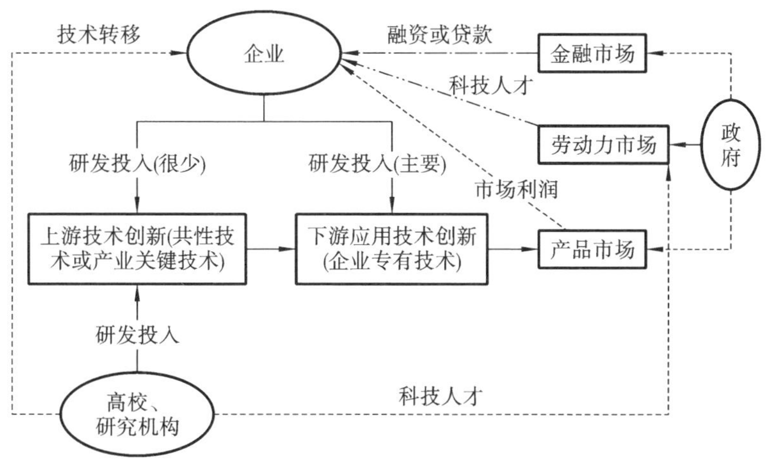

图 3-4　我国以企业为主体的技术创新体系

部的因素，还是由于市场或技术的原因，一旦导致创新失败，企业就要承担由此造成的全部损失。

在累积创新环境下，共性技术的研发成本大、风险高，直接的市场应用价值低、技术溢出效应大，作为技术创新的决策主体、投入主体、利益主体和风险承担主体的企业，在实现利润最大化的原则下，必然会尽量避免投入大量研发资源到共性技术中去；专有技术处于技术创新链条的下游，研发成本较低，创新风险小，直接市场应用价值高，企业间技术溢出效应小，企业通常倾向于研发该类技术。

2）高校与研究机构的地位和作用

高校与研究机构作为两个重要的公共科技部门，都拥有丰富的科技资源，科技实力比企业要强，更善于对上游的基础性技术和共性技术进行技术突破。然而，高校与研究机构并非营利机构，对市场需求信息难以有效收集。这样，与企业密切联系，与企业不断进行资源、利益、风险和信息的交换，就成为高校和科研院所的必然选择。这种产学研之间的合作原则，主要表现在“优势互补、利益共享、风险共担、共同发展”方面，发展目标与方向的一致性上，以及各方的共赢度上。

在产学研的联结下，企业根据市场的需求动向确定需要研发的专有技术，而技术溢出效应更大、成本更高、创新风险更大的上游共性技术，则可交给科技实力更雄厚的高校和研究机构进行创新，而公共科技部门也不必盲目地进行技术创新而浪费公共科技资源。因此，在理想的合作模式下，企业可通过整合各方的优势资源来提高自主创新能力，结合市场需求所获得的利润和科技成果转化所获得的利益，对技术创新活动进行再投资。

高校以及科研机构还通过向人才市场输送大量科技人才而间接支持了企业的创新活动。科技人才通过进入企业内部的研发机构，不仅能够加强产学研之间的合作和联系，而且提高了企业的技术创新能力和技术吸收能力，促使企业更有效地利用科技部门转移的共性技术。

3）政府在创新体系中的地位和作用

由于信息的不对称以及科研项目开发前景的不明确，企业与其他实体之间的交流与合作并不总是顺畅。配套服务平台将信息和资源输入企业，但很难直接从企业得到收益；银行和投资机构为技术创新企业注入科技资金，但不能保证投资的未来收益。最终导致这类投资机构一般很难主动、自愿为技术创新项目注入资金。因此，这些实体与企业之间难以建立联系或联系容易破裂，危害到创新网络的稳定性。政府的恰当介入，如财税政策及相关激励措施的制定等，从某种程度上能增强和调节企业与这些实体之间的关系。由此，我们认为企业技术创新体系的成功，主要取决于先进的利益、风险分配机制；同时，还需要政府的调节控制机制作为保障。

三、我国创新体系的运行障碍及其对企业技术创新的影响

1. 现代企业制度还未完全建立，企业技术创新的动力不足

在市场竞争压力下，企业自行对市场信号和制度安排做出技术创新的决策和行动，是技术得以持续创新的良性机制。在政企不分、产权不明的情况下，企业高管人员会有迎合政府偏好的倾向，大多不会选择技术创新战略。因为创新不是政府交办的"硬任务"，不如扩大规模、增加产量、保持生产速度更能立竿见影，并令主管部门满意。同时，改革开放释放出了众多的市场机会和政策机会，掌握市场机会和政策机会是企业获取短期经济利益的捷径。一个企业如果能够获得进口或者出口配额，能争取到土地的批租，能获得企业上市的原始股，能获准进入某些新兴领域，一般来说，肯定是可以出小力赚大钱的。强大的利益诱惑吸引着许多企业将大量的资源投入到政策空档的攻关上，而不会选择投入到高风险、长周期的技术创新上。

2. 产学研直接存在脱节现象，企业难以获取所需的共性技术

搞科研是科技系统内部的事情，生产是企业的事，两者之间缺乏紧密的横向联系。结果是科研院所和高校大量的成果找不到商业化厂家而被束之高阁，企业却缺乏科技资源进行新产品研发和改进技术。这一方面造成大量科技人才和资源的浪费，另一方面又迫使许多企业不得不走重复引进的老路。

3. 缺乏创新收益的内部化机制，企业停留在低水平模仿阶段

不仅上游的共性技术存在纵向技术溢出效应，企业的专有技术也存在横向的技术溢出效应，创新活动的私人收益小于社会收益，意味着企业缺乏主动技术创新的动力，而倾向于对其他企业进行低水平的模

仿。作为确保创新私人收益得到保障的重要制度，我国的专利保护政策起步比较晚，1979 年起开始制定《中华人民共和国专利法》，并先后于 1992、2000、2008 年经历了三次重大修改和调整，正处于不断发展和完善中。尽管国内专利保护水平得到逐渐提高，但仍未达到阻止企业进行低水平模仿的程度。

4. 风险投资机制发育不全，科技型中小企业缺乏技术创新的资金支持

在我国，中小企业已经成为技术创新的生力军，每年约 80% 的新产品由中小企业创造，65% 的发明专利被中小企业获得。发展科技型中小企业最大的问题是融资问题，创新型企业的不确定性与银行的审慎经营原则不相符合，这使它们很难获得银行贷款支持。而科技开发周期长、投资较大、风险较大，财政巨额投入又使政府难以承受。从发达国家发展的历史来看，科技型中小企业主要是依托风险投资发展起来的。

第三节 技术创新链与科技成果转化和产业化

随着国家间的竞争日趋激烈，创新成为提升一国经济实力和实现长期增长的唯一不竭动力。而科技发明和科研成果，只有转化为现实的生产力，才能产生经济价值并对社会发展产生巨大的推动作用。然而，由于我国创新体系还不完善、科技资源分散、科技中介机构不规范等问题尚未解决，束缚着技术链与产业链的进一步融合，“科技”与“经济”两张皮的现象突出。目前我国的科技成果转化率在 25% 左右，真正实现产业化的不足 5%，与发达国家 80% 的转化率差距甚大。

一、基于技术创新链的科技成果转化过程分析

从资源配置角度来看,一项科技成果从项目选择到实现产业化的完整的技术创新链的形成和演进过程实质上是综合资源的优化配置过程(林淼等,2001)。科技成果转化的过程是技术链、产业链和资金链结合并实现优化配置的过程,技术创新链(包括技术链和产业链)是创新的主线,在科技成果转化中发挥着关键的作用,所以本章基于技术创新链分析科技成果转化的过程。

(一)科技成果转化和产业化的技术经济过程分析

在《中华人民共和国促进科技成果转化法》中,科技成果转化是指为提高生产力水平而对科学研究与技术开发所产生的具有实用价值的科技成果所进行的后续实验、开发、应用、推广直至形成新产品、新工艺、新材料,发展新产业等活动。国外学者一直在探索科技成果转化的过程,但目前还没有一致的定论,至今已发展出五种创新过程理论:技术推动型、市场拉动型、耦合模式、一体化模式和网络模式。在现实中,由于不同产业的差异性和创新过程的阶段性,这五种创新过程以不同形式存在着(Rothwell,1992,1994)。基于技术创新链,科技成果转化过程需要经历研究开发、生产实验、商业化和产业化三个阶段。

图 3-5 中的曲线是各类资源在科技成果各个阶段的供给状况。在研究开发阶段,从项目选择、基础研究、应用研究到实验开发,不仅具有科研优势的大学、科研院所投入大量的研发人员和经费,而且政府以及部分风险基金给予了一定的支持,使得技术链上的研发人员、经费、集成能力等综合资源的供给较高,往往能够产生较多的科研成果。在商业化、产业化阶段,基于可预期的经济收益,大企业以及社会资本投入

了大量的资源，使得在产业链上的市场开发、综合经营、批量生产等方面的资源供给达到最高，从而具有良好的市场前景。然而在技术链与产业链的中间实验、工业性实验阶段，由于投入高，并且具有较大的风险和不确定性，以中小企业、高成长型企业、风险投资等为主要来源的资源供给较低，往往不能满足生产实验的资源需求，从而导致技术链上的科技成果无法顺利地实现产业化，即技术链与产业链之间产生了断层。

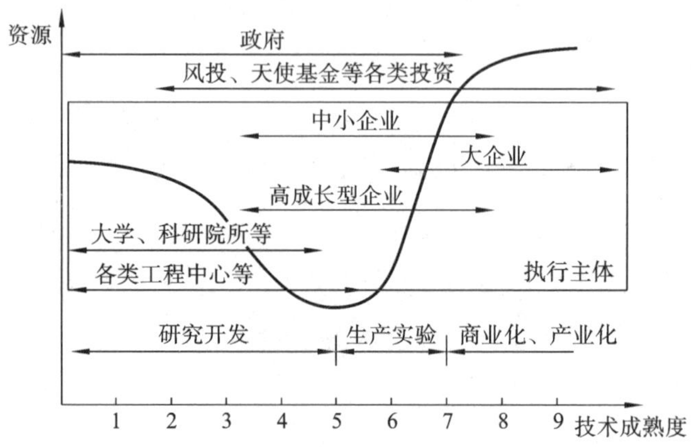

图 3-5　技术创新链各阶段的资源供给和需求关系

在科技成果转化和产业化的整个过程中，技术链、产业链和资金链三者之间存在的结构性失衡正是导致科技成果转化不畅的根本原因。一方面，在良好的研发资源支持下，科研机构形成了较多的科研成果；另一方面，在充足的市场资源支持下，企业界具有极大的可直接进行产业化的技术需求。而在较多的科研成果和可直接进行产业化的技术之间却严重缺乏资金、人员等科研资源的支撑，甚至缺乏执行主体，使得科技和产业脱节，大量的科研成果被闲置，科技优势无法顺利转化为生产力。

（二）科技成果顺利转化的途径分析

从科技成果产业化过程中的资源供给和需求关系的分析中，我们发现技术链、产业链和资金链供需之间存在着结构性失衡，因此要促进科技成果顺利转化，提高科技成果转化率，着力点在于通过资源的优化配置以缩小技术链和产业链之间的距离，最终实现技术链和产业链的有效对接。基于以上分析，可以得出以下三种思路（见图 3-6）。

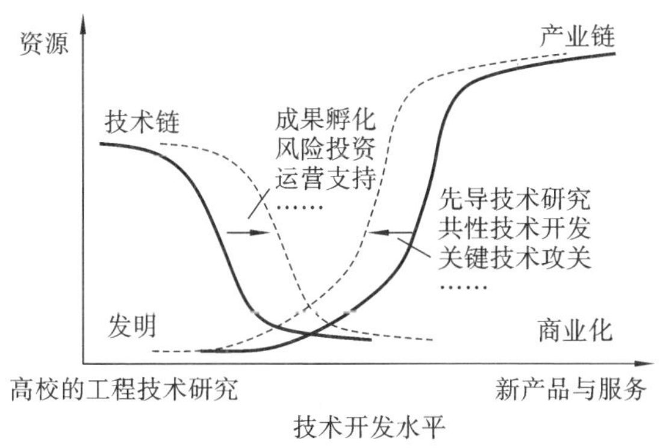

图 3-6　科技成果转化过程中技术链和产业链对接途径

（1）将技术链供给曲线向产业链供给曲线延伸，高校和科研院所等科研机构不仅进行研究开发工作，而且参与科技成果的生产实验、商业化和产业化阶段。

（2）将产业链供给曲线向技术链供给曲线延伸，产业化主体即企业不仅进行一般的产品的生产和经营，而且积极创造技术或与新技术进行对接。先导技术研究、共性技术开发、关键技术攻关是企业主动进行技术创新的积极尝试。

（3）通过组织创新，实现技术链供给曲线与产业链供给曲线的搭接，通过中间组织有效连接科研机构和企业，为科技成果转化提供部门和系统的服务支撑。

二、基于技术创新链的科技成果转化的经验分析

基于资源禀赋、历史文化差异,不同的国家或地区在促进科技成果转化方面有不同的特点。美国是一个高度市场化的国家,技术的研发以市场为导向;日本政府干预较多,形成"官产学研"合作转化机制;以色列一跃成为世界经济与科技强国,得益于特别注重人才的培养,坚持科技兴国的战略和宽松的法律政策环境;我国台湾地区促进科技成果转化的主要载体是工业技术研究院;英国制定"联系计划""知识转移合作伙伴计划""法拉第合作伙伴倡议"等鼓励科技界与产业部门合作(Bozeman,2000;迟宝旭,2005;刘治平,2006)。

尽管各有特色,但各国在实现创新过程中存在一般规律:基于技术创新链,创新活动的参与者(高校和科研机构、企业、科技中介机构、政府)不断延伸所属技术创新链阶段,实现技术链和产业链的衔接,以解决结构性失衡问题。

(一)以高校和科研机构为主体由技术链向产业链延伸

(1)设立专门的技术转移机构,为高校和科研院所的科技成果提供专门的技术转移服务。技术转移机构是美、日等国实现成果转化的主要措施之一,政策法规明确规定设立技术转移机构,提供技术评估、专利申请、联系企业、签订技术转让合同、转让费分成整个过程的全套服务。

(2)注重与企业合作研究,以市场为导向的研发能够提高科技成果转化的成功率。通过进行大学、科研机构和企业的合作研发和委托研究,可以充分发挥高校、科研院所的研发能力和企业的市场资讯、商品化优势,实现有效的成果转化(Lee,1996)。

（3）建立大学与企业的双向人才流动机制，鼓励师生创业，为科技成果转化提供相匹配的人才支撑和创新氛围。一方面大学支持高校教师到企业兼职，学生到企业实习或毕业之后就业；另一方面，企业的员工可以到高校进行培训、深造。此外学校还鼓励师生创业，教授出去创业，一般都可以请1～2年的学术假，停薪留职，之后可以回来继续任教；同样地，学生出去创业也可以保留学籍（比如斯坦福大学）。

（4）依托著名大学设立科技园区，打造集聚创新优势，形成高效的科技成果转化平台。比如美国依托斯坦福大学建立的硅谷科技园、依托哈佛大学和麻省理工学院等建立的128号公路科技园，英国依托剑桥大学建立的剑桥科技园。

（二）以企业为主体由产业链向技术链延伸

（1）设立技术研发机构，通过开展直接面向市场的应用研究，提高科技成果转化率。美国和日本的科技人才和科研经费的70％以上都在企业，企业拥有最强大的科技开发力量，可以实现研究开发、生产实验、商业化、产业化的内部一体化，保证技术创新链的完整性。

（2）主动与高校和科研院所的技术转移机构对接，引进国内外先进技术，加快科技成果转化步伐。企业进行技术研发投入成本高且存在技术风险和市场风险，企业经过研究认为某项技术或产品具有较好的发展前景，在自身技术能力有限或研发成本较高时，可以对该技术或产品进行引进，从而更快地占有市场，实现利润。

（3）建立企业技术联盟，通过企业间优势互补，实现科技成果转化的规模经济，降低科技成果转化风险。由于中小企业占所有企业总数之比重超过九成，厂商单打独斗或小规模结盟，研发能力普遍不强，为了提升其产业研发能力与技术水平，可与区域内较为集中的同行业企业或者在技术上具有互补性的企业结成联盟，由企业主导研发方向，高校、科研机构提供技术支援，有效地突破技术创新阈值，更快地获得新技术和市场。

（三）以科技成果转化中介机构为依托架起技术链和产业链的桥梁

（1）注重搭建不同类型的科技服务中介机构，满足科技成果转化过程中的专业服务需求。国外的科技中介机构运行规范、专业化强，不同类型的机构形成了完善的科技中介服务体系，包括技术代理、技术交易、孵化平台等方式。技术代理中介提供包括技术贸易、技术转移、技术咨询、技术评估作价、专利服务、法律服务等在内的涉及技术转化实施过程的技术经纪服务。技术交易服务为供需双方搭建线下和线上的技术信息交易平台。孵化平台包括两个方面：一是孵化技术，对未成熟的技术进行二次开发；二是孵化企业，通过建立新公司将发明人的技术或者想法转化为现实生产力，包括企业孵化器、大学科技工业园区等。

（2）以工研院（工业技术研究院）为代表的综合性科技成果转化平台，能够满足科技成果转化的“一体化”需求。较为典型的成功范例就是我国台湾地区的工业技术研究院（Hsu，2005；Jan 和 Chen，2006；陈鹏等，2010），从创新研发、人才培育、智权加值、衍生公司、育成企业、技术服务与技术移转等过程，对台湾地区产业发展产生了举足轻重的影响。具体表现如下。一是成立了产业经济与趋势研究中心，研究经济与产业发展趋势，秉承着“不做基础研究，不与企业竞争”的原则，专注于共性技术研究，研究开发的重点是前沿实用技术，为产业提供服务。二是通过工研院衍生公司、技术转移机构和孵化器三种平台实现成果转化。当某个研究项目取得了成果，如果该技术的产业不存在或者现存的企业没有能力将其商业化，可以选择建立衍生公司，也可以通过技术转移机构将成果转移到现存企业或者入驻孵化器进行技术或新公司的孵化。

（四）重视政府在科技成果转化中的宏观调控和引导作用

（1）建设立法和专项计划，为科技成果转化提供合理的法律保障和政策引导。政府的法律作用表现在三个方面：一是保障参与者的利益，规定了大学或研究机构拥有知识产权，并允许进行独家技术转让；二是法律具有强制性，规定政府对科技成果转化有介入权，如果取得研发成果的非营利研发机构对该成果不积极进行技术转移，政府在符合一定条件下，可将该成果所有权收回并授权予他人；三是法律对科技成果转化进行部署，要求设立技术转移机构，从事研发成果的技术转移。

（2）在关键环节通过提供直接和间接的资金支持，满足科技成果转化在资金瓶颈环节的需求。在科技成果转化的过程中，企业为追求利润最大化会投资商业化、产业化阶段，但研究开发阶段和生产实验阶段都缺乏资金的支持，所以政府应在基础研究、共性技术研究和中间实验环节给予经费支持。此外，政府还可以通过设立中小企业创新资金等方式支持中小企业的发展，为技术中介服务机构提供扶持基金，通过税收优惠等方式为科技成果转化的参与者提供间接经费支持。

（3）建立国家层面成果转化机构，综合部署和推进科技成果的转化。美国设立了国家级的技术转移机构，主要是“国家技术转让中心（NTTC）”，形成了由联邦实验室和大学研究机构、企业、专家网络以及6个地区技术转移中心组成的技术转移网络，有力地推动了科技成果的转化。

第四节
本章结论及对策建议

技术创新是工业结构升级的决定性手段，或者说工业结构升级是技术创新的逻辑终点。如何通过自主创新实现工业结构升级，最终走向全球产业链的高端，是我国学者、政府，乃至世界都在密切关注的问题。本章围绕自主创新与工业结构升级这一主题进行系统研究，所得主要结论和政策建议如下。

一、继续推进和确立企业在创新中的主体地位

企业是技术创新决策的主体、研发投入的主体，以及研发活动的主体和创新成果的享用主体；科研院所和高校主要从事基础性、理论性研究，为企业技术创新提供坚实的成果支撑；政府的职能是培育有效率的市场，进行战略指导、规划制定、政策引导，提供公共产品和服务。《国家中长期科学和技术发展规划纲要（2006—2020年）》提出，把建立以企业为主体、产学研结合的技术创新体系作为国家创新体系建设的突破口。这既符合技术创新的一般规律，也符合我国国情和建设国家创新体系的现实需求。

目前，我国的自主创新能力不强，对外技术依存度比较高，大多数企业发展仍处于依靠资源消耗进行外延式扩张的状态。我国企业创新能力不强，没有完全成为技术创新主体的主要原因在于市场机制尚不健全，政策环境尚不完善，技术创新还没有真正成为企业生存和发展的内在需求，没有成为企业获得竞争优势的主要途径。提升企业技术创新能力，关键在于进一步深化改革，消除影响企业技术创新的体制性障

碍，增强企业技术创新的内在动力，建立公平的市场竞争秩序，规制行政管理与市场之间的关系，构建完善的技术创新链，加强研发、制造、应用等环节之间的有机衔接，及时消化、吸收引进的国外先进技术，并实现自主创新。要加快建立规范的现代企业制度，引导更多的企业关注更加长远的技术投资和人力资本投资，推进知识、技术等要素参与收益分配。要完善企业内部管理机制，让经营管理者真正着眼长远利益，让知识和知识创造者得到真正的尊重，激发企业内在的创新活力。

二、提高产学研合作技术创新共建模式的运作成效

产学研研发联盟在美欧日等国家已行之多年，但在我国尚处于起步阶段。对我国来说，大力发展产学研研发联盟更具有特殊的现实意义。这一方面是因为，与发达国家相比，我国大多数企业在研发方面的自主创新能力非常薄弱，提高企业的自主创新能力尚需要长期的培育积累过程；另一方面，我国计划经济下形成的以科研机构和大学作为研发主体的科技体制，导致我国大多数高层次研发人才和大量先进的科研设施以及研发成果集聚在大学和科研机构，其服务于产业的创新潜能远没有得到发挥。因此，有组织地推进产学研研发联盟的发展，集产学研三方优势，共同开发产业关键技术和战略技术，是我国加强自主创新能力的一个重要战略途径。

企业与高校、科研机构信息不对称，以及科研项目开发前景的不确定性，使产学研的合作需要政府的协调和支持，主要包括以下几点。

首先是创新政产学研合作形式，解决合作中的资本“瓶颈”。合作形式与合作资本来源是制约合作发展的两大重要因素，也是达到合作目标的重要前提。在发展合作形式和解决资本短缺上，要着眼于长期合作，建立以资本为纽带，政产学研紧密合作的创新发展模式。一方面

要借助股份制公司型、合伙型、战略合作型和技术外包型等不同形式，来拓展合作空间；另一方面要组建新技术风险投资基金，由政府、金融部门、企业、公众机构和院校发起认购，建立有效的管理机构和投资操作制度，并在条件许可的前提下，争取上市融资。

其次是加大国家科技计划对产学研合作的支持。我国还应在现有政府科技计划框架内，对以产业化为目标的科技计划项目，更多地支持以产学研合作的方式来承担。根据国外的经验，企业决定和大学或科研机构建立研发战略联盟，很多时候是基于过去彼此有过良好的合作经历。因此，我国政府如果期待未来民间更多地自发形成产学研联盟，所有政府科技相关部门都应支持实施产学研结合的促进计划，强化产学研彼此间的合作联系，以期充分培育未来产学研联盟的种子。目前，OECD的成员国几乎都开展了支持产学研合作的国家科技计划，而我国迄今还没有一项专门支持产学研合作的计划或基金。由于缺乏有效的产学研合作平台，原本就不善于合作的我国企业，始终难以摆脱孤立和封闭研发的窘境。

再次，进一步将公共科技部门的科研导向从应用技术转向共性技术上。我国政府在20世纪80年代中期降低了对高校等公共部门的资金投入，经费投入不足致使许多高校都把大量的精力投入到中低水平技术的一般扩散上（如常说的“校办企业”），以解决自身的吃饭问题，高水平的技术创新成果不多。近年来，国家对高校和科研院所的基础性研发更加重视，并于1999年实行科研院所改制，使得现存科研机构大多从事基础性研究。根据相关数据可知，韩国高校在20世纪90年代早期对基础性研究的资金投入比重维持在40%左右。从一些发达国家或地区的经验看，我国台湾地区的“工业技术研究院”和韩国的“韩国产业研究院”都曾经向私人部门提供和扩散所需技术，为加速完成本国或地区的技术追赶阶段起到了重要作用(Lee, 2005)。只有高校注重市场无法提供的基础性技术，让创新能力逐渐提高的企业去开发私人完全可以提供的应用技术，才能让高校提供的公共研发发挥出更大的杠杆效应。因此，政府在向高校和科研机构拨款的同时应进一步引导高校(特别是重点高校)和科研机构加强对基础性研究的重视。

最后，高校、科研院所在用人机制上可以更灵活，通过研究人员流动的自我选择，一方面使得更安心于基础研究的人员留在科技部门，增强公共科技部门对基础性研究的重视；另一方面能让更偏好应用研究的人员流向企业，并随之提高企业的技术吸收能力，促使企业更有效地利用科技部门转移的共性技术。

三、完善对直接资助科研活动的监管

直接资助以及拨款给高校使其提供公共研发的政策，其有效性可能受到信息不对称下道德风险的约束。由于信息的不对称以及研究项目性质具有难以验证性，就给了企业和高校打“擦边球”的机会，受资助的研究者将补贴资金挪用到一些私人价值高、贴近市场的应用技术研发中，资助资金直接被挤出了私人研发，而政府难以清楚确定基础研究与应用研究之间的界线。这给我们的启示是，首先，政府应在事前科学确定需要扶持的项目，例如产业发展急需且投资风险较大的技术；其次，进一步完善政府拨款资助企业和拨款给公共科技部门进行研发活动的机制设计，加强对所确立研究项目的监管，确保公共研发资源投入到真正需要发展的项目上。例如，美国1993年出台了《政府绩效与结果法案》(GPRA)，以立法的形式确立了定期对所有资助的研究活动进行评估的制度。

四、循序渐进地加强专利保护政策

保护知识产权不仅是WTO规则的要求,更是我国自身发展的需求。可以说,没有知识产权保护,自主创新就是一句空话。我们要充分发挥知识产权制度的重要作用,激励自主创新、鼓励科技投资、优化资源配置、保护创新成果、维护竞争秩序。为此,要建立健全专利保护体系,营造尊重和保护专利产权的法治环境。

但加强专利保护不是无条件和一蹴而就的,应该结合我国实际情况来加以实施。前文的实证结果表明,国内企业的技术创新能力尚未跨过一定的"门槛",使得专利保护政策对企业创新活动尚未发挥出明显的正向促进作用。尽管增强专利保护可更有效地阻止技术模仿行为,但我国企业整体技术创新能力还不足以进行高水平的创新活动,以致更强的专利保护政策无法激励出更多的研发投入。这给我们的启示为:首先,应继续资助企业从事一些更基础性的研发活动,以提高企业的技术能力;其次,在完善我国专利保护制度的进程中,要适当考虑到我国的具体国情,专利保护强度需要循序渐进地、有步骤地提高,形成"以专利保护促进技术能力提升、提升的技术能力带动专利保护加强"的良性互动关系。

五、有选择地加大对共性技术或重大关键技术创新的扶持力度

增强自主创新能力必须大幅度地提高我国科技的原始创新能力,必须围绕国民经济社会发展的紧迫需求,对产业上游的关系到产业技术发展的共性技术和重大关键技术进行突破。目前,我国已在电力、机械、化工、造船等重要领域掌握了相当的核心技术,如大型水轮发电机组的设计、制造技术,高等级公路建设成套技术,大跨径桥梁和深水筑

港技术等关键技术，全氟离子交换树脂和工业离子膜核心技术，等等，打破了发达国家数十年的技术垄断。一些关键技术，如高压输变电技术、铁路重载技术、港口集装箱储运技术、氯化聚乙烯（CPE）成套生产技术、万吨级池窑拉丝技术等已达到国际先进水平。但从总体上看，大部分传统产业的发展仍然受到不少重大、关键技术的制约。如纺织行业依然受纺织机械数字化加工技术以及高性能、功能化纤维加工技术等的制约；钢铁行业受非高炉炼铁关键技术以及高质量、高性能钢材轧制与检测技术等的制约。为了加强原始创新能力和集成创新能力，对产业共性技术和关键技术进行攻关，一要调整国家科技计划和科技投入的结构，逐步提高基础研究投入的比重；二要建立国家实验室制度，通过机制创新促进大学和研究院所之间的结合；三要加强科技基础设施与条件平台建设，特别是要建立信息、数据、资源和大型仪器设备的共享机制。当然，在更基础的领域进行技术创新是一个高风险、高投入的活动，对所有高科技行业的关键技术都进行原始创新对于还属于发展中国家的我国而言，既不符合比较优势，也缺乏现实操作性，因而在原始创新的投入上必然是有所为有所不为，选择国际竞争必争的战略领域重点跨越。例如，我国的《国家中长期科学和技术发展规划纲要（2006—2020年）》确定了16个重点建设项目，即能源、资源、环境、信息、生物、新材料和航空航天等，这些行业的基本共同点是对整个国家产业发展具有关联性和带动性，甚至在国家安全上也具有战略性。因此，对这些领域关键技术的突破对于构建国家战略核心技术体系、引领产业结构升级具有重大意义。

六、基于技术创新链的科技成果转化和产业化的对策

本章结合我国的实际情况，参考国内外成功的经验，围绕产业链部

署创新链，围绕创新链优化资金链，为实现科技与经济的深度融合，加快科技成果转化和产业化步伐，特提出以下政策建议。

(1)政府宏观调控，保障创新活动参与者的权益，规范成果转化运行机制。成果转化向市场机制转变，大力简政放权，政府的主要作用是排除影响市场自由运行的障碍因素(如外部性等)，充分发挥高校和科研机构的作用，实现科技成果转化过程的规范化运行。

(2)建立健全科技中介服务体系，搭建技术链和产业链之间的桥梁。一方面规范现有科技中介机构的运行，完善科技企业孵化器中试验基地等科技与产业对接平台，提高服务质量和效率；加强各服务机构之间的相互联系与合作，建立中介服务机构的一体化服务机制，降低搜寻成本。另一方面着力构建以工业技术研究院为核心的科技成果转化体系，实现研究开发阶段—生产实验阶段—商业化、产业化阶段的整个技术创新链的完整演变，避免出现技术创新链的断层现象，提高成果转化的速度。

(3)开展多种形式的产学研合作，共同推进我国的科技成果转化。鼓励高校、科研机构和企业建立长期合作关系，鼓励以企业为主体，建立产学研技术创新联盟、知识产权联盟和产业联盟，加快科技成果转化；鼓励大学和企业建立双向人才流动机制，支持师生在职或在校期间创业，并给予优惠和激励。

CHAPTER 4

第四章

资源约束、环境规制与中国工业绿色转型

自改革开放以来，中国经济取得了充分的发展，这与中国工业部门的增长引擎作用是分不开的，但工业经济快速发展的同时，也带来了日益突出的资源耗竭和环境污染问题。当前中国已经从一个能源自给自足的国家发展成为石油对外依存度超过50%的能源消耗大国，其中工业部门的能源消耗占到全国总量水平的80%以上。巨大的能源消耗伴随着严重的环境污染，中国目前作为世界上碳排放量最高的国家，2012年的碳排放总量达到85亿吨，占全球总量的25%，这其中84%以上来自工业部门。显然，这种粗放外延式的工业发展方式长此以往将变得不可持续。中国如果不从根本上转变经济增长方式，能源将无以为继，生态环境将不堪重负。作为中国主要的实体部门经济，工业将成为中国经济绿色转型的首要目标，工业部门实现绿色转型，实质上是全面提高绿色全要素生产率对工业经济增长的质量贡献。

当前中国已进入工业化中期，随着重工业部门的迅速发展，对资源和能源的需求会进一步扩大，经济增长与环境质量之间的矛盾日益尖

锐，引起学术界的广泛讨论。自罗马俱乐部提出“增长的极限”理论后，对经济增长与环境质量之间的关系研究不断丰富，其中最具代表性的为环境库兹涅茨曲线（environmental Kuznets curve，EKC）。在对北美自由贸易区的环境效应研究中，Grossman和Krueger（1991）通过建立空气质量与人均收入的简单回归方程，发现环境质量开始随人均收入的增加而恶化，达到一定经济水平后，又会随着人均收入的不断提高而得到改善，环境污染与经济增长之间呈倒U形曲线关系。他们的研究首次挑战了经济增长一定伴随着环境恶化的观点，该理论提出后，得到了学者的广泛关注。随着研究的不断深入，国内外学者发现并非所有的研究都遵循倒U形曲线关系。EKC理论假说虽然为经济增长与环境质量关系研究提出了一个全新的角度，但其倒U形曲线关系并未达成一致结论。同时，根据EKC理论假说，如果经济增长是改善环境的最优途径，这很可能带来一定的政策误导，即盲目加速经济增长来改善环境质量，国家和地区的经济增长有可能会在拐点到来之前突破生态环境承载极限，而导致生态系统崩溃。可见，如何统筹资源环境与经济增长的协调发展，要建立在二者是否存在EKC关系的基础上。

中国工业经济发展实现绿色转型，就要在正确理解中国工业经济增长方式的基础上，实证检验中国工业经济的EKC理论假说是否存在。在现有相关文献理论基础上，本章首先采用包含非期望产出的SBM（slacks-based measure）方向性距离函数和GML（global malmquist-luenberger）生产率指数测算中国工业的绿色全要素生产率，在此基础上测算其对工业经济增长的贡献率，以之作为中国工业经济增长方式衡量的主要标准，并进行分组分析。同时，采用EKC模型，实证检验现阶段环境污染与中国工业经济增长的关系。如果确实存在倒U形曲线关系，那么加速环境质量改善拐点的到来，对更好地促进中国工业经济的绿色转型具有非常重要的理论和实践意义。

第一节
资源环境约束下的工业结构升级机制

本节将探讨资源环境约束的经济含义，并以技术、结构、制度这三个影响因素为纽带，来探讨资源环境约束下的工业结构优化升级的机制，为进一步深入研究资源环境约束下的工业结构优化升级提供理论依据。

一、资源环境稀缺性与边际成本递增

工业生产本质上是一个人类参与物质资源形态转化的过程，即将自然资源加工制造成可用于消费或再加工过程的产品，而且需要采取自然资源作为加工制造过程的动力的过程。因此，消耗自然资源是工业生产的必要条件。同时，工业生产过程还会产生废料，对自然环境产生影响，所以造成环境的改变也是工业生产活动的必然后果。问题是，无论是资源的消费还是环境的改变（特别是污染和破坏）都是有限度的。过度消费资源和破坏环境，不仅使工业生产无法持续进行，而且将破坏人类生存的基本条件（金碚，1994），因此环境和资源的稀缺性是推动工业（产业）结构不断向绿色化方向发展的直接动因。

工业革命以来，绝大多数西方国家通过工业化实现经济快速增长的过程，都付出了高污染、高能耗的代价。但是在当时的情况下，快速实现经济起飞，相较于保护环境和节约资源要重要得多，而且当时世界范围内的环境和资源问题远远没有现在这么突出。在众多西方国家完成工业化进程之后，全球环境已经受到很大程度的破坏，资源储量也变得更加紧缺。在这种情况下，环境保护的呼声越来越高，政府开始采用税收、许可证等方式将工业生产过程中造成的负外部性（环境污染）内生化，这直接导致高污染行业的边际成本大幅度提高。同时，自然资源（特别是能源）供给不足的问题也逐渐暴露出来，在市场机制的作用下，自然资源类原材料价格不断攀升，这无疑会引发高消耗（特别是高能耗）行业边际成本的大幅度提高。边际成本的提高会导致产量下降，这也就意味着，随着自然环境承载能力的不断下降，以及自然资源丰裕程度的不断降低，工业结构中高污染、高能耗行业的比例会逐渐下降。

工业结构的优化升级受部门劳动生产率、需求结构、供给结构、国际贸易和技术进步等因素的影响。由于资源环境的稀缺性，市场机制正是以技术、结构、制度等影响因素为纽带，迫使高能耗、高污染产业不断消亡，节能环保的新产业不断产生，构成了产业结构演变的形态。因此，资源环境约束下的工业结构优化升级实质上是建立一个节能减排的机制，促使个人、企业、政府积极参入资源节约和环境保护。

二、技术性节能减排的机制分析

从17世纪的产业革命开始，每一个新产业都是在技术革命或技术扩张的基础上形成的，可以说，知识积累和技术创新孕育了新产业的萌芽。每一次知识和技术的变化都会直接改变产业间的投入产出比例，使产业供给结构发生变化。同时知识和技术也改变了需求的结构，从而影响着产业的发展前景。

技术进步催化能源工业内部结构优化升级。首先，技术进步会提高可利用能源的总量水平。现代经济是建立在煤、石油、天然气、水电和核能等能源基础之上的，由于能源资源的稀缺性，人们需要利用技术进步找到更多的能源，才能从根本上缓解制约问题。科技进步可以提高煤、石油、天然气等传统能源的探明储量和供给水平，还可以通过发展生物能、太阳能等新能源提高能源总体供应水平；技术进步通过提高可再生能源规模化应用水平，降低可再生能源成本和企业需求，从而推动能源工业内部结构的优化升级。

技术进步推动非能源工业的结构升级。技术进步主要通过开发新技术、新工艺、新方法、新产品进行重组和改造，通过优势互补和嫁接，形成新的技术经济范式，促使产业出现不断融合的趋势，产业间界限变得模糊，产业结构呈现出知识化、技术集约化趋势，并不断迈向高级阶段。

首先，技术进步可以推动工业的母机——装备制造业的快速发展。装备制造业范围广，门类多，技术含量要求高，与其他产业关联度大，带动性强。它的发展将带动一大批相关产业的发展，它为各行业提供现代化设备，各行各业都离不开装备制造业。装备制造业作为技术密集型工业，万元产值消耗的能源和资源在重工业中是最低的。因此，通过知识和技术进步提升装备制造业技术含量是工业结构优化升级的重要手段。振兴装备制造业是调整工业结构的重要内容，不仅可以有效降低经济发展对资源和能源的消耗，也能为原材料工业的优化升级提供先进的技术装备保障。

其次，技术进步可促进工业企业节能降耗、增加效益和环境保护。通过推广应用智能技术、生产各工序和全线过程的自动化控制系统，企业用水、电、煤、原材料明显降低。通过推广污染排放主要生产线和关键设备自动控制技术，应用环境监测、污染源监控等信息系统，在冶金、电力、石化、建材、造纸等高污染行业，污染物排放得到最大限度的控制，重大污染物排放隐患得到有效消除。

最后，知识和技术催化新产业、淘汰旧产业，引领主导产业更替。一方面知识和技术催化新产品，形成新兴的市场，最终产生新兴产业，从外围使整个产业结构发生变化。另一方面,知识和技术通过过程创新,如新工艺、新设备及新的管理和组织方法,促使企业生产效率乃至整个产业效率得以提高,传统产业得以改造。而随着产品的技术生命周期走向成熟,社会需求得到满足,传统产业利润会逐渐下降,最终结果是传统产业的淡出,新的主导产业得以形成,从而整个国家的工业结构得到升级。

三、结构性节能减排的机制分析

在能源紧缺的今天,节能和提高能源效率,已经成了全球的共同目标。而令人担忧的是,中国能源效率在持续了20多年的提高后,从2001年起却逐步下降,长期以来,中国能源效率偏低的主要原因是经济增长方式粗放、高能耗产业比重过高。因此,转变发展方式、调整产业结构和工业内部结构成为能源节约的战略重点。结构因素是导致我国单位GDP能耗上涨的重要原因,在我国能源消费构成中,工业生产消耗的能源占能源消费总量的70%。所以,结构性节能成为我国实现节能目标的关键。

(1)能源工业内部的生产结构优化升级。从各国工业结构的形成过程来看,一国拥有的资源能源状况,往往是构成该国产业结构的主要因素之一。俄林的资源禀赋理论仍是大多数国家选择和确定产业发展的依据,新的、价格更为低廉的资源往往是促成新产业形成与发展的重要原因。以油代替煤的能源结构变化过程就是一个很好的例子。作为一次性能源的石油比煤炭的生产效率要高很多,燃烧热值也高,也更为清洁。从我国能源矿产煤炭、石油、天然气的资源结构看,按煤炭、石油、天然气地质储量折算成标准煤计算,2006年,我国煤炭查明资源储量折算标准煤8597.4亿吨,占我国能源资源总量的97.7%;石油剩余地质储量折算标准煤140.6亿吨，占我国能源资源总量的1.6%；天然气剩余地质储量折算标准煤65.8亿吨，占我国能源资源总量的0.7%。石油与天然气合计在我国能源资源总量中的比重不足3%，尽管这一比重自1980年以来还有所上升。因此，我国能源资源的禀赋结构决定了我国能源生产的结构。2007年，我国生产的能源总量为23.5亿吨标准煤，其中煤炭占76.6%，石油占11.3%，天然气占3.9%，其他非常规能源占8.2%；而这一年的能源消费总量为26.6亿吨标准煤，其中煤炭占69.5%，石油占19.7%，天然气占3.5%，非常规能源占7.3%。从总量上看，我国还存在着能源消费缺口；从结构上分析，在我国的能源结构中，中国煤炭占一次能源生产总量的比例一直居高不下，总是维持在73%左右，远远高于国际平均水平。更为严峻的是，煤炭的大量使用，带来了环境破坏和水资源污染，排出的大量二氧化碳影响全球气候的变化，给中国的经济社会发展带来了新的挑战。因此，实行能源多元化、清洁化是实现能源工业内部结构优化升级的必由之路。

(2) 工业内部的轻重比例结构优化。工业内部的轻重比例变动将会使能源的需求和消耗发生相应的变动。影响工业内部的轻重比例的主要因素如下。一是人均收入水平的提高引致的消费结构的升级。消费需求作为拉动经济增长的原始动力，其结构变化是引导和促进主导产业发展的首要因素。进一步看，消费结构变化又是由人均收入水平的提高引致的。二是部门劳动生产利用率差异。部门劳动生产利用率差异是劳动力在产业间流动的直接动因，劳动者追求较高收益的动机推动着劳动力从低收益部门向高收益部门流动，导致产业间就业结构和产业结构发生变动。

(3) 工业化的进程一般表现为轻工业化、重化工业化和高加工度化三个阶段。我国是一个有着13亿人口的大国，实践证明，重化工业化是我国工业化过程中不可逾越的阶段。但是发展重化工业与转变经济增长方式是并行不悖的。国际经验表明，我国完全可以缩短重化工业化的过程，快速步入以高新技术产业为代表的高加工度化阶段。其主要驱动力是环境保护和能源供给施加的压力以及技术进步给予的支撑力。例如，当前我国在航天技术、核能发电技术、数控机床制造技术、信息技术等高新技术产业领域，与发达国家之间的差距在逐步缩小，已初步形成较完整的高新技术产业体系。手机、程控交换机、显示器、彩电、激光视盘机等产量居世界第一位。因此，优化工业内部的轻重比例结构是实现结构性节能的重要途径。

(4) 三次产业结构比例优化。三次产业结构比例优化将会使能源的需求和消耗强度发生变动，并向着节约能源、提高能效的方向发展，最终达到结构的优化升级。产业结构的调整对能源强度的影响通过直接和间接两种途径完成，直接调整的途径是降低高能耗产业比例、增加低能耗产业比例。间接调整的途径有两个方面：一是通过产业关联，即降低某一高能耗产业产值比例可能会导致其上下游关联高能耗产业产值的降低，从而进一步导致能源强度的降低；二是通过居民对高能耗产品需求的减少而导致能源强度进一步降低。

(5) 国际产业分工结构优化。改革开放以来，随着对外开放程度的不断提高，我国逐步融入国际产业转移体系，成为承接国际产业转移最重要的国家之一。我国吸收国际转移的产业经历了从以劳动密集型的纺织服装、食品加工和低端消费类电子等行业为主，到以电子及通信设备、机械、交通运输设备、化学原料及化学制品等资本、技术密集型行业为主转移。跨国公司投资项目的大量进入，一方面加强了我国重化工业化的趋势，推动了我国工业结构的升级，另一方面出口仍以技术含量低、高能耗产品为主，这也加大了我国的资源环境压力，阻碍了经济的可持续发展。

(6)节能政策已成为我国转变贸易增长方式、优化产业分工结构、控制外贸顺差过大的一揽子政策措施的重要组成部分。国务院采取的一系列控制“两高一资”产品出口、加快转变贸易增长方式的节能减排的贸易举措,已取得一定进展和初步效果。但从政策的作用范围、协调性、稳定性看,还存在着进一步完善的空间,主要可从以下两个方面着手:首先,要着力填补贸易政策中有利于环保的政策缺位;其次,节能目标在分解给地方政府的同时,也应相应地分解给贸易部门和行业部门。

四、制度性节能减排的机制分析

制度性节能减排处于三个基本途径中的核心地位。通过节能减排的科学规划、加强监督考核等制度化建设,增强节能减排在工作上的前瞻性和规范性,使节能减排工作步入有序化轨道。好的制度设计还可推动技术进步,推动工业结构朝有利于能源节约和环境保护的方向转变,实现资源环境和经济社会的协调可持续发展。

完善的基础制度能最大限度地发挥市场机制的作用,市场机制能够产生节约的内在动力。外部性问题的解决思路是纠正市场的偏差和弥补市场的缺陷,而不是取代市场。概括来讲,就是建立一个有利于节能减排的完善的市场机制。就中国目前的情况而言,存在着较大的制度性缺陷,也没有取得市场化取向改革的认识上的统一。

合理的政策框架激励节能减排。从法律及标准、有效的经济激励机制、政府管制等方面构建政策框架,建立有效的经济激励机制是将资源管理等外部性问题内生到经济系统中的核心环节,能更好地发挥价值规律的调控作用。

好的社会环境有利于节能减排。在中央政策、地方政府、企业、公众等各个层面形成节约的良好氛围，提高资源忧患意识和环境保护意识，使全社会的资源节约、环境保护成为自觉的行动，形成全社会广泛参与的新局面。

第二节 工业经济增长方式的转变与测度

工业经济增长方式转变的衡量方法大致分两种：一种是学者直接采用工业绿色全要素生产率指数作为工业经济增长方式转变的度量指标；另一种是学者采用工业绿色全要素生产率对工业经济增长的贡献率作为判断工业经济增长方式转变的度量指标。

一、绿色全要素生产率的测算

自可持续发展概念被提出之后，学者尝试将资源和环境污染加入生产核算，提出绿色全要素生产率概念。当前国内外对绿色全要素生产率的研究均相当成熟，尤其近年来随着环境污染问题的日益严重，学者在实证研究上对绿色全要素生产率的运用进行不断补充。本章采用方向性距离函数与生产率指数相结合的方法，分别将能源和环境污染加入投入与非期望产出，对中国工业分行业的绿色全要素生产率进行测算。

构建绿色生产技术边界，是绿色全要素生产率测算的第一步。本章将中国工业每一个分行业视为生产决策单位（decision-making unit，DMU），假定每个 DMU 使用 M 种投入，在产出 S 种期望产出的同时，释放 J 种非期望产出，如果用 x、y 和 b 分别表示投入、期望产出和非期望产出，则绿色生产技术可以表示为：

$$P(x,y)=\{(y,b):x\text{ 可以生产 }(y,b)\},x\in R_M^+,y\in R_S^+ \quad (4.1)$$

绿色生产技术可以由参数的距离函数或非参数的DEA(数据包络分析)方法来求解,DEA方法不需要设定具体的生产函数形式,因此本书用DEA方法构建绿色生产技术:

$$P=\left\{\begin{array}{l}(x,y,b):\sum_{n=1}^{N}z_n x_{mn}\leqslant x_m,m=1,\cdots,M;\sum_{n=1}^{N}z_n y_{qn}\geqslant y_q,\\ q=1,\cdots,S;\sum_{n=1}^{N}z_n b_{jn}=b_j,j=1,\cdots,J;z_n\geqslant 0,n=1,\cdots,N\end{array}\right. \quad (4.2)$$

考虑到在实际生产过程中,工业各分行业面临不完全竞争市场、外部性等多种因素,因而生产很难达到最优规模。本书为更符合生产实际,将研究设定在规模报酬可变条件下,加上约束条件 $\sum_{n=1}^{N}z_n=1$。

Chung(1997)等人引入方向性距离函数,其基本思想是在最大化期望产出的同时,最小化非期望产出:

$$\vec{D}(x,y,b;\vec{g})=\max\{\beta:(x-\beta\vec{g_x},y+\beta\vec{g_y},b-\beta\vec{g_b})\in P\} \quad (4.3)$$

其中,$\vec{g}=(\vec{g_x},\vec{g_y},\vec{g_b})$ 是方向矢量,代表期望产出增加和非期望产出减少。在实际生产过程中,会出现投入过剩或期望产出不足等问题,因此为更准确测算绿色全要素生产率,Tone(2001,2002)提出非径向、非角度的slacks-based measure(SBM)测度方法,后经Fukuoka和Weber(2009)将其与方向性距离函数结合,得到SBM方向性距离函数:

$$\vec{S_v^t}(x_i^t,y_i^t,b_i^t,g^x,g^y,g^b)=\frac{1}{3}\max\left(\frac{1}{M}\sum_{m=1}^{M}\frac{s_m^x}{g_m^x}+\frac{1}{Q}\sum_{q=1}^{Q}\frac{s_q^y}{g_q^y}+\frac{1}{J}\sum_{j=1}^{J}\frac{s_j^b}{g_j^b}\right) \quad (4.4)$$

$$\text{s. t. } \vec{\lambda} X + s_m^x = x_{im}^t, x=1,\cdots,M$$

$$\vec{\lambda} Y - s_q^y = y_{iq}^t, y=1,\cdots,Q$$

$$\vec{\lambda} B + s_j^b = b_{ij}^t, b=1,\cdots,J$$

$$\vec{\lambda} \geqslant 0, \vec{\lambda} l = 1; s_m^x \geqslant 0, s_q^y \geqslant 0, s_j^b \geqslant 0$$

上式中，$\overrightarrow{S_v^t}$表示规模报酬可变条件下的方向性距离函数，若去掉权重变量加总为1的假设，则表示规模报酬不变条件下的方向性距离函数。(x_i^t, y_i^t, b_i^t)代表第i个生产决策单位在时期t的投入、期望产出和非期望产出向量。(g^x, g^y, g^b)为方向向量，分别表示投入减少，期望产出增加，非期望产出减少。(s_m^x, s_q^y, s_j^b)表示投入过多、期望产出不足、非期望产出减少的松弛变量。当生产决策单位的实际生产不存在松弛时，SBM方向性距离函数与传统的方向性距离函数是相等的。

global malmquist-luenberger(GML)生产率指数通过构造连续的生产面前沿，从而避免技术倒退或生产率被动提高等问题，同时还可有效解决在跨期测度中可能出现的线性规划无解的问题。为构造并分解GML生产率指数，需要首先设定两个生产技术集，用来计算距离函数，这两个生产技术集分别为一个同期的生产技术集和一个全局的生产技术集：

$$\begin{cases} P^t(x^t) = \{(y^t, b^t): x^t \text{ 可以生产 } (y^t, b^t)\}, t=1,\cdots,T \\ P^G(x) = P^1(x^1) \cup P^2(x^2) \cup \cdots \cup P^T(x^T) \end{cases} \quad (4.5)$$

其中，$P^t(x^t)$是同期的生产技术集，$P^G(x)$是所有同期生产技术集的联合，即全局生产技术集。

基于全局生产技术集的GML生产率指数可以表示为：

$$\mathrm{GML}^{t,t+1} = \frac{1 + \overrightarrow{D_0}^G(x^t, y^t, b^t; y^t, b^t)}{1 + \overrightarrow{D_0}^G(x^{t+1}, y^{t+1}, b^{t+1}; y^{t+1}, b^{t+1})} \quad (4.6)$$

该生产率指数可以分解为:

$$
\begin{aligned}
\mathrm{GML}^{t,t+1} &= \frac{1+\overrightarrow{D_0}^{t}(x^t, y^t, b^t; y^t, b^t)}{1+\overrightarrow{D_0}^{t+1}(x^{t+1}, y^{t+1}, b^{t+1}; y^{t+1}, b^{t+1})}\times \\
&\quad \frac{(1+\overrightarrow{D_0}^{G}(x^t, y^t, b^t; y^t, b^t))/(1+\overrightarrow{D_0}^{t}(x^t, y^t, b^t; y^t, b^t))}{(1+\overrightarrow{D_0}^{G}(x^{t+1}, y^{t+1}, b^{t+1}; y^{t+1}, b^{t+1}))/(1+\overrightarrow{D_0}^{t+1}(x^{t+1}, y^{t+1}, b^{t+1}; y^{t+1}, b^{t+1}))} \\
&= \frac{\mathrm{TE}^{t}(x^t, y^t, b^t; y^t, b^t)}{\mathrm{TE}^{t+1}(x^{t+1}, y^{t+1}, b^{t+1}; y^{t+1}, b^{t+1})}\times\frac{\mathrm{BPG}^{G,t}(x^t, y^t, b^t; y^t, b^t)}{\mathrm{BPG}^{G,t+1}(x^{t+1}, y^{t+1}, b^{t+1}; y^{t+1}, b^{t+1})} \\
&= \mathrm{GMLEC}^{t,t+1}\times \mathrm{GMLTC}^{t,t+1} \qquad (4.7)
\end{aligned}
$$

式(4.7)中,TE^t代表时期 t 的技术效率组成,$\mathrm{BPG}^{G,t}$是全局生产技术 P^G和时期 t 的生产技术 P^t之间沿方向(y^t,b^t)的最优生产实践差距。技术效率用 $\mathrm{GMLEC}^{t,t+1}$ 表示,代表与最佳生产前沿的距离,如果 $\mathrm{GMLEC}^{t,t+1}>1$,则代表 $t+1$ 时期生产向最佳前沿靠近,即生产更有效率;如果 $\mathrm{GMLEC}^{t,t+1}<1$,则表明与时期 t 相比,牛产在 $t+1$ 时期远离最佳生产前沿,即生产效率降低。$\mathrm{GMLTC}^{t,t+1}$ 代表 BPG 的变化,它提供了技术进步的一种新测度方法。$\mathrm{GMLTC}^{t,t+1}>1$,表示与时期 t 相比,$t+1$ 时期的生产技术更接近全局生产技术,换言之,$\mathrm{GMLTC}^{t,t+1}>1$ 代表技术进步,$\mathrm{GMLTC}^{t,t+1}<1$ 代表技术倒退。如果在相邻两时期没有投入和产出的变化,则 $\mathrm{GML}^{t,t+1}=1$;如果 $\mathrm{GML}^{t,t+1}>1$,则表明生产率增加;如果 $\mathrm{GML}^{t,t+1}<1$,则表明生产率降低。

二、工业经济增长方式转变的测度

本章沿用王兵和刘光天(2015)对绿色索洛模型的构造,工业第 i 个分行业在第 t 期的生产函数可以表示为:

$$Y_{it}=A_{it}K_{it}^{\alpha}L_{it}^{\beta}E_{it}^{\gamma} \qquad (4.8)$$

其中,Y_{it},A_{it},K_{it},L_{it},E_{it} 分别表示工业总产值、包含资源投入与非

期望产出的绿色全要素生产率、资本投入量、劳动投入量和能源总消费量。通过取对数,并对时间微分,上式可转化为:

$$1=\frac{g_{A_{it}}}{g_{Y_{it}}}+\frac{\alpha g_{K_{it}}}{g_{Y_{it}}}+\frac{\beta g_{L_{it}}}{g_{Y_{it}}}+\frac{\gamma g_{E_{it}}}{g_{Y_{it}}} \tag{4.9}$$

上式右边分别代表绿色全要素生产率以及资本投入、劳动投入和能源总消费量对工业经济增长的贡献率,用 ATY_{it} 表示工业第 i 个分行业第 t 期绿色全要素生产率对该分行业工业产出增长的贡献率:

$$ATY_{it}\equiv\frac{g_{A_{it}}}{g_{Y_{it}}}=\frac{(A_{it}-A_{it-1})/A_{it-1}}{(Y_{it}-Y_{it-1})/Y_{it-1}}=\left(1+\frac{\alpha g_{K_{it}}}{g_{A_{it}}}+\frac{\beta g_{L_{it}}}{g_{A_{it}}}+\frac{\gamma g_{E_{it}}}{g_{A_{it}}}\right)^{-1} \tag{4.10}$$

由于各工业行业的生产及排污特征不同,导致其经济增长方式大有不同,因此非常有必要在各工业行业经济增长方式衡量基础上,进一步进行聚类分析,以找出工业绿色全要素生产率贡献率的行业特征。因此,本章采用层次聚类法,利用工业分行业的绿色全要素生产率对工业经济增长的贡献率的面板数据,对工业行业进行分组。

本章采用中国工业分行业的面板数据进行绿色全要素生产率的核算,为保证数据的完整性和连贯性,参考《国民经济行业分类标准》,去掉"其他采矿业"、"工艺品及其他工业"以及"废弃资源综合利用业",采用2001—2011年36个工业分行业的面板数据进行绿色全要素生产率的测算,所有数据主要来源于相关年份的《中国统计年鉴》、《中国环境统计年鉴》、《中国能源统计年鉴》和《中国工业经济统计年鉴》。

在投入指标的选取上,分别以分行业能源消耗总量、固定资产净值年平均余额和从业人员年平均人数作为能源,将资本与劳动变量加入生产核算;在产出指标选取上,将工业总产值作为期望产出,对非期望产出的选取，考虑到不同类型的环境污染对经济增长的制约作用及程度不同，因此在选定工业废水、废气、固体废弃物排放量和工业二氧化碳排放量的基础上，采用熵值法对该四项非期望产出进行综合，构造环境污染综合指数，纳入绿色全要素生产率核算框架。其中，二氧化碳数据并不能从现有统计资料中直接获取，因此参考政府间气候变化专门委员会(IPCC)编制的国家温室气体清单指南中对碳排放量的计算方法：

$$C_t = \sum_{i=1}^{3} C_{it} = \sum_{i=1}^{3} E_{it} \cdot NCV_i \cdot CEF_i \cdot COF_i \cdot 44/12 \quad (4.11)$$

其中，C_t 代表分行业的工业碳排放，E_{it} 分别代表分行业的工业煤炭、工业原油和工业天然气的消耗总量；NCV 代表该三种能源的平均低位发热量；CEF 代表碳排放系数，根据国家发改委发布的《节能低碳技术推广管理暂行办法》(2014)，其中，煤炭为 2.64t CO_2/tce，石油为 2.08t CO_2/tce，天然气为 1.63t CO_2/tce；COF 代表碳氧化因子，其中煤炭设为 0.99，原油与天然气分别设为 1；44 和 12 分别代表二氧化碳与碳的分子量，44/12 代表碳转化系数。

三、中国工业经济增长方式衡量的实证分析

如表 4-1 所示，从分行业角度来看，除黑色金属矿采选业外，绿色全要素生产率在工业各行业均表现出正的增长率，但行业内部的绿色全要素生产率增长高低不尽相同，其中绿色全要素生产率增长较高的行业有煤炭开采和洗选业，石油和天然气开采业，造纸及纸制品业，石油加工、炼焦及核燃料加工业，黑色金属冶炼及压延加工业，电力、热力的生产和供应业，以上各分行业的绿色全要素生产率增长在样本期间内均为 10%以上；绿色全要素生产率增长较低的行业有家具制造业和文教体育用品制造业，其绿色全要素生产率分别增长 0.93%和

0.04%。与现有一些文献不同，本章发现绿色全要素生产率增长较高的部门反而多为传统的污染密集型产业，其本身的绿色生产技术效率较低；而绿色全要素生产率增长较低的反而是绿色生产技术效率较高的轻工业部门。这与现实并不矛盾，因为GML指数测度的是绿色全要素生产率的增长率，而不是绿色全要素生产率本身。近年来中国面临着巨大的国际国内环境治理压力，尤其是近段时间频发的空气污染事件进一步表明资源与环境越来越制约中国工业的可持续发展，因此中国政府加快了工业绿色转型步伐，资源消耗大、环境污染密集的重工业成为改革的首选目标，通过引入高新技术、政策倾斜、结构调整等多种措施齐发，以石油、煤炭开采等为主的重工业虽然与最佳生产前沿存在显著距离，但表现出较高的改善空间与绿色全要素生产率增长；反之，以通信技术、文教体育用品制造业等为主的高新技术产业和清洁产业本身就非常接近最佳生产前沿，绿色全要素生产率的改善、进步空间较小，因此其增长率也较低。

表4-1 工业绿色全要素生产率及经济增长方式实证分析

行业	GML生产率	技术效率	技术进步	绿色贡献率
绿色集约组				
石油和天然气开采业	1.12	0.98	1.07	49.11%
农副食品加工业	1.03	1.01	1.02	16.13%
食品制造业	1.03	1.01	1.02	78.97%
饮料制造业	1.07	1.03	1.03	7.76%
烟草制品业	1.07	1.00	1.07	74.39%
纺织业	1.04	1.06	1.04	80.13%
文教体育用品制造业	1.0004	1.00	1.00	−13.27%
医药制造业	1.02	1.00	1.02	13.94%

续表

行业	GML 生产率	技术效率	技术进步	绿色贡献率
化学纤维制造业	1.04	1.00	1.04	62.20%
塑料制品业	1.02	0.97	1.09	34.28%
通信设备、计算机及其他电子设备制造业	1.05	1.00	1.05	92.77%
电力、热力的生产和供应业	1.19	1.14	1.07	73.87%
水的生产和供应业	1.05	1.00	1.05	59.09%
转型结合组				
非金属矿采选业	1.01	1.10	0.96	45.36%
纺织服装、鞋、帽制造业	1.03	0.99	1.09	42.58%
家具制造业	1.0093	1.00	1.01	−1.50%
化学原料及化学制品制造业	1.04	1.01	1.03	19.83%
非金属矿物制品业	1.07	1.03	1.04	−13.27%
黑色金属冶炼及压延加工业	1.13	1.11	1.07	12.73%
仪器仪表及文化、办公用机械制造业	1.04	1.00	1.04	45.53%
粗放外延组				
煤炭开采和洗选业	1.15	1.01	1.04	44.26%
黑色金属矿采选业	0.94	0.95	1.04	35.04%
有色金属矿采选业	1.03	1.13	1.00	36.82%
皮革、毛皮、羽毛(绒)及其制品业	1.07	1.06	1.04	−16.99%
木材加工及木、竹、藤、棕、草制品业	1.02	1.03	1.05	15.64%
造纸及纸制品业	1.17	1.09	1.03	11.40%
印刷业和记录媒介的复制	1.07	1.02	1.03	19.02%
石油加工、炼焦及核燃料加工业	1.12	1.09	1.06	28.13%
橡胶制品业	1.02	1.00	1.02	12.73%

续表

行　　业	GML生产率	技术效率	技术进步	绿色贡献率
有色金属冶炼及压延加工业	1.05	1.02	1.03	0.94%
金属制品业	1.03	1.00	1.03	96.72%
通用设备制造业	1.08	1.06	1.03	16.25%
专用设备制造业	1.04	1.01	1.03	7.55%
交通运输设备制造业	1.08	1.06	1.03	15.56%
电气机械及器材制造业	1.06	1.04	1.03	8.84%
燃气生产和供应业	1.06	1.00	1.06	17.71%
全部行业平均值	1.06	1.03	1.04	30.62%

注：绿色贡献率即各工业行业的绿色全要素生产率对工业经济增长的贡献率，个别行业绿色贡献率为负，可能是资本、劳动和能源投入较之上期降低，从而对工业经济增长的贡献率为负。

进一步地，2001—2011年间中国工业的绿色全要素生产率对工业经济增长的贡献率年平均值为30.62%，即样本期间中国工业经济增长中平均30.62%的份额来自绿色全要素生产率的贡献，可见中国工业经济增长仍以传统要素的大量投入为主，粗放型发展方式尚未得到有效改善。从分行业角度来看，各工业行业的绿色全要素生产率对本行业经济增长的贡献率存在较大差异，因此根据层次聚类法将36个工业行业分为3组。从分组结果来看，各组内的行业生产与污染排放特征相似，这与现有研究比较一致。被划分为绿色集约组的行业多为高新技术产业，如通信设备、计算机及其他电子设备制造业，行业本身具备一定的技术创新优势，产品的附加值高，或为清洁产业，如文教体育用品制造业，资源能耗低，环境污染小。绿色集约组的绿色全要素生产率对本行业的经济增长贡献率平均达到48.41%，即工业的经济增长方式向绿色集约化发展。值得注意的是被划分为绿色集约组的工业分行业其本身的绿色全要素生产率也相对较高，绿色集约组的绿色全要素生产率年平均值达到7.2%。换句话说，随着中国工业绿色转型的不断加快，这些绿色集约行业会通过技术进步和效率改善，不断提高绿色全要素生产率，即对工业经济增长的质量贡献份额。因此，绿色集约组的分行业会在工业的绿色转型过程中发挥越来越重要的作用，推进中国工业向绿色集约的发展模式转变。

粗放外延组主要包括资源密集型行业，该组产业的基本生产特征是对资源能耗强度大，同时伴随着严重的环境污染排放，该组绿色全要素生产率对工业经济增长的贡献率仅为21.85%，也就是说该组的行业仍大量依赖传统要素，如资本、劳动和能源的大量投入，表现出外延粗放的生产方式。同时，根据绿色全要素生产率的核算结果，该组行业的平均绿色全要素生产率也偏低，仅为3.4%，甚至部分行业出现负的绿色全要素生产率值(皮革、毛皮、羽毛(绒)及其制品业的绿色全要素生产率年平均值为-5.6%)。这种高能耗、高投入、高污染的生产特征，减缓了中国工业向绿色集约生产方式的转变进程，在今后的工业绿色转型过程中，这些行业应加快淘汰落后产能，提高绿色生产效率。

除绿色集约组和粗放外延组外，还有少数行业被划分为转型结合组，该组多由传统工业组成，该组的绿色全要素生产率对工业经济增长的贡献率年平均值为21.6%，组内各行业的绿色贡献率差异较大，仪器仪表及文化、办公用机械制造业的绿色贡献率为45.53%，而非金属矿物制品业的绿色贡献率为-13.27%。该组在样本期间内的绿色贡献率波动较大，对工业经济增长的绿色转型不确定性较大，仍有很大的提升空间。整体而言，中国工业目前仍处于粗放式发展模式，经济增长主要依靠传统要素的大量投入，绿色全要素生产率的贡献尚未形成经济增长的主要力量。

第三节 中国工业经济增长的EKC实证分析

一、模型设定

本章对中国工业EKC理论假说的实证研究采取面板数据模型，借鉴宋涛等(2007)的做法，对方程两边变量取对数形式：

$$\ln pollut_{it}=\alpha_0+\alpha_1\ln GDP_{it}+\alpha_2(\ln GDP_{it})^2+\alpha_2(\ln GDP_{it})^3+\beta Energy_{it}+\mu_i+\varepsilon_{it} \quad (4.12)$$

其中，i 代表36个不同的工业行业，t 表示年度，$pollut_{it}$ 代表工业行业 i 在时期 t 的环境污染水平，GDP_{it} 代表工业行业 i 在时期 t 的工业总产值，$Energy_{it}$ 代表工业行业 i 在时期 t 的能源结构，作为控制变量加入模型，μ_i 代表不可观测的各工业行业的截面差异，ε_{it} 代表随机误差项。

二、数据来源和变量说明

为保持实证结果的一致性，本章所使用的数据全部来自相关年份的《中国统计年鉴》、《中国工业经济统计年鉴》、《中国环境统计年鉴》和《中国能源统计年鉴》。

(1) 被解释变量：借鉴现有文献中对环境污染变量的一般选择，以人均工业废水排放量、人均工业二氧化硫排放量和人均工业固体废弃物排放量的对数作为环境污染变量。

(2) 解释变量：用以1990年价格为基期价格的工业总产值的对数代表经济增长水平。

(3) 控制变量：使用能源结构，即工业行业的能源消费量在工业能源总消费量中的比例作为控制变量。根据单位根检验结果，所有变量均平稳，可以直接对原数据进行回归分析。

三、不同工业环境污染指标与人均GDP的EKC检验

1. 工业废水排放量与工业经济增长的EKC实证研究

实证结果(见表4-2)显示，在全部工业行业组、转型结合组和粗放外延组中，工业经济增长与环境质量呈现倒N形关系，即在工业经济增长的较低发展阶段，环境质量随经济增长得到改善，然而随着工业经济的进一步发展，二者出现EKC关系，即环境污染开始恶化，直到工业经济增长达到更高水平，才又开始出现环境质量的改善。绿色集约组的结果表明，二者之间呈现N形关系，即在工业经济增长的较低发展阶段，EKC关系成立，但随着工业经济的进一步发展，环境质量会再次出现不断恶化趋势，因此可持续发展不可实现。

表4-2 不同环境污染指标与人均工业总产值的EKC实证检验

实证范围	全部工业行业组	绿色集约组	转型结合组	粗放外延组
		工业废水		
估计模型	固定效应	固定效应	随机效应	随机效应
α_0	−1.99 (−7.93)***	−0.21 (−0.55)	−4.48 (−3.94)***	−3.06 (−7.01)***
lnGDP	−0.35 (−1.63)	0.94 (2.93)***	−3.10 (−2.94)***	−1.00 (−4.39)***

续表

实证范围	全部工业行业组	绿色集约组	转型结合组	粗放外延组
工业废水				
估计模型	固定效应	固定效应	随机效应	随机效应
$(\ln GDP)^2$	−0.13 (−2.27)**	0.19 (2.17)**	−0.99 (−3.05)***	−0.28 (−4.56)***
$(\ln GDP)^3$	−0.01 (−2.42)**	0.01 (−2.56)*	−0.09 (−2.96)***	−0.02 (−4.55)***
Energy	−0.19 (−1.35)	−0.56 (−1.27)	−0.05 (−0.19)	0.26 (0.83)
F-statistics	4.15	6.18	2.94	5.50
Hausman-test	18.76	25.28	12.83	22.53
样本数	396	154	77	165
曲线形状	倒N形	N形	倒N形	倒N形
曲线拐点值/万元	0.00/1.00	0.00/0.03	0.00/0.10	0.00/0.09
工业二氧化硫				
估计模型	固定效应	固定效应	随机效应	固定效应
α_0	−20.13 (−11.26)***	−21.18 (−7.50)***	−20.37 (−2.33)**	−20.66 (−7.40)***
lnGDP	−0.93 (−0.61)	−1.27 (−0.54)	−10.49 (−1.24)	−1.15 (−0.48)
$(\ln GDP)^2$	1.04 (2.46)**	0.96 (1.51)	−3.03 (−1.18)	0.96 (1.47)
$(\ln GDP)^3$	0.08 (2.19)**	0.06 (1.12)	−0.31 (−1.27)	0.08 (1.42)
Energy	0.99 (0.91)	5.66 (1.74)*	2.14 (1.03)	3.43 (1.04)
F-statistics	203.75	87.32	41.24	80.40

续表

实证范围	全部工业行业组	绿色集约组	转型结合组	粗放外延组
		工业二氧化硫		
估计模型	固定效应	固定效应	随机效应	固定效应
Hausman-test	197.73	52.93	10.91	65.59
样本数	396	154	77	165
曲线形状	N形	直线单调上升	N/A	N/A
曲线拐点值/万元	0.61/1.00	N/A	N/A	N/A
		工业固体废弃物		
估计模型	随机效应	固定效应	固定效应	固定效应
α_0	−14.91 (−20.52)	−14.69 (−11.64)***	−13.73 (−6.83)***	−15.79 (−15.39)***
lnGDP	−1.48 (−2.38)**	−0.96 (−0.91)	−0.36 (−0.18)	−2.49 (−2.84)***
$(\ln GDP)^2$	−1.22 (−0.72)	−0.04 (−0.13)	0.22 (0.36)	−0.36 (−0.15)
$(\ln GDP)^3$	−0.01 (−0.74)	−0.01 (−0.32)	0.01 (0.23)	−0.03 (−1.32)
Energy	0.05 (0.13)	0.56 (0.39)	−0.06 (−0.12)	0.77 (0.63)
F-statistics	58.15	14.75	18.15	30.14
Hausman-test	197.86	34.13	22.65	115.01
样本数	396	154	77	165
曲线形状	单调下降	N/A	N/A	单调下降
曲线拐点值/万元	N/A	N/A	N/A	N/A

注：拐点的工业总产值水平是按照1990年不变价格计算的，*、**、***分别代表在10%、5%和1%的水平上显著，括号中为 t 值大小。四个分组中第一个S形曲线拐点处人均工业总产值水平非常接近零，没有实际经济意义，因此以0.00代替，第二个拐点在判断工业经济增长与环境污染时意义更大。

由于现阶段各组工业行业的平均经济发展水平不同，因此有必要对各组工业所处的曲线阶段作进一步分析。在本章数据研究范围内，现阶段全部工业行业组落入二者正相关区域，即人均工业废水排放量随人均工业总产值的增长而增加，环境不断恶化。绿色集约组在人均工业总产值超过0.03万元之后也出现二者正相关关系，因此除文教体育用品制造业及水的生产和供应业外，该组其他行业均出现工业废水排放量随工业经济增长不断增加的趋势，因此工业经济的加速增长导致环境的进一步恶化。转型结合组在人均工业总产值达到0.10万元时，会出现二者负相关，即经济的加快增长会改善环境质量。然而在样本范围内，该组只有化学原料及化学制品制造业、非金属矿物制品业和黑色金属冶炼及压延加工业达到环境质量改善拐点的经济发展水平，其他行业尚处于环境质量改善拐点左侧。粗放外延组的环境质量改善拐点水平位于人均工业总产值0.09万元，而目前达到该拐点水平的只有通用设备制造业、专用设备制造业、交通运输设备制造业和电气机械及器材制造业，该组其他行业处于环境质量改善拐点左侧。可以看出，以工业废水为环境污染指标，在样本研究期间，中国大部分工业行业的总产值仍无法达到环境质量改善的拐点水平，因此现阶段工业经济增长同时在加速环境恶化。

2. 工业二氧化硫排放与工业经济增长的EKC实证研究

根据模型设定形式和估计系数的显著性，转型结合组和粗放外延组并没有发现工业二氧化硫排放量和工业经济之间明显的计量关系。而就全部工业行业范围内来看，二者之间呈现N形关系，且两拐点水平分别是人均工业总产值0.61万元和1.00万元。结合样本数据范围，只有通信设备、计算机及其他电子设备制造业暂时处于EKC右侧，但会随着工业经济的进一步增长，突破1.00万元之后，再次出现环境质量恶化，而其余所有行业尚处在工业二氧化硫随工业经济增长加速排放阶段。在绿色集约组，没有发现二者的 EKC 关系，但工业二氧化硫排放与能源使用存在正相关关系，即能源的不断消耗会促使工业二氧化硫排放不断增加，这与实际生产活动相符，以能源为代表的传统要素大量投入会不可避免地带来二氧化硫及其他污染物排放导致的环境污染问题，为保证经济增长与环境质量的双赢，需要不断寻求清洁能源和替代能源，提升生产技术，改善生产效率，以遏制环境污染的进一步恶化。

3. 工业固体废弃物排放量与工业经济增长的 EKC 实证研究

根据模型设定和系数显著性，可以看出绿色集约组与转型结合组并未发现工业固体废弃物排放量与工业经济增长之间明显的计量关系，而以全部工业行业和粗放外延组为研究样本，发现人均固体废弃物排放量与人均工业总产值呈负相关关系，即现阶段工业经济增长可以有效减少工业固体废弃物排放量，二者已经进入环境质量与经济增长双赢的阶段。

综上可以看出，选择不同的环境污染指标，对中国工业 EKC 的实证研究有很大的结果差异。就现阶段中国各工业行业的经济增长水平而言，在 EKC 关系成立阶段，多数行业尚未达到环境质量改善的拐点，多数工业行业的经济发展仍依赖传统要素的大量投入，表现出高投入、高消耗和高污染的粗放型生产模式，仅有少数以清洁生产和高新技术为主的工业行业达到环境质量改善拐点水平，因此工业经济的加速增长可以有效改善环境质量。同时，工业二氧化硫排放量与能源消耗呈正相关，这在中国工业化进程不断加快阶段与实际生产相符，但也说明目前中国工业经济的绿色转型任务还很艰巨。

四、结论

进入21世纪后，中国工业在全球掀起的绿色革命中既抓到了机遇，也面临着不小的挑战，尤其是全球金融危机后，各发达国家纷纷提出的“再工业化”概念，重新强调了实体工业在经济增长中的作用。与此同时，中国能源消耗、污染排放等问题仍未改进，实现中国工业经济发展与环境质量兼得，本质上要不断提高绿色全要素生产率对经济增长的质量贡献，因此本章运用SBM方向性距离函数和GML生产率指数测算考虑了能源消耗和环境污染的工业绿色全要素生产率，并根据其对工业经济增长的贡献率衡量中国工业经济增长方式，同时检验现阶段中国工业经济与环境污染之间是否存在EKC关系。研究结果表明，在2001—2011年间，中国工业绿色全要素生产率整体呈上升态势，但增长幅度不大，年平均值为5.7%，对工业经济增长的贡献率呈波动上升趋势，平均值为31.4%，表明中国工业经济增长中仅有31.4%的份额来自绿色全要素生产率的贡献，现阶段工业经济增长仍以传统要素的大量投入为主，粗放型发展方式尚未得到有效改善。

由于各工业行业的生产特征、能源消耗和排污规模不同，本章依据绿色全要素生产率对工业经济增长贡献大小，将36个工业行业分为绿色集约组、转型结合组和粗放外延组，并对各组分别进行环境污染与工业经济增长的EKC实证检验后发现，中国工业经济增长对环境污染的影响尚有很大的不确定性，选择不同的环境污染指标，产生的实证结果差异很大。首先，并未发现工业固体废弃物排放量与工业经济增长之间的EKC关系；其次，在工业废水和工业二氧化硫排放量与工业经济增长关系研究中发现，经济增长与环境污染呈现N形或倒N形曲线关系，EKC的倒U形曲线只存在于工业经济增长的某一阶段。而依据现阶段中国工业经济发展水平，多数工业行业目前尚处于环境质量改善的拐点左侧，中国工业处于经济增长和环境质量改善两难阶段，二者发展关系尚不协调。

整体而言，中国工业目前仍处于粗放式发展阶段，绿色全要素生产率的贡献尚未形成经济增长的主要力量。当前中国的土地与劳动力成本在急剧上升，而资源加速耗竭，加上人口老龄化问题日益凸显，如果未来工业经济增长不能从外延粗放型转向依靠技术进步的绿色集约型，中国工业经济增长源泉很快就会枯竭，而高速增长将无以为继。为尽早实现环境质量拐点的到来，需要政府在加快经济增长的同时，制定合理的环境保护政策，加大环境规制力度，建立完善的排污权市场交易机制，不断优化产业结构，提高绿色全要素生产率的贡献质量，加快工业经济向绿色集约方式转变。

第四节 环境规制与工业经济的绿色转型

根据 EKC 理论假说，提高环境质量的最优途径是加快经济增长，然而在发展中国家的工业化进程中，如果简单地认为环境质量改善是经济增长的内生结果，就可能在实践中加速粗放式发展方式，这样不仅不能带来环境质量的改善，还会因为环境污染的加速恶化而进一步限制经济的可持续发展。因此，当经济增长尚未达到环境质量改善拐点时，经济与环境陷入“两难”，这时政府的环境规制政策对于协调二者关系就尤为重要。如何合理制定环境规制，实现环境质量与经济增长双赢，成为当前可持续发展研究的关键，尤其在当前资源耗竭与环境污染已逐渐逼近环境承载极限的大背景下，环境规制成为我国经济发展的既定战略，因此非常有必要系统研究现行环境规制对我国工业经济绿色转型的影响机制，为更加合理地制定环境规制、协调经济增长与环境保护的关系、加快我国工业的绿色转型提供实证依据。

一、环境规制与经济发展

环境规制的定义与内涵是一个不断丰富的过程。环境规制理论起源于20世纪初，众所周知，自然资源和环境的公共品属性，使得环境污染转移成为可能。同时，由于环境的外部性，市场在资源配置过程中无法达到最优分配，因此最初学者们基于外部性理论和资源最优配置理论为政府实施环境规制寻找经济学意义，并衍生出一些经典的环境规制理论，诸如庇古税、产权理论等。随着人们对环境问题的认识更广泛、更深刻，大量关于生态环境的规制研究涌现出来。起初，环境规制是政府为保护资源环境，对市场经济活动采取的直接干预措施，包括许可证制度、生产禁令等。随后，随着押金退款，环境税、政府补贴等更多环境规制手段的实施，环境规制的内容得到了扩充，政府的环境规制手段也变成对市场经济活动的直接干预和间接干预。再到近年来，随着自愿协议、生态标签、环境认证等多种环境规制形式的不断创新，环境规制的内涵得到了极大丰富，包括了命令-控制型环境规制、以市场为基础的激励性环境规制和自愿性环境规制。

作为政府社会管理和环境保护的集中体现，环境规制在我国经济发展方式转型过程中起着越来越重要的作用。环境规制的主旨并不是完全消除环境污染或者完全停止经济增长速度，而是在维持生态环境的承载力范围内，寻求经济增长与环境质量兼容的发展模式。因此，合理制定环境规制政策是一个国家或地区可持续发展的关键。

经过三十多年的实践摸索，中国当前的环境污染治理已经取得了阶段性成果，并将环境指标逐步纳入国民经济发展规划体系，不断完善与资源环境有关的法律法规。但整体而言，我国资源环境与经济发展的协调性还有待进一步提高，尤其我国经济发展主要靠工业部门，因此工业部门的环境治理一直是我国环境规制的重点。在现有文献研究中，很多学者发现更为严格的环境规制有利于我国工业经济增长质量的提高，从而可以加快工业的绿色转型进程。但同时学者们也指出环境规制与工业经济增长之间并不是简单的线性关系，环境规制对工业经济增长的促进作用存在门槛效应，只有当环境规制强度超过特定的门槛时，波特假说的效应才成立。李玲(2012)利用面板数据模型，在对我国环境规制和绿色全要素生产率关系研究中发现，不同产业间的最优环境规制强度存在不同水平的拐点。李斌等(2013)在对我国工业绿色全要素生产率进行测算的基础上，研究发现环境规制可以通过绿色全要素生产率影响工业发展方式转型，但环境规制强度存在明显门槛效应。原毅军和谢荣辉(2014)在正式与非正式环境规制研究基础上发现，正式环境规制可以有效促进我国产业结构调整，但随着规制强度的不断增加，对我国产业结构调整存在先抑制后促进，再抑制的影响，因而存在明显的门槛效应。本章通过面板阈值模型考察环境规制与我国工业发展方式转型的非线性关系，实证检验是否存在“门槛效应”，为我国工业绿色转型过程中制定更加合理的环境规制政策提供重要依据，这也是对波特假说的再验证。

二、增加环境规制强度的主要方法

环境规制的最终目标是实现经济与环境的协调发展，因此环境规制政策的制定与环境规制工具的选择要满足两个基本条件：第一，将环境污染控制在生态系统可承受范围之内，实现环境绩效的改善；第二，在环境改善的基础上兼顾经济增长,实现经济效益提高。因此政府需要在企业生产实际基础上,采取灵活多样的环境规制形式,当前主要的环境规制形式包括:直接规制,例如强制性的排污技术标准,排污数量限制等;市场化规制,例如排污交易许可证、环境污染税等;自愿性规制,例如企业的环境管理认证、自愿协议等。无论政府施行哪种环境规制工具,其基本目的都是将环境污染成本内部化,从而实现社会福利最大化。然而,每种环境规制工具在实施过程中都存在一定程度的缺陷,这就要求政府在实施环境规制过程中,对各类环境规制工具进行灵活组合,达到最优环境规制强度。

由于环境规制工具的多样性,当前尚未形成测量环境规制强度的统一标准,结合现有文献,当前测量环境规制强度的方法和标准主要有以下几种。①将企业环境污染治理投入或支出费用作为环境规制强度的测量指标,其逻辑是企业承担的减排费用越高,说明环境规制越强(Levinson,1996;Fredriksson and Millimet,2002;Morgenstern et al.,2002;Keller and Levinson,2002;Becker,2005;Cole and Elliott,2007;Lanoie et al.,2008;张成路等,2011;沈能,2012),也有文献采用政府的环境治理支出作为环境规制强度的测量指标(Pearce and Palmer,2001;Cole et al.,2008)。②根据不同环境污染物的排放,构造环境污染综合指数衡量环境规制强度(Cole & Elliott,2003;Domazlicky & Weber,2004;张文彬等,2010;傅京燕,李丽莎,2010;李玲,陶峰,2012;张中元,赵国庆,2012;原毅军,谢荣辉,2014;Cole et al.,2014)。③根据环境规制与一国收入水平的正相关关系,采用人均GDP等变量替代指标衡量环境规制强度(Dasgupta et al.,2001;陆旸,2009)。

三、环境规制强度综合指数的构造

由于各项环境污染物的排放程度不同，因此在上述方法中，利用环境污染综合指数衡量环境规制强度的方法可以更全面地反映环境规制强度。本章将沿用此方法，在数据可得的基础上，分别选取工业废水排放达标率、工业二氧化硫去除率和工业固体废弃物综合利用率三项指标构建我国工业环境规制强度综合指数。其中，工业废水排放达标率=工业废水处理量/工业废水排放量，工业二氧化硫去除率=工业二氧化硫去除量/工业二氧化硫排放量，工业固体废弃物综合利用率=工业固体废弃物综合利用量/工业固体废弃物产生量。

不同的环境污染指标存在不同的量纲，为消除不可统一度量的问题，首先要对上述三项环境污染指标进行线性标准化处理，将各指标取值转换到[0,1]的取值范围：

$$RP_{ijt}^{s}=\frac{[RP_{ijt}-\min(RP_{jt})]}{[\max(RP_{jt})-\min(RP_{jt})]} \tag{4.13}$$

其中 i 代表工业行业序列，j 代表环境污染物指标，t 代表时间，RP_{ijt} 为原始污染值，$\max(RP_{jt})$ 和 $\min(RP_{jt})$ 分别是第 j 个环境污染物指标在全部工业中的最大值和最小值，RP_{ijt}^{s} 为标准化值。

对于不同工业行业而言，三项环境污染指标的差异很大，而且在同一工业行业，三项环境污染指标也存在很大差别，因此有必要对三项环境污染指标进行权重调整，来反映环境规制政策对各项环境污染指标的治理力度。在时期 t 环境污染物 j 的权重即为：

$$w_{jt}=\frac{E_{ijt}}{\sum E_{ijt}}\Big/\frac{O_{it}}{\sum O_{it}}=\frac{E_{ijt}}{O_{it}}\Big/\frac{\sum E_{ijt}}{\sum O_{it}} \tag{4.14}$$

其中，E_{ijt} 为时期 t 第 i 个工业行业污染物 j 的排放量，$\sum E_{ijt}$ 为全

部工业污染物在时期 t 的排放总量，O_{it} 为第 i 个工业行业在时期 t 的总产值，$\sum O_{it}$ 为全部工业行业在时期 t 的总产值。

最后，根据各项环境污染物的标准化值和污染权重计算各工业行业在时期 t 的环境规制强度：

$$ER_{it} = \frac{1}{3}\sum_{j=1}^{3} w_{jt} \times RP_{ijt}^{s} \tag{4.15}$$

其中，ER_{it} 表示时期 t 第 i 个工业行业的环境规制强度。

四、环境规制与工业发展方式转型的非线性关系研究

在两个经济变量的关系研究中，当其中一个经济变量达到一定数值水平后，会引起另一个经济变量转向其他发展形式，因此这两个经济变量间存在非线性关系。Hansen(1996)最早提出时间序列的阈值自回归模型，并提供了估计和检验方法，后来他将阈值概念推广到面板模型中(1999)，用来考察经济变量的面板数据非线性关系。此后，针对面板阈值模型的理论与实证研究不断丰富，形成了一个较为系统的研究框架(Hansen，2000；Caner & Hansen，2004；Seo & Linton，2007；Stephanie et al.，2009；Yu，2012；Gao et al.，2013；李斌等，2013；愿毅军和谢荣辉，2014)。在面板阈值模型中，由于阈值本身的未知性，当前对模型的估计和推断主要涉及两个问题：阈值的估计值是否真实？其系数是否显著？当面板阈值模型存在一个阈值时，其非线性关系可以表示为：

$$y_{it} = \mu_i + \beta'_1 x_{it}(q_{it} < \gamma) + \beta'_2 x_{it}(q_{it} \geqslant \gamma) + \varepsilon_{it} \tag{4.16}$$

其中，μ_i 表示个体的固定效应，q_{it} 是阈值变量，γ 是阈值，将回归方程分为带有不同参数 β'_1、β'_2 的两部分，ε_{it} 是扰动项，满足独立同分布、零均值和有限方差。采用 bootstrap 方法获取统计检验的临界值和基于

似然比检验的 P 值，当 P 值足够小时，拒绝原假设，即阈值效应是显著的；反之，不存在阈值效应，原方程为线性方程。

对阈值估计值的真实性检验，设定原假设 $H_0: \gamma = \hat{\gamma}$，备择假设 $H_1: \gamma \neq \hat{\gamma}$，并构造似然比统计量：

$$LR_1(\gamma) = \frac{S_1 - S_1(\hat{\gamma})}{\hat{\sigma}^2} \tag{4.17}$$

因为在原假设下，门槛值是不显著或无法识别的，因此 $LR_1(\gamma)$ 不服从标准卡方分布。为解决这个问题，Hansen(2000)推导出 γ 的大样本渐进分布函数和相应临界值，因此可以构建阈值的置信区间，并判断阈值的估计值是否真实。

当两个经济变量的非线性回归中存在不止一个阈值时，对阈值的搜索原理与单个阈值的是相似的。首先确定第一个阈值，对参数进行显著性和真实性检验，并在此基础上搜索第二个阈值，重复同样的过程，以此类推搜索更多阈值，直到所得阈值的参数不再显著为止。

为检验环境规制与我国工业发展方式转型之间的非线性关系，可以将面板门槛模型构建为：

$$\begin{aligned} ATY_{it} = {} & \alpha_0 + \alpha_1 ER_{it} * I(ER_{it} \leqslant \gamma_1) + \alpha_2 ER_{it} * I(ER_{it} \geqslant \gamma_2) + \cdots + \alpha_{n+1} ER_{it} \\ & * I(ER_{it} \leqslant \gamma_n) + \beta_1 \ln RIV_{it} + \beta_2 \ln LP_{it} + \beta_3 \ln EP_{it} + \varepsilon_{it} \end{aligned} \tag{4.18}$$

其中，i 代表工业行业；t 代表时期；ATY_{it} 为绿色全要素生产率对工业经济增长的贡献率，衡量工业发展方式的转型；ER_{it} 为环境规制强度，同时也是门槛变量；$I(*)$ 为示性函数；γ 是门槛值。选择 RIV_{it}、LP_{it}、EP_{it} 作为控制变量，分别代表各工业行业的工业增加值率、劳动生产率和能源生产率。其中，部分年份的工业增加值率和劳动生产率数据可直接从年鉴中获取。对于缺失年份，工业增加值率＝分行业工业增加值/同期分行业工业总产值，劳动生产率=分行业工业增加值/同期分行业从业人员年平均人数。对于样本期间内所有年份，能源生产率=分行业工业增加值/同期分行业能源消耗总量，ε_{it}为随机扰动项。为保持数据的一致性，所有数据均来自样本期间的《中国统计年鉴》、《中国工业经济统计年鉴》、《中国能源统计年鉴》和《中国环境统计年鉴》。

五、面板门槛模型的实证分析

(一) 我国工业主要污染物的排放及治理强度变化趋势

随着我国工业化和城市化进程的不断加快，我国工业经济近年来取得了令人瞩目的成绩，我国工业与制造业的增加值总量已经跃居世界第一，但粗放外延式的增长方式也无可避免地带来了资源的加速耗竭和严重的环境污染。我国工业部门能源消耗量与由此产生的二氧化碳排放量均占到全国80%以上水平。由表4-3可以看出，我国工业样本期间内的主要污染物排放量呈波动上升趋势。由第三节实证结果可知，这与我国多数工业行业仍处于环境质量改善拐点左侧有关，现阶段工业发展仍以传统要素的大量投入为主导，因此环境污染水平居高不下。与此同时，我国工业经济的绿色转型呼声越来越高，因此政府的环境规制力度也在不断加强，以污染排放处理率为参考，样本研究期间内，主要污染指标的处理力度也在相应加大。

表4-3　我国工业主要污染物的排放强度及治理变化趋势(2001—2011)

	污染排放量/(万吨/年)			污染排放处理率/(%)		
	废水	二氧化硫	固体废弃物	废水	二氧化硫	固体废弃物
2001	1815366	1324.54	2037.03	0.87	0.29	0.74
2002	1804528	1352.81	1853.30	0.89	0.32	0.74

续表

	污染排放量/(万吨/年)			污染排放处理率/(%)		
	废水	二氧化硫	固体废弃物	废水	二氧化硫	固体废弃物
2003	1844077	1469.77	1712.84	0.89	0.34	0.75
2004	1940445	1724.371	1569.84	0.92	0.35	0.77
2005	2038180	1953.32	1493.97	0.93	0.42	0.76
2006	2036808	1997.90	1190.02	0.93	0.41	0.78
2007	2150502	1963.94	1074.69	0.93	0.39	0.80
2008	2151294	1834.62	698.31	0.94	0.37	0.76
2009	2067642	1692.31	630.88	0.95	0.44	0.80
2010	2104117	1701.41	437.33	0.96	0.45	0.80
2011	1610592	1893.78	429.90	0.76	0.40	0.79

注:根据各年统计年鉴整理所得。

根据环境规制测算结果,可以看出在样本研究期间,2004—2006年间环境规制强度出现较大幅度的下降,而后又出现波动上升趋势(见图4-1)。从分组结果看,各工业行业的环境规制强度与其自身的生产与排污特性有关,污染排放强度越高的行业,其环境规制强度也就越高,因此粗放外延组的环境规制平均强度高于绿色集约组和转型结合组。就具体工业行业而言,煤炭开采和洗选业的环境规制强度在样本研究期间内一直是最高的,其平均值达到4.68,有色金属矿采选业和造纸及纸制品业的环境规制强度也较高,分别为2.85和1.99;而环境规制强度较弱的行业主要分布在家具制造业(0.03),电气机械及器材制造业(0.02),通信设备、计算机及其他电子设备制造业(0.02),以及文教体育用品制造业(0.02)等,这些工业产业普遍具有能源投入较小、污染排放偏低的特征。

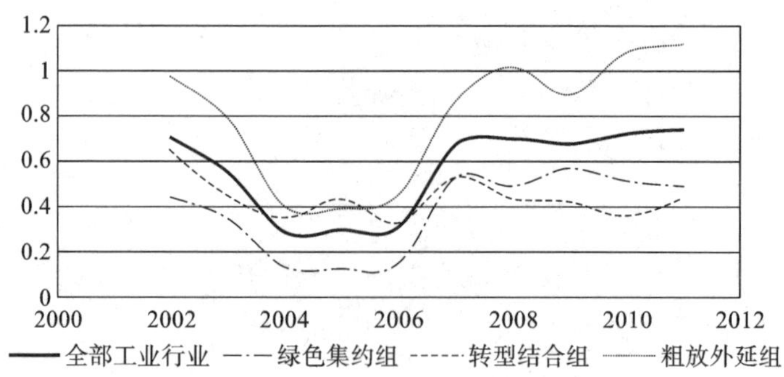

图 4-1　分组环境规制强度的时间趋势(2001—2011)

（二）各组面板门槛模型的实证结果分析

在我国环境规制对工业绿色转型的实证分析中，因为采用的是相关年份的面板数据，所以首先要对各变量进行单位根检验，避免出现虚假回归问题。若相关变量不平稳，还要在同阶单整的条件下进一步进行协整检验。本章继续采用 LLC 单位根检验方法对模型中的变量进行平稳性检验：如果拒绝原假设，则证明数据平稳；如果接受原假设，则需要进一步做协整检验。根据 LLC 检验结果，除劳动生产率外其余变量都是平稳的，而劳动生产率的一阶项与绿色贡献率的回归显著，因此可以采用原数据进行面板阈值模型的回归。

随着我国政府对环境规制内容及形式的不断丰富，我国环境质量与经济增长不协调的关系已逐步得到改善。现有文献以波特假说为理论基础，多实证指出环境规制可以有效提高绿色全要素率生产率，进而推进经济的绿色转型。但环境规制是否力度越强，就越有利于工业的绿色转型？二者之间是否一定存在线性关系？考虑到各工业行业的排污特征不同，政府对其采用的环境规制工具及力度也有所差异，因此在对我国环境规制与工业绿色转型的面板阈值模型回归中，有必要在对全部工业行业进行分析的基础上，对三组工业行业分别进行实证检验，检验各组的门槛值及其与环境规制强度的关系。分组面板门槛参数估计结果如表4-4所示。

表4-4 分组面板门槛参数估计结果（2001—2011）

	全部工业行业	绿色集约组	转型结合组	粗放外延组
样本数	396	154	77	165
门槛数	1	1	2	1
门槛值	1.01	0.03	0.51,0.92	1.04
系数				
α_0	3.91 (1.50)	2.68 (0.52)	7.97 (1.57)	−0.01 (−0.01)
α_1	1.15 (3.07)***	49.72 (2.10)	−4.83 (−4.79)	0.85 (6.69)***
α_2	0.11 (1.91)***	0.12 (0.57)*	2.72 (5.14)***	0.10 (9.81)***
α_3	N/A	N/A	−1.03 (1.84)*	N/A
β_1	−0.81 (−2.20)**	−1.84 (−2.96)**	−0.34 (−0.53)	−0.19 (−1.11)
β_2	−0.15 (−0.73)	0.33 (0.62)	−0.54 (−1.38)	0.02 (0.31)
β_3	0.10 (1.04)	0.05 (0.21)	0.11 (0.37)	−0.07 (1.88)*

注：括号内为t值，***、**、*分别表示在1%、5%和10%的水平显著。

首先在对全部工业行业为研究对象的面板模型回归中，发现只存在一个门槛值，为1.01。根据系数显著性可知，在面板门槛值前后，环境规制与我国工业绿色转型间存在正相关关系，因此整体而言，环境规制可以有效促进我国工业的绿色转型，波特假说在我国工业部门是成立的。同时，根据系数大小比较可知，其影响力度在门槛值前后不同，即当环境规制强度小于1.01时，加大环境规制力度更有利于推进我国工业绿色转型的进程；当环境规制强度大于1.01后，企业遵守环境规制的成本不断提高，因此企业就有可能牺牲创新研发部门经费，用于环境污染治理，从而导致企业绿色生产技术创新能力不足，长此以往会影响绿色全要素生产率的提高和工业的绿色转型。这也在一定程度上说明，并不是环境规制强度越大，工业的绿色转型越快。与此同时，可以看到我国工业绿色转型与工业增加值呈负相关关系，说明我国工业的绿色转型并不是简单的经济增长。如果我国工业部门唯GDP论，一味强调经济增长数量，而无视经济增长质量，这将不利于我国工业的绿色转型。

根据绿色集约组的门槛回归结果可知，该组只存在一个门槛值，为0.03。根据系数显著性可知，当环境规制强度小于0.03时，环境规制对绿色集约组的工业绿色转型促进效果并不明显，只有当环境规制强度大于0.03时，加强环境规制力度才会有效促进该组工业的绿色转型。因此我国应对文教体育用品制造业和通信设备、计算机及其他电子设备制造业适当提高环境规制强度，从而更好地促进工业绿色转型。绿色集约组面板门槛值及相应行业如表4-5所示。

表4-5　绿色集约组面板门槛值及相应行业

门槛值及区间	行　　业
ER≤0.03	文教体育用品制造业，通信设备、计算机及其他电子设备制造业

续表

门槛值及区间	行　　业
ER>0.03	石油和天然气开采业，农副食品加工业，食品制造业，饮料制造业，烟草制造业，纺织业，医药制造业，化学纤维制造业，塑料制品业，金属制品业，电力、热力的生产和供应业，水的生产和供应业

注：各工业行业环境规制强度根据本章环境规制强度综合指数计算而来。

转型结合组存在两个门槛值，分别为0.51和0.92。根据系数显著性可得，当环境规制小于0.51时，环境规制强度与我国工业的绿色转型之间并不存在显著的线性关系。当环境规制强度介于0.51与0.92之间时，加强环境规制力度可以有效促进我国工业的绿色转型进程。而当环境规制强度高于0.92时，进一步加强环境规制力度反而会负向影响我国工业的绿色转型。因此，针对非金属矿采选业，我国应在降低其环境规制强度的同时，制定更为灵活多样的环境规制工具，以促进该产业的绿色生产。转型结合组面板门槛值及相应行业如表4-6所示。

表4-6　转型结合组面板门槛值及相应行业

门槛值及区间	行　　业
ER≤0.51	纺织服装、鞋、帽制造业，家具制造业，仪器仪表及文化、办公用机械制造业
0.51<ER≤0.92	化学原料及化学制品制造业，非金属矿物制品业，黑色金属冶炼及压延加工业
ER>0.92	非金属矿采选业

注：各工业行业环境规制强度根据本章环境规制强度综合指数计算而来。

粗放外延组存在一个门槛值，为 1.04。根据系数显著性可知，在门槛值前后，环境规制强度与该组工业行业的绿色转型均存在正相关关系，整体满足波特假说。同时根据系数大小判断，在环境规制强度小于1.04时，环境规制对工业绿色转型的促进力度更大，因此可以考虑在对煤炭开采和洗选业、有色金属矿采选业和造纸及纸制品业适度降低环境规制强度的同时，创新环境规制工具，以促进这些产业在进行绿色生产的同时，有效降低环境污染。此外，能源生产率与工业绿色转型呈负相关关系，在粗放外延组，行业普遍具有高能耗、高污染和高产出的特征，可见，粗放的生产方式并不利于我国工业的绿色转型。粗放外延组面板门槛值及相应行业如表 4-7 所示。

表 4-7　粗放外延组面板门槛值及相应行业

门槛值及区间	行　　业
ER≤1.04	黑色金属矿采选业，皮革、毛皮、羽毛（绒）及其制品业，木材加工及木、竹、藤、棕草制品业，印刷业和记录媒介的复制业，石油加工、炼焦及核燃料加工业，橡胶制品业，有色金属冶炼及压延加工业，通用设备制造业，专用设备制造业，交通运输制造业，电气机械及器材制造业，燃气生产和供应业
ER＞1.04	煤炭开采和洗选业，有色金属矿采选业，造纸及纸制品业

注：各工业行业环境规制强度根据本章环境规制强度综合指数计算而来。

综上可知，我国工业经济的绿色转型整体满足波特假说，即合理的环境规制会促使企业不断创新，提高绿色生产率，从而加快工业的绿色转型。然而，工业的绿色转型与我国环境规制强度之间并不存在单一的线性关系，而是存在“门槛效应”，因此，并不是环境规制强度越大，就越有利于我国工业的绿色转型。遵守环境规制需要企业牺牲一部分生产成本用于治理环境污染，因此，当环境规制强度不断提高时，企业会抽离部分用于技术创新研发经费，用于环境污染治理，这势必会影响企业绿色生产技术的创新和实现。因此，政府需要制定更加合理的环境规制政策，从增强环境规制强度的单一手段过渡到不断创新环境规制工具，将经济激励与法律制裁相结合，引导企业不断加大绿色技术创新与生产，从而提高绿色全要素生产率。

第五节 本章结论

作为快速发展中的经济大国，我国正面临日益严峻的资源和环境压力。并且，我国作为“世界工厂”，工业增加值占 GDP 接近 50%，而工业部门又是资源消耗环境污染物排放的主体，目前我国正处于工业化的中后期，并已进入新一轮的重化工业化阶段。可以预见，在今后很长一段时期内，我国仍将面临较为严重的资源（尤其是能源）和环境约束。因此，我国在工业结构优化升级过程中，一定要处理好工业发展、资源利用与环境保护三者之间的关系，把工业发展的负面影响控制在资源和环境承载能力之内，解决好资源有限和环境容量对工业发展的制约，确保资源和环境能够持续地为人类和工业发展所利用。

如何走出一条既能保护环境又能发展经济的可持续发展之路，关键在于不断提高绿色全要素生产率对经济增长的质量贡献，从而转变经济增长方式。尤其当前我国工业面临资源加速耗竭与环境污染的挑战，工业的进一步发展面临“两难”，工业的绿色转型迫在眉睫。本章在波特假说基础上，对我国环境规制强度与工业的绿色转型进行实证分析。结果发现，环境规制可以通过提高绿色全要素生产率，有效促进我国工业的绿色转型，但二者之间并不是简单的线性关系，而是存在“门槛效应”，即环境规制强度对我国工业绿色转型的影响力度会随着门槛值的变化而变化。因此，盲目加强环境规制强度并不能提高我国工业行业的绿色生产率，也就无法实现工业发展方式向绿色集约方向的转变。

环境规制的重点不应该是一味加强环境规制力度，政府应当根据各行业的生产与排污特点，制定差异化的环境规制政策，不断创新环境规制工具，将环境规制内容逐渐从命令-控制型向市场激励型和自愿型转变，将经济激励与法律制裁相结合，鼓励企业不断进行绿色生产技术创新，提高绿色全要素生产率，在经济增长的同时改善环境，有效推进我国工业的绿色转型。

CHAPTER 5

第五章

就业变动与工业结构转型升级

工业结构升级和人力资源充分利用既相互联系又相互制约，共同影响经济发展。现阶段，我国既面临工业结构优化升级的迫切任务，又面临巨大的就业压力。在这种背景下，如何正确处理两者的关系显得尤为必要和迫切。当前，新型工业化战略对我国的人力资源充分利用提出了新的挑战：一方面，技术进步和工业结构升级对劳动力的排斥作用会对就业产生压力；另一方面，劳动力整体素质不高，使我国在信息化发展中并不具有人力资源优势，产业结构的深度调整反而可能加重失业问题。如何选择适宜的产业技术路径，在推进新型工业化进程的同时兼顾解决就业问题，实现我国工业结构与就业结构的和谐互动、人力资源的充分利用，就构成了我国工业结构优化升级的第三个导向。

基于我国工业结构升级与就业之间的矛盾关系，本章首先探讨了我国工业结构升级对就业的作用机理；其次，对中国工业结构升级的就业效应进行了客观评价，试图通过理论探讨和实证研究，找到当前阶段工业结构升级和劳动力就业的均衡点和突破路径；最后，本章还将探讨劳动异质情况下的产业结构偏离及其影响因素。

第一节 中国工业结构升级与就业变动的作用机理

一、工业结构与就业结构演进的一般规律

在工业化进程中，随着工业结构的演进与升级，就业结构表现出第一产业就业比重显著下降，第二产业和第三产业就业比重上升趋势，就业结构与工业结构存在程度较强的相关性。在工业化初期，第一产业的就业比重占据绝对优势，且远远高于第一产业的产值比重，大量的劳动力被滞留在农业；随着工业化推进，第二、三产业迅速发展，农业的剩余劳动力逐步向第二、三产业转移；在工业化后期，第三产业吸纳了绝大多数劳动力，消除了第一产业大量过剩劳动力滞留的现象。产值和就业结构变动的三种代表性模式如表5-1所示。

表5-1 产值和就业结构变动的三种代表性模式

主要研究成果	人均GDP/美元	产业构成/(%)			就业构成/(%)			相对劳动生产率		
		Ⅰ	Ⅱ	Ⅲ	Ⅰ	Ⅱ	Ⅲ	Ⅰ	Ⅱ	Ⅲ
模式1:库兹涅茨模式(1970,1958)	70	45.8	21	33.2	80.3	9.2	10.5	0.57	2.28	3.16
	150	36.1	28.4	35.5	63.7	17	19.3	0.57	1.67	1.84
	300	26.5	36.9	36.6	46	26.9	27.1	0.58	1.37	1.35
	500	19.4	42.5	38.1	31.4	36.2	32.4	0.62	1.17	1.18
	1000	10.9	48.4	40.7	17.7	45.3	37	0.62	1.07	1.10

续表

主要研究成果	人均 GDP/美元	产业构成/(%)			就业构成/(%)			相对劳动生产率		
		Ⅰ	Ⅱ	Ⅲ	Ⅰ	Ⅱ	Ⅲ	Ⅰ	Ⅱ	Ⅲ
模式 2:钱纳里、艾金同、西姆斯模式(1970,1964)	100	46.3	13.5	40.1	68.1	9.6	22.3	0.68	1.41	1.80
	200	36	19.6	44.4	58.7	16.6	24.7	0.61	1.18	1.80
	300	30.4	23.1	46.5	49.9	20.5	29.6	0.61	1.13	1.57
	400	26.7	25.5	47.8	43.6	23.4	33	0.61	1.09	1.45
	600	21.8	29	49.2	34.8	27.6	37.6	0.63	1.05	1.31
	1000	18.6	31.4	50	28.6	30.7	40.7	0.65	1.02	1.23
	2000	16.3	33.2	49.5	23.7	33.2	43.1	0.69	1.00	1.15
	3000	10.9	39.9	48.7	8.3	40.1	51.6	1.18	0.97	0.94
模式 3:钱纳里、鲁宾逊、塞尔奎因模式(1986,1970)	140~280	48	21	31	81	7	12	0.59	3.00	2.58
	280~560	39.4	28.2	32.4	74.9	9.2	15.9	0.53	3.07	2.04
	560~1120	31.7	33.4	34.6	65.1	13.2	21.7	0.49	2.53	1.59
	1120~2100	22.8	39.2	37.8	51.7	19.2	29.1	0.44	2.04	1.30
	2100~3360	15.4	43.4	41.2	38.1	25.6	36.3	0.40	1.70	1.13
	3360~5040	9.7	45.6	44.7	24.2	32.6	43.2	0.40	1.40	1.03

注:Ⅰ、Ⅱ、Ⅲ分别表示第一、二、三产业;由于四舍五入等原因,书中比值相加后未必等于 100%,下同;相对劳动生产率是指某产业计算期 GDP 的比重/同期该产业从业人员比重,下同。资料来源:转引自郭克莎:《我国产业结构变动趋势及政策研究》,载《管理世界》1999 年第 5 期。

从要素结构变动来看,工业化过程表现为:劳动密集型工业→资本密集型工业→技术密集型工业。随着工业结构由劳动密集型向资本密集型转变升级,资本逐渐排挤劳动力,工业的就业吸纳能力必然有所降低,但是工业吸纳劳动力的绝对数量并不会减少。一方面,工业结构升级使工业增长率水平更高，从而保证了就业增长；另一方面，工业结构升级增强了工业内部产业之间的关联性，产业分工更加细化，从而衍生出更多的工业行业和就业岗位。此外，工业结构升级对第三产业特别是生产性服务业具有很强的带动作用，从而提升了整个经济的就业吸纳能力。

工业化基本完成的国家和地区的经济发展过程表明，早期工业化国家（地区）工业化进程中以劳动密集型工业为主导的工业结构持续时间较长，如美国为 110 年、日本为 80 年（见表 5-2）。新型工业化国家（地区）以劳动密集型工业为主导的工业结构持续时间相对较短，如我国台湾地区为 20 年。造成工业结构转变时间差异的原因是不同时期工业化国家（地区）面临的社会和国际经济条件不同：早期工业化国家（地区）只有发展劳动密集型产业才能使技术素质偏低的农村劳动力逐步从事非农劳作，同时为工业化上升到更高一级的资本密集型阶段积累资本。而新型工业化国家（地区）工业化进程中一开始就可以借鉴发达国家（地区）的经验，引进技术、资金和人才来提高经济发展水平；同时也面临工业部门生产和贸易的激烈国际竞争。因此，新型工业化国家（地区）在工业化初期就具备了发展资本密集型产业的必要性和可能性，从而加速了劳动密集型向资本密集型的升级过程。尽管如此，由于资本密集型产业吸纳劳动力的能力有限，转移农村剩余劳动力的任务仍需要劳动密集型行业承担，因此，转型速度加快并不代表转型成功。从表 5-2 中可以看到，以日本为例，虽然早期工业化国家（地区）和新型工业化国家（地区）转型过程有较大差异，但衡量就业结构转型的指标具有共同特点：①农业劳动人口比重下降到 40％左右，城市人口比重上升到约 55％；②农业劳动力比重下降到 35％左右，并且绝对量已经开始减少一段时间（约 10 年）。

表 5-2 美国、日本和我国台湾地区主导产业转换相关指标

	主导产业转换时间	劳动密集型主导持续时间/年	农业劳动人口比重/(%)	农业劳动力比重/(%)	城市人口比重/(%)	农业劳动力绝对量开始减少年份
美国	1926 年	110	26.5	23	53.9	1911 年
日本	20 世纪 50 年代末	80	40.7(1955) 36.8(1960)	37.9(1955) 30.1(1960)	56.3(1955) 63.2(1960)	1956 年
我国台湾地区	1976 年	20	33.7	26.7	64	1965 年

资料来源:转引自尚启君:《我国能否跨越以劳动密集型工业为主导的工业化阶段》,载《管理世界》1998 年第 3 期。中国社科院世界经济与政治研究所综合统计研究室:《苏联和主要资本主义国家经济历史统计集(1800—1982 年)》,人民出版社,1989 年版。南亮进:《日本的经济发展》,经济管理出版社,1992 年版;韩俊:《农业劳动力转移与经济发展》,西北农业大学 1989 届博士论文。

二、技术进步、工业结构与就业的机理分析

技术进步对就业水平的影响机制较为复杂。一方面,随着工业结构的演进升级,各个产业的技术进步水平不断提高,资本和技术对劳动的排挤替代效应明显加强,各产业的就业吸纳能力普遍降低;另一方面,技术更新和生产工艺进步快的行业能够降低生产成本,通过扩大生产规模进而增加该行业的劳动力需求,同时,该行业通过技术进步能开发新产品、通过产业关联能够衍生出新的生产服务领域和新的行业,从而创造新的就业岗位。因此,技术进步与工业结构升级、就业总量扩张和就业结构变化之间的关系并不是简单的线性、静态关系,而是非线性的互动关系。图 5-1 表示了这种关系。从图 5-1 可以看出,技术进步对

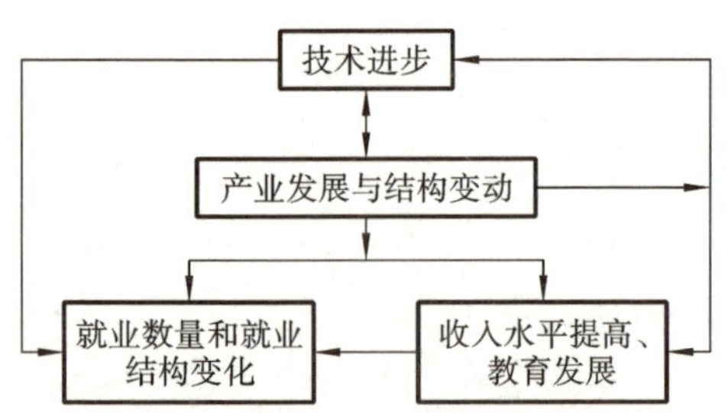

图 5-1 技术进步、工业结构与就业关系图

就业有直接和间接的影响，而间接影响更为复杂。

技术进步对就业的影响如下。

（1）资本深化效应。技术进步导致在生产中更多地使用资本、知识等要素，对劳动力产生排斥效应，排斥效应的大小取决于技术进步的类型。劳动节约型技术进步的就业排斥效应相对较大，资本节约型技术进步的就业排斥效应相对较小。在资本和劳动收入分配相对不变的条件下，资本-劳动投入比例能够反映企业或行业的技术进步类型。技术进步的类型取决于要素禀赋结构、经济发展环境和国家干预。

（2）规模扩张效应。一些新技术、新生产工艺的出现，首先会被个别企业和行业部门采用，由于技术进步，该企业或行业部门提高了产品竞争力，扩大了市场，从而创造更多的就业机会。该企业或行业部门的就业净效应取决于扩大规模的正效应和排斥劳动的负效应之差。

（3）产业关联效应。首先，先发生技术进步的行业部门由于规模扩张，会导致给这个部门提供生产资料的那些部门和使用该行业部门产品作为中间投入品的那些部门的生产增加，从而引起就业增长。其次，随着技术进步在行业间扩散，社会分工日益精细，生产专业化程度不断提高，原来内生于实物生产或服务部门的中间产品或服务逐渐分离出来,从而形成新的产品生产或服务产业,这些产业的发展会创造新的就业机会。

(4)财富效应。首先,技术进步推动经济增长,人们的收入水平不断提高,需求层次从基本生存需要逐步转向享受和发展需要,从而促进文化娱乐、体育、卫生保健、旅游、商业、教育、生活服务等产业的发展,创造大量就业岗位。其次,收入水平的提高促使家庭和个人进行人力资本投资,从而提高劳动力素质以适应劳动力市场需求结构的变化。

从总体上看,技术进步到底会创造更多的就业机会还是会导致失业水平的上升呢?目前学术界对此还存在激烈的争论,其根源就在于技术进步影响就业的机理具有复杂性。尽管如此,国内外学者普遍认可的是技术进步对就业的影响具有双重性:在短期内减少就业而在长期内增加就业。如何协调技术进步对就业的不同效应成为当前我国面临的重要现实问题。

从资本深化效应看,大多数学者普遍认为,自20世纪80年代以来,我国走的是一条资本替代劳动的技术路径,这是造成我国当前经济增长吸纳就业能力不足的重要原因(张军,2002;李小平等,2005)。[①]从长期趋势来看,我国三次产业的资本劳动比的上升趋势非常明显,一些传统劳动密集型产业的资本密集程度也在显著提高,食品加工和制造业、饮料制造业等行业的资本密集度与普通机械制造业、专用设备制造业的差距在明显缩小,甚至超过了后者(姚战琪等,2005)。这表明,我国的经济增长走的是一条有悖于工业化一般规律的发展道路——中国最充裕的生产要素是劳动力,而劳动力不是使用比例最高的要素。

① 如果考虑到近年来我国劳动收入份额持续下降的情况,资本深化对就业的排斥效应将更为严重。

从规模扩张效应看，在当前资本过剩和买方市场条件下，劳动密集型行业很容易出现供给过剩的情况，技术进步难以使其规模扩张。而创新能力强的资本密集型行业更具有发展优势，由技术进步带来的规模扩张将带来更多的就业机会。从产业关联效应看，由于资本密集型技术进步的产业关联度更高，它通过提供新技术、新材料、新设备能够带动相关产业，特别是生产性服务业的发展，从而吸纳更多的就业。从财富效应来看，在当前劳动者报酬在国民收入分配中偏低和收入分配不均条件下，劳动密集型技术进步对于提高劳动者报酬特别是提高农民收入进而扩大内需的作用更加显著。

我国经济发展中技术进步的路径选择表现出一种非市场化的因素。以资本密集型为主导的技术进步路径与我国劳动力资源现状和要素禀赋结构要求大相径庭，从而产生了强烈的就业排斥效应。但从长期来看，我国资本密集型和劳动密集型技术进步的就业效应孰大孰小难以判断，我国工业结构升级中技术进步的就业效应有待进一步的实证检验。

三、需求结构、产业结构与就业的机理分析

需求结构是决定产业结构的重要因素。为了满足所发生的需求而展开的生产活动决定了各产业部门的产品供给，而各产业的产品供给及生产活动中的技术选择决定了各产业的劳动就业。可见，存在需求结构的变化会随之带来产业生产结构的变化，并和产业的技术选择的变化一起带动就业的产业结构变化这样一种连锁机制。自 20 世纪 90 年代以后，我国的工业化已经从供给约束型转为需求约束型，需求结构的变化对我国产业结构的就业模式必然会产生影响。因此，从需求角度研究产业结构升级的就业效应具有重要的现实意义。最终需求包括

消费需求、投资需求和出口需求。在产业结构由劳动密集型向资本密集型升级过程中，三种需求影响就业的路径和效果是不同的。

1．消费需求、产业结构与就业

在存在消费需求约束的条件下，产业结构与就业存在较强的相关性。一方面，居民收入水平和对最终产品的消费倾向决定了产业部门的产出水平；另一方面，产业部门的技术选择和产品类型决定了该产业的就业水平。当采用劳动密集型技术生产时，相比于资本密集型技术，在相同产出下能创造更多的就业机会，居民收入水平的提高进一步提升其工业品消费能力，从而刺激工业生产，如此往复形成产业增长—就业增长—收入提高—需求扩大的良性循环。当采用资本密集型技术生产时，资本深化导致就业机会减少，需求不足进一步制约工业生产，最终导致工业生产能力过剩。从这个角度看，当前我国出现的内需不足和剩余劳动力转移滞后与资本密集型的产业结构存在必然关联：农村居民有对工业品的需求，但无支付能力，而农村居民收入水平偏低的根本原因在于工业部门无法提高其就业机会。

2．投资需求、产业结构与就业

投资需求主要通过提高消费需求和调节国民收入间接影响就业。在国民收入一定的条件下，当采用劳动密集型技术生产时，投资需求可以带来相应的劳动投入并提高消费需求水平[①]，最终通过乘数效应带来更多的就业机会；当采用资本密集型技术生产时，投资需求的就业乘数

① 在经济学理论中，一般认为消费需求与投资需求是相互对立的关系，要想增加投资就必须增加储蓄，而增加储蓄势必会减少消费。但事实上，两者又存在内在联系，投资需求通过产业关联能够直接或间接地增加消费需求。根据罗云毅(2004)对我国投入产出表的研究可知，每增加100亿元固定资产投资将引发58亿元消费需求增加。

效应较小,而消费需求的不足往往导致工业产品在一些重工业“自我循环”,最终导致工业品生产过剩和就业不足。投资需求影响就业的另一个路径是调节国民收入:当采用资本密集型技术生产时,投资需求提高了资本报酬在国民收入中的份额,劳动报酬份额的降低使全社会消费倾向趋于下降;当采用劳动密集型技术生产时,投资需求提高了劳动报酬在国民收入中的份额,劳动报酬份额的提高使全社会消费倾向趋于上升。最终,不同生产技术的投资诱发就业效应取决于投资的生产乘数效应和收入分配效应。如果资本密集型技术生产乘数对就业的正效应远大于收入分配对就业的负效应,其劳动诱发效果可能高于劳动密集型技术的投资对就业的诱发效果,反之亦然。

3. 出口需求、产业结构与就业

在工业生产能力过剩问题还不能通过国内消费需求扩大得到有效缓解的条件下,出口是产业生存与发展的重要出路,也是解决就业问题的重要途径。劳动密集型产业产品出口对拉动就业效果显著,资本、技术密集型产业产品出口主要通过带动国内相关产业发展、扩大投资需求进而间接带动就业增长。我国劳动力资源丰富、资本技术资源相对缺乏的要素禀赋,决定了长期以来劳动密集型产业产品出口成为吸纳劳动力就业、缓解就业压力的重要手段。

从上面的分析可以看出,在存在消费约束的条件下,产业结构升级显然不利于剩余劳动力转移和解决就业问题。但产业结构升级引发的投资需求和出口需求对就业的影响无法定论,这是因为资本密集型产业虽然直接带动就业作用较小,但其通过生产诱发效应间接带动就业的作用较为显著。因此,从需求角度判断我国产业结构变迁的就业效应尚需实证检验。

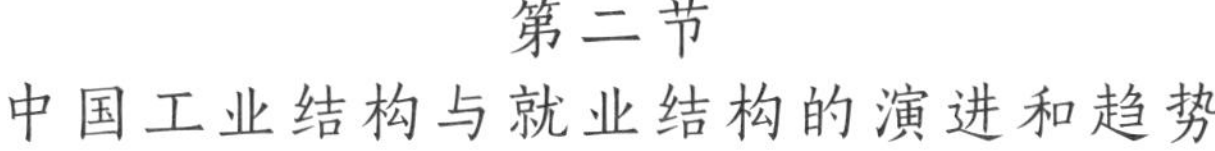

第二节
中国工业结构与就业结构的演进和趋势

本节分析改革开放以来我国工业（产业）结构调整对就业的影响，并与标准模型比较判断我国工业化进程中产业结构与就业结构的阶段性特征；同时结合新型工业化道路的战略要求，判断未来就业结构变动方向，预测各产业的就业前景。

一、工业结构与就业结构的演进及国际比较

1. 产业结构与就业结构的演进

图 5-2 和图 5-3 显示了 1978—2008 年我国三次产业结构和就业结构的变动基本符合工业化演进规律。受几次重大产业调整的影响，我国产业结构和就业结构变动表现出阶段性特征。

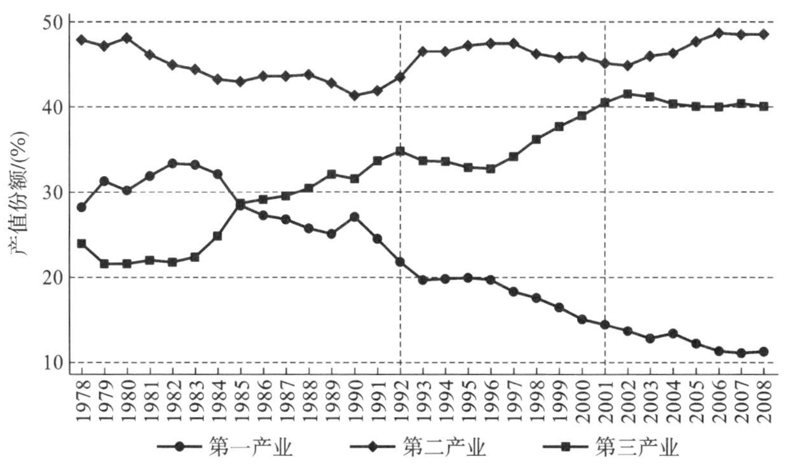

图 5-2 中国产业结构演进

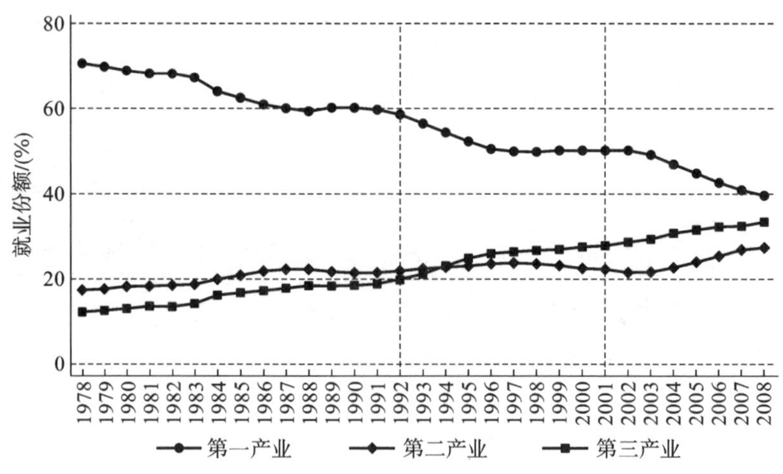

图 5-3　中国就业结构演进

1）轻重工业比例协调阶段(1978—1992)

20 世纪 50 年代，优先发展重工业的战略使轻重工业比例严重失调。十一届三中全会后，我国开始了工业结构调整，从优先发展重工业转变为农、轻、重并举的发展战略。农村实行的家庭联产承包责任制激发了农业活力，第一产业产值份额在这一阶段先升后降，而就业份额持续下降了 12%，大量富余劳动力开始转移。轻重工业比例调整虽然使第二产业产值份额下降了 4.5%，但以劳动密集型产业为主体的轻工业的发展表现出吸收农村剩余劳动力的巨大效应，就业份额反而上升了 4.4%。1978 年后我国允许个体工商户经营，商业、饮食业等服务业迅速发展，第三产业产值份额和就业份额分别上升了 10.9% 和 7.6%，产业结构调整表现出有利于就业的局面。

2）市场经济体制逐步完善阶段(1992—2001)

从 1992 年开始，我国市场经济体制改革全面启动，宏观经济形式逐步由短缺经济向过剩经济转变。国家大力压缩采掘工业、原材料工业以及纺织、皮革等劳动密集型工业的过剩产能。加上1997年开始的"减员增效"国企改革，这些因素使第二产业就业比重在这一时期仅上升了0.6%，而这一时期中央出台了《关于加快发展服务业的决定》等一系列扶持第三产业发展的措施，同时随着居民收入水平的提高，居民对生活性消费的需求获得极大的释放，这些因素给第三产业带来了广阔的发展机遇。这一时期第三产业产值份额提高了5.7%，而就业份额更是提高了7.9%。自1994年就业份额超过第二产业开始，第三产业成长为我国吸纳就业的主要行业。

3）新型工业化道路阶段(2001—2008)

2002年中央提出走新型工业化道路，以重化工业为目标的发展战略使第二产业特别是制造业得到极大发展，这一时期第二产业产值份额提高了3.8%，而就业弹性的反弹，使就业份额也相应上升了4.9%，这反映了我国新型工业化道路具有巨大的就业效应。第三产业产值份额在这一时期下降了0.4%，显然制造业并未带动第三产业特别是生产性服务业快速发展。由于第三产业吸纳就业能力较强，就业份额仍然上升了5.5%。我国产业结构与就业结构变动如表5-3所示。

表5-3　我国产业结构与就业结构变动

	产值份额/(%)			就业份额/(%)			比较劳动生产率			就业弹性		
	Ⅰ	Ⅱ	Ⅲ	Ⅰ	Ⅱ	Ⅲ	Ⅰ	Ⅱ	Ⅲ	Ⅰ	Ⅱ	Ⅲ
1978	28.2	47.9	23.9	70.5	17.3	12.2	0.40	2.77	1.96	0.2	0.5	0.7
1992	21.8	43.4	34.8	58.5	21.7	19.8	0.37	2.00	1.76	−0.2	0.1	0.5
2001	14.4	45.1	40.5	50.0	22.3	27.7	0.29	2.02	1.46	0.5	0.0	0.2

续表

	产值份额/(%)			就业份额/(%)			比较劳动生产率			就业弹性		
	Ⅰ	Ⅱ	Ⅲ	Ⅰ	Ⅱ	Ⅲ	Ⅰ	Ⅱ	Ⅲ	Ⅰ	Ⅱ	Ⅲ
2008	11.3	48.6	40.1	39.6	27.2	33.2	0.29	1.79	1.21	−0.5	0.3	0.3
1978—1992	−6.4	−4.5	10.9	−12	4.4	7.6	0.45	2.11	1.68	0.24	0.42	0.46
1992—2001	−7.4	1.7	5.7	−8.5	0.6	7.9	0.36	2.02	1.41	−0.1	0.12	0.4
2001—2008	−3.1	3.5	−0.4	−10.4	4.9	5.5	0.27	2.01	1.30	−0.55	0.47	0.34
1978—2008	−16.9	0.7	16.2	−30.9	9.9	21	0.38	2.02	1.54	0.12	0.25	0.42

注：Ⅰ、Ⅱ、Ⅲ分别表示第一、二、三产业；比较劳动生产率＝产值份额/就业份额，偏离度为1表示达到均衡状态，偏离度与1距离越大表示该产业偏离度越大；就业弹性＝就业年增长率/产出年增长率。

从整个时期看，1978—2008年，第一产业就业份额下降了30.9%，第二产业和第三产业分别上升了9.9%和21%，这意味着改革开放以来从第一产业流出的劳动力有2/3以上转移到第三产业，第三产业成为吸纳就业的主要行业。

从三次产业比较劳动生产率的变化可知，我国就业结构明显滞后于工业结构：第一产业比较劳动生产率远小于1，表明劳动生产率提高使第一产业中剩余劳动力的增加速度超过了其转移速度。相对于第二产业和第三产业，第一产业仍然存在着无限供给的剩余劳动力需要转移。第二产业比较劳动生产率有所下降，但仍然远高于1，特别是20世纪90年代以来，第二产业比较劳动生产率下降，这说明了第二产业正在排挤劳动力就业。不过，走新型工业化道路之后，第二产业结构偏离度正在向0靠拢，长期以来第二产业吸纳就业不足的情况得到扭转。第三产业比较劳动生产率正在向1靠拢，表明第三产业基本达到均衡水平，就业空间已经很小。[①] 发展水平不足和就业弹性趋于下降使未来我国第三产业就业形势不容乐观。

2. 产业结构与就业结构的国际比较

为便于与“标准”模式进行比较，我们将钱纳里等(1986)所建模型中的人均收入从1970年的美元值变换为1996年的美元值。根据美国GDP缩减指数，1970年美元换为1996年美元因子大约为3.8。[②] 这样，六个工业化阶段收入变动范围调整如表5-4所示。

表5-4 不同工业化阶段人均收入比较

阶段	一	二	三	四	五	六
人均收入/美元	532～1064	1064～2128	2128～4256	4256～7980	7980～12768	12768～19152

注：人均收入以1996年美元为基准。

对照钱纳里标准模型，从人均收入水平看，我国工业化进程已经从工业化第二阶段进入工业化第三阶段，即工业化中后期。[③] 从产业结构

① 一些学者认为我国服务业存在增加值被低估的问题。2004年第一次全国经济普查数据显示有2.13万亿元服务业增长值被遗漏，修正后第三产业增长值比重提高了8.8个百分点。但其实服务业就业比重也存在低估问题，特别是第三产业存在大量非正规就业和隐形就业未被统计(可参考胡鞍钢和杨韵新，2001)。同时考虑这两个因素，第三产业人均增加值不会发生太大变化。

② 数据来源于《国际统计年鉴(1998)》。

③ 1978年到2008年，我国人均GDP从1654元人民币增长到8261元人民币(1996年不变价)，按1996年实际汇率计算为从218美元增长到1087美元，按购买力平价计算为从835美元增长到4172美元。一般认为，按汇率计算低估了我国人均GDP水平，而按购买力平价计算又高估了。实际应为两者的中间值。我们取其均值为从526美元增长到2630美元。

看,2008年我国三次产业结构为11.3∶48.6∶40.1,与钱纳里模型的第六阶段的9.7∶45.6∶44.7相似,偏离度为1.6∶3.0∶-4.6。衡量工业化水平的另外一个重要指标是就业结构,我国2008年就业结构为39.6∶27.2∶33.2,与钱纳里模型第五阶段的38.1∶25.6∶36.3较为相似,偏离度为1.5∶1.6∶-3.1。可以判断,一方面我国就业结构滞后于产业结构,另一方面我国第三产业产值份额和就业份额都偏低。

与表5-2给出的产业转型指标相比,我国农业劳动力仍占全部劳动力的39.6%,离农业劳动力份额占30%以下的重化工业化阶段的目标还有距离;城乡人口的比例为45.7∶54.3,还未达到产业转型国家城市人口占55%的标准。这个指标反映出我国仍是一个农业大国,推进农业人口非农化转移的任务还很艰巨。

表5-5选取了部分国家和地区的产业就业结构,以便进一步判断我国就业结构变动的方向。2007年三次产业就业结构的世界平均比重为:40.0∶20.5∶39.5,以美国、欧盟及日本为代表的高收入国家(地区),第一产业就业份额低于5%,第二产业就业份额在20%～30%,第三产业就业份额为70%左右,反映了服务型经济体的特征。以俄罗斯、巴西为代表的中等收入国家第一产业就业份额在20%左右,第二产业就业份额与高收入国家较为相似,第三产业就业份额在60%左右,略低于高收入国家水平。中国及同样作为转型中国家的印度与高收入国家和中等收入国家的差异在于第一产业就业份额偏高,第三产业就业份额偏低。可以看到,我国第三产业就业份额低于世界平均水平6.3%,与中等收入国家60%的平均水平差距更大。从发展趋势看,

我国第二产业就业份额上升空间已经很小，第三产业将成为未来就业的重点领域。

表 5-5　部分国家和地区三次产业就业结构比较　　单位：%

地区	第一产业	与世界平均值偏离	第二产业	与世界平均值偏离	第三产业	与世界平均值偏离	年份
中国	39.6	−0.4	27.2	6.7	33.2	−6.3	2008
印度	43	3	25	4.5	32	−7.5	2003
巴西	21	−19	21	0.5	57.9	18.4	2005
俄罗斯	10.8	−29.2	28.8	8.3	60.5	21	2007
美国	0.6	−39.4	22.6	2.1	76.8	37.3	2007
欧盟	4.4	−35.6	27.1	6.6	67.1	27.6	2002
日本	4.6	−35.4	27.8	7.3	67.7	28.2	2005
世界平均	40.0	—	20.5	—	39.5	—	2007

数据来源：CIA，The World Factbook，10 June 2008.

通过对我国产业结构和就业结构的演进分析，以及与标准模型和其他国家（地区）的比较，我们认为，我国产业结构与就业结构演进基本遵循工业化进程的一般规律，但我国产业结构与就业结构存在不匹配的状况。第一产业结构偏差较大，成为劳动力流出的主要部门，但是农业生产率水平提高缓慢以及城乡间政策性和体制性壁垒的存在阻碍了农村劳动力向城镇和非农产业转移。因此，大量剩余劳动力滞留在农村和第一产业，既是劳动力资源的浪费，也对城乡就业构成了巨大压力。产业结构变迁并未使我国就业结构峰值在第二产业出现，而是直接由第一产业转移到第三产业。这是因为我国工业化战略是从优先发展重工业开始的，虽然经历过几次调整，但仍未表现出由劳动密集型向资本、技术密集型渐进发展的一般路径。劳动密集型产业的发展“真空”和过早出现资本排挤劳动现象使第二产业形成高增长、低就业格局。但走新型工业化道路以来，第二产业就业状况持续改善，制造业和建筑业近年来表现出巨大的就业需求，这也说明目前我国经济结构对生产性劳动的需求相对旺盛。第三产业是吸收就业的主要部门，但从当前的形势看，我国第三产业就业存在后劲不足的问题。与国外相比，在相同产值比重条件下，我国第三产业就业比重已经高于国际标准模型的水平。近年来第二产业重新重化工业化带动第三产业发展的作用尚不明显，第三产业增长放缓阻碍了进一步提高就业水平。

与世界其他国家比较可以判断我国未来就业结构的变动方向。按照《中国现代化报告2010》的预测，我国可在2040年左右达到中等发达国家水平。按照这一预测，届时我国就业结构的合理水平应当是10∶25∶65，这就意味着届时我国第一产业就业份额应该下降30个百分点，而第二产业就业份额也要下降2～3个百分点，第三产业就业份额应当提升约32个百分点。根据我国产业结构调整的要求和工业化阶段规律，我们提出到2040年三次产业就业结构调整的预期目标(见表5-6)。

第一产业：随着我国工业化和城市化加速，第一产业就业份额将稳步下降，2020年以前年均下降1.47个百分点；2020—2030年间年均下降0.7个百分点；2030—2040年间年均下降0.5个百分点，2040年就业份额达到10%左右。

第二产业：在工业化完成之前，就业份额先升后降，2020年以前年均增长 0.65 个百分点;2020—2030 年间年均下降 0.2 个百分点;2030—2040 年间年均下降 0.8 个百分点;2040 年就业份额达到 25%左右。

第三产业:就业份额保持加速增长态势,2020 年以前年均增长 0.82个百分点;2020—2030 年间年均增长 0.9 个百分点;2030—2040 年间年均增长1.3个百分点;2040 年就业份额达到 65%。

表 5-6 我国三次产业就业结构预期目标 单位:%

	2008 年	2020 年	2030 年	2040 年
第一产业	39.6	22	15	10
第二产业	27.2	35	33	25
第三产业	33.2	43	52	65

二、工业结构与就业结构演进和趋势

1. 工业结构与就业结构演进

按照国家统计局的分类方法,将工业划分为四大部门——资源密集型行业、劳动密集型行业、资本密集型行业、技术密集型行业进行分析。① 表 5-7 给出了四大工业部门的相关指标。

① 资源密集型行业包括从煤炭开采和洗选业到非金属矿采选业的 6 个采掘业以及电力、热力生产供应业与水的生产和供应业,共 8 个行业;劳动密集型行业包括从食品制造业到文教体育用品制造业的 12 个行业;资本密集型行业包括从石油加工、炼焦及核燃料加工业到金属制品业的 10 个行业;技术密集型行业包括从普通机械制造业到通信设备、计算机及其他电子设备制造业。

表 5-7　我国工业的产值结构和就业结构相关指标

	产值份额/(%)					就业份额/(%)					就业弹性				
时间(段)	总体	Ⅰ	Ⅱ	Ⅲ	Ⅳ	总体	Ⅰ	Ⅱ	Ⅲ	Ⅳ	总体	Ⅰ	Ⅱ	Ⅲ	Ⅳ
1985 年	100	10.4	25.9	36.0	27.8	100	14.1	28.6	29.7	27.7	−2.94	2.40	0.70	−3.44	−2.52
1992 年	100	9.9	29.7	32.4	28.1	100	13.5	29.7	30.0	26.8	0.13	0.07	0.07	0.20	0.19
2001 年	100	3.7	24.5	29.8	41.9	100	11.2	29.2	30.8	28.8	−0.13	−0.61	0.12	−0.21	−0.14
2008 年	100	2.6	20.6	26.6	50.3	100	9.1	29.9	27.6	33.5	0.43	0.91	0.37	0.44	0.47
1985—1992	1.17	−0.07	0.55	−0.51	0.04	0.42	−0.08	0.16	0.05	−0.13	0.33	0.20	0.44	0.26	0.25
1992—2001	3.08	−0.69	−0.58	−0.28	1.54	0.62	−0.26	−0.05	0.09	0.22	−0.12	−0.61	−0.22	−0.09	−0.06
2001—2008	2.39	−0.16	−0.56	−0.47	1.19	1.52	−0.30	0.09	−0.46	0.66	0.26	0.06	0.30	0.21	0.30
1985—2008	1.96	−0.34	−0.23	−0.41	0.98	0.62	−0.22	0.06	−0.09	0.25	0.18	0.06	0.27	0.21	0.16

注：Ⅰ、Ⅱ、Ⅲ、Ⅳ分别表示资源密集型、劳动密集型、资本密集型和技术密集型部门；产值份额和就业份额的时间(段)指标为年均结构变动度，即(当期份额—基期份额)/年数；就业弹性的时间(段)指标为年均就业弹性。

从产值结构的变化可以找到我国工业结构的升级路径及其对就业的影响。从表5-7可以看出，20世纪80年代中期到90年代初期，轻重工业比例调整使我国劳动密集型部门产值份额明显上升，而产值份额较高的资本密集型部门呈现下降趋势。劳动密集型部门的快速发展是这一时期我国第二产业保持较高就业弹性和就业增长率的重要原因。20世纪90年代中期以后，我国劳动密集型部门产值份额开始下降，我国工业化发展由劳动密集型进入资本密集型工业化阶段，要素投入结构的变化也导致这一时期工业就业吸纳能力急剧下降。这一阶段我国工业部门的就业弹性多为负值，这说明我国工业行业普遍出现了资本深化现象。当然，这也与国有企业“减员增效”改革有关，劳动力出现了非市场化排除效应。

2000年以后，我国走新型工业化道路，机械加工、通信设备等代表工业结构升级方向的技术密集型部门快速发展，其产值份额和就业份额分别逐步超过资本密集型和劳动密集型部门，成为我国工业发展的主导部门。而工业结构的升级并没有使就业弹性下降，反而相比前一个阶段有所上升。除了工业排除“富余人员”后就业弹性自然回升的因素外，我们认为更为重要的原因是，工业结构由传统资本密集型向技术密集型的转变改变了工业依赖常规技术和资本的粗犷发展模式，资本深化不利于就业的状况得到逆转。可以明显看到，2001—2008年，技术密集型行业就业弹性逐步超过工业整体水平，这也从一个侧面佐证了我国新型工业化道路并没有阻碍劳动就业。

图5-4给出了四大工业部门的结构偏离度。从图5-4可以看出，劳动密集型和资源密集型部门相对而言吸纳了过量的劳动就业，资本密集型部门产值和就业也基本达到均衡水平。而技术密集型部门结构偏

离度较高，但近年来出现了向均衡水平靠拢的迹象，这说明技术密集型部门巨大的就业空间正在得到释放。

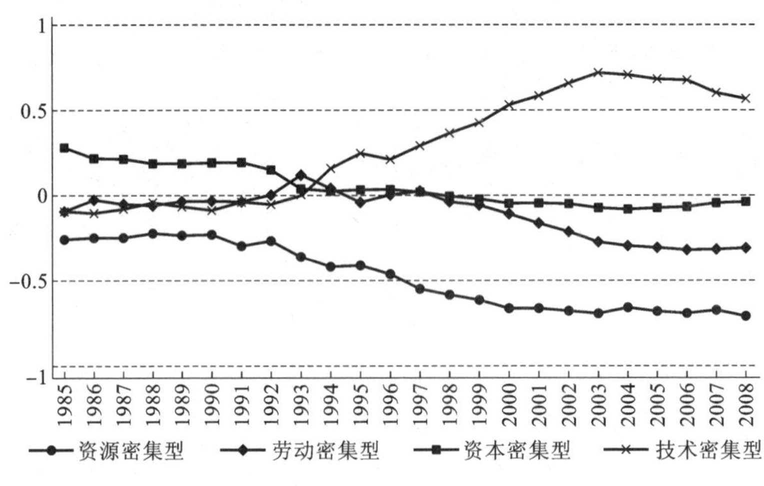

图 5-4　我国工业内部结构偏离度

2．工业结构与就业结构的趋势

基于以上分析，我们对新型工业化战略下工业就业增长进行预测。首先对工业就业人数进行修正，使用的就业指标是国有及规模以上非国有工业企业从业人员数，这一统计指标主要遗漏了农民工就业。劳动和社会保障部 2006 年相关调查数据显示，2006 年外出农民工就业人数达 1.32 亿人，其中工业就业人数占 53.2%。这个调查还给出了农民工就业的行业分布情况，我们计算发现，工业四大部门的农民工就业比例为 8.1∶42.3∶12.6∶37.0。可以看出，目前资源密集型部门 2 万元左右就能创造一个就业岗位，资本密集型部门和技术密集型部门则 7 万元左右才能创造一个就业岗位。

对未来各工业部门发展前景的预测：新型工业化战略对于资源环境具有较强的导向性，资源密集型部门的发展将面临考验，其增长率将显著低于GDP增长水平，我们预计未来资源密集型部门年均增长率约为5%。考虑到当前重化工业化发展对资本的依赖，我们预计资本密集型部门年均增长率将达到12%～15%。当前劳动密集型部门受到国际金融危机、成本上升等因素影响，发展有所放缓，但考虑到新型工业化战略强调对人力资源的充分利用，在政策导向下我们预计劳动密集型部门年均增长率将达到10%～12%。新型工业化战略强调对高技术产业特别是信息产业的倾向性支持，我们预计技术密集型部门年均增长率将达到15%～20%。

对未来各工业部门产值劳动比的预测：实施新型工业化道路以来，我国陆续出台一系列针对电力、煤炭、钢铁、水泥、有色金属、焦炭、造纸、制革、印染等资源密集型和资本密集型行业调整过剩产能的产业政策。未来资源、资本密集型部门将逐步向集约型发展方式转变，传统上大量使用人力的状况将得到遏止。我们预计，资源密集型和资本密集型部门创造一单位就业需要增加1.5万～2万元，产出劳动比将分别上升到3.5～4.0和8.5～9.0。劳动密集型部门和技术密集型部门近年来就业弹性下降趋势较为缓慢，考虑到劳动密集型部门内部结构升级的压力和技术密集型部门附加值水平逐步提高，我们预计，这两个部门创造一单位就业需要增加1.0万～1.5万元，产出劳动比将分别上升到3.5～4.0和8.0～8.5。

由于资源密集型、资本密集型行业的结构调整以及劳动密集型、技术密集型行业的结构升级，我国工业吸纳就业能力不会有太大改观，经过结构调整之后，持续增长的工业部门将迅速扩大创造就业的能力。因此，有效贯彻新型工业化道路，大力发展技术密集型行业，在保持工业快速增长的基础上，遏制就业弹性下降势头，最终新型工业化道路下人力资源充分利用的问题将得到解决。

第三节 中国产业结构变动对就业影响的实证分析

一、中国产业结构变迁的就业效应

产业结构升级在带动就业增长的同时，也伴随着对就业的破坏效应。我国产业结构升级的就业破坏效应首先体现为产业结构的要素使用方式发生了变化，我国第二、三产业的技术路径均表现出劳动节约型特征，出现了明显的资本替代劳动现象。而第二、三产业的表现与全国水平一致，即资本劳动比的增长速度与就业弹性的下降速度成正比。可见，资本深化速度过快是我国工业结构就业吸纳能力下降的原因。

产业结构升级的就业破坏效应还体现在产业结构剧烈变动导致结构性失业。在劳动力市场尚不健全的情况下，我国劳动力供求之间存在不匹配现象日益突出。在本章第二节分析中已发现，近年来我国第二、三产业内部结构发生了较大变化，生产性服务业和技术密集型工业等新兴产业发展迅速，但是新兴产业劳动力需求并没有得到满足，普遍存在较大的结构偏离度。与此同时，流通服务业和劳动密集型工业等传统产业发展速度减缓，由于这些行业就业弹性较高，就业份额的降低导致劳动力需求下降较多。新兴产业岗位空缺和传统产业低技能劳动力失业现象并存。由于我国并没有岗位空缺的劳动统计数据，因此很难准确度量结构性失业的程度。不过可以肯定的是，结构性失业与产业结构变迁的剧烈程度密切相关。

为了分析产业结构升级对就业的不同效应，我们将产业结构分解为产业结构升级方向、产业结构升级速度和要素结构升级速度。产业结构升级方向用来衡量产业结构由低级向高级演进的程度，表示产业结构对就业的创造效应，产业结构升级速度和要素结构升级速度用来衡量产业结构对就业的破坏效应。考虑到产业结构和就业结构的非线性关系，我们构建如下模型：

$$\begin{aligned} L &= f(\mathrm{STRFX}, \mathrm{STRSD}, \mathrm{STRKL}) \\ &= a + (\mathrm{STRFX})^{\alpha}(\mathrm{STRSD})^{\beta}(\mathrm{STRKL})^{\lambda} \end{aligned} \tag{5.1}$$

其中，L 表示就业人数，我们用第二、三产业就业人数表示；STRFX 表示产业结构升级方向，我们用第二、三产业产值与总产值比重表示；STRSD 和 STRKL 分别表示产业结构升级速度和要素结构升级速度，我们用表示速度的 K 值公式计算：

$$\mathrm{STRSD} = \sum_{i=1}^{2} | p_{it} - p_{i0} |$$

$$\mathrm{STRKL} = \sum_{i=1}^{2} | q_{it} - q_{i0} |$$

其中，p_{it} 和 q_{it} 表示 i 产业（$i=2,3$）第 t 期的产值份额和资本劳动比，p_{i0} 和 q_{i0} 表示 i 产业第 0 期的产值份额和资本劳动比。我们以 1978 年为基期，对式(5.1)两边取对数，得到回归方程：

$$\ln L = \ln a + \alpha \ln \mathrm{STRFX} + \beta \ln \mathrm{STRSD} + \lambda \ln \mathrm{STRKL} + \varepsilon \tag{5.2}$$

我们采用 1993—2007 年省级面板数据进行分析。检验过程如下：对各变量进行单位根检验，在各变量都是同阶单整的情况下，对面板数据进行回归并对回归残差项进行单位根检验，以验证变量之间存在长期因果关系。

本章采取 IPS 和 LLC 方法，用 Stata 10.0 进行面板单位根检验。IPS 方法假设面板数据的各单元为不同根的单位根过程（individual unit root processes)，而 LLC 方法假设面板数据的所有单位为同根的单位根过程。考虑到我国各地区的产业发展和政策环境不同，我们有理由相信省级面板数据是不同质的序列。因此，我们以 IPS 检验结果为主，以 LLC 检验结果为参考。

结果显示，各变量时间序列的 IPS 检验结果都在 1% 的显著水平上存在单位根，LLC 检验结果显示 lnSTRKL 不存在单位根。对各变量的一阶差分值检验，各变量在 1% 的显著水平上拒绝存在单位根的原假设，即各变量的一阶差分值都是平稳的，因此我们模型中的变量都是一阶单整 $I(1)$。

面板数据的协整检验原理和时间序列一样，首先对协整方程进行回归，然后对误差项进行单位根检验。如果误差项检验显示为平稳序列，则可以认为存在协整关系。我们采用固定效应模型对式(5.2)进行回归，得到如下结果：

$$\ln L = 7.2641 + 2.5996\ln \mathrm{STRFX} - 0.1163\ln \mathrm{STRSD} - 0.1224\ln \mathrm{STRKL} \tag{5.3}$$

其中，Hausman 检验统计值为 12.59，调整 R^2 为 0.8533，F 值为 244.34，各变量都在 1% 水平显著。进一步对残差项进行单位根检验。

从各变量的回归系数看，非农就业与产业结构升级方向(STRFX)正相关，即产业结构向第二、三产业升级有利于提高就业水平。非农就业与产业结构升级速度(STRSD)和要素结构升级速度(STRKL)负相关，即产业结构升级速度越快、要素结构升级速度越快，就业水平越低，这与我们的理论假设一致。从回归系数大小看，产业结构升级方向对就业的影响系数为 2.5996，产业结构升级速度和要素结构升级速度对就业的影响系数分别为 -0.1163 和 -0.1224，表明产业结构对就业的创造效应远远大于产业结构对就业的破坏效应。

通过本节的分析我们发现，我国第二、三产业技术进步都表现出劳动节约型的技术路径，由劳动密集向资本密集的转变降低了工业结构的就业吸纳能力。同时，我国正处于工业化中期阶段，工业结构的剧烈变动对劳动就业也存在不利影响。从长期来看，工业结构的就业创造效应大于工业结构的就业破坏效应，工业结构变动的就业净效应为正。

二、中国工业行业资本深化和技术进步的就业效应

对工业结构的分析表明，我国工业结构已经由劳动密集型转变到资本、技术密集型发展阶段，但走新型工业化道路以来，以信息产业、机械制造为主导的技术密集型工业快速发展并没有降低工业的就业吸纳能力。如何解释这种现象？

我国第二产业资本深化是在与要素禀赋存在偏差的条件下发生的。资本深化和重化工业化是工业化升级的必然阶段，工业化加速阶段的显著特征是资本积累导致资本劳动比上升。我国资本深化与重化工业化的关系如何？如果重化工业化为资本深化所推动，那么 2001 年以来的重新重化工业化与消费结构升级密切相关的观点有待商榷。如果资本深化为重化工业化所推动，那么重新重化工业的就业效应究竟如何？

作为一种技术选择，资本深化在理论上能够促进技术进步和产业结构升级。那么，在考虑技术路径偏差的条件下，我国工业技术进步的就业效应到底如何？不同要素密集型行业的技术进步的就业效应有何差异？本小节通过实证分析试图对上述三个问题进行回答。

1. 工业资本深化的就业效应

为了在同一个坐标上比较工业整体的资本劳动比、资本生产率和劳动生产率增长变化情况，以上一年为基期(上一年＝100)将三个指

标指数化，结合工业行业就业弹性，得到图 5-5。

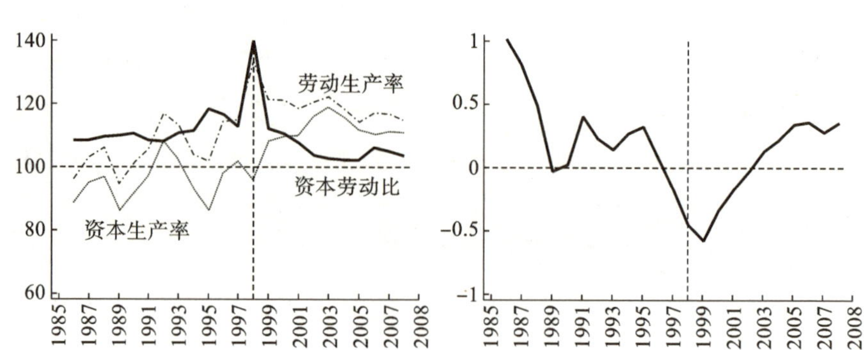

图 5-5　工业资本深化相关指标增长和就业弹性

1985—2008 年整个时期，工业资本劳动比都呈增长状态。但以 1998 年为界，存在 1985—1998 年加速增长时期和 1998—2008 年减速增长时期。可以看出，资本深化速度与就业弹性存在显著的负相关关系：资本深化加速增长，就业弹性下降，资本深化减速增长，就业弹性上升。观察其他两个指标，第一个时期资本生产率持续下降，而劳动生产率增长也相对缓慢；第二个时期伴随着资本劳动比减速增长，资本生产率和劳动生产率就呈加速增长态势。显然，第二个时期资本深化减缓不仅提高了就业弹性，而且提高了增长效益。

表 5-8 所示为四大工业部门就业效应评价。

表 5-8　四大工业部门就业效应评价

	技术密集型	资本密集型	劳动密集型	资源密集型
效率改善	强	强	弱	弱
就业能力	强	弱	强	弱
综合评价	强	中	中	弱

可以看到，资本劳动比由高到低排名依次为资本密集型、资源密集型、技术密集型、劳动密集型部门。这个排名和就业弹性排名一致，资本劳动比的大小反映了不同类型要素密集型部门的就业吸纳能力的差异。从资本生产率和劳动生产率来看，技术密集型部门都是最高的，而资源密集型部门都是最低的。资本密集型部门与劳动密集型部门相比，劳动生产率较高而资本生产率较低。以上分析说明，技术密集型部门技术效率的改善并没有使技术选择过多地向资本替代劳动的路径偏移，同时使增长更加具有效率。资源密集型的部门特征决定了它的资本生产率和劳动生产率都是最低的，这些行业的增长既缺乏效率，同时也不利于就业。

可以发现，即使是劳动密集型部门也发生了显著的资本深化，尽管它的就业吸纳能力依然高于其他类型的部门。因此，从长期来看，解决就业问题终究需要依靠技术进步和效率改善——技术密集型部门依靠效率提高相对排斥了较少的劳动力。因此，我们认为，资本深化对就业的影响应该从技术进步（效率改善）和吸纳就业能力两个方面来评价。如果我们将劳动生产率和资本生产率作为效率评价指标，将资本深化程度作为就业能力评价指标，我们可以判断，在长期内只有不断提高技术效率（资本和劳动生产率水平），才能提高工业的就业吸纳能力。

2. 重化工业化的就业效应

以全部工业行业资本劳动比代表资本深化，对于重化工业发展指标我们用霍夫曼系数代表，即用重工业不变价增加值与轻工业不变价增加值代表。检验过程分四步：首先我们对两组数据进行单位根检验，接着进行协整检验，然后是格兰杰因果关系检验和误差修正检验。

从单位根检验结果可以看到，KL 和 HOLF 均为非平稳序列，而一阶差分均为平稳时间序列，我们判断二者之间可能存在着协整关系。用 Johansen 检验法检验 KL 和 HOLF 之间是否存在长期均衡关系，也即是否存在协整关系。

从结果看到，重化工业化和资本深化在长期内具有稳定的正相关关系。1985—2008 年我国重化工业化是资本深化的格兰杰原因，反过来则不成立，下面我们用误差修正模型进一步检验 KL 和 HOLF 的内在联系。

从误差修正模型可以看到重化工业化对资本深化作用显著，这与格兰杰因果关系检验的结论是一致的。同时，前一期的霍夫曼系数对当前资本深化就有显著作用，这表明重化工业化在短期内就导致了资本深化的加剧。我们认为，至少在工业行业，中国的资本深化是由重化工业化推动的，这是对我国资本深化在非市场条件下发生机制的一种解释。

计算 1985—2008 年重工业不变价增加值、资本和就业占整个工业的份额。从图 5-6 可以看出，我国近年来确实表现出明显的重化工业化趋势。1999—2008 年期间，重工业增加值份额从 58.1%上升到 65.0%，资本份额从 69.5%上升到 73.8%，而就业份额从 58.4%下降到 57.7%，重化工业化对工业就业的负面影响是显而易见的。

本章认为，重化工业化除了具有资本密集的特征外，还具有技术密集的特征。[①] 因此，对重化工业化就业效应的研究应该综合考虑短期资本深化对就业的影响和长期资本深化对就业的综合影响。为此，本章构建了两个模型分析重化工业化的就业效应。

---

① 在本章的工业分类中，技术密集型行业绝大部分属于重化工业。

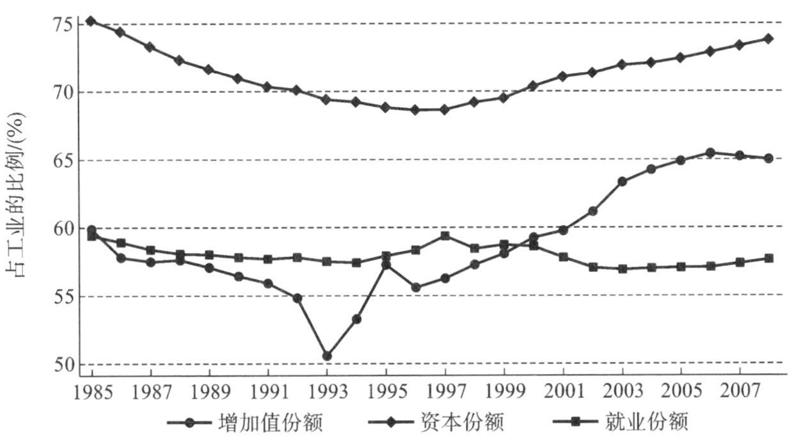

图 5-6　重化工业各项指标占工业的比例

1）模型 1：重化工业化对就业的综合影响

重化工业化可通过技术进步在长期内减缓资本深化程度，进而提高就业水平，因此我们采用分布滞后模型进行分析。如下面的模型所示：

$$L = a + \sum_{i}^{k} b\text{HOLF}(i) + \varepsilon \tag{5.4}$$

L 表示全国的就业水平；HOLF 是工业霍夫曼系数，代表重化工业化水平；a 是常数项；b 是回归系数；ε 是误差项；k 代表滞后期数。

2）模型 2：排除资本深化后重化工业化对就业的影响

重化工业化在短期内导致资本深化对就业可能不利。因此，我们加入资本深化因素就可以了解排除短期内重化工业化对就业替代效应后“净技术进步”对就业的影响。如下式所示：

$$L = a + \sum_{i}^{k} b\text{HOLF}(i) + \sum_{i}^{k} c\text{KL}(i) + \varepsilon \tag{5.5}$$

KL 是资本劳动比，代表短期内的就业效应。

我们有1985—2008年共24年的数据[①]，首先使用Stata 10.0对模型1采用逐步回归方法进行拟合，滞后项系数的选取标准是回归方程的F值显著性以及滞后项的显著性和稳定性，滞后期数限定在12期。最后，我们发现仅有当期和滞后6期的霍夫曼系数进入方程。

同样，我们设定滞后期限度为10期，我们发现由于资本劳动比进入方程，霍夫曼系数的当期无法进入方程。这是因为当期资本劳动比和霍夫曼系数高度相关。采用分布回归法最后进入方程的只有滞后2期的资本劳动比和滞后6期的霍夫曼系数，然而存在的问题是DW值仅有0.336，远小于3个变量19个自由度的临界值0.859(5%水平下限值)。为消除自相关问题，我们采用一阶差分方法进行拟合。

从模型1的结果来看，当期和滞后6期的霍夫曼系数对就业均有影响，表明其对就业既有短期影响也有长期影响。霍夫曼系数上升10个百分点，在当前会增加全社会就业1316.7万人，而6年后还会增加就业695.1万人。从模型2的结果来看，重化工业化导致的资本深化对就业是不利的，并且在短期(2年)内就能体现出来。重化工业化在短期内确实可能对就业产生不利影响，这是因为短期内重化工业化导致资本深化，并且这个过程很快就体现出就业负效应。我们的分析结论和赵建军(2005)一致，后者认为发展劳动密集型产业对于缓解当前就业压力有积极作用，但在长期内，资本、技术密集型产业(重工业)对就业的效应更为突出。

---

① 全国就业人数来自《中国统计年鉴2009》，工业霍夫曼系数和资本劳动比由本课题组计算而来。

3. 工业技术进步的就业效应

研究技术进步对就业的影响首先需要对技术进步进行定义。我们采用全要素生产率衡量技术进步，相对于狭义技术进步，全要素生产率涉及人力资本、管理水平、要素配置等因素。

我们采用DEA方法测算工业行业的全要素生产率。计算1985—2008年全部33个工业行业以及工业内部资源密集型、劳动密集型、资本密集型和技术密集型四大部门的全要素生产率、技术变化指数和技术效率指数，对指数进行换算得到累积计算的Malmquist指数以及分解指标（见图5-7和图5-8）。

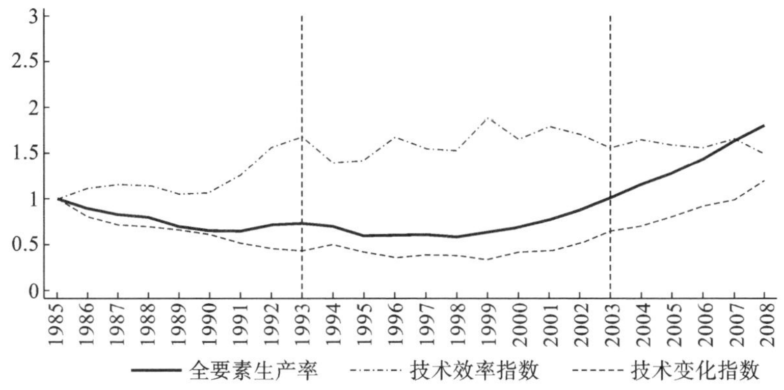

图5-7 工业全要素生产率、技术效率指数和技术变化指数

1985—2008年期间，用DEA方法测算的工业全要素生产率年均增长率为2.59%，技术效率指数年均增长率为1.77%，技术变化指数年均增长率为0.81%。我国工业全要素生产率增长集中于两个时期：1989—1993年和1998—2003年。在前一个时期，工业全要素生产率的增长主要来源于技术效率；而在后一个时期，技术变化对全要素生产率增长的贡献超过了技术效率。从总体上看，2000年以后我国工业技

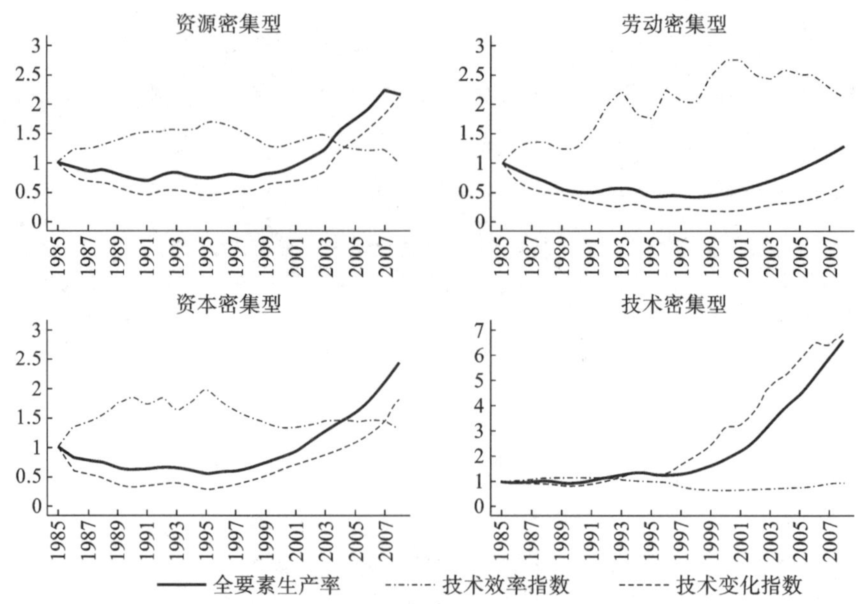

图 5-8　工业四大部门全要素生产率、技术效率指数和技术变化指数

术变化平均增长率开始超过技术效率平均增长率。

为了分析技术进步对就业的影响，我们遵循 Barrell(1999)的方法获取就业需求方程。我们假设生产函数是规模报酬不变的 Cobb-Douglas 生产函数：

$$Y_{it}=A_{it}^{*}K_{it}^{\gamma}L_{it}^{\sigma} \tag{5.6}$$

其中 Y、K、L 分别代表产出、资本和劳动；$A_{it}^{*}=A_{it}+E_{it}$，A_{it}是全要素生产率，E_{it}是误差项，i 和 t 代表分别代表产业和时间项。在均衡条件下，劳动边际产出($\partial Y_{it}/\partial L_{it}$)等于劳动工资($W_{it}$)。根据式(5.6)可以解得 $W_{it}=\sigma A_{it}^{*}K_{it}^{\gamma}/L_{it}^{1-\sigma}$。等式两边同取对数得到就业需求方程为：

$$l_{it}=\alpha_i+\mu_t+\beta_1+\beta_2 a_{it}+\beta_3 k_{it}+\beta_4 w_{it}+\varepsilon_{it} \tag{5.7}$$

β_1 是常数项，α_i 和 μ_t 分别代表不可观测的行业效应和时间效应。变量 a_{it} 是技术进步项，我们用前文测算的 Malmquist 指数及分解项累计值表示，以观测不同类型的技术进步对就业的影响。如果 β_2 为正，则表示在控制其他因素的前提下技术进步能够带来更多的就业；如果 β_2 为负，则表示技术进步更多地表现出节约劳动的效果。β_3 代表了资本投入对就业的影响，在资本充分利用的前提下，资本的增长能够带来相应水平的劳动就业增长。当然，如果资本增长速度快于劳动增长速度，长期内可能导致资本对劳动的替代。β_4 代表了控制其他因素时实际工资水平对就业的影响。在劳动力市场完全条件下，实际工资水平与劳动需求是呈反向关系的。然而我国工业行业依然存在无限供给的劳动力，工业的劳动供给曲线尚未达到向后弯曲的阶段，实际工资水平对就业的影响同样需要实证验证。

利用上述的劳动需求模型实证分析工业整体及四大工业部门技术进步的就业效应。对于技术进步，我们用前文测算的 Malmquist 指数及分解项累计值表示，以观测不同类型的技术进步对就业的影响。工资数据来源于历年《中国统计年鉴》中工业分行业在岗职工平均年货币工资，并用工业投入品物价综合指数平减得到实际工资序列。

采用面板数据模型进行回归分析，利用 Hausman 检验选取固定效应模型(FE)和随机效应模型(RE)。为消除截面异方差的影响，使用广义最小二乘法(EGLS)对模型的异方差和序列相关性进行校正。同时，考虑 1998 年我国工业就业统计口径的变化，我们在模型中加入了时间虚拟变量(1998 年之前为 0，1998 年之后为 1)。我们的拟合结果如表 5-9 所示，我们发现以下几点。

表 5-9 工业面板数据拟合结果

	回归模型	技术进步	资本	工资	虚拟变量	常数项	调整 R^2	Hausman 统计值	模型	观测值
工业整体	TFP	0.271***	0.447***	−0.284**	−0.437***	−0.437**	0.702	243.6	FE	792
		(11.2)	(20.34)	(−6.33)	(−16.28)	(−16.28)				
	TECH	0.232***	0.475***	−0.280**	−0.404***	4.646***	0.7405	229.45	FE	792
		(14.1)	(22.43)	(−7.08)	(−15.48)	(19.71)				
	EFF	−0.072**	0.358***	0.015**	−0.496***	2.878***	0.737	72.87	FE	792
		(−4.11)	(17.65)	(0.43)	(−17.09)	(12.36)				
资源密集型	TFP	−0.240**	0.530***	−0.231	−0.467**	3.560**	0.664	1.25	RE	120
		(−4.51)	(10.12)	(−3.97)	(−8.88)	(7.51)				
	TECH	−0.161**	0.559***	−0.216	−0.483**	3.275**	0.644	0.17	RE	120
		(−3.62)	(10.31)	(−3.61)	(−9.02)	(6.16)				
	EFF	0.001*	0.533***	−0.242	−0.528***	3.646**	0.603	14.13	FE	120
		(0.02)	(9.01)	(−3.78)	(−9.52)	(9.00)				
劳动密集型	TFP	0.001*	0.158**	0.312**	−0.604***	1.671**	0.646	7.64	FE	264
		(0.03)	(4.58)	(4.3)	(−10.59)	(3.23)				
	TECH	0.016*	0.142**	0.308**	−0.600***	1.793**	0.548	8.47	FE	264
		(0.95)	(4.13)	(4.08)	(−10.69)	(3.55)				
	EFF	−0.016*	0.144**	0.319**	−0.595***	1.696**	0.548	7.8	FE	264
		(−0.91)	(4.17)	(4.41)	(−10.52)	(3.61)				

续表

	回归模型	技术进步	资本	工资	虚拟变量	常数项	调整 R^2	Hausman统计值	模型	观测值
资本密集型	TFP	-0.068^{**}	0.387^{***}	-0.329^{**}		5.108^{***}	0.639	6.95	RE	288
		(−3.61)	(10.79)	$(-6.32)^{**}$		(19.74)				
	TECH	-0.018^{**}	0.381^{***}	-0.364^{**}		5.421^{***}	0.636	6.88	RE	288
		(−1.65)	(10.13)	(−6.97)		(22.19)				
	EFF	-0.014^{*}	0.353^{***}	-0.356^{**}		5.533^{***}	0.631	5.95	RE	288
		(−0.72)	(9.28)	(−6.67)		(23.52)				
技术密集型	TFP	-0.135^{**}	0.446^{***}	-0.331^{**}		5.398^{***}	0.655	16.85	FE	120
		(−1.47)	(6.37)	(−3.22)		(10.9)				
	TECH	-0.276^{**}	0.551^{***}	-0.462^{**}		5.816^{***}	0.640	7.34	FE	120
		(−4.42)	(7.94)	(−5.02)		(14.74)				
	EFF	0.352^{**}	0.580^{***}	-0.615^{***}		6.809^{***}	0.634	16.21	FE	120
		(4.26)	(7.98)	(−5.8)		(14.65)				

注：TFP、TECH、EFF分别表示全要素生产率、技术变化和技术效率；括号内各变量系数为 t 检验值；*、** 和 *** 分别表示在10%、5%和1%的水平上显著；资本密集型和技术密集型回归模型包括虚拟变量。

(1) 资源密集型部门、资本密集型部门和技术密集型部门的 TFP 都在 5% 水平上显著为负,劳动密集型部门的 TFP 仅在 10% 水平上显著为正。这一结果与前文的分析一致,即我国工业大部分行业的技术路径都表现出较强的资本替代劳动特征。劳动密集型技术进步对就业的影响并不显著,这是因为劳动密集型技术进步对劳动的替代较小。同时,从前文的分析可知,劳动密集型部门技术进步率不高,因而规模扩张的就业创造效应也较小。

(2) 从工业整体看,TFP 在 1% 的水平上显著为正,表明技术进步增加了工业的就业需求。为什么 TFP 的就业效应在工业整体和各部门会有不同的表现呢? 本章测算各部门 TFP 的方法是单独将各部门内部行业作为一个决策单元用 DEA 方法计算的,其含义是部门之间的 TFP 水平不存在必然的联系。而工业整体的 TFP 是将所有工业行业作为一个决策单位,其含义是各部门、各行业之间的 TFP 是相互关联的。算法的差异体现出技术进步对就业的产业关联效应:技术进步对各部门的就业效应虽然为负,但随着各部门技术进步在所有行业间扩散,生产专业化程度不断提高,形成新的产品和新的行业,从而创造新的就业需求。最终从总体上看,技术进步对就业的效应反而为正。

(3) 从 TFP 的分解项可以找到 TFP 影响就业的不同路线。除劳动密集型部门外,技术变化(TECH)在其他部门均显著为负。用 DEA 方法测算的技术变化更多地体现为部门内各企业在生产的技术创新、改进和产品研发方面的投入导致的技术进步。在人力资本相对匮乏的条件下,工业企业的技术创新活动更多的是以资本为载体,因此,技术变化减少就业需求是显而易见的。不过,工业整体的技术变化却增加了就业需求,这同样可以反映出工业行业技术改变对就业具有较强的产业关联效应:企业的技术创新通过产业关联作用和产业链的延伸刺激了其他企业和行业的发展,从而增加了就业需求。

(4)技术效率(EFF)在各部门有不同表现。用DEA方法测算的基数效应更多地表现为企业制度变革、管理水平改善和包括劳动在内各种要素资源利用效率提高导致的技术进步。这样看来,技术效率对就业的影响主要体现在"减员增效"上。在20世纪90年代末,我国工业行业的冗员问题是显而易见的。吴延瑞(1999)利用抽样调查的方法对我国国有企业冗员问题进行分析,据他的估计,我国国有企业约有30%的隐性失业人员,其他一些调查也得出了6%到50%不等的结果。从我们的拟合结果看,工业整体、劳动密集型部门和资本密集型部门的技术效率改善对就业需求存在负影响。这表明,我国大部分工业行业的冗员问题在逐步消除,而资源密集型部门和技术密集型部门的技术效率对就业的影响为正。从前文的分析可知,这些部门大部分为国有企业或者存在较高的行业壁垒,相对缺乏有效管理和人员任用的激励措施,即使劳动力并未充分发挥作用也会长期被留在企业中,而不会像其他所有制企业或市场竞争激烈的行业一样被马上解雇。事实上,技术效率的改善虽然在短期内可能导致就业需求的减少,但技术效率的改善会进一步提高企业的生产率水平,进而提高企业的市场竞争力,最终创造更多的就业需求。由于方法的限制,本章并没有分离出技术效率对就业的这种间接效应,这可能也是我们在实证检验时各部门技术效率系数显著性不高的原因。

(5)工业整体及各部门的资本投入系数均为正,除劳动密集型部门在5%的水平上显著外,其他部门都达到1%的显著性水平。这表明,在排除技术路径变化导致资本对劳动的替代效应后,资本的增加从绝对数量上增加了就业需求。经比较可以发现,除劳动密集型部门外,工业整体和其他部门的资本投入是就业增长的主要来源。由于资本投入仍是我国工业经济增长的主要动力,资本投入增加就业需求实际上反映的是就业增长的顺周期性。然而,劳动密集型部门作为吸纳就业的主要部门，资本投入对就业增长的作用却并不显著，图 5-9 显示了各部门资本劳动比。可以看到，资本并没有投入就业吸纳能力较强的劳动密集型部门，而是更多地投入就业吸纳能力较弱的资源、资本密集型部门。投资结构的不合理在一定程度上解释了我国工业增长拉动就业能力不足的特征。

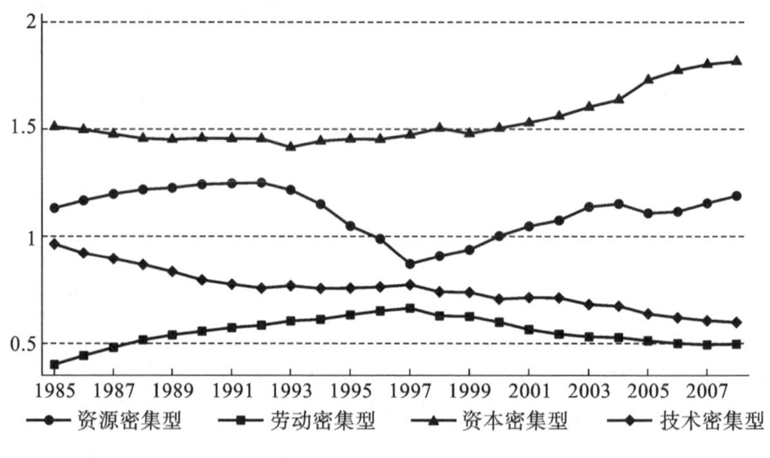

图 5-9 工业四大部门资本劳动比

(6) 从实际工资的系数看，工业整体、资源密集型部门以及资本密集型部门的系数均在 5% 水平上显著为负，这表明市场化条件下的工资理论已经可以解释我国大部分工业行业的就业需求。然而，劳动密集型行业的实际工资系数在 5% 水平上显著为正，而且实际工资是劳动密集型部门就业需求增长的主要因素，这表明我国工业行业二元化的劳动力市场仍然存在。在有剩余劳动力无限供给的条件下，国有化程度较高和进入门槛较高部门的工资形成机制依然是制度性的，传统体制内的工资水平仍呈现较快上涨。本章计算得出，1985—2008 年，资源密集型和资本密集型部门的人均实际工资分别上涨了 694.9% 和 749.4%，远远高于劳动密集型部门的 420.0%。工资水平的上升使这些部门更多地使用相对廉价的资本,从而诱导产业技术选择向资本替代劳动倾斜。与之相反的是,市场化程度较高和进入门槛低的劳动密集型部门工资水平的适当上升刺激了劳动供给,从而吸纳了大量农村剩余劳动力。可见,我国劳动力市场工资决定就业需求的机制与市场化条件下的工资理论仍有差异。因此,放松对劳动力价格的政府控制,让企业自主决定工资价格水平,将会促进劳动力就业市场机制的正常发挥。

三、需求约束下中国产业结构的就业效应

关于我国产业结构的就业问题,大部分国内学者的研究主要集中在产业结构和就业结构的互动问题上。事实上,自20世纪90年代开始,我国的工业化已经从供给约束型转为需求约束型,居民收入水平的提高和出口的迅速增长对我国产业结构的就业模式必然会产生影响。劳动就业需求问题的侧面也就是产品生产的侧面,而最终决定产品生产的就是最终需求。本章利用投入产出分析模型将最终需求结构、产业结构和就业结构联系起来,分析我国就业结构演变的机制和特征,探寻影响产业结构就业的关键因素和主要问题。

本章在胡秋阳(2003)的研究的基础上,利用投入产出方程构建了一个动态模型,对我国2002—2007年间产业结构的劳动投入问题做了实证分析。

产业结构的变动会影响就业结构的变动,需求结构是决定产业结构的重要因素。因此,可以认为就业结构最终是由需求结构决定的。本章对我国就业结构变动进行因素分解。模型分析显示,就业结构变动受到产业结构变动、出口结构变动、中间投入结构变动、进口代替结构变动、产业的比较劳动生产率结构变动等因素的影响,表5-10给出了结果。

表 5-10　我国就业结构变动的因素分析(2002—2007)

		变动/万人	各因素贡献率(对基期人数)/(%)								
			合计	最终需求				中间投入	进口替代	劳动生产率	其他
				小计	消费	投资	出口				
2002—2005	经济总体	2086.0	0.00	−22.31	−18.39	−0.64	2.10	3.57	−0.74	15.01	−0.91
	第一产业	−2902.8	−5.20	−11.86	−12.39	0.53	0.33	3.07	−0.52	5.65	−1.87
	第二产业	2314.8	2.46	−1.53	−1.07	−1.30	1.45	1.66	−0.06	2.10	−0.31
	工业	1256.9	1.25	1.03	−1.01	−0.07	1.43	1.76	−0.05	−0.55	−0.27
	轻工业	625.0	0.63	−0.12	−0.63	0.07	0.49	0.40	0.00	0.42	−0.12
	重工业	632.0	0.62	1.00	−0.38	−0.14	0.94	1.36	−0.05	−0.97	−0.15
	第三产业	2674.0	2.74	−9.04	−4.92	0.13	0.33	−1.16	−0.16	7.26	1.26
	流通服务业	565.8	0.44	−1.94	−1.29	0.02	0.35	−1.75	−0.13	3.32	−0.09
	生产生活服务业	727.8	0.81	−0.47	−0.29	0.11	0.00	0.23	−0.03	0.78	0.03
	精神素质服务业	668.8	0.70	−1.00	−1.04	0.00	−0.01	0.37	0.01	0.76	0.62
	公共服务业	711.6	0.78	−2.30	−2.30	0.00	−0.01	0.00	0.00	2.39	0.70
2005—2007	经济总体	1164.0	0	−18.13	−8.03	−3.06	−1.75	−2.6	0.26	12.01	3.17
	第一产业	−2523.2	−3.96	−7.55	−4.39	−2.39	−0.77	−3.84	0.05	4.47	2.91
	第二产业	2534.2	2.93	−2.08	−0.37	−0.14	−0.44	1.4	0.2	1.9	0.38
	工业	1518.5	1.73	−2.02	−0.47	−0.02	−0.45	1.55	0.2	1.03	−0.13
	轻工业	696.4	0.79	−1.19	−0.26	−0.07	−0.43	0.91	0.09	0.57	−0.03
	重工业	822.1	0.94	−0.26	−0.21	0.06	−0.02	0.64	0.11	0.46	−0.1

续表

		变动/万人	各因素贡献率(对基期人数)/(%)								
			合计	最终需求				中间投入	进口替代	劳动生产率	其他
				小计	消费	投资	出口				
2005—2007	第三产业	1153.0	1.02	−8.39	−3.27	−0.52	−0.54	−0.17	0.01	5.64	−0.12
	流通服务业	176.8	0.06	−3.35	−0.89	−0.31	−0.61	−0.07	0.09	1.56	0.29
	生产生活服务业	494.1	0.55	−1.65	−0.8	−0.2	0.06	0.02	−0.06	1.33	0.19
	精神素质服务业	237.2	0.2	−0.75	−0.42	−0.01	0.02	−0.17	−0.03	1.19	−0.38
	公共服务业	244.9	0.22	−1.17	−1.16	0	−0.01	0.05	0	1.55	−0.21
2002—2007	经济总体	3250.0	0.00	−30.11	−27.69	−3.01	0.60	1.07	−0.47	27.48	2.03
	第一产业	−5426.0	−9.16	−18.81	−17.33	−1.08	−0.39	−0.95	−0.47	10.31	0.76
	第二产业	4849.0	5.39	−1.96	−1.51	−1.59	1.13	3.15	0.15	4.08	−0.02
	工业	2775.4	2.97	−0.57	−1.54	−0.15	1.12	3.39	0.16	0.41	−0.42
	轻工业	1321.3	1.42	−0.81	−0.93	0.01	0.12	1.30	0.09	0.99	−0.15
	重工业	1454.1	1.56	0.24	−0.61	−0.16	1.00	2.10	0.07	−0.58	−0.27
	第三产业	3827.0	3.76	−9.34	−8.85	−0.34	−0.14	−1.13	−0.15	13.09	1.29
	流通服务业	742.6	0.50	−2.72	−2.25	−0.28	−0.19	−1.77	−0.04	4.86	0.17
	生产生活服务业	1221.8	1.36	−1.42	−1.44	−0.04	0.06	0.35	−0.08	2.34	0.18
	精神素质服务业	906.1	0.90	−1.52	−1.50	−0.01	0.00	0.24	−0.02	1.89	0.31
	公共服务业	956.5	1.00	−3.67	−3.66	0.00	−0.01	0.05	0.00	4.01	0.62

资料来源:课题组计算而来。

1．第一产业就业结构变动因素分析

2002—2005年第一产业就业比重下降了5.2个百分点，由于第一产业消费诱发系数极高，因此第一产业消费比重下降是就业比重下降的主要原因，而抑制第一产业剩余劳动力转移的最大因素是比较劳动生产率。第一产业劳动生产率增长的速度低于第二、三产业，也就是说整体劳动生产率提高使第一产业中剩余劳动力增长的速度低于其转移的速度，表现出来便是第一产业比较劳动生产率上升增加了其就业比重。另外，这一时期第一产业中间投入份额的上升是抑制第一产业剩余劳动力转移的另一个重要因素。

2005—2007年第一产业就业比重下降了3.96个百分点。可以看出，第一产业中间投入比重开始下降，加快了第一产业剩余劳动力转移，同时投资和出口比重下降也是就业比重下降的原因，比较劳动生产率因素依然不利于减少第一产业的就业比重。

综上可知，2002—2007年第一产业就业比重下降了9.16个百分点，消费结构升级（第一产业消费比重降低）是第一产业剩余劳动力转移的最大动力，第一产业中间投入比重下降也在一定程度上加快了转移速度，而第一产业比较劳动生产率过高是阻碍劳动力转移的最大障碍。

2．第二产业就业结构变动因素分析

2002—2005年第二产业就业比重上升了2.46个百分点。可以看出，消费和投资结构变动并没有带来第一产业就业比重上升。第二产业资本诱发系数远低于三次产业的总体水平，即一单位投资对提高第一、三产业就业比重的贡献大于第二产业，这样就出现“有投资无就业”的状况——我们可以称之为“缺乏效率的需求结构变化”。比较劳动生产率变化和中间投入结构变化是这一时期第二产业就业份额上升的主要原因，这说明第二产业产业结构和就业结构偏离状况有所改善，产值的就业弹性和劳动密集度有所提高，中间投入比重也由第一产业向第二产业转移。值得注意的是，第二产业内部各行业就业结构变化的主导因素是不同的。工业（重工业）就业份额上升主要依赖中间投入和出口，而比较劳动生产率的变化是不利于就业的，这说明工业（重工业）产值结构与就业结构偏差有所加大，而轻工业就业比重变化因素与第二产业整体水平一致。尽管如此，由于重工业中间投入份额有很大幅度上升，使其对就业增长的贡献与轻工业相当。

2005—2007年第二产业就业比重上升了2.93个百分点。这一时期第二产业消费、投资、出口比重均是上升的，而三个最终需求都表现出不利于就业比重上升的情况。因此，可以认为这一时期第二产业三个最终需求都出现了“缺乏效率的需求结构变化”，主导就业比重上升的因素依然是比较劳动生产率和中间投入。从第二产业内部看，工业（重工业）比较劳动生产率过低的状况有所改善，这也直接促使重工业对就业增长的贡献高于轻工业。

综上可知，2002—2007年第二产业就业比重上升了5.39个百分点。比较劳动生产率过低状况的改善和中间投入份额上升是第二产业就业比重提高的主要因素。相比之下，第二产业需求份额的提高却没有带来就业相对增长，第二产业内部发生了“缺乏效率的需求结构变动”，其中又以消费和投资尤为突出。

3. 第三产业就业结构变动因素分析

2002—2005年第三产业就业比重上升了2.74个百分点。这一时期第三产业消费份额是下降的，而投资和出口份额上升。由于第三产业有较高的消费诱发系数，消费份额下降成为阻碍第三产业就业比重提高的主要因素，这在第三产业内部均有体现。而中间投入份额下降也对第三产业就业产生不利影响，这种状况主要发生在流通服务业。与第二产业一样，比较劳动生产率的改善成为这一时期第三产业就业份额上升的主要动力，但与第二产业截然不同的是，投资和出口份额上升对第三产业就业增长都有突出的作用。

2005—2007年第三产业就业比重上升了1.02个百分点，相比于前期有所下降。其原因在于这一时期第三产业三种需求比重都呈下降趋势，需求结构变动对第三产业就业产生不利影响，而中间投入份额比重持续下降也是这一时期第三产业就业增长放缓的原因之一。

综上可知，2002—2007年第三产业就业比重上升了3.76个百分点。最终需求比重和中间投入份额下降是阻碍第三产业就业的主要原因，第三产业就业比重提高的唯一动力是比较劳动生产率的上升。而我们知道，第三产业比较劳动生产率已经接近均衡值1，其上升的空间将会越来越小，这样看来，第三产业就业增长将遇到很大困难。

通过本节的分析，我们发现以下几点。①加快消费需求结构升级是促进农村剩余劳动力转移的有效路径。②近年来，我国需求结构变化表现出了不利于就业结构变化的情况，主要体现在第二产业需求诱发就业能力不足却占据较大份额的国内需求，消费和投资比重的上升反而降低了第二产业就业份额；第二产业出口份额增长虽然带动了就业增长，但相比于第三产业依然是缺乏效率的。③近年来我国第三产业就业增长缓慢的原因在于需求结构并没有偏向于第三产业，这对第三产业就业极为不利；在第三产业容纳就业趋于饱和的情况下，加快发展生产性服务业，提高第三产业在中间投入中的比重，是未来第三产业就业的关键环节。

第四节 劳动异质情况下的产业结构偏离及其影响因素分析

近年来，结构调整成为我国经济社会发展重点，并取得一定成效，产业结构实现由第二、三、一产业向第三、二、一产业的转化，就业情况也得到有效改善，农村大量剩余劳动力转移到第二、三产业。但在结构调整过程中，产业结构与就业结构间出现偏离，第一产业就业人口比重显著大于其产值比重，第二、三产业就业人口比重则小于其产值比重。然而现阶段，我国第二产业吸纳就业能力显著下降，而第三产业创造的就业在绝对值上虽有上升，却未与其产值相匹配，因此，转移劳动力的就业问题日益恶化。同时，由于企业转型、技术进步等因素，企业用人门槛提高，对不同类型劳动力表现出不同需求，而人口结构变化、教育等因素更进一步强化了劳动异质性，产业结构偏离问题更加复杂。面对当前结构调整的迫切任务、复杂严峻的就业形势以及日益加剧的收入分配差距等问题，我国必须明确产业结构的真实偏离程度与影响因素，合理规划产业结构调整的方向，协调产业结构与就业结构的调整步伐。这将对需求结构、供给结构和城乡结构调整，推动整体结构转化升级，以及缓解就业压力产生事半功倍的效果。现有研究中，学者利用偏离-份额分析方法及结构偏离度、就业弹性、协同系数等指标对产业结构和就业结构之间的偏离进行定量测度，针对不同的主体（全国、长三角等）进行了数量分析，发现局部之间虽然存在略微差别，但整体具有相同趋势：第一产业劳动生产率较低，劳动力迫切需要转出，第二、三产业对劳动力有较强吸纳能力。同时指出，产业结构与就业结构之间偏离的主要影响因素除政府政策外，还包括城镇化程度、劳动力市场完善情况、劳动力素质以及技术进步等(王少国,刘欢,2014;杨秋明等,2013;张美玲等,2015;戴志敏等,2015)。然而,现有研究没有考虑当前劳动力市场上客观存在的劳动异质性,仅简单地将劳动力视作同质。而“民工荒”、“技工荒”和大学生就业难这类典型劳动问题在我国就业市场上客观存在,对不同类型劳动力的就业情况不能一概而论。因此,现有不考虑劳动异质性的分析结果虽然有一定的借鉴意义,却无法解释中国目前所面临的典型就业现象,更不能深入揭示就业结构与产业结构偏离的复杂过程。

本章充分考虑劳动异质性,通过人力资本将劳动异质性引入产业结构偏离分析中,并基于产业人力资本结构重新定义产业结构偏离度,利用这一指标深入考察中国真实的结构偏离,然后构建系统的影响因素分析体系,通过计量分析寻找结构偏离度的影响因素,最终为产业政策、就业政策提供一些可行的战略性建议。

一、相关理论机制与假设

就业结构与产业结构的调整本质上是要素再配置与生产优化的过程。在这一过程中,产业部门作为就业岗位的提供方和劳动力需求方,对劳动就业有直接影响,即在一定程度上,就业结构取决于产业结构。此外,产业部门生产发展和优化升级需要相匹配的劳动力投入,其产品所面对的需求结构也受收入结构的直接影响,故产业结构也受就业结构的影响。总之,就业结构与产业结构相互影响、互为因果,产业结构需要合理就业结构的支撑,就业结构需要产业结构提供强有力的需求拉动。现有关于就业结构与产业结构调整的理论模型主要有刘易斯二元模型、拉尼斯-费景汉模型、托达罗模型和乔根森模型等。这些理论模型指出,在农村存在大量剩余劳动力和劳动同质的假设前提下,产业间劳动生产率的差距会导致产业间收入差距。继而在产业间收入差距作用下，劳动力从生产率较低的产业向生产率较高的产业转移，实现产业结构与就业结构的调整。而在考虑劳动异质性的情况下，不同类型劳动力的劳动生产率和消费偏好与决策均存在差异，劳动力在产业间的转移不仅会改变产业间相对劳动生产率，对需求结构也有影响，就业结构与产业结构的调整、协调过程更加复杂。为有针对性地讨论劳动力之间劳动生产率差异的影响，本章假设劳动异质性仅表现为劳动生产率的差异，个人消费偏好与决策无差异，则在基本理论框架下，不同类型劳动力通过市场有效定价，在产业间自由转移配置，最终相同类型劳动力在不同产业间的劳动生产率及劳动产出弹性达到一致，实现就业结构与产业结构的均衡。

以上分析从理论上明确了均衡的存在性，但由于各种现实因素，就业结构与产业结构会发生偏离。现有文献中，学者一般使用结构偏离度来刻画。本书根据结构偏离度的基本内涵，结合劳动异质性特征重新定义，通过产业间人力资本结构考察劳动异质情况下的结构偏离度，即结构偏离度＝产值比重－人力资本比重，如表 5-11 所示。

表 5-11　劳动同质和异质情况下的产业结构偏离指标

变量	劳动同质情况下	劳动异质情况下
产业结构	$S_{i,t}=\dfrac{t\text{时期第}\,i\,\text{产业产出总值}}{t\text{时期 GDP}}$	$S_{i,t}=\dfrac{t\text{时期第}\,i\,\text{产业产出总值}}{t\text{时期 GDP}}$
就业结构	$S_{L_{i,t}}=\dfrac{L_{i,t}}{\sum_{i=1}^{3}L_{i,t}}$，其中 L 为就业量	$S_{H_{i,t}}=\dfrac{H_{i,t}}{\sum_{i=1}^{3}H_{i,t}}$，其中 H 为人力资本量
结构偏离度	$D_{i,t}^{1}=S_{i,t}-S_{L_{i,t}}$	$D_{i,t}^{2}=S_{i,t}-S_{H_{i,t}}$

注：t 为时间，$i=1,2,3$。

从理论上讲，在完全竞争的产品市场和要素市场情况下，就业结构与产业结构会实现均衡。但在现实环境中，该前提假设无法成立，就业结构与产业结构会发生偏离。从劳动力供求理论上看，就业结构与产业结构调整受供给因素、需求结构因素和技术进步等因素的影响。首先，劳动力供给方面，劳动力市场上劳动者素质和技能水平是其参与市场交易的资本，只有实现用人单位间供求的匹配才能够顺利就业。随着产业结构的调整，企业等劳动力需求方对劳动者的素质和技能要求水平提高，劳动力素质是否与产业结构相匹配，将直接影响到就业结构与产业结构的均衡与否。其次，劳动力需求方面，生产商的生产决策和劳动需求取决于其产品所面临的需求及生产技术。若第二产业产品需求旺盛，则第二产业将扩大生产，在生产技术不变的情况下，就需要更多的劳动力投入。此外，若某产业生产技术取得重大进步，大幅提高劳动者的生产效率，将会减少对劳动力的需求。同时，在不完善的市场机制下，价格无法反映真实的供求关系，较低的市场化程度可能阻碍劳动力的配置。

综上可知，就业结构与产业结构间的均衡会受到劳动供给结构、产品需求结构、技术进步和市场环境的影响。

二、劳动异质情况下的结构偏离度数据分析

通过对劳动同质和劳动异质情况下产业结构偏离度的定义，利用1978—2014年《中国统计年鉴》和2006—2014年《中国人口和就业统计年鉴》数据，本章得到劳动同质情况下的结构偏离度$D_{i,t}^{1}$以及劳动异质情况下的结构偏离度$D_{i,t}^{2}$，如表5-12所示。

表 5-12 劳动异质和劳动同质情况下的产业结构偏离度/(%)

时间	劳动同质情况下			劳动异质情况下		
	一产偏离 $D^1_{1,t}$	二产偏离 $D^1_{2,t}$	三产偏离 $D^1_{3,t}$	一产偏离 $D^2_{1,t}$	二产偏离 $D^2_{2,t}$	三产偏离 $D^2_{3,t}$
2006	−31.9	22.2	9.7	−29.1	25.6	3.5
2007	−30.4	19.9	10.5	−27.7	22.8	4.9
2008	−29.3	19.6	9.7	−26.7	22.8	3.9
2009	−28.2	17.9	10.3	−25.6	21.2	4.4
2010	−27.1	17.5	9.6	−24.0	19.8	4.2
2011	−25.3	16.6	8.6	−21.8	17.8	3.9
2012	−24.1	14.7	9.4	−20.6	15.4	5.2
2013	−22.0	13.6	8.4	−18.6	14.4	4.2

对比发现，两种情况下，三次产业结构偏离程度出现明显差异，但偏离的趋势保持一致。平均来看，相较于劳动同质情况，在劳动异质情况下，第一产业结构偏离度高了约 3 个百分点，第三产业结构偏离度低了约 5 个百分点，而第二产业结构偏离度高出 2 个百分点。从测算过程看，两种情况下出现的差异最直接的原因是三次产业所吸纳的劳动力人力资本水平不同。第一产业劳动力以小学及以下学历为主，人力资本水平最低；第二产业劳动力以初、高中学历为主，人力资本水平居中；第三产业劳动力学历水平分布较为广泛，相对较高，主要分布于高中、专科、大学及以上。从整体人力资本水平上看，主要原因在于中国就业市场上劳动力人力资本水平主要集中于中等偏下水平，且这类劳动力主要集中在第一产业和第二产业之中，而第三产业人力资本水平分布范围较广，且整体水平相对较高。

在趋势上，两种情况下得到的结论基本一致。第一产业结构偏离度为负，产业内滞留大量待转移劳动力，且偏离程度以年均5%的速度缩小；第二、三产业结构偏离度为正，劳动生产率较高，存在吸收第一产业转出劳动力的动力和空间，且第二产业结构偏离度稳步缩减，结构逐渐向均衡靠拢；而第三产业结构偏离度变化无明显趋势，始终维持在较低水平上小幅波动，如图5-10所示。

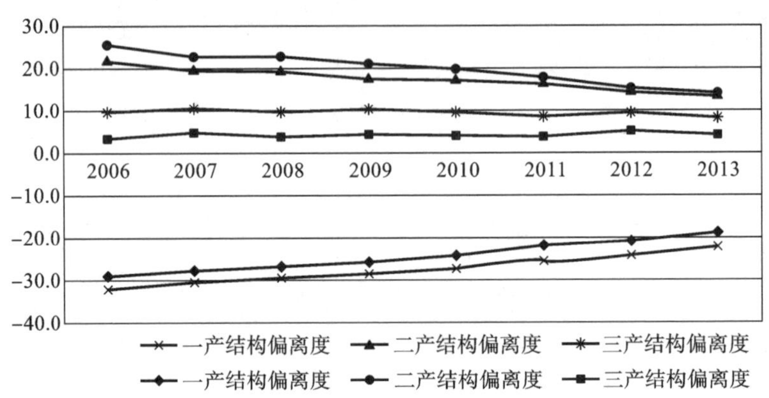

图5-10　劳动同质和劳动异质情况下的产业结构偏离度

基于产业结构偏离程度的重新测度，本章重点关注以下两个问题：第一，第三产业结构偏离度始终维持在较低水平且无明显下降趋势，如何解释？第二，合理解释“民工荒”和大学生就业难等典型现实问题，如何解决？

第三产业结构偏离度始终维持在较低水平，说明在短期内，第三产业结构相对较为均衡。面临大量的劳动力从第一产业转出，第三产业结构偏离度始终维持在较低水平且波动幅度小，这一现象表明第三产业始终处于产值比重和就业比重同步上升的状态，即第三产业发展多快，就有多少人力资本转入第三产业。从长期和整体调整来看，第一产业中还存在大量低人力资本劳动力需要转移出来，第二产业面临着产业结构和劳动力人力资本水平结构升级重任。为实现整体均衡，第三产业需要大力发展，吸纳更多不同层次劳动力，同步提高其产值比重和人力资本比重。目前，第三产业只是接近低水平均衡状态，需特别警惕这种低水平均衡陷阱。

“民工荒”这一问题由三次产业对农民工这种低人力资本劳动力的低供给和高需求共同造成。作为主要转出方，第一产业结构偏离度逐年下降，可输出的低人力资本劳动力减少；第二产业对人力资本需求整体水平略有上升，但整体仍对低水平劳动力保持旺盛需求；第三产业全面发展，人力资本需求两极分化。“大学生就业难”的问题主要是第三产业发展不足，并已吸纳大量高人力资本劳动力，目前正处于消化不良的低水平均衡状态，短时间内无法进一步扩大对大学生的吸收。

基于以上“民工荒”和“大学生就业难”等重点人群的就业问题，本章认为，要缓解或者解决这类问题，实现产业结构与就业结构之间的均衡，从长期来看，首先必须保证劳动力转移过程的通畅，确保劳动力能够顺利从低劳动生产率的产业转出，顺利进入劳动生产率高的产业。就目前形势来看，更关键的是要扩大劳动力需求。第二产业要全面转型升级，加快技术创新，革新生产条件，减少对操作式劳动力的用工需求，提高对劳动力人力资本水平的要求以及产业人力资本整体水平。解决大学生和农村转移劳动力就业问题的关键还是在于第三产业的发展，第三产业必须肩负起承接大量不同层次人力资本劳动力就业的重任，加速发展，以多元化的发展吸纳不同水平人力资本的劳动力。

三、劳动异质情况下结构偏离度的影响因素分析

1. 影响因素指标体系构建

在现有研究中，学者通过理论机制分析和实证分析指出，除政府产

业政策导向外，城乡政策性和体制性壁垒，消费、投资和出口的需求结构，技术进步，劳动力素质以及城镇化程度和市场化程度等都会对产业结构与就业结构间偏离产生影响（张抗私，王振波，2014；杨秋明等，2013；陈心颖，2012；张建华等，2012；乔学斌等，2013；肖兴志等，2013；齐鹰飞，王伟同，2014）。本章综合现有研究中利用的指标，选取表5-13所示的指标进行定量分析。

表5-13　产业结构和就业结构失衡的主要影响因素指标体系

一级指标	二级指标	三级指标
产品需求结构	消费结构（$f1$）	城镇居民生活消费支出占可支配收入比重（$f1x1$）
		农村居民生活消费支出占纯收入比重（$f1x2$）
		城镇恩格尔系数（$f1x3$）
		农村恩格尔系数（$f1x4$）
	投资需求（$f2$）	全社会固定资产投资占GDP比重（$f2x1$）
	出口需求（$f3$）	外贸出口额占GDP比重（$f3x1$）
劳动需求结构	技术进步（$f4$）	全要素生产率（$f4x1$）
劳动供给结构	劳动者素质（$f5$）	就业总人口中大专及以上就业人口所占比重（$f5x1$）
		教育经费占GDP比重（$f5x2$）
市场因素	城镇化水平（$f6$）	城镇居民占总人口比重（$f6x1$）
	市场化程度（$f7$）	财政收入占GDP比重（$f7x1$）
		城镇非国有单位从业人员占城镇人口比重（$f7x2$）

2．影响因素实证分析

本章试图通过面板数据的回归分析寻找产业结构偏离的影响因素。由于表5-13所列举的指标间高度相关，本章先通过主成分分析法提取不相关的主成分（除（$f4x1$）外）。主成分分析结果如表5-14所示，第一、第二主成分对原指标体系的总变异有85.7%的贡献度。在尽量包含原指标信息的前提下，出于自由度的考虑，本章使用第一主成分 $p1$ 和第二主成分 $p2$。

表 5-14 主成分分析结果

编　号	贡　献　度	累计贡献
1	0.728	0.728
2	0.130	0.857
3	0.107	0.964
4	0.025	0.990
5	0.009	0.998
6	0.002	1
7	0	1

于是，得到以下变量组合。①被解释变量：第二产业结构偏离度 $D_{2,t}^2$，第三产业结构偏离度 $D_{3,t}^2$。②解释变量：第一主成分 $p1_t$，第二主成分 $p2_t$，全要素生产率 $f4x1_t$。综上所述，本章构建以下模型进行计量分析：

$$D_{i,t}^2 = C + \alpha p1_{i,t} + \beta p2_{i,t} + \gamma f4x1_{i,t}, \quad i=2,3 \qquad (模型 1)$$

通过 Hausman 检验，得到 F 值为 103.71，确定使用固定效应模型。

通过 Stata 分析，得到模型估计结果，如表 5-15 所示，第一主成分 $p1$ 的系数显著为负，即 $p1$ 每增加一个单位，结构偏离度将下降 0.182 个百分点。又 $p1$ 是各影响因素的线性组合，故得各项指标的系数，如表 5-16所示。最终，除城镇恩格尔系数（$f1x3$）、农村恩格尔系数（$f1x4$）和外贸出口额占 GDP 比重（$f3x1$）为负以外，其他因素的系数均为正。即，城镇、农村居民家庭中食物支出占消费总支出的比重越高，产业结构偏离越严重；外贸出口额占 GDP 比重越大，外贸依赖度越高，产业结构偏离越严重；劳动力素质越高、城镇化和市场化程度越深将有助于消除产业结构偏离。

表 5-15 回归结果分析

参数	C	α	β	γ	C_indus2	C_indus3	R^2
估计结果	25.971 (0.173)	−0.182 (0.043)	−0.002 (0.995)	−6.072 (0.701)	6.652	−6.652	0.975 (0.000)

说明：括弧内为 p 值。

表 5-16 影响因素系数估计结果

$f1x1$	$f1x2$	$f1x3$	$f1x4$	$f2x1$	$f3x1$	$f5x1$	$f5x2$	$f6x1$	$f7x1$	$f7x2$
0.048	−0.025	0.008	0.060	−0.063	0.058	−0.059	−0.063	−0.064	−0.063	−0.062

特别地，城镇居民生活消费支出占可支配收入比重（$f1x1$）和农村居民生活消费支出占纯收入比重（$f1x2$）系数符号相反，表明城镇居民生活消费支出占可支配收入比重越高，结构偏离度越严重。而农村居民生活消费支出占纯收入比重却对结构偏离度有负的作用，农村居民生活消费尚未达到饱和状态，农村消费市场存在巨大潜力。其次，农村恩格尔系数（$f1x4$）对结构偏离度的影响系数几乎是城镇恩格尔系数（$f1x3$）的 8 倍，即同样 1 单位的变化，农村恩格尔系数引起的产业结构偏离度的变化是城镇恩格尔系数所引起变化的 8 倍，同样意味着庞大的农村消费市场蕴藏巨大的内需潜力。

总体来看，影响因素的实证分析结果与主观判断基本一致，具体如表 5-17 所示。产品需求结构的优化、劳动者素质的提高、城镇化和市场化程度的提升都有助于降低产业结构与就业结构之间的偏离。其中，产品需求结构的优化指的是整体内需扩大，城乡尤其是农村恩格尔系数降低，投资需求扩大。最为关键的是，通过实证分析发现，拓展农村消费市场有助于解决产业结构偏离问题，且农村消费市场存在巨大潜力。

表 5-17 各因素对结构偏离度的影响

一级指标	二级指标	三级指标	具体作用
产品需求结构	消费结构（$f1$）	城镇居民生活消费支出占可支配收入比重（$f1x1$）	+
		农村居民生活消费支出占纯收入比重（$f1x2$）	—
		城镇恩格尔系数（$f1x3$）	+
		农村恩格尔系数（$f1x4$）	+
	投资需求（$f2$）	全社会固定资产投资占 GDP 比重（$f2x1$）	—
	出口需求（$f3$）	外贸出口额占 GDP 比重（$f3x1$）	+
劳动需求结构	技术进步（$f4$）	全要素生产率（$f4x1$）	—，不显著
劳动供给结构	劳动者素质（$f5$）	就业总人口中大专及以上就业人口所占比重（$f5x1$）	—
		教育经费占 GDP 比重（$f5x2$）	—
市场因素	城镇化水平（$f6$）	城镇居民占总人口比重（$f6x1$）	—
	市场化程度（$f7$）	财政收入占 GDP 比重（$f7x1$）	—
		城镇非国有单位从业人员占城镇人口比重（$f7x2$）	—

四、小结

通过对产业结构偏离度进行重新定义和测度，发现第一产业和第三产业结构偏离度被高估，第二产业结构偏离度被低估。第一产业仍是较低人力资本劳动力转出方，第二产业转型升级进展缓慢，对较低人力资本劳动力有旺盛的需求。第三产业发展不足，且吸纳的就业已接近发展现状顶点，陷入低水平均衡状态，对较高人力资本劳动力的吸收难以为继。

通过对结构偏离度影响因素的面板数据分析，我们发现产品需求结构的优化、劳动力素质的提高、城镇化和市场化水平的提高均有利于缓解产业结构偏离，促进产业结构与就业结构的均衡。特别地，开拓农村消费市场、激发农村消费潜能及加快第三产业发展对解决结构偏离以及就业问题有显著效果。

第五节 本章结论与对策建议

本章在构建我国工业结构升级与就业的关联机制的基础上，从工业结构与就业结构变动、技术进步与就业、需求结构与就业三个角度对我国工业结构升级的就业效应做了深入分析。本章研究的最终落脚点在于，我国工业结构变迁的就业效应究竟如何，就业结构滞后的根本原因是什么；在新型工业化道路下，如何平衡产业结构升级与就业的关系，就业路径如何选择。主要结论如下。

(1) 工业结构与就业结构不匹配的表现和原因。一方面，我国第二、三产业的技术路径均表现为劳动节约型，资本对劳动的过度替代影响了产业结构的就业吸纳能力。另一方面，新兴产业的劳动力需求得不到满足，而衰退产业排挤出大量失业劳动力，转型时期产业结构的剧烈变动导致结构性失业。造成我国产业结构与就业结构不匹配的根本原因是政府对要素市场的干预以及重工业发展战略。

(2) 新型工业化道路与就业并不矛盾。虽然重化工业化在短期内导致资本对劳动的替代，但从长远来看，重化工业化能提高整个国民经济的就业水平。应当说,改革开放以来,我国重化工业化的发展既是工业自身发展的结果,也有政府参与的因素。过去几年我国工业吸纳就业能力改观不大,经过结构调整之后,持续增长的工业部门将迅速扩大创造就业的能力。因此,有效贯彻新型工业化道路,在保持工业快速增长的基础上,遏制就业弹性下降势头,最终新型工业化道路下人力资源充分利用的问题将得到解决。

(3)工业部门技术进步有利于扩大就业。我们经研究发现,技术进步与就业并不矛盾。鼓励技术创新、促进技术进步,发挥技术进步对产业发展的带动作用是实现就业可持续增长的必然举措。同时,劳动密集型技术进步对就业的替代作用相对较小,发展劳动密集型技术进步能够缓解当前日益严重的就业压力。更为重要的是,在面临成本上升、需求不足等问题时,发展劳动密集型技术进步能够促进这些行业本身进行升级改造,进而创造出更多的就业需求。

(4)技术密集型行业蕴含巨大就业空间。机械加工、通信设备等代表工业结构升级方向的技术密集型部门快速发展,其产值份额和就业份额分别超过资本密集型和劳动密集型行业,成为我国工业发展的主导部门。技术密集型部门快速发展的同时,就业弹性并没有降低,其巨大的就业空间正在逐步释放。

(5)亟待推进消费结构升级,扩大就业。我国已经形成以第三产业消费带动就业增长的发展模式,进一步推进消费结构升级,促进第三产业就业应当成为当前实现充分就业的重要手段和国家宏观调控的主要目标。

(6)双管齐下,内外需并重,扩大就业。出口带动就业增长较多的行业是劳动密集型制造业以及服务贸易行业,但受成本上升以及2008年国际金融危机的影响,我国出口贸易行业面临巨大的生存压力,比较优势正在逐步减少，出口萎缩对就业造成较大负面影响。但在当前复杂形势下，解决就业问题仍需要内外需双管齐下。第一，在出口萎缩对依靠出口数量和低廉劳动力成本优势的行业形成较大冲击的情况下，那些附加值高、议价能力强的行业应抓住机遇提高出口份额，进一步扩大就业。第二，扩大内需是我国经济增长、提高就业水平的长期战略方针，但在当前就业形势日趋严峻的情况下，扩内需、促就业势在必行。应进一步提高制造业、旅游业、运输业等行业的国际竞争力，发展工业出口贸易和服务贸易，扩大就业。同时，进一步提高居民收入水平，加快挖掘国内市场潜力，促进消费层次高级化、多元化发展，逐步形成主要依靠内需带动经济增长和扩大就业的长期、稳定、可持续发展模式。

因此，我们认为，政府可以通过技术创新促进工业结构优化升级，引导投资优化，从而达到以工业化带动就业，以人力资本的充分利用推动工业化。可从以下方面着手。

第一，确立就业优先的宏观经济政策目标，调节工业结构，充分开发利用劳动力资源，协调推进工业结构调整和就业结构改善。例如，继续大力发展高新技术产业，扶持就业容量大的劳动密集型中小企业，大力发展第三产业，尤其是新兴服务业。金融保险、信息咨询、中介服务等新兴服务业具有较大的发展潜力和就业空间，代表着未来第三产业的就业方向。产业政策可适当向有优势的新兴服务业倾斜，降低服务业准入门槛，优先选择开放一些具有国际竞争力的新兴服务业。

第二，调节投资结构，采取适度劳动替代资本战略。我们建议：在引导政府和社会投资时，应当参考各行业部门的就业吸纳能力来确定投资领域，将就业因素作为核准社会投资项目的重要目标和决定政府投资项目的主要参考；大力发展服务贸易、金融服务业、生产性服务业等第三产业；进一步完善资本市场，让各行业部门按照市场要求具有公平的机会获得资本要素。

第三，实施人力资源开发战略，建立统一的劳动力市场。我们建议：首先，大力加强职业教育和培训，以适应产业结构升级和技术进步对劳动力知识水平和劳动技能提出的更高要求，提高产业结构的就业匹配率；其次，消除劳动力市场的制度性壁垒，彻底改变目前由地域、身份、行业等原因人为造成的劳动力市场分割状态，建立统一的基于职业划分的劳动力市场，促进劳动力按照市场需要充分自由流动，达到劳动力资源的最佳配置；最后，完善失业调查和保障制度以及再就业服务体系，完善公共就业服务制度，及时、准确地向社会提供劳动力市场的各类信息，提高服务能力和水平。

第四，放松政府管制，深化生产要素价格改革。我们建议：深化劳动力价格改革，完善工资收入分配与再分配机制，使劳动工资与劳动生产率水平和劳动者素质相适应；推进利率市场化改革，充分发挥利率的资源优化配置功能，引导资本合理流动；培育技术市场，促进形成技术价格市场机制，使技术价格既能反映市场供求状况，又能体现出不同技术类型的差异。

在我国结构调整过程中，要解决产业结构偏离现状，缓解典型劳动力就业问题，须从影响因素体系入手，有框架、有重点地全面推进。①扩大内需，优化产品需求结构。降低对外出口依赖，鼓励投资；激发产品市场活力和金融市场活力，提高城乡收入水平，特别针对农村消费市场，刺激和鼓励农村消费。②增加有效教育投入，全面提高劳动者素质。对接劳动力市场需求，针对“民工荒”“技工荒”“大学生就业难”等结构性问题，优化教育结构，增加专业技能教育投入，提高劳动力供求匹配度。③全面推进城镇化进程和市场化改革。推进城乡一体化发展，缩小城乡差异，并通过城镇化释放被土地束缚的劳动力，确保劳动力的自由流动。提高市场化程度，确保劳动力市场上供求作用机制的正常运转，实现劳动力在产业间的转移和有效配置。④正确把握三次产业发展和结构调整方向。第二产业和第三产业作为第一产业转移出劳动力的吸纳方，是解决当前就业问题的关键。第二产业应加快产业内技术升级，调整产业发展路径，提高对较高人力资本的需求，降低对较低人力资本的依赖，提升内部人力资本水平。尤为关键的是，第三产业必须全面加快发展，以全面优质的发展吸纳不同人力资本水平的劳动力，拓宽就业渠道，实现从短期均衡向长期均衡的跨越。

CHAPTER 6

第六章

模块化发展、地区产业专业化与工业结构优化升级

在信息经济与经济全球化时代，我国工业结构升级滞后问题日益突出，并成为经济发展的主要制约因素。突出体现为生产技术体系未能随经济实力的增强做出相应调整，高技术含量产品的供给能力相当有限，多数行业产品的差别化率低，集中在单一品种和档次上等。技术水平落后使得供给结构不能适应市场需求高级化的趋势，造成有些行业供给不足、有些行业过度竞争的格局。在当前工业中部分传统行业产能过剩、资源稀缺、发展方式相对落后等结构性问题更加突出的背景下，工业结构的调整升级问题更为紧迫。

信息技术的发展，使现阶段产业组织形态演变为一种基于模块化分工的网络模式。企业的内部网络和外部网络逐渐融合，形成一个开放的价值网，构成价值网的组织基础就是承担不同专业化分工的模块化组织，而模块化组织采取的则是一种基于核心能力的分工形式。基于模块化分工的企业价值网是一种高效的组织形态，正成为占主导地

位的产业组织形式。作为一种新的产业发展模式，模块化在计算机、汽车、消费电子、物流、IT服务等行业有着较为普遍的应用与发展，加快了产业结构优化升级的进程。

在模块化分工下，大量涌现的地方产业集群使得地区产业专业化取代地区产业多样化成为区域工业结构优化升级的主导方向，而技术进步和交易费用变化是其演化的主要影响因素。中国的地区工业结构演变符合先多样化后专业化的一般规律，并且大部分地区已经进入地区产业专业化的发展阶段。在此背景下，通过政策引导来促进东、中、西部地区产业专业化的协调发展，进而推动工业结构优化以及缩小地区间差距就显得尤为重要。

基于这些考虑，本章首先选取模块化作为研究视角，分析工业结构优化升级的推动力量，探讨模块化促进产业结构优化升级的机制与途径，针对我国产业模块化发展受阻提出政策建议。然后从分工、专业化和产业发展的关系出发，探讨地区产业专业化与工业结构优化升级之间的互动关系，揭示中国地区产业结构演化路径背后所蕴含的深层经济原因，试图为我国地区工业结构优化指明具体的发展方向。

第一节 模块化促进工业结构优化升级的作用机理

模块化(modularization)是指将一定数量的组件制成具备特定功能的系列化的各种模块,其接口具有一定的适应能力和扩展能力,从而各种模块可以按照界面标准集成为一个复杂产品。简而言之,模块化就是将具有独立性能的模块,如搭积木一般,按不同需要进行新的组合,生产出满足不同消费者需求的产品。从消费者的角度看,模块技术使得定制的产品和服务的大规模生产成为可能,这种大规模定制的生产模式能够及时满足现代消费者多变的个性化需求。对于生产者而言,在共同标准下,上级模块可以选择不同的下级模块,这使得模块系统内各子模块之间激烈的"背对背"竞争具有淘汰赛的激励创新效果。模块化作为一种新型的产业内分工技术,目前广泛应用于汽车、IT、物流等产业。

一、模块化的功用

在模块化生产组织下,企业生产某一产品时,无须再把所有工序集中在一间工厂,可以通过把每个工序加以分割,组成企业间的生产网络,从而产生高效率的合作。因此,各企业无须完成大而全的"垂直一体化内部生产",而是在优势领域集中资源,不断深化行业重组。企业间的关系也不再局限于交易双方保持简单的市场贸易关系或是以出资的方式在资产方面建立联系,而是形成了包括技术合作、OEM(原始设备制造)、ODM(原始设计制造)等中间形态在内的多样化分工协作关系。企业从专业化的角度出发,将一些原来企业的职能部门转移出去成为独立经营单位，或者转向使用企业外部更加专业化的资源或服务，这就出现了“外包”现象。

模块化降低了设计产品、制造产品等的各项任务的关联性，使交易双方的责任、义务分解更为容易，从而导致一般性交易费用的降低，有助于降低为抑制机会主义所带来的成本。这不仅导致垂直解体的出现，也推动了产业布局的优化及分散化产业集群的出现。产业集群作为一种组织形式，其实质是由邻里关系替代了权威关系和市场关系。从分工角度看，集群是借助本地高度市场化的环境，通过本地业务外包，围绕某一狭窄的产业领域甚至某一具体产品，形成企业之间的分工网络。集群理论强调本土治理的重要性，以及通过本土企业的互动导致不断升级的过程。模块化之后，产品的生产分为不同的环节，每个环节的附加值是不同的，处于产业链低端的附加值较低，处于产业链高端的附加值较高。各个本土企业将根据各自优势占据价值链的不同位置，通过主导企业对价值链高端的治理，以及中小企业在价值链低端上跟进，对地方产业集群升级产生促进作用。

在经济全球化的背景之下，地方产业集群利用各自区域特有的优势，积极回应全球产业网络的变化，嵌入全球价值链某个或某几个位置，利用一种价值活动与另一种价值活动的关系，创造、保持和捕捉价值。同时，它们通过改变自身在价值链中的嵌入位置和组织方式，改变价值活动之间的关系，从而改变效率和成本，进而促进产业集群的升级。但在全球化的模块化价值链中，其领导企业往往是发达国家的系统集成商，它们控制了销售渠道、市场规则、产品标准以及核心技术，价值的实现基本控制在领导企业手中。发展中国家合同制造商能力一般来讲都是有限的，主要集中在价值链低端的加工制造环节，常常为一家领导企业服务，资产专用化程度高，能力提升的路径常常被领导企业锁定。

从产业价值链来看，在同一产业内的升级包括工艺升级（通过改进生产工艺或引进先进技术，提高加工制造环节的生产效率）、产品升级（通过改进已有产品或引进新的产品，增加产品种类）、功能升级（从注重单一的加工制造功能转向产品设计研发、委托加工、系统整合、营销服务、自有品牌培养等多种功能的培养）三个层次。发展中国家的企业在嵌入模块化的产业链中，多承担专用模块供应商和通用模块供应商的角色。总体来看，模块技术有助于发展中国家企业的产品升级和过程升级，但阻碍了其功能升级。

作为一种新型的产业组织形式，模块化组织良好的信息交流与沟通机制有利于主导厂商与模块供应商之间知识的转移和扩散。同时，模块化组织通过并行创新机制促进了主导厂商与模块供应商的能力分享与合作，增强了知识外溢，从而提升了模块供应商的自主创新能力，促进其产品升级和过程升级。然而，模块供应商在模块内部所获得的知识是有限和封闭的，只限于自身模块的知识，而对于其他模块的隐性知识了解甚少。在模块化深化发展的过程中，专业化模块供应商逐渐远离其他独立模块供应商，这样专业化模块供应商无法获得功能升级所需要的知识来源，其升级为系统集成商的可能性极小。而且先行的主导厂商往往会将相关技术专利组合在一起形成产业标准，并通过控制产业标准来保持自身在产业链中的高端地位。在大多数情况下，发达国家主导厂商都不会让渡核心专利模块，而只会让渡外围专利模块或边缘专利模块，从而更加阻碍了发展中国家企业的功能升级。

二、模块化与全球价值链重构

近些年来，随着模块化技术的出现，企业间和国际的分工形式发生了很大变化。为了削减成本，跨国公司争相把以低附加值生产工序为中心的生产转向发展中国家。在这一潮流中，中国迅速成为委托加工的基地。

模块化就是将产业链中的每个工序分别按一定的"块"进行调整和分割。如对个人计算机分别按照硬盘或者显示器的"块"进行模块化生产，模块经过组合以后，个人计算机的生产便告完成。一般而言，实现模块化的产业就每个模块事先已经确定设计规则和机能，并在此范围内开展业务。同时，它具有一定的自由度，只要符合规则，便可以采用任何方法或零部件。而且，各个模块的工序既不受其他模块工序的影响，也不会影响其他模块工序。因此实现模块化以后，无论是分割各个生产流程，从不同的企业采购，还是专业化生产特定的模块，都已变得轻而易举。

其结果是产业结构出现了"微笑曲线"化。以个人计算机为例，上游的操作系统和微处理器与下游的售后服务等工序的附加值比较高，而中游的组装工序利润空间逐渐变得非常小。个人计算机的组装部分，或者其他产业中的加工过程，这些劳动密集型工序由于模块化作业的标准化以及竞争加剧等原因，收益率已经下降。换言之，通过模块化，赚钱的部分和不赚钱的部分以"微笑曲线"的形式表现得非常明显。

而且，随着"模块化"的技术革新和"大竞争"这一世界政治经济形势的变化日益深刻，位于"微笑曲线下颌"部分的竞争也日趋激烈，曲线弧度变得更加陡峭(见图 6-1)。在日本还处于新兴工业国家的 20 世纪六七十年代，其商品基本上全部由"发达工业国家"生产，因此，即便是劳动密集型工序，也必须支付高额工资。此后，由于模块化的发展，对业内的各工序进行了调整和分割，能够仅把附加值低的生产工序委托给发展中国家，因此，中间环节的甜头减少了。而且，随着经济全球化的发展，承担劳动密集型工序的国家不再限于中国，而是扩大到了东欧原来的社会主义国家、东盟各国和中南美发展中国家，中间工序的附加值降低了。在很多发展中国家的贸易和直接投资自由化不断取得进展这一大环境下，模块化更促进了企业间生产网络的全球化。企业生产某一产品时，无须再把所有的工序集中在一个地方；相反，把每个工序加以分割，组成企业间的生产网络，效率更高。目前，企业无须像以往那样从事产品的“一体化生产”，而是通过向各自优势领域集中资源的形式，不断深化重组。企业间的关系也已经不再仅仅是局限于交易双方保持一定距离的贸易关系或者以出资方式联系起来的系列联系，而是包含技术合作和中间形态在内的多样化的关系。因此，近年来发达国家和发展中国家之间以零部件和中间材料为中心展开的“产业内贸易”已非常盛行。

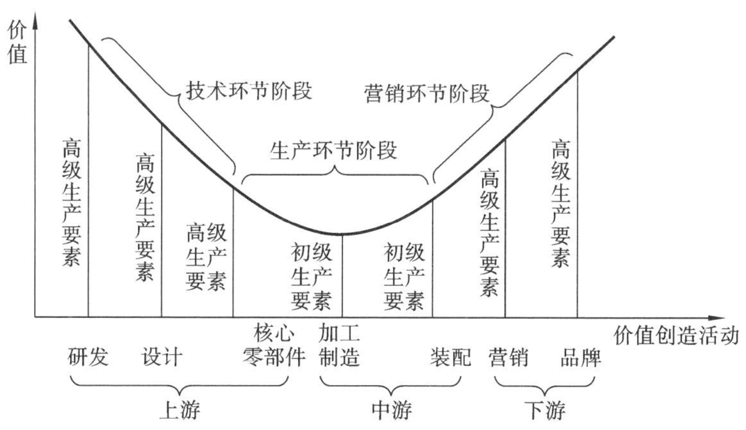

图 6-1 “微笑曲线”的变化

美国等发达国家通过向发展中国家采购，一方面压低制造工序的费用，同时专门从事附加值最高的“微笑曲线”两端的上游和下游工序。而且，随着“微笑曲线”弧度变陡，其以本国技术与发展中国家的劳动力交换时的相对价格，即贸易条件变得越来越有利；反之，这对以中国为首的发展中国家而言，就意味着交易条件的恶化，进而部分地抵消因出口增加所带来的实际收入的增加。

三、全球价值链的产业升级

全球价值链的产业升级表现为过程升级、产品升级、功能升级和链的升级。过程升级是企业重组生产过程或引进先进技术，将投入更有效地转换成产出；产品升级是企业通过生产具有更高附加值的产品而升级；功能升级是企业在价值链中获得新的功能，如设计和营销。这需要改变价值链中企业之间的劳动分工。功能升级可逐步推进，开始只是简单装配，组件从国外进口，产品设计图纸也由外国客户提供；然后是生产整个产品，组件根据外国客户的要求制造，即 OEM；接着供应商将设计服务添加到制造活动中，这两者的结合称作 ODM。一旦供应商具有充分的设计能力，它就可以构思、发展、制造最终产品，并标上自己的品牌，这就是 OBM。链的升级是将在特定的价值链获得的知识运用至其他价值链。例如，将电视机生产中获得的知识运用于监控器和其他计算机设备的生产。

在模块化生产网络中，领导企业和供应商之间的关系是不对称的。这些领导企业不仅对销售有着重大的影响，而且对供应商所面临的升级战略产生影响。领导企业可能推动供应商进行渐进式产品升级和过程升级，但不大可能推动供应商跳跃式发展。供应商生产能力提高会给领导企业带来很大好处，因此领导企业会支持供应商的过程升级，模块化生产网络还给当地生产商提供了产品升级的空间。供应商不断满足采购商对产品的更高要求，并对它们的生产设施进行升级。但是，采购商驱动的全球价值链对供应商的功能升级存在着局限性。如果供应商在功能升级之后可绕过领导企业，同发达国家的客户直接交易，则采购商会强烈反对供应商的功能升级。全球价值链中的领导企业可能支持供应商获取它们的非核心能力，但会阻止当地生产商进入营销和品牌经营领域，因为这样供应商就会发展为品牌企业，同它们直接竞争。因此，当企业沿着 OEM→ODM→OBM 的升级路径发展时，往往会停留在 ODM 阶段，甚至还会由 OBM 阶段返回到 ODM 阶段。

第二节 模块化对我国工业结构优化升级的影响

社会分工进入“生产工序型分工”或“产品内分工”（卢锋，2007）阶段，模块化的方法在工业中逐步得以普及，并体现于国际产业转移过程中。作为发展中国家，在改革开放和体制革新的有利条件下，中国充分利用工业模块化发展的良好机遇，以自身特有的形式切入国际模块化分工体系中，推动工业的发展与结构调整。本节从资源配置效率、工艺升级、产品升级、功能升级等方面论证模块化对我国工业结构的影响。

一、模块化方法运用于我国工业的表现形式

技术的进步和需求结构的高度化，使得对工业产品工艺的要求越来越高，因而产品本身的设计与结构也越来越复杂。为了应对这种复

杂性，基于企业能力的限制和外界竞争环境的变化，工业生产的模块化应运而生，并发挥出它自身拥有的巨大优势。在我国，尤其是20世纪90年代以来，在外资和政府的推动下，模块化在我国IT制造、消费电子、汽车等诸多典型行业得以快速发展，并逐步延伸到其他工业产业中。由此，工业企业的内部组织结构、产业组织形式以及与世界相应产业之间的联系等方面发生了显著变化。

首先是企业内部组织结构的变化。从企业内部组织结构来看，传统的工业企业是纵向一体化的组织管理模式。表现为每个工业企业都是"大而全"或"小而全"，作业于每个生产环节，很少依靠其他企业来提供零部件，生产通过工序联系起来，企业内部是一种紧密的层级式结构。产品实现模块化生产后，产品分解为众多的专用模块和通用模块。这些模块并不全部由原有工业企业生产，而是外包给其他的模块企业。比如，有一些实力较强的自主品牌企业或外资品牌企业，在我国工业企业的模块化发展过程中，在企业内部保留产品战略、产品研发、功能设计、营销等活动，而将零部件生产、原型制造、测试、包装等环节交由其他专业化厂商。原有的工业企业则专注于体现自身的核心竞争力的业务，其他企业则成为模块供应商。由此，原先实施内部纵向一体化战略的企业开始向纵向非一体化或网络化组织方向演进。

其次是产业组织形式的变化。微观上企业内部结构组织形式的模块化引起中观上产业组织形式的变化。工业中的行业实现模块化发展，就出现一个处于核心地位的企业(一般是原有的内部一体化的品牌企业)与众多的模块供应商之间的广泛的协作关系；同时，为了争取同一模块的生产订单，模块供应商之间也存在激烈的市场竞争。这种分工协作与竞争关系并存的现象存在于我国工业模块化的发展过程中。这种新型的工业模块化产业组织形式已经不同于传统的产业组织形式。传统的工业产业组织由于企业的内部一体化运作，边界清晰，产业的集中度显得比较高，且容易出现市场垄断。而模块化的产业组织更具有动态化、柔性化、扁平化特征，产业组织边界较以前更为模糊，市场集中度明显降低。

在我国工业经济中，随着竞争的日益激烈，产业规模的不断扩大，对降低成本要求的不断上升，大量的模块制造商和模块整合商集聚于某一特定的地理空间，共同从事模块化产品的设计、制造和整合，出现了模块化的产业集群现象，并实现了一定程度的网络经济效应。如在我国经济发达的沿海地区中，出现了珠江三角洲、长江三角洲、环渤海地区、福建沿海等四个IT制造产业集群，以及上海和周边地区、长春、武汉等地区的汽车产业集群。这是工业模块化发展到一定程度的必然结果。当然，现阶段我国由模块化所形成的工业网络经济效应还不是很突出，有效竞争不足，模块产品相似度比较高等现象明显。

最后是产业价值链的重构。由于同时处于国际国内两个市场的全球化环境中，我国的工业发展形成了自身的产业价值链，同时也加入了国际价值链的生产中。近些年来，随着模块化技术的应用，我国工业企业间及国际的分工形式发生了较大变化，产业内的模块化分工更加细化，形成了一定的国际国内分工协作体系，这些变化也反映在产业链上。

工业制造业比较完整的产业链包括上游的研发、设计、采购等环节，中游的加工、组装与制造等环节，以及下游的品牌、物流、金融服务等环节。一般而言，上下游的附加值高，中游的附加值低。产业价值链呈现两头高、中间低的“微笑曲线”形状。在制造业模块化发展过程中，为了削减成本，跨国公司把以低附加值生产工序为中心的生产环节转移至发展中国家。在这一潮流中，中国迅速成为委托加工的基地。我国在积极加入全球分工时，不幸陷入了价值链的低端位置。发达国家通过向我国进行采购或模块的委托加工，一方面压低制造工序的费用，同时专门从事附加值高的“微笑曲线”两端的上游和下游工序。以个人计算机为例，上游的操作系统和微处理器与下游的售后服务等工序的附加值较高，该类模块主要由发达国家提供；个人计算机的组装环节等劳动密集型工序由于技术含量低、模块化作业的标准化以及竞争加剧等原因，利润空间非常小。对于我国而言，如何提升产品的附加值、向产业价值链高端攀升成为一个至关重要的问题。

就国内而言，工业模块化的发展改变了企业结构和产业组织形式，内部一体化经济向集群经济、块状经济演进的趋势已经日益显现。相应地，国内工业价值链随着模块化分工逐渐得以延伸，国有经济、民营经济、内资与外资经济在工业发展中占据产业链的一定位置。从工业的区域分布来看，工业模块化发展使东部沿海的工业生产制造环节向相对落后的中西部转移甚至向海外延伸，进而产业链在国内外区域间重置成为可能。

二、模块化对工业结构优化升级的影响

模块化作为一种新的生产组织模式，改变了我国工业相当部分行业的产业运作模式，通过对产业资源的重新优化配置发挥了企业的比较优势、提高了资源利用效率；同时，模块化也产生了不同于之前内部一体化的组织模式的创新激励，在改革生产工艺的基础上，生产制造能力得到提升，产品升级速度加快；在参与全球化的国际产业分工体系并确定在产业价值链中的重要位置的基础上，我国工业也面临进一步朝产业链中高端继续攀升的趋势。因此，模块化发展对我国工业产业结构的优化与升级产生了深远的影响。

1. 产业资源配置效率的提升

模块化促进了资源的充分利用。我国工业在早期的发展中存在着大量的重复投资与建设的现象。虽有丰富的劳动资源和得天独厚的自然资源以及原材料采购环境，但由于企业的市场网络不健全，销售渠道狭窄，产品在市场上销路不畅，最终造成了大量的设备闲置、市场资源极大浪费，导致了规模不经济的后果。20世纪90年代以来，随着发达国家跨国公司以合资或独资的形式在我国设立分支机构，或者通过全球外包、OEM等非股权投资方式，向我国进行产业转移，我国工业行业的模块化发展进程得以推进。工业行业实现模块化发展，伴随着企业与产业组织形式的变化，工业产业资源得以重组利用。原先的闲置市场资源在国内外企业品牌和市场的牵引下能够得到充分的挖掘与整合，推动企业充分运转现有的生产线和劳动力资源，从而提高资源的利用效率。

模块化发展也发挥了企业的比较优势，实现规模经济，降低了成本。工业的模块化发展意味着将复杂的工业产品进行功能分解，并使各个功能模块分散在各个优势企业中进行开发、生产。在实际发展过程中，企业实施产品模块化战略并将部分业务环节外包已经是一种较为普遍的经济活动。它有利于企业降低交易成本、实现规模经济、节省工资和利润的支出以及满足企业战略需求。随着我国工业化的快速发展及其在开放经济条件下与国际接轨，工业的现代知识体系日趋复杂，任何单个企业都不可能掌握全部知识和创新资源。依靠知识分工，将复杂的知识系统模块化，并通过标准化界面将各个模块进行对接，这是工业模块化深入发展的必然趋势。这一方面使企业集中资源从事自己的专长工作，培养或专注于自己的核心竞争能力，发挥工业企业的比较优势；另一方面，它使企业充分利用外部资源，实现强强联合，实现规模经济，降低企业成本，也增强了企业并行开发与发展的能力。

2. 模块化发展促进了工业工艺流程升级

流程升级也可称为过程升级，即通过重组生产过程，改善生产系统，或者引进新设备、新技术、新工艺流程、新管理方式方法，使投入产出更有效率。

我国工业模块化发展参与全球生产分工主要存在两种途径：一种是以外资企业为主导，即引进国外资本，利用外商直接投资，承接国际制造业产业转移，从事国际模块代工生产；另一种是以内资企业为主，即内资企业承接跨国公司及其在华投资企业的模块外包业务，为外商投资企业进行产业配套生产。不论是哪一种形式的发展，在当前工业模块化发展的初期，内资企业融入国际分工体系，都面临着适应跨国公司既有行业规范和生产标准的要求，同时也有重组原有生产过程、改善工艺流程的压力。

在这种要求和压力下，企业自主改进努力是企业获取学习能力的主要来源之一，在一定程度上推动了我国工业企业生产上的工艺改进、劳动生产率提高及质量控制能力增强、企业经营管理水平提高、组织结构改进和效率提升以及职工素质和熟练程度提高。另外，我国工业中一些外向性不很突出的行业，伴随着企业制度的改革以及企业内部模块化分工的发展，所形成的分工协作体系也促使企业适应外部环境的变化趋势，重组生产过程，引进国外先进设备，并提升了原有生产工艺水平，实现过程升级。关于此，国家商务部网站专题数据显示，企业发展中的创新对工艺影响较为显著地体现在诸多方面，如提高生产的灵活性、提高生产效率、降低人力成本、节约原材料、降低能耗、减少污染、改善工作条件等。这些影响在不同规模的企业、在不同的行业以及在不同的地区是存在差异的。我国工业发展至今，生产能力和制造水平已位居世界前列，并已形成不少工业行业品牌，这与参与承接国际制造的模块化发展模式和自身一定程度的模块化发展促进先进的生产工艺和流程在我国工业中的应用不无关系。事实上，模块化发展较快的典型行业（如消费电子、IT与通信设备、汽车、工程机械等）都经历了这些过程。

3. 模块化发展促进了工业的产品升级

产品升级包括从生产简单产品到生产复杂的同类型产品，比竞争对手更快地进行产品开发与质量提升，使得新产品、新品牌的市场份额得以提升，或者是根据单位增加值，转向更高端、更有潜力的产品线等。

在模块化平台下，我国工业企业进行产品或服务创新具备以下三个优势。第一，随着产品构架的模块分解，创新任务也被分解，同时分散了企业产品创新的风险性。第二，对功能模块的系统操作及通用模块与定制模块的有效匹配，不仅节约了开发成本，还快速地实现了产品创新的多样化，提高了产品创新速度。第三，不仅产品可以被分解成许多独立的功能模块，同一功能模块也往往存在多个相互独立、从事相似工作的企业，这将促进企业间的竞争，从而不断进行产品创新。

由于以上的优势，结合20世纪90年代以来较为明显的外部竞争环境的变化和消费者需求结构的升级与多样化特点，企业具有促进产品升级换代的内在动力和外在压力，纷纷增加了对产品技术的研究与开发投入，尤其是具备较强实力的大中型企业更为明显，并设置了相应的研究机构和科研或技术人员。同时企业也利用与外资合作或为跨国公司进行代工制造的机会，通过干中学和制造模仿等途径，进行产品创新和功能提升，改变了过去产品种类单一与功能单一的不足；而且，在模块化制造这种并行创新或者网络创新模式下，产品创新与升级的速度越来越快，产品的生命周期也越来越短。从当前我国的计算机制造、消费电子等模块化程度较高的产业来看，这种特征最为明显。

当前，随着经济发展的信息化、网络化和知识化，模块化发展背景下的工业产品升级越来越具有以下特点。第一，产品个性化、多样化，模块化制造的激烈竞争使国内的企业越来越重视消费者需求的个性化和多样化，甚至让顾客参与产品设计成为一种时尚。第二，多功能化，将各个具有不同功能的模块产品进行组合，形成一种多功能的新产品，满足用户需求。第三，智能化，知识和技术在经济发展中的作用日益显著，产品的高科技化与智能化特点更加突出。第四，集成化，传统的建立在劳动分工基础上的功能部门管理方式阻碍快速的产品创新，模块化生产所形成的现代集成制造系统在产品创新过程中发挥着越来越大的作用。

4. 模块化发展在一定程度上促进了工业的功能升级

功能升级，也称部门内升级，即不断提升研发设计、生产、营销以及组织管理能力，改变企业在产业价值链当中的位置，专注于价值量更高的环节，外包或外购低价值环节。如从 OEM 到 ODM，再到 OBM 的转换过程。

近三十年来，我国制造业主要是在与世界发达国家合作的基础上发展起来的，比较明显的有汽车、化工、机电、信息、生物等行业，产业发展靠国内外市场拉动及国家政策扶持。我国产业链多数属于资源导向型和需求导向型产业链，在需求导向方面上下游资源都控制在国外资本手中，我国企业主要处于加工生产环节，也就是 OEM 生产（贴牌生产）环节，即主要从事制造业模块的代工。经过几十年的发展，更多的中国企业成为 OEM 产品的生产商，生产领域涉及服装鞋帽、玩具、日化、消费电子（家电）、IT、通信等行业，地域分布遍及广东、福建、浙江等沿海地区。而且，这些产业的模块化代工当前已经比较成熟，在生产水平提高、生产工艺比较成熟并成为世界制造业基地的同时，正逐渐朝产业链的中端甚至高端攀升。

这种OEM的生产方式在我国工业化时期对我国经济发展发挥了显著的积极作用，有利于我国企业进入世界经济体系中，开拓国际市场，促进工业的功能升级。虽然我国的大多数产业目前与发达国家存在较大的差距，但附加值高、技术含量高的产业所占比重正在不断提高。正是由于这些，我国工业的发展才有了今天的积累，具备了产业链升级的条件。当前，深圳、东莞、惠州等地的加工贸易企业已经具有明显的由OEM向ODM方式转换的特征，而且这些企业凭借ODM的特色，实现了超常规的发展。第三次世界产业大转移方兴未艾，产业的融合发展是必然趋势，随着国内市场环境和体制环境的逐渐完善，模块化的发展模式势必会在更大程度上促进我国工业及其结构的优化升级。

三、我国产业模块化发展受阻的成因分析

我国产业模块化大发展始于20世纪90年代，发展历史还不长；同时经济整体水平还有相当的上升空间，社会分工体系还不尽完善；而且产业的模块化发展在相当程度上又靠外资与政府推动。因此，我国产业的模块化处于发展的初级阶段，发展水平不高，还存在着一些突出问题。

（一）处于价值链的低端，受关键技术与标准的约束明显

长期以来，在国际产业的模块化分工体系中，我们处于或者以贴牌（OEM）生产方式参与模块化分工，或者从事低附加值的模块生产或服务提供的地位，位于价值链的低端，即“微笑曲线”的底端。尽管模块化发展在一定程度上促进了经济结构的优化与升级，但长期处于附加值

较低的生产加工环节，对其他模块尤其是关键模块知识与技术的获取有限，同时由于跨国企业会通过严格控制和把握关键技术以及产业标准来保持对产业链的控制，使得产业模块化发展中的技术外溢效应并不充分。此外，资金积累能力不足、融资渠道不畅、模块化企业规模过小，使我国企业的研发能力和创新能力更显不足。因此，我国产业在向产业链高端攀升的过程中，明显地受到发达国家在关键技术和标准上的制约，进一步升级的阻力较大。

（二）模块化产业组织不尽合理

必须注意到，伴随着产业模块化发展过程中企业之间相应的分工合作形式的变化，当前模块化的产业组织还不尽合理，外资占据主导地位且与内资企业处于相对隔离的状况。国内企业规模普遍偏小，中小企业占绝大多数，资源分布零散，企业之间分工合作协调性不够。因此，资源整合尚有较大空间，市场集中度有待进一步提高。由于我国产业的模块化处于产业链的低端环节，代工模块的技术与知识水平相对较低，容易模仿和掌握，且比较优势主要源于低成本，因此模块企业的替代性较强，同一模块企业之间往往处于低水平的价格竞争。在市场绩效上，这并非一种最优化的资源配置状态，同时企业的利润率低下，甚至相当部分企业处于亏损状态。

（三）产业融合不明显，有待进一步深化

模块化使产业运行模式发生变化，原有的产业界限模糊，产业内和产业间产生重叠、渗透、替代，使企业的组织形式、功能和范式转变，促使企业环境网络化、存在形式模块化，但从我国模块化发展实际来看，产业融合并不太明显。主要表现在以下方面。

（1）产业内的融合。由于受各方面因素限制，产业的模块化发展

被局限于相对狭小的国内区域市场，难以实现在全国、在各种所有制企业间的充分融合。如汽车产业，外资整车及零部件企业直接运用母公司的技术及设计方案，其模块化研发、设计、生产能力都十分先进。但其与内资企业联系较少，模块技术外溢效应并不明显，形成了相对于本土汽车企业的“飞地”。

(2) 产业间的融合。制造业与服务业模块化发展都在快速进行，这二者的互动发展、相互融合是必然趋势。从发展现状来看，一方面，企业生产对现代生产性服务业的需求不断上升、专业化要求日益提高；另一方面，生产性企业的服务需求在相当程度上仍依靠“小而全，大而全”的服务内置的发展模式来满足。服务业模块化的程度相对较低是一方面的原因，现有的专业化或模块化发展对生产制造的作用不突出是另一方面的原因。

(四) 金融危机背景下产业模块化发展面临挑战

国际金融危机爆发以来，对实体经济的影响逐渐显现，对中国而言，主要表现在外需下降上。我国出口导向型的产业和企业首当其冲。由于我国产业的模块化发展尚处于初级阶段，模块化水平较低，企业规模小，最容易受到冲击。目前经济总体上虽已趋稳，但仍处于低位调整阶段，出口下滑态势未有根本性改观。如IT产业、消费电子、服务外包产业等直接面临出口下降、订单萎缩等压力，企业再融资困难，这使产业的模块化发展面临严峻考验。但同时，当前的情形也为这些产业及其企业提供了难得的发展机遇，面临发展中的一个“缓冲”阶段，产业的模块化发展也拥有了企业兼并重组、国内外企业加强合作共渡难关和人才引进等难得的发展契机。

(五) 部分政策调整滞后于产业模块化发展的要求

对于模块化发展，部分政策调整也是滞后的，不能适应当前产业发展的趋势。主要表现在以下方面。

(1) 市场准入。我国产业自身模块化水平不高,在一定程度上依赖外资推动,在国际模块化发展程度较高的领域(如物流、租赁与商务服务、金融服务等),对外资的限制甚至禁止较为明显;同时非公有制经济对模块化快速发展行业的市场准入虽然也在逐步放松,但显然不能满足产业发展要求。

(2) 模块化企业融资在政策上仍然缺乏支持力度,尤其是中小企业资金积累少,融资渠道有限。对此,政府也缺乏引导风险资本投资的有效政策,风险资本市场存在资金募集的政策壁垒,并缺乏对风险资本投资范围的政策要求,以及为此制定的激励政策,使风险投资转向创新企业缺乏利益驱动机制。

产业模块化发展中存在的这些突出问题,与我国经济发展总体水平、所处发展阶段、分工程度等有关。但从根本上来说,模块化的低水平与我国总体的发展环境、与当前的经济体制的完善程度有着内在联系。

(六) 市场分工深化受到抑制

模块化是以开放的市场体系为平台,以资源要素能够自由流动为前提的。在30多年的改革开放进程中,我国市场经济建设取得了较大的成就,但传统体制与观念等因素仍在相当程度上制约着市场分工的进一步发展,进而对模块化方法在产业中的应用构成阻力。主要表现在以下方面。

(1) 地区经济发展不平衡,区域市场条块分割,地方保护主义色彩依旧很浓厚。在产业模块化发展过程中,各级政府尤其是地方政府虽然也大力予以政策支持,但在相对保守的发展观念和相对封闭的区域市场条件下，统一的、开放的大市场体系难以建立起来，阻碍了资源的自由有效流动，模块化发展应有的区域间的分工协作就受到相当大的局限，而无法充分体现出比较优势、规模经济效应。同时，市场的封闭性导致市场需求受到抑制，产业模块化发展的需求诱导动力不足。

(2) 部分传统国有行业的垄断不利于模块化的发展。一方面市场进入壁垒高，其他企业进入难，无法形成有效竞争；另一方面，这些行业又担心失去对生产经营管理的控制权和额外利润被别的企业赚去，倾向于内部一体化生产与经营，或尽量不将生产与服务环节外包，从而不利于分工的深化发展，进而阻碍产业模块化发展。

(七) 金融结构缺陷不利于产业模块化发展

产业模块化发展中，模块化企业尤其是绝大多数中小企业的发展，其重要性不言而喻。无论是产品开发与设计、重大设备引进和生产线购置，还是品牌培育、营销渠道和网络构建以及关键人才引进，缺乏足够的资金来源，往往难以成事。而模块化中小企业主要从事低附加值的加工贸易，自身资金积累十分有限，因此其融资就显得至关重要。

在我国现有金融体系中，以国有资本居于垄断地位的大中型银行融资占据主导地位，其他资金融通形式发展相对不足。前者倾向于信贷需求规模大、信息透明、风险较小、收益好的企业客户，对需求零散、信息透明度较差的中小企业信贷供给不足；而后者虽然发展形式多样，但目前针对中小企业融资的金融组织模式基本还处于探索阶段，实际效果也不明显。这样，在这种金融服务结构中，能够为中小企业提供信贷融资服务的市场供给严重不足，势必会影响到模块化企业的发展，形成产业模块化发展的障碍。作为金融结构问题的另一个重要方面，风险投资在我国发展的不足也制约了中小企业的发展，尤其是对科技型中小企业的研发投入、科研成果的产业化极为不利，抑制了模块化创新。

（八）研发及其配套体制不完善

在市场发展所处的特定阶段，由于各方面的原因，我国的研发及配套体制依旧不完善，影响了模块化整体创新水平。从政府层面而言，政府控制的科研经费太多，缺少权力监督，容易形成条块分割、政出多门、多部门多头分配资源等现象，致使有限的科技资源难以集中，使用效率低下，难以适应重大科技攻关尤其是拥有自主知识产权的关键技术的研发。对企业而言，尤其是中小企业，由于融资渠道有限、知识产权保护等激励机制不完善，创新能力低下，创新动机不强，同时也容易导致“搭便车”行为。在创新应用方面，产学研结合不紧密，研究或创新成果的产业化比率不高，从而造成研发对产业模块化发展的支撑力度严重不足。如此，在发达经济掌握了产业模块化发展的关键技术和标准的条件下，我国在模块技术创新方面存在缺陷，同时对发达国家既有技术与标准路径存在路径依赖，在短期内难以通过大规模研发予以赶超，而且在拥有自主知识产权的关键技术方面没有多大程度的突破，因此导致产业模块化发展位于世界产业价值链的低端位置。

（九）模块化发展的其他基础环境问题

产业模块化发展是建立在良好的外部基础环境和企业的信息化平台之上的，尤其是通信、信息化的基础设施的完善以及企业信息化程度的提高，对降低模块化企业运营的交易成本（包括物流成本、沟通成本、协调成本等）进而促进其发展具有重要意义。从基础建设来看，虽然政府当前正大力投入城市信息基础设施建设，但其发展还是滞后于经济发展的要求。信息基础设施存在总量供给不足、区域信息化建设发展水平不一致、重复建设严重等问题。从企业方面看，目前企业信息化建设成功的项目所占的比重并不大，并且还处于较低的层次，信息化的应用更是得不到普及，这些都不利于模块化的发展。

法律制度环境、知识产权的保护政策和体系还不够完善，不利于我国产业的模块化发展和产业结构的升级。由于知识产权保护不力，企业在寻找外包伙伴的时候，最关心的是自身的核心技术是否有被泄露出去的风险，这也使其在进行外包时变得小心翼翼。如果政府不提高知识产权保护力度，将会对行业模块化外包发展产生不利影响。

第三节 模块化发展如何促进工业结构优化升级

一、模块化技术背景下我国企业产业升级的路径选择

近些年来，随着外国直接投资特别是跨国品牌制造商以及全球供应商的纷纷进入，全球制造业价值链在中国的布局日益系统化，并推动了中国制造业的升级。中国制造业虽有规模和成本上的优势，但在全球制造业分工中仍处于低端位置，虽然参与国际产品内分工的程度不断加深，但总体仍处于垂直性分工的劳动密集型加工制造环节，还没有真正掌握核心价值模块，在核心技术和部件上依然受制于国际品牌制造商和全球供应商。中国制造业至今仍沿袭着“大而全、小而全”的集成化技术创新和产品开发思路，只有调整发展思路，充分利用产业模块化的机遇，才能推进中国制造业的持续升级和国际竞争力的提升。

当前，在国际分工体系中，我国企业处于不利位置。它们在模块化

网络中大多充当二级供应商的角色，为一揽子供应商进行简单的装配或者从事传统的 OEM。这样，全球价值链中所创造的利润大多被领导企业和一揽子供应商拿去，我国企业所获甚少，只是承担廉价打工者的角色，而且这也容易导致领导企业和一揽子供应商对我国企业的控制。我国企业为了提升在全球价值链中的地位，需要选择如下产业升级路径。

(1) 继续扩大各类本土企业为国际品牌制造商、国际采购商以及全球供应商进行贴牌生产的范围和规模，同时推动本土大中型贴牌厂商积极承接国际外包，向 ODM、OEM 或者具有综合能力的模块供应商方向发展。目前，在轻纺制造业以及机械电子制造业，中国众多中小企业以及不少大型企业纷纷加入为跨国公司贴牌加工的行列，这已经成为中国企业参与国际分工、获取能力提升的重要途径之一。在轻纺制造业以及大部分机械电子制造业领域，要推动大中型企业不断扩大能力范围，向具有研发、设计功能以及营销等高附加值环节、高端产品方向迈进，争取成为 ODM 和 OBM。一些中小专业制造商还可以通过与跨国品牌制造商的合作、结盟以及并购重组，逐步发展成具有集成服务功能的零部件企业集团。要通过制造业的集聚式发展来增强企业间的互动、学习和竞争，形成对关键价值模块开发与创新的群体优势。

(2) 在多条价值链中运作。为了实现产业升级，我国企业可一方面在领导企业控制的全球价值链中为它们生产产品，并接受它们在生产方面的指导；另一方面构建以自己为中心的区域价值链或全球价值链，将为领导企业生产所获取的经验运用到为其他客户生产的过程中，并整合产业集群中的中小企业，将部分生产业务分包给这些企业，而将注意力集中于品牌和营销网络的建设上，发展为区域价值链或全球价值链中的品牌企业，并带动整个产业集群的升级。

(3)培育领导企业,带动产业集群的发展。我国企业要在全球价值链上共同向上攀升,就要在企业之间逐步形成分工明确、利益共享、诚信稳定的生产联合体。应该培育领导企业,加强领导品牌、领导企业的作用,通过它们带动相关产业集群的产业升级。这就要加强网络的联系,使得整个产业集群整体往上走,共同提升。广大中小企业需要转变经营理念,甘当配角,主动与领导企业建立互为依存、互为补充的生产协作关系,形成模块化生产网络。

(4)在相关领域探索实施模块化改造,组建若干大型专业化零部件供应商,积极参与国际相关技术标准的制定,为中国企业的发展争取更多的利益。在产业模块化框架下,一国产业的竞争力并不完全在于最终产品的生产,而主要在于对关键价值模块和技术标准升级的控制。

(5)以信息化推动模块化。信息技术的使用是形成模块化生产网络的必要前提,信息技术和元件与生产过程的标准化使企业在投入关系专用性资产的情况下通过交易的正式化相互作用。信息技术对全球价值链的影响有三重:其一,领导企业的内部信息系统使它们能够管理越来越复杂的需求驱动的生产过程;其二,供应商的内部信息系统使它们能够接管价值链中更大的部分,并代表领导企业处理复杂的过程;其三,组织间的信息网络和互联网将价值链的成员连在一起,并使它们能够对复杂数据的传递实现标准化和自动化,这可降低外部协调成本,并增加价值链的灵活性。为了嵌入模块化生产网络,我国企业需要发展和运用制造资源计划(MRP)系统、订单管理系统、企业资源计划(ERP)系统的应用软件,消费者关系软件,多种专业化的应用软件,以及将它们连在一起的中间设备。这些软件可使企业提高运作效率,减少存货,更好地协调销售、制造、订购和客户服务。

二、以模块化促进工业结构转型升级的政策选择

目前我国正处于工业化中期，制造业大而不强，生产性服务业不发达，模块化发展中还存在着种种问题，在借鉴国际经验的基础上，我们提出以下两方面的政策建议。①在市场机制方面，应着力改善模块技术发展的外部环境，包括：完善市场机制，促进分工体系建立，降低市场机制实现生产要素转移和再配置的成本，为整个经济提供基础服务、法律支持。②在产业组织与结构方面，应致力于调整产业组织、协调产业结构，促进模块技术发展，包括：加强核心模块研发，鼓励大型企业兼并重组形成规模经济，为中小企业发展提供融资、技术保障，促进先进制造业发展，大力发展现代服务业。

（一）完善市场机制，促进企业竞争与研发

1. 完善市场机制，促进企业竞争

政府应在完善市场交易规则、遵循市场原则的基础上，促进不同所有制、不同行业、不同企业之间的产权自由流动，建立完善的企业准入和退出机制，推动模块化产业集群的形成、竞争与整合。

2. 加强行业协会协调，改进政策制定方式

在推进政府和行业协会职能转变的基础上，建立起政府、行业协会和企业的交流协商机制。要建立以市场竞争为主体的竞争性产业政策体系，企业与国家政策制定者之间的协调需要由行业协会这类中间型组织来进行。这样才能保证各项推进模块化的政策与市场自发的运行机制相一致，各方自觉主动地贯彻执行相关政策。

3. 多主体、全方位推动模块技术研发活动

第一，资助企业研发活动。通过设立针对性强的专项模块技术研

发基金，对企业及科研机构的研发活动直接发放补助金及委托费。

第二，政府直接参与研发活动。目前国内的高校及各科研院所从事基础理论研究较多，政府应鼓励其与企业间加强合作。对于某些关键模块、核心技术的突破性研究，政府可以出资专门设立特殊法人，集合高校、科研院所及企业多方力量专门从事该项研究。

第三，建立企业联合开发制度。各企业可以就特定模块技术进行联合开发，这样既可以超越企业内部的技术限制，又可以顾及科技开发风险大、信息难以独占的准公共物品特点。通过政府大力资助企业联合开发，争取在若干核心模块技术和产品中拥有自主知识产权，向价值链的高端环节延伸。

（二）促进模块化分工体系的建立

1．打破国有企业的行政垄断

政府应培育合格的市场竞争主体，进一步完善国有企业的公司治理结构，创造公平合理的竞争环境，推进国有企业与民营企业在市场中的平等竞争地位的建立。并以此促进大中小企业之间合理模块化分工的形成：有声誉、信息、知识和资本优势的大企业应把自己定位为模块整合者或产业标准的制定者，通过柔性契约网络在全球整合资源，最终完成产业的功能升级，成为模块化网络中的旗舰企业；中小企业应把自己定位为可以发挥自己独特优势的模块供应商，尽快完成工艺升级和产品升级。

2．消除地方政府的区域垄断

为消除国内产品与要素市场的地方割据现象，解决各地方产业结构同构问题，政府应致力于消除地方保护主义，规范地区竞争行为，建立和完善统一的市场体系，使资源能在全国范围内合理配置。并通过加快产业重组和企业内部流程重组，形成具有规模经济、专注于核心价值模块开发的品牌制造商和能为国内外品牌厂商提供专业化服务的模块供应商。

3. 重点扶植与培育重组型企业集团

在模块化特征明显的装配型行业（“大而全、小而专”的企业主要集中在这一行业），形成大型整机厂与中小型专业化零部件厂密切合作的分工协作体系。可行的方法是通过大企业承包中小企业，首先改造小中企业，然后使大企业摆脱“大而全”的生产方式。大企业可以凭借自己雄厚的经济实力，在对中小企业的承包中，按其需要，将中小企业改造成为其服务的“小而专”的零部件企业，然后使其自己转变为专业化的整机厂。产业政策应协调此过程中企业间的利益分配问题，促进大企业对中小企业的承包，最终使大企业和中小企业都因专业化生产而大大扩大生产批量，并由此获得规模经济。

（三）加强信息化建设和基础设施投资

模块技术的发展对产业信息化的要求很高，政府和企业应大力合作，构建供应链整合的信息化平台。政府主要应加强信息基础设施建设，建立和完善公共信息服务平台、电子商务体系和电子政务体系。企业则应加强产品流程、企业业务链和企业价值链的信息化建设，引入先进的企业信息化管理软件和构建企业间信息交流平台，从而满足企业之间模块化分工对信息交换的高要求。

加大对铁路、公路、港口、机场等基础设施的投资，特别是加强中西部不发达地区的基础设施建设。以此促进同类企业之间跨区域的兼并重组、提高生产集中度，使模块化生产能在更大的地理范围内以更低的交通运输成本进行，并使模块集成企业能在全国范围内选择具有规模经济和技术优势的中小专业化模块生产企业供应所需零件。

(四)建立专利保护制度,参与国际标准制定

在模块化框架下,一国产业的竞争力并不完全在于最终产品的生产,而在于对关键价值模块和技术标准升级的控制。专利影响的是企业,而标准影响的是行业。中国应在提高研发能力的同时,沿着"技术专利化—专利标准化—标准许可化"路径形成研发与"游戏规则"制定的良性互动。

从制度保障上来看,首先,应当建立一整套保护专利和知识产权的法律法规,提高我国专利保护程度和专利费的收取比例,尽快使自主创新的模块企业收回研发成本,鼓励创新活动的进一步开展。其次,应积极组建促进知识产权及专利技术产业化、标准化的非政府中介咨询机构,依法开发利用国内外专利技术,支撑企业自主创新活动。

就国际技术标准而言,短期内中国虽然难以摆脱技术标准跟随者的角色,但根据现有的产业发展技术水平,同一行业内具备全球加工能力的企业完全可以组成产业联盟,在某些领域参与国际标准的制定,争取产业发展利益。产业联盟具有影响用户预期,支持相关企业进行互补产品开发,采用有利于市场渗透的定价策略等作用,有利于率先建立规模化的用户安装基础,有利于在技术标准的市场竞争中领先。而各行业协会在引导、扶持相关产业内领先企业组成联盟、制定标准上应该发挥重要作用。

(五)加强核心模块研发,推进产业全球化布局

在嵌入全球模块化网络的过程中,主导厂商为了自身利益会进行必要的技术转移,中国企业可以获得工艺升级和产品升级所需的一系列知识。但是,主导厂商在进行技术转移和知识外包的过程中,必然保

留关键模块和核心技术知识，以维护其核心竞争力。

关键模块和核心技术的研发是一国实现功能升级乃至跨产业升级的关键环节。中国可以通过全球购买或者通过国际并购的方式取得核心模块的关键技术，还可以通过设立政府性的研发基金以及政策的导向与扶持，集中开发关键模块。同时鼓励企业进行全球化布局，将那些边缘性的模块实行外包，把一些逐渐失去竞争优势的环节转移出去，实行逆向外包，以充分利用其他国家的资源与成本优势，促进产业升级。

（六）支持大型模块企业兼并重组，促进企业功能升级

某些处于成熟、衰退期的行业，厂商众多，产能过剩，彼此之间缺乏内在的技术支持和生产联系，而模块产业链高端的研发、营销等环节被跨国公司与国际资本垄断与控制。政府要积极鼓励企业间的兼并合作，尤其是跨区域的合并重组，淘汰落后产能，推动企业尽快实现功能升级，以便在更高层次、更大规模和全球范围内参与竞争。要做到这一点，关键是要制定支持合法的经济垄断、消除行政性垄断的政策措施。

目前，我国地方政府对辖区内国有企业仍具有程度不一的干预甚至支配权力，无论是面临当地经济社会发展的压力或是出于财政税收上的考虑，它们都不希望本地企业被外地企业收购兼并，这就从体制上增加了优势企业进行跨区兼并重组的难度。对此，政府一是要加快建立维护市场公平竞争的法律法规，打破地方封锁和地方保护。二是要改革现有财政税收体制，保证被兼并企业所在地区财政税收不出现明显流失，为跨地区、跨所有制企业之间的兼并重组消除体制障碍。三是在相关项目核准、信贷支持、企业证券发行、原料和运力保障方面应优先予以考虑。

（七）提升中小模块企业研发能力，完善风险投资制度

对处于产业发展创建、成长期的中小型模块企业，政府产业政策扶

持的重点应集中于模块技术研发创新能力的提升，以帮助其尽快完成工艺升级和产品升级，并建立和完善风险投资制度。

首先，应充分发挥行业协会、科研院所以及技术服务企业机构的作用，形成技术服务网络和技术专家队伍，加强面向中小模块企业的技术诊断、技术咨询、技术评估、技术中介活动。其次，在中小模块企业相对集中和具有产业优势的区域，鼓励有条件的模块企业与高等院校、科研机构、技术中介服务机构等共同投资，联合建立公共技术平台，加大对行业共性、关键模块技术的研发，为企业提供设计、信息、研发、实验、检测、咨询、培训等支持和服务，提高中小模块企业的技术创新能力。

由于风险投资制度的自身特点，它通过一系列的制度安排，能够较好地解决创新项目融资过程中面临的风险、权益和信息这些一般性问题，因而风险资本可以成为模块产业内中小企业创新资本的主要来源。更为关键的是风险投资制度保证了开放而分散的模块创新组织能有必要的创新效率：风险投资者位于创新网络的中心，能促进各相关创新模块之间的联系，并促进界面标准化的演进；而且，在风险资本的分段投入过程中，风险投资者能够不断地明确对若干竞争性模块的价值评估，从而实现对竞争性创新模块的筛选和淘汰。

（八）大力推进现代服务业和先进制造业发展，促进产业结构优化升级

服务活动的模块化使得以往由制造企业内部自行提供的服务逐渐分割给专业服务企业。在中国，本应作为中间投入的服务业多由制造企业自身完成，大量可以通过社会分工节省成本的机会没有被恰当利用。服务活动的模块化以及由此带来的服务效率的提高，能够向制造

企业提供更多、更专业化和更高质量的服务，有助于改变制造企业将所需要的服务内部化的倾向，从而降低企业成本，提高生产效率，促进制造业更好更快发展，并使得制造企业能专注于研发设计、营销售后等核心竞争力的提升，从而有助于其提高技术水平和品牌价值，促进传统制造业向先进制造业升级。

现代服务业是指其需求主要受工业化进程、社会生产分工的深入影响而加速发展的服务业。拥有日益增多的专业化厂商和各类专家，产出中含有大量人力资本和知识资本，是现代服务业的重要特征。我国服务业发展总体滞后，结构不尽合理，是过于依赖"生活型"传统服务业的低质结构，"生产型"现代服务业发展落后已经成为产业结构优化的主要制约因素。因此，政府应通过制定促进企业主辅分离，推进企业内置服务外包，加快城市化进程等相关政策，加快发展信息、物流、金融、科研等现代服务业，以此作为实现三次产业协调发展、促进产业结构优化的突破口。

第四节 地区产业专业化与工业结构优化升级的关系

一、分工、专业化与经济发展

现代经济学研究表明：经济发展是一个专业化与分工不断深化推进的过程，其属性表现为报酬递增。制度变迁和组织创新对分工深化有着决定性的影响，而能否实现高水平分工则与交易效率有关；分工和专业化水平决定着专业知识的积累速度和人类获得技术性知识的能力，决定着收益的递增程度。分工的深化取决于交易费用与分工收益的相对比较，呈现出一个自发演进的过程。在经济发展的初始阶段，人们对生产活动缺乏经验，生产效率很低，没有剩余产品进行交易，只能选择自给自足。随着劳动经验的逐渐积累，“熟能生巧”使生产效率有所提高，能够有一定数量的剩余产品进行交换，经济开始逐步增长。通过交换产品，开始产生初步的分工与专业化生产，交易及交易费用由此产生。专业化生产加速了经验积累与技能改进，使生产效率进一步上升，经济发展逐步加速，使人们在权衡专业化将带来的收益和将要增加的交易费用后，认为能够支付更多的交易费用，实现新的分工组织，因而进一步提高了分工水平。这样，就形成了一个良性循环的过程，使分工演进越来越快。伴随着分工的演进，生产者的专业化水平提高、生产效率提高、贸易依存度增加、内生比较利益增加、生产集中度增加、市场一体化程度增加，不同职业随着分工的演进而出现，产业分工结构呈现动态的拓扑性变化。同时，分工的演进促进市场规模与产品市场需求的扩大，为产业优化升级提供了前提条件与基础。

交易费用对分工演进和产业结构的变迁有着极其重要的影响，交易费用越低，分工水平越高。外生交易费用主要产生于制度之外，其大小更多地依赖于技术因素，而不是制度因素，如运输费用主要取决于运输里程和运费价格。内生交易费用则与经济制度紧密相关，能够通过制度的创新和改进、习惯的形成加以降低，故对均衡分工网络与产业结构影响的意义更大，因为内生交易费用是由个体的决策，以及他们选择的制度安排所决定的。例如，一国贸易壁垒的减少和对外开放的提升，能够有效减少阻碍产业分工的内生交易费用的发生，促进一国或一个地区产业专业化的发展。

总而言之，分工既是经济发展的原因又是其结果，这个因果累积的过程所体现的就是收益递增机制。在分工演进的过程中，分工和专业化水平决定着专业化知识积累的速度与生产者获得技术知识的能力。

分工、专业化对产业结构演化的影响机制主要有两个方面：一是通过促进技术进步，推进产业结构优化升级，这点已被多位学者所证实。如国内学者梁琦和詹亦军(2006)利用长三角制造业1998—2003年的数据进行了相关的分析研究，结论为：地方专业化有利于产业的技术发展，从而推动产业从劳动密集型向资本密集型升级，使产业结构得到优化。地方专业化产业的技术进步增长率和技术对经济的贡献率都明显高于非地方专业化行业，而且地方专业化有弱化垄断而强化竞争的倾向。

二是通过降低交易费用，促进地区间专业分工的产生，从而使得各个地区专注于自己具备比较优势的产业，使得整个国家的产业组织得到优化。这方面的研究尚较少有人问津，而本章内容正是要从技术进步和交易费用两个方面，全面探讨地区产业结构优化升级的机理和路径之所在。

二、地区产业专业化如何促进工业结构优化升级

寻找工业结构优化升级的理论依据，其实就是探寻产业组织演进的推动力量。产业组织演进是有规律可循的，产业组织的结构和状况与生产力的水平和状况相适应。不同时期的生产力水平和状况决定了劳动分工与专业化的水平和状况，进而决定了产业组织的结构和状况。分工和专业化经济是产业组织自身演进的理论依据和历史逻辑。因此，分工与专业化经济也是优化产业组织的首要正确选择。个人、家庭和手工业工场等市场主体的专业化分工生产，形成“原子式”自由竞争的产业组织形式。这一时期的产业组织表现为市场机制自发调节下的

众多企业之间的古典竞争,即“原子式”的自由竞争,不存在垄断因素。以大机器工厂为基础的专业化分工生产,形成寡头垄断的产业组织形式。随着19世纪末20世纪初以来的兼并浪潮,生产和企业规模的大型化、集中化成为产业组织发展的主要趋势。也是在这一时期,主要发达国家的产业组织形式表现为垄断或寡头垄断。信息技术以及经济环境的变化,在许多部门和领域都使分工和专业化以及企业组织发生了巨大变化,从而形成现代模块化的产业组织形式。从专业化经济角度讲,主要表现为企业专业化基础上的规模化。

产业组织发展的历史表明,经济发展的过程就是产业的组织结构渐进演变的过程。因此,产业结构调整理论一直是人们关注的热点理论。现有的产业结构调整理论,揭示了一、二、三次产业的演变趋势,对于我们把握产业结构调整的方向具有指导意义。然而,不论是配第-克拉克定理、库兹涅茨趋势还是钱纳里标准结构,都不能给特定区域的产业结构调整提供具体的指导意见。而且在实践中也易于将产业结构演变的长期趋势当成各区域近期内的具体发展模式,从而造成区域间产业结构雷同的现象(张哲,2004)。近年来我国各地产业结构趋同现象与此不无关系,因此我们需要从地区产业专业化的视角对产业结构优化升级进行反思。

区域分工和产业专业化是工业结构优化升级的基础。分工和专业化造成了两个结果:一是产品的多样性;二是生产的专业化。前者是从整个经济社会来看的,随着技术的进步,产品种类会越来越丰富;后者是对单个企业而言的,随着交易费用的不断下降,企业会越来越倾向于专业化生产自己具有竞争优势的产品或生产环节,而将其他产品或生产环节进行外包。随着运输成本的下降,在模块化分工下,产业集群会在特定区域聚集,从而出现了地区产业专业化的趋势。地区产业专业化的不断深化，会进一步提升产业效率，从而促进工业结构优化升级；而产业集群间的相互学习和配合效应，也将有力地促进工业结构优化升级。

从另一方面来看，工业结构调整也是对区域分工和产业专业化的协调和深化。区域分工和产业专业化的过程，可以理解为越来越多的产品生产或基本生产环节从生产活动整体中分离出来，从而实现其最适宜生产规模的过程。在这一分离的过程中，由于被分离出来的产品生产相互之间是在不同地区的不同企业独立进行的，从而造成各产品、零部件、基本操作环节与整体产品或整体生产的要求不配套，使得有些产品生产过剩，而有些产品生产不足，从而造成资源的浪费。在工业生产中，由于区域产业分工和专业化生产，如果没有相互之间的协调，就可能出现有些工业中间品供过于求，而有些工业中间品供不应求的现象。工业结构调整和优化就是对区域分工和专业化生产所造成的这种不配套进行有意识、有目的的协调。

因此，区域产业分工—地区产业专业化—产业结构优化升级是区域经济发展的必然过程和经济增长的不竭源泉。其中，区域产业分工和地区产业专业化是一个自然演变的过程，而产业结构优化升级则是一个人为优化的过程。这一人为的优化过程必须建立在尊重地区产业专业化演变规律的基础之上。因此，我们将着重研究地区产业专业化演变的一般规律及其在中国的特殊表现。

第五节
中国地区产业专业化演变的U形规律

从理论上来说，在模块化分工下，地区产业专业化呈现出先下降后上升的U形规律。近年来，国外学者通过研究许多发达国家地区产业专业化演化的历史也从实证上证明了这一一般性规律(Imbs & Wacziarg,2003)。那么对于中国而言,其地区产业专业化演变过程是否符合发达国家所表现出的一般性规律?而在经济发展水平差异巨大的中国各地区之间专业化发展水平是否呈现巨大差异?这种差异究竟受到哪些因素的影响?哪些影响因素对其起到了主导作用?如何通过政策调节缩小这一差异?只有在准确把握我国地区产业专业化演变规律的一般性和特殊性的前提下,才能客观、科学、合理地制定我国地区产业结构优化升级的相关政策。

一、中国地区产业专业化程度的测度

地区专业化(regional specialization)指的是某一地区的生产要素集中配置在某些产业,从而少数产业贡献了该地区总产值的大部分。Imbs 和 Wacziarg(2003)以就业和增加值表示的地区产业专业化基尼系数对 50 多个国家 30 多年的产业结构变化进行统计研究,发现地区产业结构在经济发展初期会首先趋于多样化,但当人均年收入达到 9000～10000 美元(1985 年不变美元)时产业会再次出现专业化的倾向,因而地区产业专业化基尼系数会随着人均收入水平的提高形成一个不对称的 U 形曲线。我们通过将地区产业专业化指标与人均 GDP 相联系,把全国、各省以及东、中、西部地区放入一个更为可比的框架中,从而提炼出地区产业专业化演变的一般性统计规律。

我们主要使用《中国工业统计年鉴》和《中国统计年鉴》的数据,分别按照工业和全部产业两个口径计算就业和增加值的地区产业专业化系数。然后采用非参数的局部加权散点图修匀技术(locally weighted scatterplot smoothing,简称 Lowess)拟合该系数和人均实际 GDP,通过直观的方式确认两者之间是否存在 U 形曲线。最后,通过二次曲线的参数拟合方式,确定函数形式和U形曲线最低点位置。

采用基尼系数、赫芬达尔系数、变异系数等多种指标可以测度一个地区自身产业结构的专业化或多样化程度。鉴于计算地区自身的绝对专业化水平时,不涉及地区之间的相对规模因素,且各指标测量结果彼此之间高度相关,本章采用广为人知的基尼系数来测度地区产业专业化水平,取值范围为0到1,数值越高,表明该地区的产业专业化程度越高,而产业多样化程度则越低。我们使用Sen定义的一个离散分布的基尼系数计算公式:

$$\text{Spec} = 1 + \frac{1}{n} - \frac{2}{n^2\mu}\sum_{i=1}^{n}(n+1-i)x_i \tag{6.1}$$

其中,x_i 表示某一地区 i 产业的就业或增加值,按照 $x_1 < x_2 < \cdots < x_{n-1} < x_n$ 的升序排列,n 是样本数量,$\mu = \frac{\sum_{i=1}^{n} x_i}{n}$ 为样本均值。

对该公式进行变形,计算公式可简化为:

$$\text{Spec} = \frac{n+1}{n} - \frac{2(n+1)}{n^2\mu}\sum_{i=1}^{n}x_i + \frac{2}{n^2\mu}\sum_{i=1}^{n}ix_i = \frac{2}{n}\frac{\sum_{i=1}^{n}ix_i}{\sum_{i=1}^{n}x_i} - \frac{n+1}{n} \tag{6.2}$$

地区产业专业化系数Spec的大小反映的是一个地区产业结构专业化或多样化的程度,系数越大表示该地区产业专业化程度越高,系数越小表示该地区产业多样化程度越高。我们还利用《中国统计年鉴》及《新中国55年统计资料汇编》中全国和各省的名义GDP及CPI(居民消费价格指数),计算了以1985年为基期的全国及各省实际人均GDP。并采用Lowess技术对实际人均GDP和地区产业专业化系数之间的关系进行拟合(见图 6-2 和图 6-3)。结果显示,我国总体地区产业专业化呈 U 形演化规律。

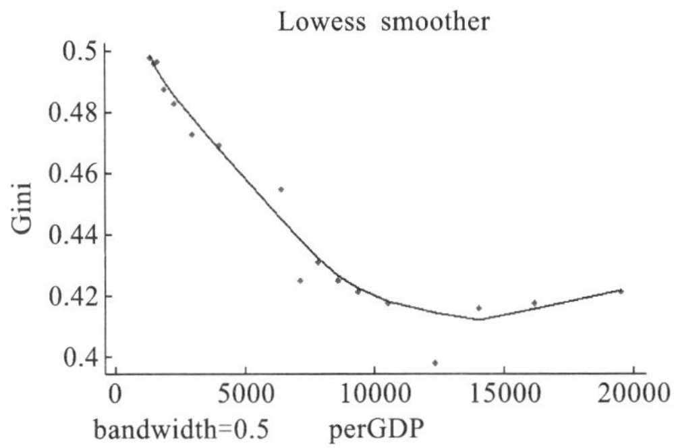

图 6-2 就业基尼系数与人均 GDP 的关系

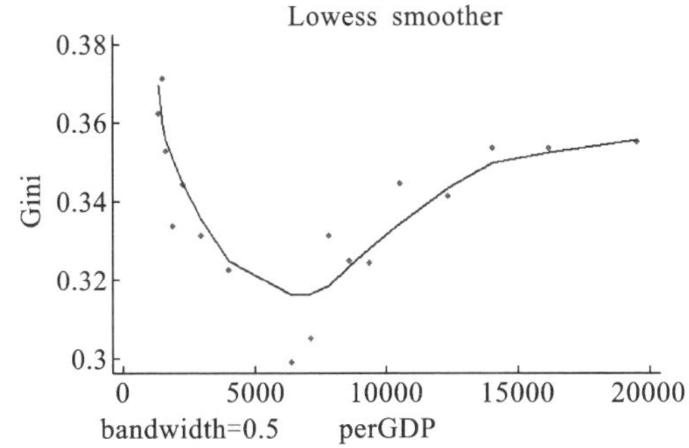

图 6-3 增加值基尼系数与人均 GDP 的关系

由图 6-2 和图 6-3 可以直观地发现,我国工业地区产业专业化系数与实际人均 GDP 之间存在着开口向上的抛物线关系,也就是经济发展水平同地区产业专业化系数之间存在着 U 形曲线关系。

对全行业的分析结果显示,1988—2002 年,随着实际人均 GDP 的上升,地区产业专业化水平显著下降;而 2003—2007 年,随着实际人均GDP的上升，地区产业专业化水平显著增加，U形曲线的拐点为名义人均GDP 11129元处。工业化进程中三次产业结构转换，同时也对地区产业专业化的U形演化规律起到了推动和加强的作用。因为当一个地区处于工业化初期，仅有农业部门时，地区产业专业化程度最高。但随着工业化进程加快，工业部门种类逐渐增加，吸引更多的劳动力流入，地区产业结构会趋于多样化。进入工业化后期，服务业的高速发展吸引了经济体中的大部分劳动力，又会使得地区产业结构重新专业化于服务业。

按照整体及东、中、西部地区分别进行Lowess拟合，结果见图6-4。我们可以发现，各省及东、中、西部地区的U形演化规律均较为显著：实际人均GDP和实际人均GDP平方项前的系数均在1%的水平下显

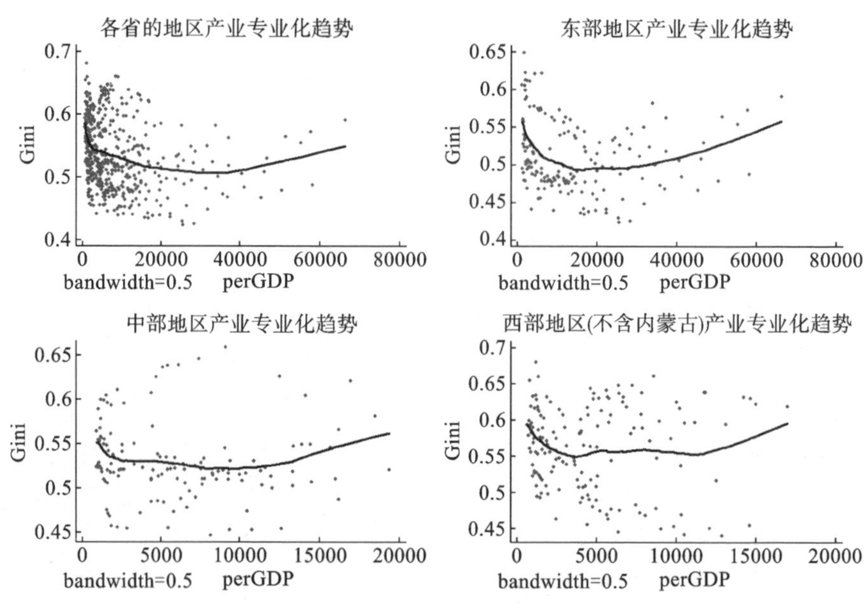

图6-4 各省以及东、中、西部地区产业专业化基尼系数与人均GDP的关系

著，且组内 R^2 的大小基本合理。这说明各省总体上以及东、中、西部地区随着经济发展均经历了一个产业结构先趋于多样化，再趋于专业化的过程。而在所有地区中完整经历U形规律演变过程的地区如表6-1所示。

表6-1 1988—2007年中国经历完整U形规律演变过程的地区及其演化阶段

所处U形阶段	北京	天津	上海	浙江	江苏	广东
下降阶段年份	1988—2001	1988—1998	1988—1999	1988—2002	1988—2003	1988—1999
上升阶段年份	2002—2007	1999—2007	2000—2007	2003—2007	2004—2007	2000—2007
所处U形阶段	福建	山东	黑龙江	吉林	河南	贵州
下降阶段年份	1988—1996	1988—1998	1988—1996	1988—1996	1988—1996	1988—1993
上升阶段年份	1997—2007	1999—2007	1997—2007	1997—2007	1997—2007	1994—2007

那么，这些处于专业化发展阶段的地区之间是否存在着差异呢？我们选择1999—2007年作为12个地区的共同观察期，这样既保证了充足的样本容量，且在第二期会有3/4的样本地区进入上升期，符合研究要求。使用4个不平等指标——基尼系数(Gini)、变异系数(CV)以及Theil-L与Theil-T两个常用的广义熵系数，计算出经历过完整U形规律演变过程的12个地区产业专业化系数在1999—2007年的不平等演变规律，如图6-5所示。从图6-5可以看出，基尼系数从1999年的0.0447开始一路下降到2003年的最低点0.0320。此后基尼系数不断上升，并在2007年达到了0.0450的观察期峰值，其变化恰好也呈现出先降后升的U形规律。此外，变异系数、Theil-L、Theil-T也表现出相同的U形变化趋势，只是数值上较小，变化较平缓。因此，虽然各个地区同处于上升期，但如何解决我国各省之间地区产业专业化发展差异不断扩大的现象成为首要的问题。

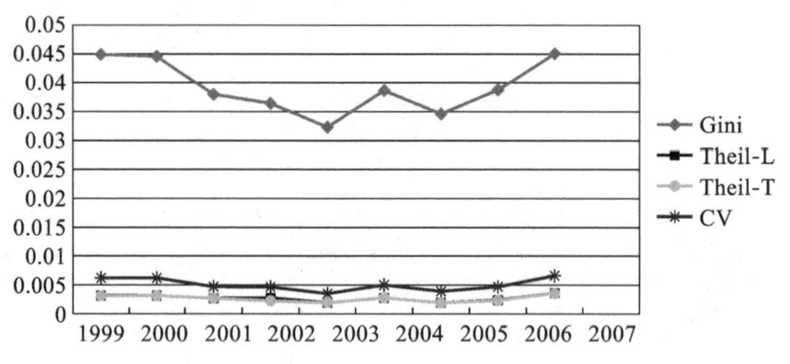

图 6-5　中国地区产业专业化的不平等趋势

二、地区产业专业化演变趋势的成因分析

专业化是指经济主体在相当长的时期内把主要甚至全部资源配置到一种或几种经济活动中的经济现象。专业化的基本形式有产品专业化、部门专业化和功能专业化。产品专业化是以产品为对象，一个企业只生产、装配品种相同或工艺相近的少数几种产品。作为微观基础的产品专业化的进一步发展，会导致中观层次上的产业内分工，进而出现部门专业化生产。而一个地区部门专业化的发展会进一步促进分工深化和产业集聚，一个地区的分工形态便开始从产品间分工、产业内分工发展成按产业链不同环节进行专业化分工，这种专业化称为功能专业化。

一个地区产业专业化的演变会受到该地区的需求、供给及制度三方面的影响。第一，在需求方面，由于消费者偏好的特点符合反正切效用函数，人们对原有产品的需求会趋于饱和，对新产品的需求则会逐步上升，这就导致了需求的多样化。第二，在供给方面，厂商技术进步在需求多样化的配合下，使厂商的利润提高，诱使新厂商的进入和新产品出现，从而提高产业多样化程度。第三，在制度方面，交易费用的下降将促进专业化分工，使得厂商致力于从事具有比较优势的产品生产，外购劳动生产率较低的产品，从而提高本地区的产业专业化程度。

根据我们的理论分析推导，可以得到地区产业专业化与相关决定因素关系的几点推论。

推论1：地区的全要素生产率越高，其能够自给自足生产的产品种类越多，地区产业结构越趋于多样化。

推论2：地区的交易费用越低，其越趋向于通过贸易来购买不具备比较优势的产品，地区产业结构将趋于专业化。

推论3：本地的物价越低，外地的物价越高，则本地区越趋于自己生产各类产品而非外购，地区产业多样化程度将提高。

推论4：地区资本越丰裕，地区产业多样化程度越高。

推论5：地区劳动力越丰裕，地区产业专业化程度越高。

推论6：地区工资的提升会促进地区产业专业化发展。

三、基于中国省际面板数据的实证检验

我们设定计量经济模型如下：

$$\ln \mathrm{Spec}_{it} = \beta_1 \ln \mathrm{Spec}_{it-1} + \beta_2 \ln A_{it} + \beta_3 \ln T_{it} + \mu_i + \nu_{it} \tag{6.3}$$

其中，i 代表不同的地区，t 代表样本年度，μ_i 是不可观测的各截面单元的个体差异，ν_{it} 为随机扰动项。而 $\ln A_{it}$ 和 $\ln T_{it}$ 正好代表了全要素生产率和交易费用的增长率。由此可见，当全要素生产率的增长超过了交易费用下降的速度时，地区产业专业化程度会不断下降。而当交易费用下降的速度超过了全要素生产率的增长时，地区产业专业化程度会再次上升。以下对全要素生产率 A_{it} 和交易费用 T_{it} 的测算进行说明。

1. 地区产业专业化指数的一阶滞后项 $Spec_{it-1}$ 的测算

我们使用1988—2007年中国各省的地区产业专业化指数作为一阶滞后项的数值。产业结构的调整是一个复杂长期的过程，劳动力转移也存在黏性，因而原有的地区产业专业化水平在时间上存在一定程度的持续性，我们预期 $0<\beta_1<1$。

2. 全要素生产率 A_{it} 的测算

与数理模型设定的Cobb-Douglas生产函数相一致，我们采用 $\ln Y_t=\ln A_t+\alpha\ln K_t+\beta\ln L_t$ 来计算中国各省1988—2008年的全要素生产率。具体的数据情况为：总产出 Y_t 用各省年度实际GDP总量代替；劳动总投入 L_t 用各省历年就业人口数代替；总资本存量 K_t 用实际资本存量表示。前两者的数据来源于各年度分省统计年鉴，实际资本存量数据来自白重恩等计算的1978—2006年中国各省实物资本①，我们根据其计算方法补充了2007—2008年的实际资本存量。在估计资本和劳动的产出弹性时，我们分东、中、西部地区，分别在两段时间(1988—1997年和1998—2008年)内进行估计。全要素生产率TFP的提升使得企业可以生产更多种类的产品，增加地区产业多样化水平，我们预期 $\beta_2<0$。

3. 交易费用 T_{it} 的测算

我们采用杨小凯所定义的交易费用，不仅考虑制度因素的影响，还将运输成本、交易设施等技术因素也囊括其中②，包括外生交易费用和

① C. E. Bai, C. T. Hsieh, Y. Qian. The Return to Capital in China. Brookings Papers on Economic Activity, No. 2, 2006, pp61-88.

② 杨小凯、张永生：《新兴古典经济学与超边际分析》，社会科学文献出版社2003年版。

内生交易费用。其中,外生交易费用是可以通过交通、信息等基础设施的完善来减少的,而内生交易费用则是可以通过制度和合约的安排而降低的。具体而言,我们使用指定地区交通基础设施的完善程度来测度直接外生交易费用的下降,通过加总铁路里程、公路里程和内河航道里程之后除以各地区的土地面积得到该指标;采用邮电业务总量这一比较综合的指标来反映各地区的信息基础设施的完善程度。对于中国而言,改革和开放是最为重要的两大制度创新,它们大大降低了中国各地区的内生交易费用,极大地促进了经济发展。我们使用非国有企业就业在该地区总就业中的比重来测度改革进度,并使用各地区进出口总额和外商直接投资(FDI)占GDP的比重作为地区开放度的指标,共同测度内生交易费用的降低。我们将以上5个指标换算成标量后取倒数,并按照相等的权重进行平均,获得一个综合的交易费用指标。

估计结果表明以下几点。

(1)地区产业专业化指数的一阶滞后项均显著为正,证明了我们关于劳动力转移存在黏性、地区产业专业化水平在时间上可能存在一定程度的持续性的假说。

(2)与理论模型预期基本一致,各地区总体上以及东、中、西部地区的技术进步系数显著为负。说明东、中、西部地区全要素生产率的增长推动了地区产业结构的多样化。

(3)与理论模型预期基本一致,各地区总体上以及东、中、西部地区的交易费用系数显著为负。说明东、中、西部地区交易费用的下降对地区产业专业化起到了显著的推动作用。

四、我国地区产业专业化发展不均衡的成因分析

有哪些因素、在多大程度上影响了地区产业专业化的发展呢？我们对相关影响因素进行了计量分析，并按其对中国地区产业专业化发展不均衡贡献的大小进行了排序，如图6-6所示，从而为制定促进地区产业专业化发展的相关政策提供了科学指导。结果表明，按照对不平等贡献的大小，地区原有产业专业化水平、工资水平、交通基础设施、对外贸易及外商直接投资依次为导致中国地区产业专业化差异最为重要的影响因素。

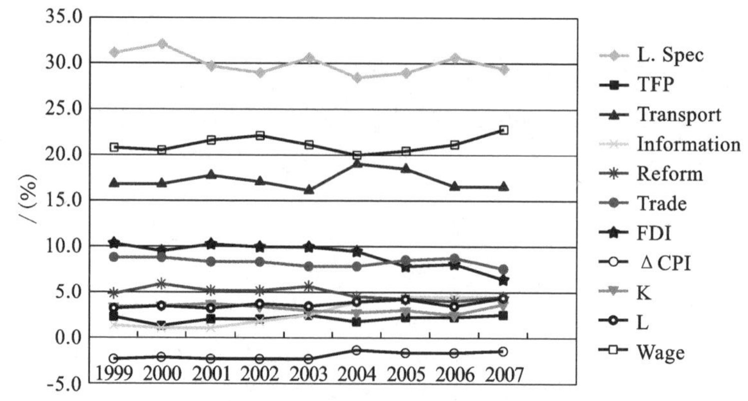

图 6-6　各种因素对地区产业专业化不平等的贡献

由此，我们可以得出以下五点政策结论。

第一，地区原有产业专业化水平的差异对其未来产业专业化不平等的贡献率约为30％，这揭示了地区产业结构向专业化方向的调整将是一个长期的过程。各地区应在原有优势产业的基础上，以增量调整来促进存量调整，淘汰落后产能，缩小各地区产业专业化的不平等程度。

第二，各地区工资水平的差异是排名第二的影响因素，对地区产业专业化不平等的贡献率约为20%。各地区的职工收入差距已经成为影响地区产业专业化水平极其重要的因素。对此，政府应完善收入分配机制，加强对落后地区的转移支付，努力提高当地职工收入，从而缩小产业专业化的地区差距。

第三，交通基础设施状况紧随其后，其对地区产业专业化不平等的贡献率约为15%。这说明交通基础设施完善带来的交易费用的降低极大地促进了地区产业专业化水平的提高，因此，政府在加快落后地区交通基础设施建设上还应增加投入。

第四，对外贸易和外商直接投资也是地区产业专业化的重要影响因素，前者贡献7%～9%，后者贡献6%～10%。因而提高内陆地区的对外贸易量，更多地吸引外商直接投资，也能促进产业结构调整及地区产业专业化的均衡发展。

第五，改革进度、劳动力数量、信息基础设施建设、资本存量、全要素生产率以及物价水平对地区产业专业化不平等的影响较小，其贡献率几乎均在5%以内(除改革进度偶尔略微超过5%外)。这说明政府通过进一步推进改革、增加劳动力流动、完善信息基础设施建设、提高资本存量及全要素生产率，也可以促进各省之间地区产业专业化的均衡发展，但影响作用较小。

五、结论与政策建议

通过研究可以发现，在经济发展过程中，中国地区产业专业化的发展历程符合U形规律：在经济发展的初期，地区产业结构趋于多样化，但在经济发展的后期，地区产业专业化程度不断提高。无论是全国层面，东、中、西部区域，还是分省数据，这一规律都成立，并且地区产业专业化的发展阶段与人均GDP水平密切相关。

为什么地区产业专业化的演变会出现U形规律?我们的解释是,在经济发展过程中,技术进步推动了地区产业多样化,而交易费用降低则促进了地区产业专业化。当技术进步的增长速度快于交易费用的下降速度时,地区产业结构将会趋于多样化;反之,地区产业专业化将会成为经济发展中的主流。对此,我们给出一个简约的数理模型,从微观上证明了这一结论。并给出了一个详尽的数理模型,探寻了中国现实经济中,造成中国各地区产业专业化发展不均衡的各种决定因素。基于不平等的分解表明,决定地区产业专业化差异的重要因素是本地区原有产业专业化水平、工资水平、交通基础设施、对外贸易及外商直接投资。

根据研究结果,我们可以得到以下三个方面的政策启示。第一,由于地区产业专业化已经成为经济发展进入较高阶段的必然趋势,东、中、西部地区的决策者都必须重视产业结构向专业化方向的调整。尤其是刚刚进入地区产业专业化上升期的中西部地区,如何赶超东部沿海地区,促进本地区产业结构调整优化,是迫在眉睫的发展战略问题。第二,伴随着我国居民收入分配问题日益受到中央政府重视,若能在缩小地区职工工资差异的同时促进产业结构调整与朝专业化方向的发展,将是一石二鸟的政策处方。第三,交通基础设施、对外贸易以及FDI对地区产业专业化不平等的巨大影响使得东部地区有着先发优势,而原有地区产业专业化的水平对后期专业化发展的决定性作用,又使得这一优势进一步强化。中央政府必须给予内陆地区更大规模的基础设施投资额度、更优惠的进出口及招商引资政策,才能帮助中西部地区摆脱产业专业化发展的"低水平均衡陷阱",有效促进地区产业结构的调整优化。

CHAPTER 7

第七章

国际生产分工对中国制造业价值链提升的影响

我国的经济转型迈入一个新的阶段。新的时期，国际国内形势发生结构性调整。从国际形势来看，从 20 世纪 90 年代开始，以美国为首的发达国家开始了新一轮的产业结构调整和升级，中国以优惠的政策和低成本的要素价格，吸引外资进入，使我国成为全球产业转移的主要承接地。我国抓住全球分工的机遇，发展成为制造业大国，成为当今世界第二大经济体和第一贸易大国，在世界市场中占据越来越重要的地位。但随着国内要素价格的不断上涨，部分跨国公司为降低生产成本，将加工组装环节转移到东南亚等具有劳动力成本优势的地方；与此同时，发达国家为防止产业空心化，在工业化背景下出现制造业回流。在此情况下，我国的“世界加工厂”地位面临挑战，全球产业重构正在兴起，积极寻求新的国际地位是我国必须面临的抉择。从国内形势来看，自党的十八大以来，“稳增长，调结构”成为发展的主题，中国经济逐步向发展“新常态”迈进。国内产业结构在不断优化升级，我国加快转变经济增长方式，实施创新驱动发展战略，鼓励大众创新、万众创业，培育高新技术企业和促进战略性新兴产业发展。与此同时，区域产业转移大规模调整：对内，随着中西部地区的发展环境不断优化，加快承接东部沿海地区的产业转移，为中西部地区的经济增长带来新动力；对外，随着“一带一路”倡议等的实施，我国加大对海外投资和转移的力度，逐渐改变被动承接国际产业转移的角色，企业“走出去”步伐加快。但是，与发达国家的跨国公司相比，我国企业的实力还远远不足，对外投资有限，还没有能力主导世界产业格局。为此，在新的形势下，我国必须要找准自己的定位：对内提升综合实力，构建完善的产业体系；对外继续对接国际产业链，逐步改变并重新定位我国在全球经济发展中的角色。

本章基于世界投入产出数据，测度产品内国际分工的程度和要素收入份额，并构建一国在产品内国际分工中的相对地位指数。在此基础上研究国际生产分工对中国制造业价值链提升的影响及其传导机制。

第一节
国际生产分工和全球价值链地位的测度

随着国际贸易市场的逐步一体化发展，产品生产过程呈现非一体化特征(Feenstra,1998)。在跨国公司的主导下，外包活动和加工贸易盛行，产品的生产不再是以最终产品为最小单位，开始呈现生产的产品内国际分工，即将产品的生产过程分割成两个或两个以上的生产环节且在两个或两个以上的国家完成。正如iPod的生产，产品的设计在美国，日本提供硬盘，韩国提供存储器，美国提供处理器，其他国家提供电池，然后在中国进行组装，最后出口到美国进行销售(Dedrick et al.,2010)。

我国积极参与到国际生产分工中，较直观的表现就是"Made in China"的产品大量出现在欧美商品市场上，我国被贴上"世界加工厂"的标签，在国际分工中参与全球价值链的低附加值环节，投入中低技能劳动而不是资本和高技能劳动(Koopman et al.,2008)。随着我国制造业逐步加入全球分工体系中，我国的参与程度是否不断深化？在产品内国际分工中的要素贡献是否有质的提升？相对地位是否有提升？本章从这三个问题出发，从全球价值链的视角研究我国制造业产品内国际分工的发展趋势。

在产品内国际分工的问题研究方面，学者们主要集中研究一国参与产品内国际分工的程度。Hummels等(2001)指出，如果要全面深入地分析这个问题，需要了解每种产品在其产品生产过程中每个阶段的流向，但是由于微观数据是很难获取的，所以多数学者都采用宏观数据，从总体或者产业角度来衡量。基于不同的数据和方法，主要的度量方式有四种:一是采用国家投入产出表,构建VS垂直专业化指标,即一国出口产品中的进口中间产品份额(Hummels et al.,2001);二是基于加工贸易数据进行描述性分析或构建度量指标(Görg,2000);三是采用国际贸易数据简单地度量零部件产品的贸易量(Amighini,2005)或者构建中间产品的垂直产业内贸易指数(Ando,2006;Türkcan & Ates,2011);四是采用世界投入产出表,以最终产品为研究对象,从增加值视角度量产品内国际分工的程度(Los et al.,2015)。然而,要衡量一国参与产品内国际分工的程度,应当知晓该国某部门产品的增加值来源于哪个国家、哪个部门,流向哪个国家、哪个部门(Grossman & Rossi-Hansberg,2006)。上述方法中只有第四种满足这一要求,所以本章借鉴该方法。基于世界投入产出表,国内学者马风涛和李俊(2014)、叶作义等(2015)对中国制造业产品全球价值链进行了结构分析,但仅仅停留在测度分工程度方面,未提到分工的要素投入结构,更未涉及我国在分工中的地位。所以本章在测度产品内国际分工程度的基础之上,重点研究全球分工的要素结构,测度要素收入份额并分析一国在产品内国际分工中的相对地位变化情况。

我们将在后文中首先讨论分工程度和分工地位的测度方法,然后测度我国制造业参与国际生产分工的程度,在此基础上分析我国制造业全球价值链分工地位的演变情况。

一、分工程度和分工地位的测度方法

根据WIOD(世界投入产出数据库)数据,我们假定共有N个国家,每个国家有S个部门,每个部门生产一种产品,且有$N=41$,$S=35$;产品来源国i,去向国j,来源部门s,去向部门t。本章的研究对象是中国制造业最终产品,生产制造业产品的投入(价值增加来源部门)不局限于制造业，则有 i 取值所有 41 个国家，j 取值仅限于中国，s 取值所有 35 个行业，t 取值仅限于 14 个制造业行业。

（一）测度国际生产分工的程度

本章采用张建华和赵英（2015）的研究方法，定义 $\boldsymbol{y}$ 为 $NS \times 1$ 总产出价值矩阵，$\boldsymbol{f}$ 为 $NS \times 1$ 最终产品价值矩阵，$\boldsymbol{A}$ 为 $NS \times 1$ 的中间产品投入系数矩阵。一国的总产出价值等于该国生产的所有最终产品和中间产品价值之和，即

$$\boldsymbol{y} = \boldsymbol{f} + \boldsymbol{A}\boldsymbol{y} \tag{7.1}$$

对式（7.1）进行变形，则有 $\boldsymbol{y} = (\boldsymbol{I} - \boldsymbol{A})^{-1} f$，其中 $(\boldsymbol{I} - \boldsymbol{A})^{-1}$ 为里昂惕夫逆矩阵。设 $\boldsymbol{V}$ 为 $N \times NS$ 分块对角矩阵，表示直接增加值系数矩阵。则有最终产品增加值矩阵：

$$\boldsymbol{w} = \boldsymbol{V}\boldsymbol{Y} = \boldsymbol{V}(\boldsymbol{I} - \boldsymbol{A})^{-1} \boldsymbol{f} \tag{7.2}$$

其中 $\boldsymbol{V}^N = \boldsymbol{V}(\boldsymbol{I} - \boldsymbol{A})^{-1}$ 为 $N \times NS$ 矩阵，元素 $V_{ij,t}^N$ 表示 i 国为 j 国 t 部门生产单位最终产品提供的增加值系数：若 $i = j$，则为国内增加值，若 $i \neq j$，则为国外增加值。

在产品价值链生产的每个环节上，生产者购买中间产品或原材料，然后投入劳动或资本增加其价值，生产出的产品又作为中间产品投入下一环节，如此重复，则价值链上所有环节的增加值总和就是最终产品的价值（Dedrick et al，2009），即 $\sum_i V_{ij,t}^N = 1$。本书参照 Los 等（2015）的观点，认为参与国际生产分工的程度可以用生产最终产品中的国外增加值份额来度量，则有 j 国 t 部门国际生产分工的程度：

$$\mathrm{GVC}_{j,t} = \sum_{i \neq j} V_{ij,t}^N = 1 - V_{jj,t}^N \tag{7.3}$$

其中 $V_{jj,t}^N$ 为 j 国 t 部门的国内增加值。各部门最终产品价值加权平均下的分工程度即为 j 国制造业国际生产分工的程度：

$$GVC_j = \frac{\sum_t GVC_{jt} f_{jt}}{\sum_t f_{jt}} \tag{7.4}$$

(二)测度全球价值链分工地位

我们认为,如果最终产品生产中国内增加值的份额越高(国外增加值的份额越低),则一国参与国际生产分工的程度越低。但价值指标是由单位价格和数量构成的,国内增加值的份额上升,并不能表明其在全球价值链分工中所处的地位下降;若国内增加值的增长主要来源于质量的增加而不是数量的增加,则表明该国在全球价值链中的地位必然是上升的。所以,我们采用投入的单位价格表示投入的质量,反映一国在全球价值链分工中所处的位置。原则上,分工地位要采用最终产品生产中国内增加值的单位价格和最终产品的单位价格的比值来表示,但是由于数据的可获取性,本章采用总产出中本国增加值的单位价格和总产出的单位价格的比值来代替,则 j 国 t 部门在全球价值链中的地位可表示为:

$$GVCL_{jt} = \frac{P_{jt}^{v}}{P_{jt}^{y}} \tag{7.5}$$

其中,P_{jt}^{v}、P_{jt}^{y} 分别表示 j 国 t 部门本国增加值的单位价格和总产出的单位价格。制造业各部门总产出价值加权平均下的地位指数即为 j 国在制造业全球价值链分工中的相对地位指数:

$$GVCL_j = \frac{\sum_t GVCL_{jt} y_{jt}}{\sum_t y_{jt}} = \sum_t \frac{\frac{P_{jt}^{v}}{P_{jt}^{y}} y_{jt}}{\sum_t y_{jt}} \tag{7.6}$$

若 $GVCL_j$ 呈现增长趋势,则 j 国在制造业产品内国际分工中的地位在上升;若 $GVCL_j$ 呈现平稳趋势,则 j 国在制造业产品内国际分工中的地位保持不变;若 $GVCL_j$ 呈现下降趋势,则 j 国在制造业产品内国际分工中的地位在下降。

二、中国制造业参与国际生产分工的程度分析

(一)制造业整体国际生产分工的程度

本部分首先测度了中国13个制造业行业整体产品内国际分工的程度(见图7-1)。从变化趋势来看,中国制造业产品内国际分工的程度经历了先增长再下降的过程,1998年最终产品生产中国外增加值的份额仅为0.130,1998年至2005年,我国参与国际生产分工的程度快速增长,到2005年达到0.264,之后又呈现下降的趋势,到2009年下降为0.196。在我国生产的最终产品中,至少有74%以上的增长值是由本国创造的。如果将趋势线向前拓展,可以发现在1995—1998年期间,我国制造业参与国际生产分工的程度是下降的;再将趋势线向后延伸,在2010—2011年期间,我国制造业参与国际生产分工的程度是上升的。可以认为国际生产分工的程度是全球经济发展的先行指标,分

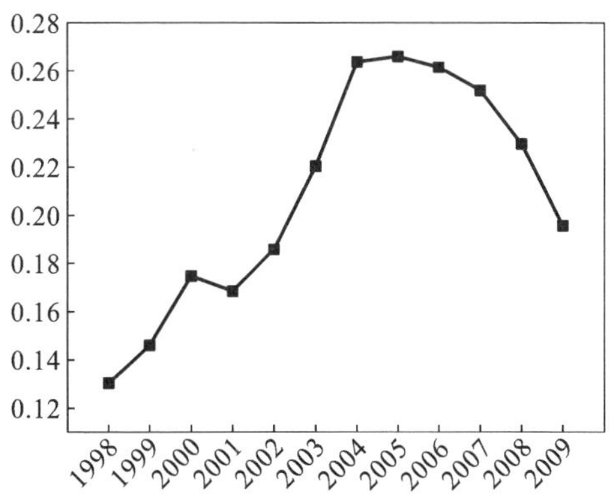

图7-1 1998—2009年中国13个制造业行业整体产品内国际生产分工的程度

资料来源:根据1998—2009年投入产出数据计算而来。

工程度的下降正好是1997年的亚洲金融危机和2008年的全球金融危机的预警反映。所以,可以推断认为,在经济运行平稳的情况下,我国制造业参与国际生产分工的程度应该是呈现逐年增长趋势的,表明中国在不断融入全球价值链,在全球化分工中扮演着越来越重要的角色。

将13个制造业行业(除"其他制造业"之外)按照要素密集程度分为劳动密集型、资本密集型和技术密集型行业,分析不同要素密集型行业参与国际生产分工的程度,结果如下(见图7-2)。

从绝对量来看,在任何年份,我国制造业技术密集型行业参与国际生产分工的程度高于资本密集型行业,劳动密集型行业的参与程度最低。从1998年到2009年,技术密集型、资本密集型、劳动密集型行业参与国际生产分工平均程度分别为0.265、0.209、0.139。

从变化趋势来看,三种要素密集型行业参与国际生产分工的程度基本和制造业整体状况保持相同的趋势,从1998年到2009年,经历了先快速上升再下降的过程,但不同要素密集型行业变化的速度和转折点大不相同。劳动密集型行业1998—2004年实现增长,年均增长8.1%;2004年之后开始下降,下降速度平均为6.7%,整个变化过程较为平稳。资本密集型行业1998—2008实现增长(只有2001有所下降),2004年之前增长较为快速,2004年之后平缓增长,10年间年均复合增长率达到7.5%,2009年开始下降,下降速度为16.7%。技术密集型行业的增长持续到2005年(只有2001有所下降),年均复合增长率为10.6%,之后开始下降,下降的平均速度为7.9%,整个变化过程较为起伏。

总体来看,三种要素密集型行业参与国际生产分工的程度均是增长的,其中:资本密集型行业的年均复合增长率最高,达到5.07%;其次是技术密集型行业,为3.51%,劳动密集型行业的增长速度最低,只有1.1%。1998年，技术密集型行业率先走向全球分工，国外增加值的份额远高于资本和劳动密集型行业。由于资本密集型行业参与国际生产分工程度更为快速的增长和劳动密集型行业参与国际生产分工程度较为平缓的增长，到2009年，资本密集型行业的分工程度在向技术密集型行业靠近，与劳动密集型行业的差距在拉大。

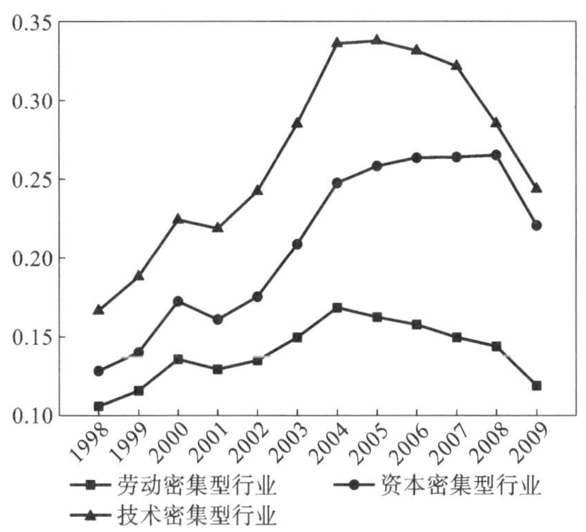

图7-2　1998—2009年三种要素密集型行业参与国际生产分工的程度

资料来源：根据1998—2009年投入产出数据计算而来。

（二）中国制造业分行业国际生产分工的程度

如表7-1所示，在细分的13个制造业行业中，参与国际生产分工程度最深的是电气、电子和仪表制造业，年平均参与程度达到0.322，远高于制造业整体的平均水平（0.208）。除此之外，其他排在前五的行业分别为：石油加工、炼焦和核燃料加工业（0.315），橡胶和塑料制品业（0.222），金属加工和制品业（0.216），化学和化纤制品业（0.215）。参与国际生产分工程度最低的是食品、饮料和烟草业，年平均参与程度只有0.098,是唯一一个参与程度没有超过0.1的行业。其他分工程度在0.2以下的行业还有:非金属矿物制品业(0.147),木材加工和制品业(0.155),造纸、印刷和文教体育业(0.170),纺织和服装业(0.180),皮革、毛皮和制鞋业(0.182)。

表7-1 制造业细分行业国际生产分工参与程度和变化幅度比较

序号	行业分类	1998年	2009年	平均值	变化
1	食品、饮料和烟草业	0.066	0.100	0.098	0.034
2	纺织和服装业	0.153	0.134	0.180	−0.019
3	皮革、毛皮和制鞋业	0.155	0.140	0.182	−0.015
4	木材加工和制品业	0.111	0.142	0.155	0.031
5	造纸、印刷和文教体育业	0.125	0.169	0.170	0.044
6	石油加工、炼焦和核燃料加工业	0.154	0.340	0.315	0.186
7	化学和化纤制品业	0.144	0.208	0.215	0.064
8	橡胶和塑料制品业	0.165	0.209	0.222	0.044
9	非金属矿物制品业	0.097	0.145	0.147	0.048
10	金属加工和制品业	0.139	0.233	0.216	0.094
11	设备制造业	0.132	0.201	0.210	0.069
12	电气、电子和仪表制造业	0.204	0.291	0.322	0.087
13	交通运输设备制造业	0.139	0.204	0.211	0.065

从变化程度来看,与1998年参与国际生产的分工程度相比,大部分行业2009年的分工程度都有增长,其中石油加工、炼焦和核燃料加工业的增长幅度最大,达到0.186,年均复合增长7.50%。增长幅度超过0.06的行业有化学和化纤制品业(0.064)、金属加工和制品业(0.094)、设备制造业(0.069)、交通运输设备制造业(0.065)以及电气、电子和仪表制造业(0.087),主要集中分布在资本密集型和技术密

集型行业。只有两个行业的分工程度是下降的，分别是纺织和服装业以及皮革、毛皮和制鞋业，分别下降了0.019、0.015。

分行业类型来看，劳动密集型行业中分工程度最高且增长幅度最大的是橡胶和塑料制品业，其他四个行业的分工程度均处于较低的分工水平，不高于0.19，且增长幅度也较低，不高于0.04，是所有行业中增长幅度最低的四个行业，两个增长率为负的行业都属于劳动密集型行业。资本密集型行业的内部差异较大，既有2009年分工程度最高的石油加工、炼焦和核燃料加工业(0.315)，也有分工程度较低的非金属矿物制品业(0.147)。从增长趋势来看，五个行业均实现增长，非金属矿物制品业、金属加工和制品业、化学和化纤制品业，以及造纸、印刷和文教体育业等四个行业总体上呈现相同的增长趋势，增长较为平缓。石油加工、炼焦和核燃料加工业的变化受集团垄断、投机行为和政府政策等非市场因素的影响程度大，增长波动性较大。技术密集型三个行业总体上均实现增长，电气、电子和仪表制造业参与国际生产分工的程度(0.322)远远高于其他两个行业，设备制造业、交通运输设备制造业参与国际生产分工的程度不论在绝对值还是变化趋势上都大体一致，平均值为0.21左右，增长幅度为0.065左右。

三、中国制造业全球价值链分工地位的变化分析

(一) 中国制造业整体全球价值链分工的位置

如图7-3所示，从1998年到2009年，中国制造业整体在全球价值链中的地位呈现不断增长的趋势，2009年所达到的价值链地位是1998年的1.22倍。增长速度经历了从平稳增长到快速增长，再到平稳增长的过程。2005年和2006年是我国制造业价值链提升速度最快

的两年，增长率分别达到3.70%、3.92%；2001—2004年和2007—2008年，年增长率均在2%左右，增长较为平缓；增长幅度最小的年份是1999年、2000年和2009年，增长速度均低于0.60%，可以认为是由于金融危机带来的经济发展萧条对我国制造业价值链提升的负面影响。

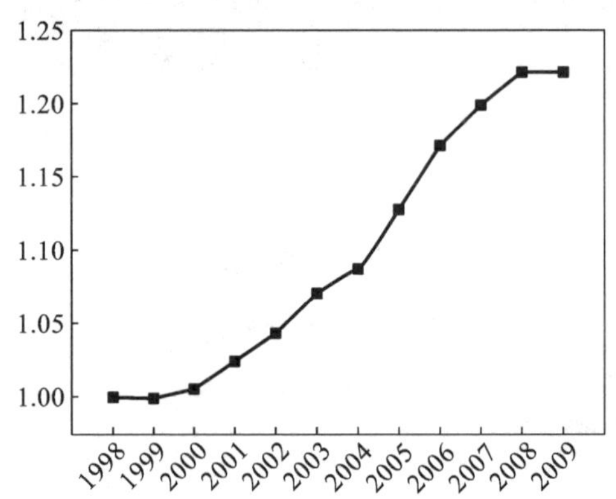

图7-3　1998—2009年中国在制造业产品内国际分工中的相对地位变化

资料来源：根据1995—2009年投入产出数据计算而来。

将所有制造业行业按照要素密集型分类之后，如图7-4所示，我国劳动密集型、资本密集型、技术密集型行业在全球价值链中的地位呈现出三种完全不同的格局和发展趋势。

从绝对量来看，尽管我们假定的所有行业基年的分工地位数据都为1，但是在之后的年度表现出较大的差异。从平均值来看，分工地位最高的是技术密集型行业，平均值为1.25，远高于制造业行业整体的1.098；其次是劳动密集型行业，平均值为1.093，比制造业行业整体略低；资本密集型行业的平均值为0.969，低于基年的1。不同要素密集型行业的分工程度和分工地位的相对大小呈现出不同的态势，相同点

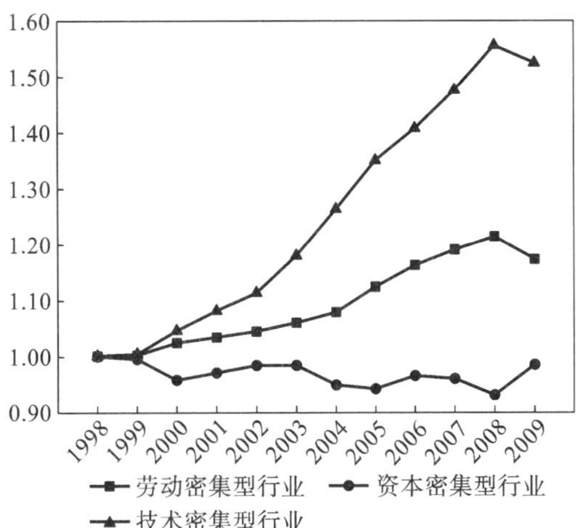

图 7-4　1998—2009 年三种要素密集型行业参与国际生产分工相对地位变化

资料来源：根据 1998—2009 年投入产出数据计算而来。

在于平均值最高的均是技术密集型行业，不同点在于资本密集型行业的分工程度大于劳动密集型行业，但劳动密集型行业的分工地位高于资本密集型行业。

从变化趋势来看，技术密集型行业和劳动密集型行业的分工地位整体上呈现增长的趋势（只有在 2009 年受金融危机的影响出现下降），技术密集型行业在全球价值链中的地位年均增长 0.048，到 2009 达到 1.526；劳动密集型行业的分工地位年均增长 0.016，到 2009 年达到 0.174；资本密集型行业的分工地位整体呈下降趋势，年均下降0.001，到 2009 年下降到 0.985。

（二）中国制造业分行业全球价值链分工的位置

如表 7-2 所示，我国 13 个细分行业在全球价值链中的地位在基年（1998 年）均相同，都设置成 1，但是随着各个行业在全球生产分工中扮演的角色及其演化程度不同，到2009年，各个行业的价值链地位出现了较大的差异。

表7-2　制造业细分行业价值链分工地位

序号	行业分类	2003年	2008年	2009年	平均值
1	食品、饮料和烟草业	1.073	1.152	1.106	1.088
2	纺织和服装业	1.048	1.291	1.247	1.104
3	皮革、毛皮和制鞋业	1.038	1.259	1.220	1.097
4	木材加工和制品业	1.039	1.205	1.164	1.077
5	造纸、印刷和文教体育业	1.091	1.338	1.330	1.151
6	石油加工、炼焦和核燃料加工业	0.847	0.730	0.769	0.829
7	化学和化纤制品业	0.847	0.730	0.769	0.829
8	橡胶和塑料制品业	1.064	1.159	1.140	1.068
9	非金属矿物制品业	1.073	1.234	1.180	1.107
10	金属加工和制品业	1.047	0.922	1.026	1.003
11	设备制造业	1.179	1.459	1.405	1.222
12	电气、电子和仪表制造业	1.179	1.592	1.589	1.261
13	交通运输设备制造业	1.179	1.578	1.509	1.255

从变化趋势来看，1998—2009年，石油加工、炼焦和核燃料加工业与化学和化纤制品业两个行业的分工地位尽管在有些年份小幅上升，但整体上呈现下降趋势，1998—2009年平均值都仅为0.829，低于基年水平。除此之外，其他11个制造业行业整体的分工地位呈现上升趋势，其中，金属加工和制品业经历了先增长后下降的过程，到2009年只有1.026，略高于基年水平；其他10个行业和制造业整体保持相同的变化趋势，呈现不断增长，且经历了从平稳增长到快速增长，再到平稳增长的过程，受金融危机的影响，在2009年有所下降。

从绝对值来看，1998—2009年，分工地位增长速度最快的是电气、电子和仪表制造业，到2009年达到1.589，其次是交通运输设备制造业和设备制造业，到2009年分别为1.509、1.405，这三个行业均属于技术密集型行业，可见，技术密集型行业分工地位的提升远高于其他制造业行业。石油加工、炼焦和核燃料加工业，化学和化纤制品业，金属加工和制品业这三个行业是分工地位最低的行业，均属于资本密集型行业，整体拉低了资本密集型行业的分工地位。资本密集型行业中分工地位改善最有效的是造纸、印刷和文教体育业，2009年的分工地位较1998年提升了33%。再来看劳动密集型行业，五个行业的地位提升程度均处于行业平均水平，其中，分工地位最高的是纺织和服装业，到2009年达到1.247；分工地位最低的是食品、饮料和烟草业，到2009年达到1.106。

第二节 国际生产分工对价值链提升的影响机制

一、模型设定

假定有两个国家——我国A和发达国家B，两个国家分工合作，通过参与全球价值链共同生产一种制造业最终产品Q。两个国家的分工生产和消费模式为：发达国家B生产并出口中间产品，我国A也生产中间产品，并对两国生产的中间产品进行组装，生产最终产品Q，且最终产品Q的消费全部在我国A。假定产品价值链[0,1]，且有生产阶段$j \in [0,1]$，j越接近0，生产所处的价值链位置越低；j越接近1，生产所处的价值链位置越高。发达国家 B 处在我国 A 的上游位置，我国 A 承担的分工生产由 $k(k<1)$ 个生产阶段组成，对应于价值链 $[0,k]$ 的特定环节，发达国家 B 承担的分工生产由 $1-k$ 个生产阶段组成，对应于价值链 $[k,1]$ 的特定环节。则 k 值可以用来度量我国 A 的价值链位置，k 上升则意味着我国 A 的价值链位置提升。

此外，假定两个国家均使用本国的生产要素投入生产中间产品或最终产品，生产要素包括三种类型：高技能劳动力、中低技能劳动力和资本要素。

发达国家 B 使用高技能劳动力、中低技能劳动力和资本要素生产中间产品，三种要素的数量分别为 H^t、L^t、K^t，价格分别为 w^{H^t}、w^{L^t}、w^{K^t}。

我国 A 使用高技能劳动力、中低技能劳动力和资本要素生产中间产品，三种要素的数量分别为 H、L_2、K，价格分别为 w^H、w^L、w^K。

我国 A 凭借本国的中低技能劳动力，使用本国生产的中间产品、进口的中间产品进行组装，生产最终产品。其中，中低技能劳动力数量为 L_1，本国生产的中间产品、进口的中间产品的数量分别为 M、M^t，价格分别为 P_M、P_{M^t}。

生产的最终产品 Q 的数量为 x，销售价格为 P。

在组装环节，假定生产一单位的最终产品 Q 需要投入一单位的中低技能劳动力和 bj 单位的本国中间产品，则我国 A 生产 x 单位的最终产品 Q 时，对中低技能劳动力和本国中间产品的需求分别为：

$$L_1 = kx \tag{7.7}$$

$$M = x\int_0^k bj\,\mathrm{d}j = \frac{bk^2}{2}x \tag{7.8}$$

全球价值链的分割是基于成本考虑的，只有当某一环节的生产在我国生产的成本比在发达国家生产的成本低时才会转移到我国，故在组装环节，我国A参与的成本低于发达国家B的，但在临界点k，两国进行生产的成本相同，即

$$w^{L}+bkP_{M}=w^{L^{t}}+bkP_{M^{t}} \tag{7.9}$$

在生产中间产品环节，我国A投入高技能劳动力、中低技能劳动力和资本要素进行生产，生产函数和约束条件分别为：

$$M=aH^{\alpha}L_{2}^{\beta}K^{\gamma} \tag{7.10}$$

$$\text{s.t. } C=Hw^{H}+L_{2}w^{L}+Kw^{K}$$

其中，假定规模经济不变，有$\alpha+\beta+\gamma=1$且$\alpha,\beta,\gamma\in[0,1]$。$\alpha$表示中间产品生产的技术参数，取决于一国的技术禀赋和促进内部知识和外部知识积累的要素，包括人力资源、研发、制度、服务等等。α越大，表示一国中间产品生产的全要素生产率越高。求解上式方程，得到如下关系：

$$w^{H}=\frac{\alpha}{\beta}\cdot\frac{L_{2}}{H}\cdot w^{L} \tag{7.11a}$$

$$w^{K}=\frac{\gamma}{\beta}\cdot\frac{L_{2}}{K}\cdot w^{L} \tag{7.11b}$$

$$P_{M}=\frac{w^{L}}{\alpha\beta H^{\alpha}L_{2}^{\beta-1}K^{\gamma}} \tag{7.11c}$$

要素市场上，假定低技能劳动力总供给为L，则劳动力市场均衡条件为

$$L=L_{1}+L_{2} \tag{7.12}$$

均衡条件下，由于我国只生产一种产品Q，并且全部提供给本国消费者，则要素市场的总收入等于产品市场的总支出，即

$$Hw^{H}+Lw^{L}+Kw^{K}=Px \tag{7.13}$$

函数中涉及的所有变量中，$w^{L^{t}}$、$P_{M^{t}}$是由发达国家B内生决定的，对我国A来说是外生给定的；我国A的要素数量H、L、K也都是外生

可得的；最终产品的价格 P 是由发达国家 B 确定的，也是外生给定的；此外，模型中的系数变量 a、b 也都是外生变量。从而，求解模型得到用外生变量表示的价值链地位指标 k，则可分析 k 的影响指标及其影响方向。

为简化计算，令 $\alpha=\dfrac{1}{4}$，$\beta=\dfrac{1}{2}$，$\gamma=\dfrac{1}{4}$，且设 $\alpha(HK)^{\frac{1}{4}}=\theta$，从而

$$L_2=L+\frac{2\theta}{b^2k^2}\left(\theta-\sqrt{\theta^2+b^2k^2L}\right)$$

设 $f(k)$ 为关于 k 的函数，则有 $m=f(k)=\sqrt{\theta^2+b^2k^2L}$，于是 L_2 可表示为 $L_2=L+\dfrac{2\theta}{b^2k^2}(\theta-m)$，再由上式和式(7.11)至式(7.13)求得

$$w^L=\frac{P\theta(m-\theta)}{b^2k^3L-\theta k(m-\theta)}$$

化简可得

$$b^3P_{M^t}Lk^4+b^2w^{L^t}Lk^3-b\theta P_{M^t}mk^2+(b\theta^2P_{M^t}-2bPL)k^2$$
$$-\theta w^{L^t}mk+\theta^2w^{L^t}k+3\theta Pm=3\theta^2P$$

从上式中，求得 k 对外生变量的一阶偏导，则有

$$k=k(\overset{+}{H},\overset{-}{L},\overset{+}{K},\overset{+}{a},\overset{-}{b},\overset{+}{P},\overset{-}{w^{L^t}},\overset{-}{P_{M^t}})$$

上述影响变量中，P、w^{L^t}、P_{M^t} 是由发达国家外生给定的，故分析我国价值链提升的影响因素时，只考虑内生可决定的变量。

模型分析结果显示，我国在参与全球价值链分工中，对高技能劳动力 H 和资本要素 K 的使用有助于提升其所处的价值链位置。同时，本国中间产品生产的全要素生产率 α 的提升也会改善其所处的价值链位置。可以认为，所有有利于改善中间产品生产的全要素生产率的因素都会对价值链地位有间接的影响。

二、传导机制分析与假说

我国价值链位置的提升表现为在国际分工中获取的收益增加，生

产的产品的附加值或者在国际分工中的贡献的增加值增加，即技术禀赋增加、生产效率改善。我国参与国际生产分工主要是通过以下几种途径来改善其在全球价值链中的地位。

（1）技术吸收效应。在全球生产分工中，我国通过以下两种途径提升本国的技术禀赋。一是技术的转移效应。全球生产网络是错综复杂的，在跨国公司的主导下，我国会为发达国家生产中间产品供应技术含量相对低的零部件产品。发达国家的生产商为了保障生产质量和技术标准，会向我国的生产商转移技术，我国通过学习、理解、消化、吸收等“干中学”效应，将技术应用到生产活动中，从而提升产品的技术含量，提升自身技术水平和在全球价值链中的地位。二是进口中间产品的技术外溢效应。全球价值链分工中，我国起初主要承担加工组装环节的生产活动，进口发达国家生产的中间产品。这些中间产品或者零部件产品的技术含量高、附加值高，但对这些产品的直接组装和使用只能提高产品的技术含量，对我国在全球价值链中的地位改善没有明显的作用。发展中国家可在学习、消化、吸收的基础上，通过模仿、改造，提升本土产品的技术水平。这两种效应得以实现取决于本国的技术吸收能力，即本国所拥有的高技能劳动力和物质资本。若本国的吸收能力强，可以承接处于孕育期的研发成果技术，可塑空间大，一旦吸收并投产将极大地提高本国竞争力，并且从进口中间产品中获取的知识信息更多，改造升级的创新能力更强；若本国的技术吸收能力较弱，转移的是成熟的技术，往往被发达国家所垄断，只能提升该产品的技术水平，并且从进口中间产品中获取的知识信息较少，不能充分利用外来资源。

（2）技术创新效应。为应对日益激烈的国内外市场，提升本国的竞争能力，国内企业开始转变增长方式，放眼长期收益，在研发环节投入更多的人力和财力，力求在模仿和改造外来技术的基础上，通过自主创新建设本土品牌，掌握核心技术，向价值链的高端处发展，然后逐渐发展成为区域品牌、跨国品牌，进而主导世界生产格局，改善我国制造业在全球价值链中的地位。

（3）制度创新效应。企业是市场的主体，在进行创新活动时需要有良好的创新氛围，制度创新在政策引导、资源集聚、行政管理、要素扶持等方面给予支持，使得技术创新的显著效应得以发挥，优化社会资源配置，提高要素使用效率和科技成果转化效率，进而提升技术进步效率，改善全球价值链地位。

（4）全球分工的规模经济效应。我国参与全球价值链分工，基于自身的比较优势，承担分工中与要素禀赋相匹配的生产环节，企业可以专业化地负责一个或多个环节的生产，扩大市场需求，在最优效率规模下进行规模化生产，从而降低生产成本，提高企业生产效率，提升整个国家的生产效率和在全球价值链中的地位。

国际生产分工影响价值链提升的理论传导机制如图 7-5 所示。

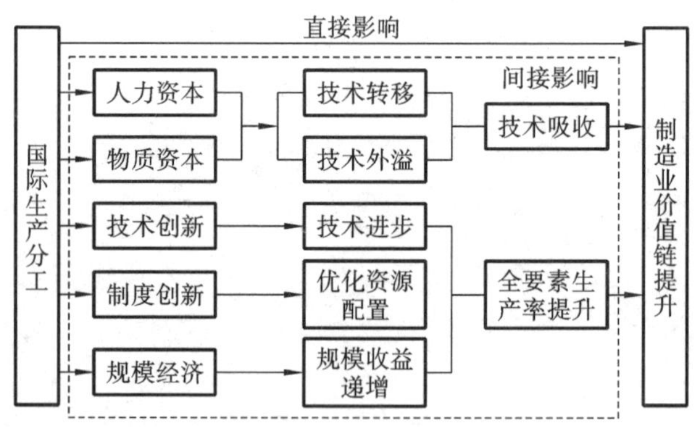

图 7-5　国际生产分工影响价值链提升的理论传导机制

根据理论模型分析和传导途径分析的结果，我们做出理论假设：我国制造业参与国际生产分工可以提升其所处的价值链地位，前提是依赖本国部分资源和基础条件的支撑。

假说1：制造业参与国际生产分工，凭借本国的高技能劳动力、资本储备，有能力在技术转移和进口中间产品的技术溢出中吸收外来技术，从而提升价值链地位。

假说2：制造业企业通过自主创新，改变加工组装的地位，生产附加值高的中间产品，在全球价值链中的地位在上升。

假说3：制度创新为我国的制造业企业营造了良好的创新氛围，国内资源得到合理配置，使得我国制造业的价值链地位得以提升。

假说4：我国制造业参与全球生产分工，规模经济效应得以发挥，生产效率得以改善，使我国制造业的价值链地位得以提升。

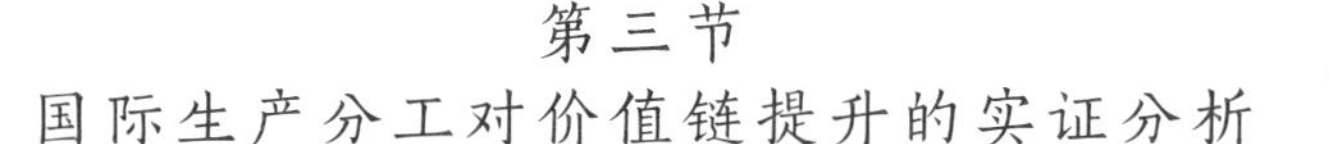

第三节 国际生产分工对价值链提升的实证分析

一、变量的选取和数据来源

基于理论分析假设和数据的可得性，本节构建1998—2009年13个制造业行业的面板数据分析模型，研究参与国际生产分工对我国制造业价值链提升的影响及其影响机制。对制造业行业按照要素密集型进行分类的结果如表7-3所示。

表 7-3　按照要素密集型分类的行业

要素密集型	行　业
劳动密集型	食品、饮料和烟草业(1),纺织和服装业(2),皮革、毛皮和制鞋业(3),木材加工和制品业(4),橡胶和塑料制品业(8)
资本密集型	造纸、印刷和文教体育业(5),石油加工、炼焦和核燃料加工业(6),化学和化纤制品业(7),非金属矿物制品业(9),金属加工和制品业(10)
技术密集型	设备制造业(11),电气、电子和仪表制造业(12),交通运输设备制造业(13)

实证分析中包含的变量主要分为两类:核心变量和传导变量。核心变量包括国际生产分工的程度和全球价值链分工地位;传导变量包括人力资本变量、物质资本变量、技术创新变量、制度创新变量和规模经济变量,具体的变量选取和数据来源如下。

(1) 核心变量。国际生产分工的程度采用我国制造业最终产品生产中国外增加值所占的份额表示,全球价值链分工地位采用最终产品生产中国内增加值的单位价格和最终产品的单位价格的比值来表示。但是由于数据的可获取性,我们采用总产出中本国增加值的单位价格和总产出的单位价格的比值来代替。数据来源于 2014 年最新公布的世界投入产出数据库(World Input-Output Database,WIOD),其中,国际生产分工程度变量的各国增加值数据来自世界投入产出表(World Input-Output Table,WIOT),全球价值链分工程度测算的单位价格数据来自社会经济核算数据(Socio-Economic Accounts,SEA)。

(2) 传导变量。传导变量包括人力资本变量(反映就业人口中高技能劳动力所占的比重)、物资资本变量(反映生产活动中对机器、设备、厂房等的投入力度)、技术创新变量(反映一国制造业进行技术研发和自主创新的能力)、制度创新变量(反映一国政府为企业提供的政策导向、竞争环境、创新氛围等)、规模经济变量(反映行业的市场结构和集中程度)。数据来源于《中国科技统计年鉴》、《中国统计年鉴》、《中国市场化指数》等。

二、计量模型分析

我们构建面板数据模型,研究1998—2009年13个制造业行业参与国际生产分工对我国制造业价值链提升的影响及其影响机制。首先,构建实证分析的基础模型,分析国际生产分工变量和传导变量对价值链提升的影响;其次,在模型中加入被解释变量的滞后变量,研究制造业价值链提升是否存在路径依赖;最后,采用交叉变量分析国际生产分工影响价值链提升的传导机制,并分别从制造业整体、劳动密集型行业、资本密集型行业、技术密集型行业进行分类分析和总结:

$$\mathrm{GVCL}_{jt}=c+\beta_1\mathrm{GVC}_{jt}+\beta_2\mathrm{HL}_{jt}+\beta_3K_{jt}+\beta_4\mathrm{RD}_{jt}+\beta_5\mathrm{IC}_{jt}+\beta_6\mathrm{IE}_t+\varepsilon_{jt}\text{(模型 1)}$$

其中,$j=1,2,\cdots,N$表示行业,$t=1,2,\cdots,T$,表示时期,c为常数项,β_1、β_2、β_3、β_4、β_5、β_6为待估系数,ε为扰动项。GVCL是指我国制造业在全球价值链的位置指数,GVC是指我国参与国际生产分工的程度,HL表示人力资本变量,K表示物质资本变量,RD表示技术创新能力,IC表示规模经济效应,IE表示制度创新能力。

考虑全球价值链地位的路径依赖效应,我们认为,一国制造业初始所处价值链位置越高,则拥有的人力资本、自主创新能力和环境更优越,从而也更容易实现价值链地位的进一步提升。故本章在基础模型的基础上加入被解释变量的一阶滞后项作为解释变量,研究上一年度的分工地位对本年度的影响:

$$\mathrm{GVCL}_{jt}=c+\delta\mathrm{GVCL}_{jt-1}+\beta_1\mathrm{GVC}_{jt}+\beta_2\mathrm{HL}_{jt}+\beta_3K_{jt}$$

$$+\beta_4 RD_{jt}+\beta_5 IC_{jt}+\beta_6 IE_{jt}+\varepsilon_{jt}\text{（模型 2）}$$

为研究国际生产分工对价值链提升的影响机制，在模型2的基础上，剔除模型中的不显著变量，采用国际生产分工程度变量和显著传导变量的交互项来替代原有的显著传导变量，构建模型3如下：

$$GVCL_{jt}=c+\delta GVCL_{j(t-1)}+\beta_1 GVC_{jt}+\sum_i \lambda_i GVC_{jt}X_{jt}+\varepsilon_{jt}\text{（模型 3）}$$

其中，$i=1,2,\cdots$，表示显著传导变量的个数。

1．平稳性检验与协整检验

为保证估计结果的有效性，避免出现伪回归，在进行回归分析之前，首先需要进行平稳性检验和协整检验。检验时间序列数据平稳性最常用的办法就是单位根检验，本书采用 Eviews 软件，使用 ADF-Fisher 单位根检验方式。若被检验的序列拒绝存在单位根的原假设，则认为该序列是平稳的，反之则是不平稳的。若不平稳，再进行一阶差分，继续检验平稳性，直到该序列平稳为止。对于 ADF-Fisher 单位根检验，只有三个模型的检验结果都不能拒绝原假设时，我们才认为时间序列是非平稳的。表7-4是对模型中的序列进行单位根检验的结果。

表7-4 单位根检验结果

时间序列	单位根检验结果	结论	时间序列	单位根检验结果	结论
$GVCL_{jt}$	66.31***	I(1)	GVC_{jt}	56.71***	I(1)
HL_{jt}	44.78***	I(1)	$GVC_{jt}HL_{jt}$	91.87***	I(1)
K_{jt}	55.19***	I(0)	$GVC_{jt}K_{jt}$	46.12***	I(0)
RD_{jt}	53.65***	I(1)	$GVC_{jt}RD_{jt}$	62.55***	I(0)
IC_{jt}	57.11***	I(1)	$GVC_{jt}IC_{jt}$	61.10***	I(1)
IE_{jt}	54.88***	I(1)	$GVC_{jt}IE_{jt}$	37.43*	I(1)

注：*、**、***分别表示在10%、5%、1%水平上通过显著性检验，下同。

单位根分析结果显示，模型中的各变量非同阶平稳，不满足进行回归分析的条件。但根据研究经验，在实际应用中，当存在时间序列变量的平稳性不同阶时，只要模型的扰动项是平稳的，模型就是有效的。于是本章对模型进行EG两步法协整检验。首先对模型进行OLS估计，然后取出方程的残差，再对残差进行平稳性检验，残差平稳则意味着解释变量和被解释变量之间存在协整关系。通过检验，本章所用模型的残差都在1%的显著性水平上拒绝单位根检验，则每个方程的残差都是0阶平稳的，即每个方程都存在协整关系。下面我们可以直接对每个方程进行估计，不存在伪回归现象。

2. 模型的选择与分析思路

分别对本章选用模型做 F 检验和Hausman检验，判断方程式选用个体固定效应模型、个体随机效应模型还是混合效应模型。Hausman检验的原假设是个体随机效应模型，若拒绝原假设，则要建立个体固定效应模型；F 检验的原假设是混合效应模型，若拒绝原假设，则要建立个体固定效应模型。需要注意的是，变系数的个体随机效应模型需要满足截面数大于估计系数的条件，按照要素密集型分类的数据模型不满足该条件，则只进行 F 检验，选择个体固定效应或者混合效应模型。选择结果如表7-5所示。

表7-5 方程模型选择结果

方程编号	Hausman检验	F 检验	结　　论
方程1.1	2.27*	16.31***	个体固定效应模型
方程1.2	53.56***	4.54***	个体固定效应模型
方程1.3	0.00	5.23***	个体固定效应模型
方程1.4	0.00	6.67***	个体固定效应模型
方程1.5	79.57***	6.68***	个体固定效应模型

续表

方程编号	Hausman 检验	F 检验	结　　论
方程 1.6	70.58***	5.94***	个体固定效应模型
方程 2.1	6.08**	1.62	混合效应模型
方程 2.2	—	2.33*	个体固定效应模型
方程 2.3	5.82	1.45	个体固定效应模型
方程 3.1	16.73***	3.83***	个体固定效应模型
方程 3.2	—	3.71**	个体固定效应模型
方程 3.3	26.18***	6.55***	个体固定效应模型
方程 4.1	17.48***	8.74***	个体固定效应模型
方程 4.2	—	1.27	混合效应模型
方程 4.3	—	1.01	混合效应模型

注："—"表示方程不满足随机效应模型的基本条件，无法进行 Hausman 检验。

模型分析的主要思路如下。

步骤一：在模型中只加入 GVC 一个解释变量，检验 GVC 对 GVCL 的总体影响，包括影响程度及其显著性。

步骤二：在模型中加入被解释变量的滞后一期变量，检验 GVCL 是否存在路径依赖，若有，依赖程度和显著性水平如何。

步骤三：在模型中加入所有的传导变量，分析这些传导变量对 GVCL 的提升是否有显著的影响。

步骤四：剔除模型中不显著的传导变量，将显著性传导变量替换为该变量和 GVC 的交互项，分析 GVC 对 GVCL 的直接影响和间接影响，探讨间接影响的传导途径及其发挥作用的大小程度(显著性水平)。

三、实证分析结果

基于 1998—2009 年 13 个制造业行业数据构建面板数据模型，分析国际生产分工对我国制造业价值链提升的影响及其影响途径，在制造业整体分析的基础上，按照要素密集型分类，分别研究对劳动密集型、资本密集型、要素密集型行业的影响。结果如下。

1. 分工地位的路径依赖效应

不管是制造业整体的面板模型还是分要素密集型的面板模型，所有的回归方程均显示 GVCL 的滞后性对 GVCL 的影响为正，且均在1%的统计水平上显著，可以认为制造业全球价值链的分工地位存在显著的路径依赖效应。不同要素密集型行业的路径依赖程度如表 7-6 所示，按照依赖程度从高到低排序依次是劳动密集型行业、技术密集型行业、资本密集型行业，制造业整体的依赖程度介于劳动密集型行业和技术密集型行业之间。

表 7-6 路径依赖效应结果比较

项目		制造业整体	劳动密集型	资本密集型	技术密集型
$GVCL_{j(t-1)}$	系数	0.934	0.965	0.87	0.897
	t 值	36.90***	20.27***	15.46***	30.24***

2. 国际生产分工对价值链提升的综合影响

从制造业整体来看，国际生产分工对制造业价值链提升具有显著的正向影响，具体到不同要素密集型行业，正向作用依然存在，但这种影响呈现不同的显著程度（见表 7-7）。其中，技术密集型行业的国际生产分工对分工地位的改善作用最显著，在 1%的统计水平上显著为正，且估计系数 0.686 高于制造业整体的 0.275，拉高了制造业的整体水平；劳动密集型行业的国际生产分工对价值链提升的影响也显著，但显著性水平仅为 10%，估计系数 0.138 低于制造业整体的估计系数；资本密集型行业的国际生产分工作用是完全不显著的。所以，显著性水平从高到低依次为技术密集型行业、劳动密集型行业、资本密集型行业。

表 7-7 国际生产分工综合影响比较

项目		制造业整体	劳动密集型	资本密集型	技术密集型
GVC_{jt}	系数	0.275	0.138	0.025	0.686
	t 值	3.75***	1.77*	0.22	6.13***

3. 国际生产分工影响价值链提升的传导机制

表 7-8 总结了制造业整体、劳动密集型行业、资本密集型行业、技术密集型行业国际生产分工对价值链提升的综合影响、直接影响与间接影响，结果显示：劳动密集型行业中，国际生产分工主要通过行业集中度下的规模经济效应提升价值链地位，综合影响程度较低；资本密集型行业中，国际生产分工的直接影响显著为负，间接影响显著为正，是通过人力资本增加下的吸收效应和制度创新下的资源配置效应实现的，两种作用相互抵消使得国际生产分工对价值链提升的综合影响不显著；技术密集型行业中，国际生产分工的直接影响也是显著为负的，间接影响显著为正，除了人力资本和制度创新的传导作用外，还有技术创新下的竞争力提升带来的价值链提升效应，由于间接影响大于直接影响，综合影响显著为正。综合三种要素密集型行业的分析结果，从制造业整体的分析结果来看，直接影响显著为负，间接影响主要通过人力资本和制度创新作用，其次是技术创新的影响，得到的综合效应显著为正。

表 7-8 国际生产分工对价值链提升的实证结果汇总

GVC	制造业整体	劳动密集型	资本密集型	技术密集型
综合影响	+++	+		+++
直接影响	———		———	———

续表

GVC		制造业整体	劳动密集型	资本密集型	技术密集型
间接影响	*K*				
	HL	+++		+++	+++
	RD	+			+++
	IC		+		
	IE	+++		+++	+++

注:+、++、+++分别表示在10%、5%、1%的水平上通过显著性为正,—、——、———分别表示在10%、5%、1%水平上通过显著性为负。

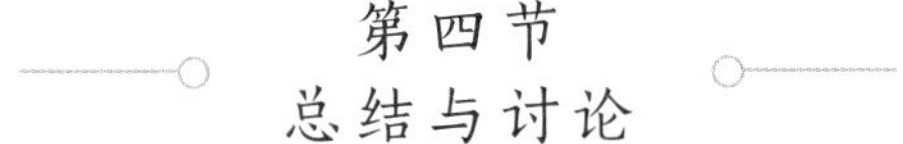

第四节 总结与讨论

本章对于研究我国在全球分工中所处的地位及其影响因素具有重要的意义,原因如下。第一,重新认识我国在全球分工中扮演的角色。一直以来,外界对我国“世界加工厂”的定位依然固化,但在新的国际国内形势下,我国在全球生产网络中扮演的角色在逐渐发生变化,通过本章可以充分了解我国当前在全球价值链中所处的地位,重新认识向“新经济”过渡的中国市场。第二,为新一轮的产业重构提供建设性意见。当前,我国现有的产业分工方式难以为继,新的方式尚在探索,还未成型。通过本章,可以了解影响我国在全球价值链中地位的内在因素,针对我国当前存在的不足,提出下一步努力的措施和建议,对我国制定政策方案提供方向性的指导。

根据前面的分析,我们发现,从1998年到2009年,我国制造业在全球价值链中的参与程度和分工地位发展显示出两个重要规律。第一，我国制造业参与国际生产分工的程度经历了先增长后下降的过程。三种要素密集型行业基本和制造业整体保持相同的趋势，且整体是增长的，相比较而言，技术密集型行业参与国际生产分工的程度高于资本密集型行业，劳动密集型行业的参与程度最低。在细分的 13 个制造业行业中，参与国际生产分工程度最深的是电气、电子和仪表制造业，参与国际生产分工程度最低的是食品、饮料和烟草业。第二，我国制造业整体在全球价值链中的地位呈现不断增长的趋势。技术密集型行业和劳动密集型行业与制造业整体保持相同的趋势，且技术密集型行业增长速度更快，资本密集型行业的分工地位呈现下降的发展趋势。在细分的 13 个制造业行业中，分工地位增长速度最快的是电气、电子和仪表制造业，分工地位下降的是石油加工、炼焦和核燃料加工业以及化学和化纤制品业。

我国制造业参与国际生产分工可以提升其所处的价值链地位，前提是依赖本国部分资源和基础条件的支撑。实证分析表明，制造业价值链提升具有显著的路径依赖效应，分工地位滞后性在所有回归方程中显著为正。国际生产分工对制造业价值链提升的影响在不同行业的效果不同。从制造业整体来看，国际生产分工对制造业价值链提升具有显著的正向影响，其中，直接影响显著为负，间接影响显著为正，主要通过人力资本和制度创新作用，其次是技术创新的影响。从劳动密集型行业来看，国际生产分工对价值链提升的综合影响为正，但显著性较低，主要是通过行业集中度下的规模经济效应改善的。从资本密集型行业来看，国际生产分工对价值链提升的影响不显著，这主要是显著为负的直接影响和显著为正的间接影响共同作用的结果，其中间接影响是通过人力资本增加下的吸收效应和制度创新下的资源配置效应实现的。从技术密集型行业来看，国际生产分工对价值链提升的影响显著为正，其中，直接影响显著为负，间接影响显著为正，通过物质资本、制度创新和技术创新效应传导，且间接影响显著大于直接影响。

根据实证分析结果，参与全球分工对我国制造业价值链提升的直接影响或者显著为负，或者不显著。即使综合影响显著为正，也是由于制度创新、物质资本或技术创新的传导作用。这就表明，我国制造业参与国际生产分工并不一定可以提升其所处的价值链地位，只有当本国的资源和基础条件在不断优化和改善时，国际生产分工对价值链提升的正向作用才会显现。

因此，我国制造业要始终以价值链提升为主要目的，融入全球生产网络，更加注重本国基础资源的储备和基础条件的改善，有选择地参与国际生产分工活动。如果盲目地参与全球生产分工，在本国人力资本、技术创新和制度创新等方面无作为，我国将很可能和其他南亚国家一样，落入国际分工陷阱，固化在全球生产分工的价值链低端。未来的政策建议如下。

（1）鼓励自主创新，构建我国制造业核心竞争力。实施创新驱动发展战略，建设领先的技术体系和创业创新服务体系，加大科研经费投入，支持大型企业设立研发机构，鼓励大众创新、万众创业，在政策引导、资金扶持等方面给予优惠，争取在核心关键领域实现突破，在全球生产链中承担核心中间产品的生产和设计、检测等附加值高的生产活动。

（2）加强制度创新，为技术创新创造良好的市场环境。减少政府对市场的干预，充分发挥市场在资源配置中的决定性作用。进一步简化行政审批流程，降低市场准入门槛，强化事中和事后监督，完善知识产权保护机制，提高信息透明度，降低市场交易成本，激发市场竞争活力，为创新创业营造公平、开放、透明的市场环境。

(3)重视人力资本的积累,强化技术吸收能力。加大教育的投入力度,注重高技能、高素质人才的培养,充分利用外来技术转移和技术溢出的机遇,发挥人力资本在新技术、新方法的学习和掌握中的能动性。

CHAPTER

第八章

三次产业协调发展与工业结构转型升级

在全球化新形势下和新的科技革命背景下，对从工业化中期向中后期迈进的发展中大国而言，如何推进工业结构转型依然是整个工业化进程的关键与核心。产业间的关联效应决定了各产业发展存在相互依存、相互促进的耦合关系。这意味着，产业发展的协调程度将对各产业发展具有重要的作用。毋庸置疑，产业发展协调与否成为影响工业结构转型升级和优化的主要影响因素之一。而从近现代世界各国经济发展的经验看，在工业化过程中，产业结构必须不断适应社会经济状态的变化并协调发展，以实现自身合理化，并向深加工度化、高附加值化的方向发展，由此推动经济持续发展。否则，经济的发展质量必将下降，也不可能形成经济自身维持可持续发展的状态。西方发达国家主要以生产性服务业为代表的现代服务业的快速发展并与工业融合作为推动工业结构高度化的主要手段。对产业协调发展如何推动我国工业结构转型升级，国外有哪些经验可以借鉴以及如何促进现阶段我国产业结构的协调发展等问题的思考和分析将有助于促进我国产业结构的战略性调整，加快经济增长方式转变，推动产业结构优化升级，实现可持续发展，增强自主创新能力，提升产业国际竞争力，推动“中国制造”向“中国创造”转型。

第一节 产业协调发展与工业结构转型升级的互动作用

新技术的不断涌现和需求结构的持续升级，使得各种类型企业的生产投入结构向着更为多元化、高端化和复杂化迈进。企业投入要素的这种变化使得结构升级不仅受制于本行业技术的发展程度和创新强度，而且受到其他行业发展水平的重要影响。从产业发展和工业结构升级的角度看，需要各个产业相互协调发展，方能使各产业能够提供工业结构转型升级所必需的各种投入。从社会的实际投入讲，产业协调发展包含实物产出的协调发展与价值的协调发展。

一、产业协调发展推动工业结构转型升级的机理分析

部门之间及其内部的物质联系是由社会能够提供的物质内容和拥有的技术所决定的。产业间的关联效应意味着任何部门的生产或经济活动都是整体经济结构的一个组成部分。这种产业间的物质联系客观上要求经济中各部门的产出符合一定的比例，才有助于生产效率的改善，否则，将出现生产中的“木桶效应”。工业结构作为产业结构中的一个子系统，概莫能外。产业间及产业内的这种物质联系决定了产业结构协调发展可以推动工业结构升级。

在市场经济体制下，产业间的物质联系更多表现为投入要素的价格关系。从这个意义上讲，产业协调发展外化为产业间产值结构的合理性。马克思的再生产理论也揭示了产业间的协调发展必须满足各部门间的价值关系。他认为，从物质联系看，社会总产品可以分为两大部类：第Ⅰ部类是生产生产资料的部门，第Ⅱ部类是生产生活资料的部

门。每一部类的全部年产品的价值和每个个别商品的价值一样，也分为 $c+v+m$。更具体地说，在商品交换中，各个部类投入的生产资料和劳动力在价值形式上与个别商品一样表现为不变资本 c、可变资本 v 和剩余价值 m。在简单再生产过程中，第Ⅰ部类的商品资本中的 $(v+m)$ 价值额，必须等于第Ⅱ部类的不变资本 c，也就是通常说的 Ⅰ$(v+m)=$ Ⅱ(c)。这表明，第Ⅰ部类向第Ⅱ部类提供的生产资料与第Ⅱ部类向第Ⅰ部类提供的消费资料，要保持平衡的比例关系，否则，社会简单再生产将难以正常进行。而在扩大再生产中，两个部类之间的价值联系不仅要实现所需要的“两个补偿”，即除了维持简单再生产，还要补偿各个部门扩大规模所需要的追加资本，即扩大生产部分，Ⅰ$(v+\Delta v+m/x)=$ Ⅱ$(c+\Delta c)$。这一公式表明，第Ⅰ部类向第Ⅱ部类提供的生产资料同第Ⅱ部类对生产资料的需要之间，以及第Ⅱ部类向第Ⅰ部类提供的消费资料同第Ⅰ部类对消费资料的需要之间，要保持平衡的比例关系；否则，社会扩大再生产将难以正常进行。因此，就像第Ⅰ部类必须用其剩余产品为第Ⅰ部类提供追加的不变资本一样，第Ⅱ部类也要在这个意义上为第Ⅰ部类提供追加的可变资本。就可变资本来说，当第Ⅱ部类以必要的消费资料的形式再生产其总产品的大部分，特别是其剩余产品的大部分时，它就既为第Ⅰ部类又为它自己进行了积累。这就是说，部门间的价值联系，除了Ⅰ$(v+m)=$ Ⅱ(c)之外，还要加上作为追加资本的那部分剩余产品和剩余价值的交换。通过交换过程中物质补偿和价值补偿的实现，马克思揭示了部门间的协调发展在市场经济条件下的确立。如果部门之间不能保持平衡的比例关系，社会再生产将不能维持或扩大，更谈不上工业结构的升级。总之，产业协调发展能推动工业结构不断高度化。当然，随着工业化的推进，工业部门所能提供的生产资料的范围越来越大，所占比重亦愈来愈高，工业结构的升级推动了其他部门的快速发展，促进产业协调发展。

然而，由于不同产业间的异质性，不同产业间的协调发展与工业结构转型升级的作用机制也有所差异。下面将从具体产业层面，探讨各次产业间的协调发展与工业结构转型升级的机理。

二、第一、二产业协调发展推动工业结构转型升级的机理

随着工业化进程的推进，尽管农业贡献的绝对量在提高，然而无论是其产值还是就业在国民经济中所占份额都在不断降低。但是，农业的地位和作用不会随着它的比重变化而改变，它依然是国民经济的基础。只要人类不改变依赖食物作为获取能量的生存方式，经济社会的发展就离不开农业提供的食物。没有农业的发展，没有足够的粮食，人们就无法生存、学习、工作，谈不上经济社会的发展，更谈不上工业化的实现和转型升级。纵观整个历史发展，农业生产技术的进步与农业健康发展、改善是整个社会发展，以及其他产业产生、发展的前提和必要条件。

克拉克(1940)认为，随着经济的发展，第一产业国民收入和劳动力的相对比重逐渐下降，第二产业国民收入和劳动力的相对比重上升，经济进一步发展，第三产业国民收入和劳动力的相对比重也开始上升。工业化的推进，不仅使原有工业部门迅速扩张而且新兴产业部门不断涌现，产业的扩张需要投入大量的劳动力。然而，在发展中国家工业化早期，第一产业中存在大量剩余劳动力，这为劳动力向其他产业转移以及工业的扩张和结构升级提供必备条件。第一、二产业结构的变动，导致第一产业释放大量的剩余劳动力，这也是其独有的特性之一。因此，第一、二产业结构变动不仅仅包含产值结构的变动，更包含劳动力就业结构的变动。那么，第一、二产业结构协调发展理所当然涵盖这两个方

面。产值结构和劳动力结构的变动必然会影响到其他产业中间投入要素的质量和数量。因而，第一、二产业结构协调的情况将会影响工业生产效率高低，即工业结构的升级。

由于消费者对不同产品的收入需求弹性的差异，随着收入增长，必然会造成消费者需求结构的变化。这种变化首先表现为恩格尔系数的不断变小以及工业品消费的增加。这意味着，伴随着工业化的推进，第二产业在国民经济中的比重上升而第一产业的份额不断下降，这是第一、二产业间保持协调发展的一般规律。产业或部门间生产效率的异质性是导致产业结构变化的另一重要因素。正是第二产业的生产效率高于第一产业，从而导致第二产业的增长率高于第一产业，继而导致第二产业份额的不断增长。这意味着，伴随着第一、二产业的协调发展，工业部门的生产效率得以提高。换句话说，第一、二产业产值结构的协调发展是工业结构升级的一种体现。然而，随着工业化的发展和不断升级，第一产业在国民经济中的比重是否可以一直保持下降，甚至为零呢？答案当然是否定的。由于提供粮食是第一产业最基本、最重要的任务，因此，第一产业就不可能在国民经济中消失。因而，当社会经济发展到一定程度时，尽管农业在国民经济中的份额很低，但不会等于零，而是保持相对恒定的水平。

第一、二产业协调发展与工业结构升级的关系还表现在劳动力的供给方面。刘易斯(1954)认为，发展中国家中存在大量剩余劳动力。这种剩余劳动力主要有两种表现形式。第一种是不带剩余产品的农业劳动力，也就是所谓边际生产力为零或者边际生产力很低的劳动力。在其他投入要素不变的情况下，单独追加劳动力的投入量会造成以土地边际收益表示的劳动边际生产力的递减，因而，人口密集而落后的农业国家，其农业剩余劳动力就主要表现为这种形态。由于传统农业的边际生产率为零甚至为负，因此，农业劳动者仅获得最低工资水平，而由于工业部门边际生产率较高，工业部门劳动者能获得远高于农业劳动者的劳动工资。两部门之间的工资差异，诱使农业剩余人口向城市工业部门转移。第二种就是带有剩余产品的剩余劳动力。这部分对农业生产来说是必要的，他们只有在特定的情况下才会表现为剩余劳动力。更具体地说，随着农业现代化水平的提高，这部分劳动力才会转变为剩余劳动力。

随着工业化进程的推进，第二产业原有部门迅速扩张以及不断涌现出新的产业部门，需要补充大量的劳动力；一旦劳动力短缺，就将会降低资本的边际生产效率，从而降低工业的生产效率，制约工业发展。而第一产业的发展，一方面使原有剩余劳动力不断向第二产业转移；另一方面，第一产业生产效率的提高，不断使剩余劳动产品从第一产业中释放出来，源源不断地补充到第二产业中，从而使工业部门在不断增加资本投入时，不断降低资本的边际生产效率。

综上分析可知，无论是第一、二产业的产值结构还是劳动力结构的协调发展，都有力推动了工业结构升级，而产值结构和就业结构的协调发展则是第一、二产业结构协调发展的内容。因此，第一、二产业协调发展推动了工业结构升级。

目前，我国整体上已处于工业化中后期阶段，随着人们收入水平的提高，消费结构快速升级，对产品的质量和功能要求越来越高，这要求工业品具有更多的知识含量或价值，即要求工业结构实现新的升级和跨越。而以生产性服务业为代表的现代服务业的基本功能就是为工业生产提供各种智力支持和知识投入。因此，工业结构升级越来越离不开服务业的发展，没有服务业的发展，工业化就不可能实现。而没有工业的推进，服务业同样很难有大的发展，服务业的巨大发展往往是伴随着工业化发展而实现的。接着，我们来分析第二、三产业协调发展推动工业结构转型升级的机理。

三、第二、三产业协调发展推动工业结构转型升级的机理

服务业是其他产业发展的黏合剂，其作用在于提高了经济总体生产率(Riddle，1986)。Grubel 和 Walker(1989)按照基本功能的不同，将服务业分为消费性服务业、生产性服务业与公共服务业三大类。由于第三产业内部的异质性，其发展对工业结构转型升级的作用机理有所差异。下面，我们分析不同性质服务业发展对工业结构转型升级的作用机理。

随着工业化进程的推进，生产力得到空前的提高，人们的收入大幅度提高。由于服务业具有较高的收入弹性，发展将会快于其他产业，增加值在国民经济中的份额亦会愈来愈大。消费性服务业的主要功能是提高城乡居民的生活质量，降低劳动者再生产劳动力的成本，提高劳动者的素质，进而间接提高工业部门的劳动生产效率。而公共服务业尤其是教育和医疗事业的发展，对人力资本的发展具有举足轻重的作用。因为教育不但是一种消费，同时也是一种投资(贝科尔，1989)，会导致人力资本的增加。而舒尔茨(1990)认为，人力资本不仅有助于提高劳动生产率，也有助于提升企业家的才能。因而，公共服务业的发展有助于工业部分劳动生产效率的提高。由此可以看出，消费性服务业和公共服务业通过直接或间接改善社会的人力资本状况而提高工业部门生产效率，促进工业结构转型升级。此外，消费性服务业和公共服务业的发展需要投入大量的现代化的设备，比如交通运输业的发展需要相当数量的现代化大型客机，物流业的发展需要大量的智能化设备，等等，这些都为工业结构升级开辟了广阔的道路。

生产性服务业的发展本身就是制造企业基于加强自身核心竞争

力，而将一部分业务外部化的过程。这些部门在为客户提供专业化服务的同时，自身业务水平不断改进，生产效率不断提高（吕政等，2006），降低了其他部门尤其是工业部门的生产成本，这意味着工业部门生产效率的提升。此外，由于生产性服务业作为中间投入参与到制造业产品的生产过程中，实质上它充当了人力资本和知识资本的传送器，使生产迂回程度增加，生产更加专业化、资本更为深化，并提高劳动力和其他生产要素的生产力（顾乃华等，2006）。这些都提高了工业部门的生产效率，推动了工业结构的进一步升级。下面我们构建一个理论模型，对生产性服务业对工业结构升级的影响机理进行说明。

假设一个经济体的初始状态为：相对工业部门而言，生产性服务业发展滞后。生产性服务业一般包括产品设计、咨询、管理、物流、售后服务等知识密集型行业。一般而言，知识密集型行业具有较强的规模报酬递增效应。比如，在产品设计的初始阶段，需要投入大量的人力资本甚至物质资本。然而，一旦设计成功，销售同样的蓝图设计的成本几乎为零。假定工业企业在完全竞争的市场上进行生产，而服务业尤其是生产性服务业则在垄断竞争的市场上进行生产。我们假设规模经济只在产品种类水平上存在，不考虑范围经济与协作经济。在一个规模报酬起作用的模型中，必须解决市场结构问题。因此，我们借鉴迪克西特和斯蒂格利茨（1977）的垄断竞争模型（D-S 模型）来分析生产性服务业的发展。用 S 代表各种中间投入的组合，假定 S 符合不变替代弹性函数：

$$S = \left(\sum_{i=1}^{n} s_i^{\beta}\right)^{1/\beta} \quad (0 < \beta < 1) \tag{8.1}$$

其中，β 表示其他厂商对生产性服务多样性的替代程度，令 $\sigma = \frac{1}{1-\beta}$ 表示任意两种生产性服务间的替代弹性，n 表示生产性服务的种类，s_i

代表个体厂商提供的生产性服务。

为了分析的方便，我们假定提供生产性服务的个体厂商具有相同的生产函数和成本结构，生产性服务的提供只需要一种要素投入即劳动，w 为劳动的工资，F 为以劳动投入量来度量生产的固定成本。给定单个厂商的生产数量 q_i，需要投入的成本为：

$$wq_i + wF \tag{8.2}$$

由于规模经济、上游企业对差异服务的替代性以及存在无限种潜在差异服务的原因，没有一家厂商会选择与别的厂商生产同类产品，这就意味着每种产品只有一个专业化厂商生产，所以现有厂商数目与可获得的差异服务的种类数相同。

在标准的 D-S 模型中，垄断竞争的服务企业实现边际成本定价，并且企业的自由进入使其均衡利润为零。令 p 代表生产者服务的价格，根据新古典经济学理论可得：

$$p = \frac{\mathrm{mc}}{1 - 1/e_{\mathrm{d}}} \tag{8.3}$$

其中 mc 为生产者服务的边际成本，e_{d} 为需求弹性。在价格指数给定的情况下，假定厂商都选定各自的产品价格，因此需求弹性就是 σ。生产性服务企业的利润为：

$$\pi = p_i q_i - (wq_i + wF) \tag{8.4}$$

均衡情况下，$\pi = 0$，则有：

$$q_i^* = F(\sigma - 1) \tag{8.5}$$

则相应的均衡劳动投入为：

$$l^* = F\sigma \tag{8.6}$$

如果有 l_3 的劳动投入生产性服务业，根据前面的假设，则生产性服务业厂商数为：

$$n=\frac{l_3}{F\sigma} \tag{8.7}$$

由此可见，随着生产性服务业劳动投入的增加，生产性服务业厂商数目在增加，规模在扩大。从式(8.3)可知，尽管生产性服务业规模在扩大，但均衡时个体厂商的产品是固定的。这意味着，生产性服务业规模的扩大没有伴随着单个厂商产量的增加，进而说明生产性服务业这种形式的扩张是通过产品种类变化起作用的。这是由于我们把价格指数以及需求弹性设定为不变的缘故，然而，这是一种非策略性行为。如果我们放松上面的假定，即所有厂商都意识到自己的选择会影响到价格指数，这种对市场权力的认识往往使厂商降低产量，提高价格-边际成本比。下面我们以多寡头 Cournot 模型为例，说明竞争效应对企业规模扩大的影响。

为了不失一般性，在本章，我们考虑有 $m(m>2)$ 个寡头参与市场竞争，分别记为 $F_j(j=1,\cdots,m)$。假定它们生产同质产品，具有相同规模收益，生产技术不变。寡头的战略是选择产量，战略博弈的支付是利润，它是所有寡头产量的函数。本章用 $q_j(q_j\in[0,\infty))$ 代表寡头 F_j 的产量；$c_j(q_j)=cq_j$，代表成本函数；假定逆需求函数是线性的，为 $P_c=a-b\sum_{j=1}^{m}q_j(b>0,0<c<a)$，则寡头 F_j 的利润函数为：

$$\pi_j = q_j P_c \sum_{j=1}^{m} q_j - c_j(q_j) \tag{8.8}$$

由利润最大化的一阶条件，对式(8.8)求偏导，找出 Nash 均衡：

$$\frac{\partial \pi_j}{\partial q_j}=0 \quad (j=1,\cdots,m) \tag{8.9}$$

根据我们对模型的假设，我们可得到寡头 E_j 的 Nash 均衡产量为：

$$q_j^*=\frac{a-c}{b(m+1)} \quad (j=1,\cdots,m) \tag{8.10}$$

根据前述的假设及式(8.10)的结果，可得行业的总产量及价格为：

$$Q=mq_j^*=\frac{m(a-c)}{b(m+1)}$$

$$P_c=a-\frac{m(a-c)}{m+1} \tag{8.11}$$

寡头 E_j 的边际成本 $\mathrm{mc}=c$，则寡头 E_j 的价格-边际成本比为：

$$\frac{P_c}{\mathrm{mc}}=\frac{a}{c}-\frac{m(a-c)}{c(m+1)} \tag{8.12}$$

将式(8.12)对寡头 E_j 的市场份额求偏导得：

$$\frac{\partial \frac{P_c}{\mathrm{mc}}}{\partial m}=-\frac{a-c}{c\,(m+1)^2} \tag{8.13}$$

因为 $0<c<a$，所以：

$$\frac{\partial \frac{P_c}{\mathrm{mc}}}{\partial m}<0 \tag{8.14}$$

式(8.14)意味着，价格-边际成本比是行业内厂商数目的递减函数。这说明，在这些假定条件下，市场规模的扩大会促进竞争效应。更多厂商的进入，会降低价格-边际成本比，使厂商必须以更大的规模(更低的平均成本)进行生产以保持收支相抵。这说明，竞争效应使生产性服务供给增加，扩大了生产性服务业的规模，促进了其发展。

企业成本的变动往往反映出其生产效率的变化。为此，我们分析生产性服务业发展对单位工业产品耗费的变动来度量生产性服务业的发展对工业企业生产效率的影响，即生产性服务业与工业的协调发展对工业结构转型升级的影响。

假定企业采用扩展的 Cobb-Douglas 生产函数进行生产，即不仅投入劳动和资本，还将生产性服务业作为投入要素。为了简化分析，本章假设生产最终一单位产品所需要的资本数量是给定的且其价格为外生给定，这样我们可以不考虑资本成本变动，只考虑劳动和生产性服务两种服务投入，且单位产量的成本分别为劳动工资 w 以及投入的生产性服务成本 P，根据这些假设可得：

$$f(L,S)=L^{\alpha}S^{1-\alpha} \tag{8.15}$$

$$C(w,p)=wL+PS \tag{8.16}$$

根据一阶最优条件，推导出单位产量的成本函数为：

$$C(w,p)=\frac{1}{\alpha}\left(\frac{1-\alpha}{\alpha}\right)^{\alpha-1}w^{\alpha}P^{1-\alpha} \tag{8.17}$$

由 Fujita 等人的定义可知，生产者服务价格指数为：

$$\begin{aligned} P(n,p) &= \left[\int_0^n p_{(i)}{}^{1-\sigma}\mathrm{d}i\right]^{\frac{1}{1-\sigma}} \\ &= P_i n^{\frac{1}{1-\sigma}} \\ &= \frac{w}{\beta}\cdot n^{\frac{1}{1-\sigma}} \end{aligned} \tag{8.18}$$

将式(8.18)代入式(8.17)可得：

$$C(w,p)=\frac{1}{\alpha}\left[\frac{\alpha\beta}{(1-\alpha)(1-\beta)^2}\right]^{1-\beta}n^{\frac{\beta(1-\alpha)}{1-\beta}}w \tag{8.19}$$

将式(8.19)对 n 求偏导，可得：

$$\frac{\partial c}{\partial n}=-\frac{\beta(1-\alpha)}{n(1-\beta)}C(w,p) \tag{8.20}$$

由于 $0<\alpha,\beta<1$，$C(w,p)>0$，$n>0$，所以：

$$\frac{\partial c}{\partial n}<0 \tag{8.21}$$

由式(8.21)可知，生产性服务业的发展，降低了工业企业的成本，提高了生产效率。在这里，我们并不区分生产性服务业规模扩大是产品种类的增加还是产量的提高。这一结论也意味着,如果生产性服务业发展滞后,不能满足工业企业的需要,则将会阻碍工业企业生产效率的提高。这实际上意味着,以生产性服务业为代表的现代服务业与工业部门的协调发展将有助于提高工业部门的整体生产效率,推动工业结构不断向高端化迈进。

第二节 发达经济体去工业化与再工业化的经验分析

从世界各国尤其是西方发达国家经济发展的历程看,各国产业结构发展的演变既有一定的差异,也有一定的共性。其中一个重要的特性就是,工业结构随着社会经济的发展而不断变动。这种变动最主要的表现就是发达国家的去工业化和再工业化战略的实施。更具体地说,现代产业结构的演进主要表现在第二产业和服务业发展存在此长彼消的一个转换过程,是强调服务业发展向工业与服务业融合发展,推动工业结构再次升级和高端化的过程。下面我们探究主要发达国家去工业化和再工业化发展战略的演变,以期对我国工业结构升级战略的制定和实施有所帮助。

一、美国去工业化和再工业化的经验分析

发轫于西方的工业革命,使美国成为工业化的先行者。20 世纪初,美国完成了从农业占主导阶段向工业占主导阶段的转变。1899 年,美国的工业增加值已经远远超过农业的 18%,达到 44.1%,分别比第一产业和第三产业高 26.1 个百分点和 6.2 个百分点,而同一收入下

的各产业的标准比例①则分别为11%、48.4%和40.6%。由此可见，美国的产业结构相对比较合理，这可能是由于美国的工业化进程和产业结构的形成更多源自市场机制自发作用的结果。美国制造业产值在GDP中的份额占25.4%(基准的比重为29.6%)，相对劳动生产率②也比较高。尽管之后美国三次产业的增加值在GDP中的比重不断变化，但到20世纪70年代末期，美国的经济已经跨越工业化时代，开始进入一个崭新的阶段——后工业化时代。尤其在第二次世界大战后，美国确立了经济和技术上绝对领先的地位，工业化迅速推进并接近完成。这一阶段各产业结构变化的特征为：第一、二产业在经济中的比重继续下降并趋于稳定。这一事实意味着，随着后工业化时代的来临，产业结构表现出越来越软化的趋势。产业结构的这种变化主要是由不同产业生产效率的差异所引起的。经济的发展改变了美国的要素禀赋状态，为了发挥比较优势，美国开始将劳动密集型产业向外部转移，重点发展资本密集型产业。而以电子技术和生物技术为代表的第三次工业革命的到来，使美国又一次抢占了工业革命的制高点，将产业发展的重点由资本密集型向技术密集型转换。

20世纪80年代，伴随着西方经济增长“黄金期”的结束，美国经济开始迈入漫长的“滞涨期”。在国内成本快速上涨的前提下，为了获取更多利润，在全球化浪潮下，美国开始以产品内分工为手段，将低附加值的生产加工环节向发展中国家转移，以信息产业为主的高技术服务业为龙头，推动自身产业结构升级。信息经济的进步和互联网的快速

① 美国1900年的人均GNP为249美元，按照1958年美元超过1000美元。

② 由于无法获取该时期不同国家资本服务的数据，故用相对劳动生产率作为全要素生产率的替代指标。从可获得的数据看，这一时期为样本期间的最高值。

普及的确为美国经济带来过一段时期的繁荣，经济增长率保持较快稳定增长，失业率大幅下降。但在20世纪90年代中期至21世纪初，大量资金蜂拥而入，造就了经济的虚假繁荣。为了提振美国经济，货币政策开始转向，金融监管开始放松，金融创新导致的金融业的飞速扩张再次支撑了美国经济发展。但随着制造业的逐步转移，韩国、日本以及中国、印度等国家的制造业崛起，美国制造业的产值和就业人数一直在下滑，原来具有较强优势的汽车制造等领域的竞争力也在下降。20世纪70年代，美国制造业在经济中的比重一直稳定在30%左右，而2008年美国的这一比重为13%。与产值结构相对应的是，就业结构具有同样的变化趋势。与此相反的是，金融领域的高额利润使得资本不断从工业部门流出，转而流向金融领域。金融业的发展是与实体经济相伴而生的，离开服务实体经济而繁荣起来的金融业积累起来的必然是风险。2008年，风险爆发而导致的金融危机对美国经济造成了严重的损伤，并席卷全球。正是这次危机，使美国社会各界开始认真反思之前工业化发展的得失，并由奥巴马开始，提出了“再工业化”的战略，相继公布了一系列的政策措施，如《重振美国制造业框架》、《国家先进制造战略计划》和《国家制造创新网络计划》等等，希望复兴美国的制造业，带动美国经济繁荣和复苏。时至今日，尽管特朗普政府在政策和管理风格上与奥巴马政府有众多不同，但二者在推进美国制造业振兴方面的基本目标是相同的，有差异的仅仅是手段而已。

从美国产业结构发展历程来看，大致有以下特点。

(1) 美国市场机制完善，竞争充分，其产业结构的演进和发展属于典型的市场主导下的自然演进模式。因此，其产业结构的演进和发展遵循产业发展的一般客观规律，各次产业地位随着主导产业顺次演进而更替。在工业化时期，工业在国民经济中所占份额居于首位并保持相对稳定，服务业的变动不大或稍有上升；后工业化时期，农业在国民经济中比重继续下降并且地位保持稳定，服务业所占份额急剧上升，工业份额不断下降。伴随着美国产业结构的自然演进，各次产业的产值结构保持着合理性。与标准产业结构相比，美国的产值结构相对比较合理。随着各次产业主导地位的更替，产业结构也保持相应的变动并保持着合理性，各次产业得到较好发展。

(2) 在服务业发展的同时，由于政策失误和市场失灵，去工业化导致美国产业结构失衡，从而造成经济发展中工业竞争力的下降和整个经济发展的困难。为了弥补这种失衡带来的危害，美国政府实施了干预政策，通过推动制造业的振兴，来实现服务业与制造业的协同发展。

二、日本去工业化与再工业化的经验分析

日本作为资本主义后进国家，之所以能够迅速赶上发达国家，在很大程度上是由于借鉴先进国家的产业结构发展与升级规律，并依靠自身的后发优势，完成了工业化。

20 世纪初，日本依然是一个农业国家。1908 年，农业在 GDP 中的比重超过 40%，在国民经济中所占份额最大，第二产业在国民经济中的比重仅占 21%，在三个产业中处于最低水平。这个时期的日本还处于工业化的启动阶段。进入 20 世纪 20 年代末，日本扩充军备，加快发展重工业和化学工业(崔万有，2006)。这一时期，农业在 GDP 中的比重迅速下降，而工业产值比重上升很快。1925 年，农业和工业在国民经济中的份额为 28.1%和 37.7%，分别比 1908 年下降了 30%左右和上升了约 79.5%。尽管第二次世界大战对日本经济造成重创，但战后，日本开始大力推行产业合理化，逐步使产业结构由轻工业-农业主

导型向重化学工业主导型转化，发展出口贸易，大力推进资本积累，同时，积极培育中小企业。经过一系列调整，加上当时日本面临有利的国际环境，日本产业结构迅速走向合理，工业结构不断高级化。随着日本自身的发展与积极承接国际产业转移，在20世纪60年代中期，日本再次迈向高速增长时期，工业竞争力大幅提高，在国民经济中的份额不断攀升，三次产业结构的比重依次为9.7%、47.9%和42.4%，而标准的产业结构比重为10.9%、48.4%和40.7%。从第二次世界大战后日本产业结构变动轨迹来看，20世纪50年代中期至70年代中期日本实现工业化的过程中，尽管产业结构是在政府政策的导向下快速转变的，但各次产业间基本上保持了协调发展，工业结构也实现了同步高度化。20世纪60年代中期，三次产业结构的比重依次为9.7%、47.9%和42.4%，而标准的产业结构比重为10.9%、48.4%和40.7%。由于日本长达20年高速的经济增长和高度的重工业化，日本开始调整产业结构，逐步开始淘汰高能耗的产业，改变过去那种能源密集型的产业，使产业结构从过去的“重厚长大”转向“轻薄短小”，大力发展第三产业，实现产业结构软化、服务化和高附加值化的目标。纵观日本工业化发展历程，尽管产业结构是在政府政策的导向下快速转变的，但各次产业间基本上保持了协调发展，工业结构也实现同步高度化。

早期的日本通过承接先行工业化国家尤其是美国的劳动密集型制造业和资本密集型制造业，迅速提升工业竞争力，推动产业结构和工业结构高度化。20世纪80年代，日本依然提出“技术立国”的目标，并大力发展高新技术产业。20世纪70年代中期之后，布雷顿森林体系的崩溃阻碍了日本发展的步伐。国际货币体系的变化导致日元升值，出口导向的劳动密集型产业受到严重影响，加上劳动力的短缺，使生产成本快速上升。为了维持产业竞争力，日本也开始实施产业转移，首先转移出去的是利润较低的劳动密集型产业。随着经济总量的增加，日本与发达国家的贸易摩擦加剧。“广场协议”的签订，不仅加速了日本资本密集型产业甚至部分技术密集型产业向外转移，而且使大量国际资本进入日本，在高新技术产业尚未能够成为新兴主导产业时，资本大量进入证券市场和房地产市场，造成经济发展的巨大风险。土地成本的急剧攀升，使工业企业的经营举步维艰。而泡沫的破灭、国际资本的外逃，进一步加剧了制造业的向外转移。制造业的不断转移使原本平衡的产业结构失衡，导致经济增长率下降，使日本经济增长长期陷入低迷状态。为了改变这一现状，日本政府做了大量努力，其中重要的战略支撑就是在原有制造业优势的基础上，通过提升自身创新力，重振日本制造业。从某种意义上，可称之为日本的“再工业化”。

日本工业化发展的历史比较清晰地描绘了一个农业国家向工业国家转变过程中，产业结构协调发展对工业结构升级的影响。日本的工业结构升级具有如下特点。

(1) 产业结构的发展是在政府政策的主导下发生的，但政府干预强调以市场机制作用作为资源配置的主要手段。日本的工业化也是不断承接和转移优势产业的过程。

(2) 当产业结构发展遵循了一般规律，各次产业尤其是工业与生产性服务业协调发展能够促进经济增长与工业结构升级。

三、欧盟去工业化与再工业化的经验分析

作为一个与美国有类似传统的先行工业化经济体，欧盟的产业结构同样依赖市场的力量经自然演化而发展。但是，每个经济体由于其禀赋、时空等的差异，产业结构的演化有其自身的特征。

相对于美国，工业在欧盟经济发展中的作用和地位都要高一些，造

成这一现象的原因可能在于欧洲政策制定者认为工业是经济增长和就业的核心。2012年,欧盟的工业增加值占比15.1%,接近16%的世界平均水平,作为制造业强国的德国更是达到21%;与此同时,美国制造业增加值比重仅为12%。作为人类工业革命的起源地、工业化进程的探索者,市场是其产业结构演进和工业结构升级的关键力量。早期的工业化进程中,由于产业结构演进更多是市场自发的一个过程,其结构必然具有一定的合理性。在进入后工业化时代后,尤其是进入20世纪90年代之前,尽管工业占GDP的份额已经开始低于25%,但政策制定者依然将工业作为经济增长的基本动力。在此之后,在全球化浪潮下,伴随着知识经济时代的兴起,与美国相似,欧洲大多数国家开始更多关注位于价值链高端的现代服务业或者说生产性服务业,而忽视工业的发展,并将制造业向中国、印度等发展中国家转移。21世纪初至2008年金融危机爆发前,全球化进程加速使国际经济竞争加剧,欧盟及其内部大多数成员的国际竞争力呈卜降趋势。与此形成鲜明对比的是,一直以制造业立国的德国的经济和工业竞争力一直保持强劲,这引起了欧盟的关注,开始反思20世纪90年代以来过分依赖服务业发展的政策,重新重视工业在欧盟经济发展中的作用。2008年金融危机的爆发进一步推动了欧盟对于工业与服务业关系的深刻反思,工业地位进一步得到认可,确立了工业与服务业融合发展的战略,包括英国、法国等在内的西欧多国提出了"再工业化"战略,而德国更是提出了"工业4.0"计划,希望借助"工业复兴"再次提升欧盟竞争力。"再工业化"战略实施的核心内容是结合第三次工业革命的发展趋势,鼓励社会各界进行技术研发和创新,并改善融资环境,降低企业创新和经营成本,提升竞争力。

欧盟产业结构发展过程具有如下特点:①欧盟作为一个经济体,其产业结构发展同样遵循了产业结构发展的一般规律,其早期产业结构与标准产业结构相比，偏差程度不大，并帮助其顺利实现工业化；②欧盟“再工业化”的历程表明，产业结构尤其是工业与服务业结构的失调不利于经济增长和竞争力的提高，工业发展是欧盟经济发展的基本动力。

四、西方发达国家经验对中国的启示

从西方发达国家产业结构发展的规律来看，工业化进程中，产业结构的协调发展推动了工业结构升级。在全球化迅猛发展的今天，我国的产业结构调整已经融入世界产业结构的大系统中，借鉴发达国家产业结构发展的经验，充分利用发展中国家的比较优势和后发优势，对于推动我国产业结构协调发展、促进工业结构升级、加快经济发展具有重要意义。

（1）明确我国产业结构调整的方向。一方面，应该充分认识到各个国家由于资源禀赋、进入工业化的时空等诸多的差异性，各个国家工业化过程中的产业结构都有其自身的特点。在遵循产业结构发展一般规律的前提下，可借鉴西方先行工业化国家的产业发展经验，结合我国国情，制定具有适应性和灵活性的产业政策，促进我国产业结构协调发展，推动工业结构升级。另一方面，要紧跟世界产业结构发展的潮流，顺应产业结构发展的趋势，充分利用国外资源和市场，承接国外产业转移，推进我国产业结构协调发展和工业结构升级。

（2）无论是市场自发形成还是政府引导或干预下形成的产业结构，产业结构尤其是工业与生产性服务业的协调发展都推动了工业结构升级。因此，我们应该通过产业政策的调整，不断推进产业结构协调发展，尤其是生产性服务业的发展，进而推动工业结构升级，加快我国工业化进程。

(3)政府的产业政策能加快产业结构的调整，但产业结构的发展离不开市场的作用。尽管日本的产业结构发展历程表明，灵活而合理的产业政策能加快产业结构调整的步伐，加快工业化过程，但美国、欧盟产业结构发展的历程表明，以市场为主导的产业结构的自然演化更容易形成合理化的产业结构，推动产业结构的调整，日本的产业结构政策也是以市场作为资源配置的主要手段。产业结构是否协调、工业结构能否升级并不取决于政府官员的决心等主观因素，而是取决于市场检验。因此，我国在制定产业政策时，必须以市场为导向，遵循产业发展的客观规律。

第三节 中国产业结构演进与现状分析（去工业化趋势与潜在问题）

在推动工业升级过程中，我国产业结构是如何演进的，其现状如何？存在什么问题？为了回答这些问题，依据工业化的进程，将我国产业结构演进分为以下几个阶段进行分析。

一、中国产业结构的演进历程

(一)工业化初期产业结构失衡发展阶段(1949—1977)

新中国成立初期，我国还是一个典型的农业社会，工业生产水平非常低下，远不能满足社会生产和人们的基本物质生活需要。1949年，中国的主要工业品的产量为：原煤3243万吨，钢15.8万吨，水泥66万吨，化肥0.6万吨，棉布18.9亿米。社会总产值中农业产值比重达到58.53%，工业产值仅占25.13%。经过近30年的发展，尽管存在一些不足，但我国的产业结构发生了巨大的变化，在计划经济体制下，我国初步建立起了完整的工业体系。农业总产值在社会总产值中的比重由新中国成立初期的58.53%降至1977年的20.87%，年均下降3.62%；工业和建筑业的比重在上升，分别由新中国成立初期的25.13%、0.72%上升到1977年的62.05%、7.7%，年均上升率分别为3.28%和8.83%；运输业的比重基本未发生变化，1949年为3.41%，而1977年则为2.98%；商业的比重在下降，1949年为12.21%，1977年则为6.4%，年均下降2.28%。

尽管这一时期，农业产值在国民经济中的比重一直在降低，从1949年到1977年的28年间下降了37.66个百分点，而工业所占比重上升了37个百分点，同时，工业产值中轻、重工业的比重分别由1952年的64.5%、35.5%变为42.7%和57.3%，从产值比例来看，无论是产业结构还是工业结构都在不断高度化，但这种高度化是在特定的历史条件下以及特定的发展战略下形成的工业结构的“虚高度化”。新中国成立之时，鉴于当时严峻的国内外形势，加之苏联经济发展模式对我国的影响，我国脱离了产业结构阶段有序发展的轨道，在人均GDP水平极低和产业总体呈现劳动集约特征的条件下，随着优先发展重工业战略的提出与实施，重工业得到快速发展，我国的产业结构直接由以农业为主向以重加工工业为重心的发展阶段转移。在这一过程中，通过配置和转换国内资源，我国建立起重型机械工业，自己生产制造大型冶炼设备、采矿设备、机械设备，建立起汽车工业、拖拉机制造业等等，建立了比较完备的工业体系和国民经济体系，推动了重工业的较快发展。但是，在经济发展水平还比较低的时候，由于社会经济资源有限，重工业超常规的长期发展必然导致轻工业发展的经济资源不足，造成轻工业发展薄弱，社会消费水平低下，使轻重工业比例严重失调。由于实行优先发展生产资料和重工业的发展政策，不可能使三次产业之间及工业内部轻重工业之间协调发展，因此，与产业结构标准模式相对比，我国的产业结构与标准的产业结构相距甚远也就成为必然，而畸形的产业结构不可能促进工业结构升级。改革开放后，产业结构的逆转也证明了这一结论。这一事实表明，当时我国产业结构的发展违背了产业发展的一般规律。因此，谈不上产业结构的协调发展，工业结构也不可能实现持续升级。

（二）工业化初期产业结构纠偏（1978—1992）

改革开放后，为了扭转产业之间及产业内部发展的严重失调现象，促进产业结构协调发展，推动工业结构升级和经济发展，我国实施了一系列结构调整政策。根据产业结构演变的特征，我们将这一阶段分为两个时期：农业和工业结构调整时期以及服务业调整时期。

1. 第一个时期：从1978年到1984年

这一时期以农村改革为契机，主要调整农业与工业之间以及工业内部轻工业和重工业之间的发展关系。经过出台一系列的政策措施，产业结构的发展开始朝着相对协调的方向发展。第一产业的比重迅速上升，而第二产业比重下降。1982年，第一产业的比重达到33.4%，比1978年的28.2%提高了5.2个百分点。1984年，第二产业比重为43.1%，比1978年下降了4.8个百分点，而同时期，工业的比重由1978年的44.1%下降到1984年的38.7%，下降了5.4个百分点。工业在国民经济中所占比重下降的幅度大于第二产业下降的幅度。而同时，在近7年间，第三产业仅上升了1个百分点，基本保持不变。这些事实表明，这个时期实行的以家庭承包经营为核心的农村经营体制改革极大地解放了农业生产力，推动了第一产业的发展，从而使工农业比例不协调的状况得到了极大改善。在工业化过程中，农业比重的迅速提高和工业份额的下降，即工农业比重的逆转，是我国产业发展过程中一种特有的现象，实质上是对不协调的产业结构进行调整的结果。

从工业内部的产值变化来看，我国工业结构内部发展也趋向协调发展。不仅轻工业快速增长，而且轻重工业内部加工业发展较快。这一时期，我国独立核算工业企业的轻工业产值年均增长率达到11.7%，高于同期重工业增长率5.1个百分点；轻工业占整个工业比重由1978年的42.7%上升到1990年的49.9%，重工业则由1978年的57.3%下降到1990年的50.1%。在轻工业内部，以农产品为原料的轻工业和以工业品为原料的轻工业所占比重持续提高，由1979年的29.9%和13.2%增加到1985年的34%和16%。工业结构内部轻工业和重工业比例的变化不仅与国家的发展策略有关，更受制于要素禀赋结构和技术水平。改革开放初期，我国资金严重匮乏，技术水平低下，重工业属于资本和技术密集型行业。与此同时，我国面临大量的剩余劳动力，劳动力成本低廉，而轻工业大多属于劳动密集型产业。因此，我国适时调整了工业发展策略，推动轻工业发展，使工业内部结构更加符合产业发展的基本规律。

2. 第二个时期：从1985年到1992年

这一时期，我国第一产业的比重再一次开始下降，第三产业比重稳中有升。第一产业的比重，从1985年的28.4%下降到1992年的21.8%，下降了6.6个百分点。同一时期，第三产业的比重由28.7%上升到34.8%，达到了历史的最高点，上升了6.1个百分点。计划经济时代，将服务业作为非物质生产的寄生部门，从而整个社会都忽视服务业的发展。改革开放后，随着人们观念的转变，服务业被作为国民经济中重要的一部分，并且能够提供满足人们基本生活需求的各种服务，加之，人们收入水平开始快速增长，这些都为服务业的发展提供了良好的条件。在这一变化下，社会资源开始向服务业转移，在较短时间内获得了长足的发展。第三产业的发展也带有补偿发展的性质，弥补长期以来对第三产业的忽视而造成其发展的滞后。同时，第二产业比重保持在43%左右，基本维持不变。尽管这个时期产业结构的变化依然属于结构纠偏，但此时的产业结构开始逐步向着协调的方向发展。

（三）工业化中期重化工业发展阶段(1993—2006)

1993—2006年的近15年间，农业增加值的比重继续降低，由1993年的19.3%下降到2006年的10.6%，下降了8.7个百分点。第二产业的比重稳中有升，从46.2%上涨到47.6%，尽管上涨幅度不大，仅上涨了1.4个百分点，但第二产业几乎占整个GDP的一半左右，其中工业占比42%，略高于服务业的41.8%。第三产业增加值的比重由1993年的34.5%上升到2006年的41.8%，增长了7.3个百分点。从工业内部来看，工业结构再次呈现重型化特征。1993年，我国轻工业占工业产值的比重为44%，重工业占工业产值的比重为56%。到2006年，轻工业比重下降到29.9%，而重工业则上升到70.1%，体现了工业进程加速中的结构转变特征。这表明在市场需求拉动和政府政策引导下，重工业重新复苏，成为工业和经济增长的主导力量。

经过近15年的调整，以往畸形的产业结构得到初步矫正。从1992年开始，我国市场经济体制改革全面启动，自此以后，市场的力量在结构调整中开始发挥越来越重要的作用。随着我国经济的快速发展，产业结构发生了较大的变化，工业成为整个社会的主导产业，工业技术向整个社会快速扩散，工业在整个国民经济中的比重稳步上升。1990年，工业增加值在国民经济中所占比重达到36.6%，为改革开放以来的最低值。之后开始逐步回升,并于2006年重新达到42%。从工业内部结构看,轻工业比重下降而重工业比重大幅上升,工业结构表现出一定的高度化,带动了经济快速增长。从全要素生产率绝对值看,我国工业生产效率增加值从1993年的0.83%上升到1997年的0.87%,1995年达到最高点1.0%。随后,全要素生产率急剧下降且趋于平稳。1988年全要素生产率增加值仅为0.48%,自1980年以来第一次低于0.5%,与1997年相比下降了45%,而且此后基本上保持在0.5%左右。这固然有1998年后的亚洲金融危机对工业结构的升级造成的影响,但之后全要素生产率一直较低的事实从另一个侧面表明,我国的工业化依然属于粗放式的总量增长,工业结构有待进一步升级。

(四)工业化中后期产业结构优化升级阶段(2007年至今)

2007年开始,我国第一产业的增加值在国民经济中的份额继续下降,由2007年的10.3%下降到2016年的8.6%,近10年间下降了1.7个百分点。由于工业增加的比重由41.3%下降到33.3%,下降了8个百分点,这也导致第二产业的比重由46.9%下降到39.8%,下降了7.1个百分点。而与此同时,服务业的比重由42.9%上升到了51.6%,上涨了8.7个百分点,几乎达到每年1个百分点。这意味着,资本、劳动等生产要素主要流向了服务业,我国服务业发展开始进入了一个快速增长的时期。从产业发展的一般规律看,经济的发展将会带来第一、二产业产值和就业比重的下降,而服务业占比则不断上升。从发达国家的一般经验来看,当社会经济处于高度化阶段时,工业在国民经济中的份额往往在15%左右。目前,从整体而言,我国工业化尚未完成,这意味着,未来可以预见的一段时间内,我国的工业增加值占比依然会下降,而服务业占比则会持续上升。由于中国区域经济发展严重失衡，工业化进程差异也较大。2016年，珠三角地区、以上海为代表的长三角地区以及京津地区，这三个区域的人均GDP超过1.7万美元，按照经济组织的最新标准，这些地区进入高收入阶段。从产业结构角度看，这些地区具有典型后工业化时期的特征，先进技术已经成为工业化的主导。以北京为例，2016年北京的第二、三产业占比分别为19.17%和80.3%，第一产业占比不足1%，服务业成为经济发展的主导产业。大多数中西部地区依然处于工业化中期，甚至中期前半段，传统工业依然是其经济发展的主导产业。2016年，河南的三次产业比例依次为10.7%、47.4%和41.9%，与美国1900年工业化时期的产业结构接近。

Pieper(2000)和Kang(2005)认为，从产业结构角度讲，去工业化主要体现为制造业在国民经济中比重的下降及服务业的上升。根据这一定义，中国目前即将进入去工业化阶段(王秋石，王一新，2014)。在制造业面临着土地成本急剧上升、人口红利消失、汇率上升以及东南亚国家的竞争等诸多不利因素的影响下，部分发达地区已经进入去工业化过程(高文静，2016)，其主要表现是制造业比重不断下降或者服务业已经成为地区经济发展的主导产业。从产业发展的一般规律看，去工业化实际上是经济发展的必然结果，是产业结构高级化的一种表现。从产业协调发展、推动经济增长、增强竞争力的角度看，我国某种程度的去工业化与西方发达国家的再工业化战略的实施本质上并无差别。我国的去工业化是在矫正工业化过程中由于市场作用不足和资源配置扭曲所导致的产业结构不合理，这主要是由于长期以来我国经济发展以工业发展为核心，而工业又以扩大生产要素投入的粗放式生产为主导来推动工业增长，导致服务业尤其是对工业结构升级具有重要作用的生产性服务业发展严重滞后。而西方发达国家由于过分强调服务业发展，忽略了工业部分的发展，同样导致产业结构的失衡。因此，二者都是努力使产业协调发展以推动整个经济增长。

综上可知，改革开放前，由于特殊的历史背景和发展战略，以牺牲农业和轻工业发展来换取重工业优先发展的战略和措施，使我国在人均国民收入处于较低水平时，基本建成了一个门类齐全的工业化体系，并为后来我国工业化快速推进奠定了基础。在这种环境下，产业结构的变动偏离了产业结构发展的一般规律，产业间和产业内的协调发展无从谈起，也不可能有工业结构的持续升级。改革开放后，随着畸形的产业结构得到矫正，产业结构逐步趋向协调。随着市场经济的确立，我国逐步进入重工业时代，农业产值的比重逐渐下降，工业产值的比重逐步上升；中国的主导产业已由农业演变为工业。进入21世纪以来，尤其是2012年以后，我国服务业占比首次超过第二产业，我国产业发展中开始出现去工业化的趋势，产业结构不断向合理的方向迈进。然而，在工业化尚未完成的中国，产业发展过程存在哪些问题，如何避免它们，以加速实现工业化，成为接下来需要考虑的问题之一。

二、我国产业结构演进中存在问题分析

（一）工业自主创新能力不足，制约工业结构高度化

近几年来，我国出台了一系列发展制造业的规划和措施。2015年，《中国制造2025》规划正式发布，至此，中国版的“工业4.0”计划将会引领未来我国工业的发展。为促进一些关键领域发展，推动工业结构和经济转型升级的配套政策相继实施。长期以来，加大研发投入力度的成效也初步显现，部分领域的尖端技术获得突破，甚至引领未来的发展。但就整个工业而言，自主研发水平较低，许多主导产品缺乏核心

技术，关键设备依赖进口，高技术行业的技术含量整体不高等问题仍然存在。我国主要工业领域自主创新能力薄弱，拥有自主知识产权、自有品牌的产品少，高技术产业技术含量和附加值不高，对外资依赖比较严重。目前，我国工业技术的自主知识产权少，在发明专利中，国外授权量达到总量的2/3；我国一半以上的主要机械设备技术、多数电子信息设备的核心技术需要从西方发达国家引进。2016年，我国集成电路的进口金额为2270.26亿美元，同期原油进口金额为1164.69亿美元，前者是后者的近两倍，而我国的原油对外依赖度高达60%。由此可见，我国芯片行业研发和制造能力极端不足，在有限的生产能力中，集成电路装备制造的95%依赖进口。与集成电路相类似的还有轿车制造装备、高档数控机床、纺织机械及胶印设备等高端工业生产能力，据统计，这些领域的装备制造的70%左右依赖进口。虽然，我国机电产品和高技术产品出口增长较快，但大多采取贴牌生产，仅承担高技术产品中的劳动密集型环节，处于附加值低端。

（二）高加工度产业发展不足，工业结构虚高度化的问题突出

2015年，服装和纺织的增加值比例不足0.5，不但低于美、日、德等发达国家1992年0.64的平均水平，而且低于韩国和巴西；重工业的加工程度差距更大，以机械类工业与钢铁和有色金属的比例来看，中国基本上保持在3左右，不但大大低于发达国家9.28的平均水平，而且低于韩国1991年4.69的水平。同时，缺乏国际知名品牌，行业整体附加值较低，尤其是国外附加值高的机械电子工业，中国的增加值率明显偏低。如劳动密集型的食品、纺织等轻工业增加值率，中国略低于日本，而机械工业、运输设备制造工业、仪器仪表业等增加值率与发达国家差距更大，比日本低5～16个百分点。从表面上看，我国工业结构高度化

达到较高水平。一是制造业占国内生产总值和工业的比重较高。2016年,工业在GDP中的比重达到33.3%,在第二产业中的比重达到83.67%,这样的比重已大大高于同等收入水平国家。我国高新技术产业总产值占制造业比重在21世纪初持续下降,从2004年的16.2%下降到2010年的12%;近几年开始止跌回升,2015年达到14.1%,尚未回到原有水平。然而,在我国高新技术产业中来料加工和进料加工的贸易所占比重高达80%以上。二是出口商品结构中,高新技术产品所占份额较大。2014年,我国高新技术产业出口额达5586亿美元,远高于美国的1556.4亿美元和德国的1997.18亿美元。国内企业主要承担上述部门中的劳动密集型加工组装工序,而实际技术密集程度、研究开发比重和附加值都相当低。以智能手机为例,2016年,苹果公司利润达到449亿美元,当年全球智能手机的总利润大约为537亿美元,仅苹果公司利润就占全球智能手机总利润的83.6%,韩国的三星为14.6%,国内所有手机公司的利润加起来不超过6%。与此形成鲜明对比的是,我国智能手机的总产量的增速为6%,远超世界2.35%的平均水平。这表明,我国工业结构明显具有虚高度化的性质。

(三)产业发展有去工业化趋势,但服务业内部发展失衡

随着工业化的推进和人均收入水平的提高,我国也出现了去工业化的趋势,部分发达地区甚至已经实现了去工业化。Rowthorn和Ramaswamy(1999)认为,去工业化是一国经济发展到一定水平后通常会出现的一种经济现象。根据这一理论,去工业化应该发生在已经实现了工业化的国家或地区,我国尚未完成工业化,何谈去工业化?造成这一现象的主要原因在于我国产业演化过程中产业结构的失衡。长期以来,我国过于重视工业发展而忽视了服务业发展,因此,我国适度地

去工业化实际上是对失衡的产业结构的一种调整和补救措施。无论与发达国家在工业化过程中相同的工业化阶段相比还是与同等收入的发展中国家相比，我国服务业发展整体滞后。根据王展祥和魏琳(2012)的分类，去工业化可以分为总量去工业化模式和结构性去工业化模式。总量去工业化模式主要是制造业的产值和结构的下降，将资源更多转移到服务业发展中去，美国就是这种模式的典型代表。结构性去工业化模式实际上保留了制造业中最具有竞争力的部分，甚至通过制造业的主动调整，强化高端制造业，而将附加值低的制造业转移或淘汰，将资源投入到高端制造业和服务业发展中去，德国是该模式的典型代表。结构性去工业化本质上是工业结构的升级和优化，是提升制造业竞争力的途径和手段。然而，如果我国去工业化的程度和方式不合理，尤其是采用总量去工业化模式，或许将会在我国未完成工业化的条件下出现产业“空心化”，给我国工业化和经济发展带来危害。无论是从西方发达国家的经验教训，还是从我国工业化历程来看，制造业都是整个经济社会发展的基本驱动力之一，是技术创新的源泉。尽管少部分发达地区已经实现工业化，但这是在国内分工合作的前提下实现的，如果没有其他地区发达的制造业，这些地区的经济发展将面临巨大的困难。而更多的地区依然处于工业化中期阶段，去工业化将导致原本就缺乏竞争力的制造业变得更加脆弱甚至丧失基本竞争力，从而步入中等收入陷阱。

服务业总量快速增长的背后是我国服务业内部结构的失衡。由于工业化进程的差异，不同性质服务业在不同区域内的地位和作用大相径庭。近年来，无论是消费性服务业还是生产性服务业，其增加值都不同程度出现了大幅增长，分别由2011年的1.92万亿元和15.21万亿元增长到2015年的2.79万亿元和24.54万亿元。但是不同性质的服务业所占的比重不尽合理，从服务业内部来看，消费性服务业在GDP中的比重一直保持在3.9%左右，几乎没有变动。而生产性服务业的比重略有增长，由2011年的31%上涨到2015年的35.6%，上涨了4.6个百分点。从细分行业来看，2011至2015年间，金融业年均增长率居所有服务业之首，达到17.19%，同时，金融业在国民经济中的比重达到8.40%，仅仅低于批发零售业。尽管金融在工业结构升级过程中具有不可或缺的重要作用，但由于我国经济发展的特殊性，近些年，金融在实体经济之外，更多地在金融体系内部空转或者大量流向房地产领域，加大了经济运行风险，并造成一定程度上的泡沫，恶化了工业结构升级的环境。可喜的是租赁商务服务业及信息传输和软件业，比重达到15.9%左右，科学研究和技术服务业的比重也达到14.14%，远高于国民经济平均增速。这说明，近些年整个社会对信息技术和科技研发投入不断加大，但科技研发和技术服务业依然在国民经济中占比非常小，仅为1.95%，远远低于房地产业6%的水平。这也说明目前的高速增长是带有补偿性质的增长。

为了加快推进我国工业化进程，促进经济增长方式的转变，提升经济竞争力，当务之急是要继续矫正不合理的产业结构，推进工业结构升级。如何矫正失调的产业结构、优化产业内部结构，成为摆在我们面前亟待解决的问题之一。从世界发展的整个趋势来看，知识密集型的生产性服务业，正在成为企业提高劳动生产率和产品竞争能力的关键投入，更是企业构成产品差异和决定产品增值的基本要素。大力发展生产性服务业，是在工业经济高速增长的条件下加速工业结构升级，实现整个第二产业由粗放型增长向集约型增长的关键环节，是制造业提升核心竞争力的必然选择。

第四节
发展第三产业的关键：生产性服务业

生产性服务业对工业的重要作用是由生产性服务业自身的特性决定的。生产性服务业大部分以人力资本和知识资本作为其主要投入运用到生产过程，提高产品的竞争力和附加值。进入后工业化时代以来，西方发达国家大力发展生产性服务业，以增强制造业的竞争力。随着我国工业化进程的推进，生产性服务业获得了巨大发展，但整体而言，我国生产性服务业尤其是科技研发等关键性服务业发展依然滞后。2015 年，我国生产性服务业占国民经济的比重为 35.16%，而德国的这一比例为 45%～50%。如何推动生产性服务业的发展成为亟待解决的重要问题之一。

一、生产性服务业的定义、分类

要准确和深入分析生产性服务业，首先要解决的是行业划分。生产性服务业（又称生产者服务业）是现代服务业的核心，它是一种高智力、高集聚、高成长、高辐射的现代服务业，贯穿于生产、流通、分配和消费等社会总生产的各个环节之中。据说，它最早是由 Greenfield（1966）对服务业或服务部门进行功能分类时提出的，后经由 Browning 和 Singlemann 发展而成。

生产性服务是指那些被其他商品和服务的生产者用作中间投入的服务。对应地，生产性服务业则指生产性服务业企业的集合体。尽管学者对生产性服务业的这一功能性定义基本上达成了一致看法，但是，对其所包含的具体活动的外延还没有形成统一的意见。Browning 和

Singlemann(1975)提出,生产性服务业包括金融、保险、法律、商务和经纪等知识密集型专业服务。Mareshall(1987)认为,生产性服务业包括:与信息处理相关的服务业,如流程处理、研发、广告、市场研究、摄影等;与实物商品相关的服务业,如商品销售和存储、废物处理、设备安装、维护和修理等;与个人支持相关的服务业,如福利服务、保洁等。Howells和Green(1986)认为,生产性服务业包括保险、银行、金融和其他商业服务,如广告和市场研究,以及职业和科学服务,如会计、法律服务、研究与开发等为其他公司提供的服务。我国香港地区贸易发展局认为生产性服务业包括专业服务、信息和中介服务、金融保险服务以及与贸易相关的服务。我国政府在《国务院关于加快发展生产性服务业促进产业结构调整升级的指导意见》(国发〔2014〕26号)和《国务院关于印发服务业发展"十二五"规划的通知》中将研发设计、第三方物流、融资租赁、信息技术服务、节能环保服务、检验检测认证、电子商务、商务咨询、服务外包、售后服务、人力资源服务和品牌建设等细分行业作为生产性服务业重点发展的行业,这实际上对生产性服务业的外延大致做了规定。2015年6月,根据上述两个文件的基本要求,国家统计局公布了我国生产性服务业的细分行业。

我们依据国家统计局关于生产性服务业的分类并结合数据的可得性将生产性服务业细分为批发和零售业,交通运输、仓储和邮政业,信息传输、软件和信息技术服务业,金融业,房地产业,租赁和商务服务业,以及科学研究和技术服务业等行业和部门。

二、生产性服务业与制造业的关系

明确生产性服务业与制造业的关系,是制定合理的生产性服务业发展战略的前提条件。随着生产性服务业在全球范围内迅速崛起及持续快速发展，生产性服务业与制造业的关系一直是国内外学者关注的重点，相关的研究成果不断涌现。

生产性服务业与各产业间关系的研究主要集中在生产性服务业与制造业的关系上。目前理论界流行的关于二者关系的四种观点分别是需求遵从论、供给主导论、互动论、融合论。

(1) 需求遵从论。20 世纪 80 年代末，Cohen 和 Zysman(1987)以及 Guerrieri 等(2005)学者提出"需求遵从论"的假说，认为制造业是生产性服务业发展的前提和基础。而 Francois(1990)认为，随着市场的扩张，厂商个数和生产规模会扩大，分工被更加细化，使生产性服务业同制造业不断分离，从而促进生产性服务业不断发展。郝国彩和张朕(2016)借助山东的数据对二者关系进行分析，他们认为，第二产业的引致需求是现阶段山东省服务业发展的主要驱动力，但是这种引致效应相对较弱。曲婉和冯海红(2016)指出，高技术产业对生产性服务业有着显著的技术溢出，能够通过有效改善高技术服务业的生产效率和技术水平，推动生产性服务业实现创新驱动发展。

(2) 供给主导论。20 世纪 90 年代末，供给主导论慢慢地取代需求遵从论成为主流观点，即服务业尤其是生产性服务业是制造业生产效率得以提高的前提和基础，没有发达的生产性服务业，就不可能形成具有较强竞争力的制造业部门(Karaomerlioglu & Carlsson, 1999)。Markusen(1997)将生产性服务业作为中间产品引入数理模型之中，揭示了生产性服务业促进制造业和经济增长的内在机理。Markusen 的研究从供给角度揭示了生产性服务业与制造业间的关系。然而，令人遗憾的是，这一研究仅仅停留在逻辑推演上，缺乏来自实践的经验证据。而顾乃华以及江静等人的研究则在一定程度上弥补了这一缺憾。顾乃华等(2006)和江静等(2007)都认为，发展生产性服务业有利于提升制造业的竞争力。贺正楚等(2013)发现,战略性新兴产业在驱动生产性服务业发展时,二者的互动与融合并不显著。为改变这种状况,我国生产性服务业与战略性新兴产业,均应由制造业驱动向服务经济驱动转变。

(3) 互动论。互动论是对上述两种观点的吸收与融合,持这种观点的学者认为,随着经济规模特别是制造业部门的扩大,对生产性服务业的需求会迅速增加,这将会促进生产性服务业的发展,而生产性服务业的发展提高了制造业部门的竞争力,进一步加速制造业部门发展(Park,1989),从而生产性服务业和制造业部门表现为相互作用、相互依赖、共同发展的互动关系(Daniels,1985;Coffey,1991;陈宪、黄建锋,2004)。因此,生产性服务业与制造业并非简单的因果关系,而是技术关联条件下不断加强的互动关系(Guerrieri & Meliciani,2005;邹昊等,2006;原毅军等,2007)。我国学者吕政等(2006)运用经验分析法对生产性服务业与制造业互动发展关系的内在机理进行了深入分析,为研究二者间的关系提供了有益的启示。高觉民和李晓慧(2013)认为,生产性服务业的发展促进了制造业的增长,同时,制造业的增长显著促进了生产性服务业的发展,而且生产性服务业内部各部门与制造业之间均呈现互动发展关系。邱灵(2014)通过总结西方发达国家制造业与生产性服务之间的互动关系,对如何促进二者有效互动提出了相应对策。

(4) 融合论。随着通信技术的发展和广泛应用,现实世界里生产性服务业与制造业之间的关系出现了新的变化——两者之间的边界越来越模糊,出现了融合趋势。Lundvall和Borras(1998)、夏长杰和夏晴(2010)、杨仁发和刘纯彬(2011)等学者根据两者关系发展的新形势,提出了融合论的观点:二者不再局限于需求-供给或互动的关系,而是出现一定的融合趋势。最近有学者从产业共生的角度分析了生产性服务业与制造业间的关系，如胡晓鹏和李庆科(2009)、徐学军(2011)等。

本章的研究与已有研究不同，本章以促进我国生产性服务业发展为出发点，基于我国1987—2015年的生产性服务业与制造业的时间序列数据，借助误差修正模型，对我国生产性服务业与制造业间的发展关系进行深入分析。一方面为现代服务经济的研究提供新的经验证据，另一方面为促进我国生产性服务业快速发展的政策制定提供借鉴参考。

(一) 研究方法描述

为了克服变量间的内生性问题，本章借助三变量误差修正模型(ECM)研究生产性服务业与制造业间的关系。按照Engle和Granger的研究，协整向量提供了检验和估计经济变量间长期和短期联系的基础。若变量间存在协整关系，两个由误差修正项表示的序列一定至少存在一个方向的Granger因果关系。因此，在确定变量间存在协整关系之后，就一定能够建立误差修正模型方程，以分析变量间的因果关系。

不同的研究对生产性服务业和制造业发展指标的选取也有相当的差异。经常使用的指标有增加值、增加值比重、就业比重、产业密度等。本章选取增加值来衡量生产性服务业与制造业的发展。我们定义ps_t和m_t分别表示生产性服务业和制造业的增加值，为了避免时间序列数据中的异方差影响，我们对其进行对数化处理。如果$\ln ps_t$和$\ln m_t$具有同样的稳定变化趋势并且保持长期均衡，这两个变量就是协整的，从而能够避免研究中通常出现的“伪回归”。进一步，通过运用误差修正模型，我们能分析生产性服务业和制造业变化的长短期趋势。当$\ln ps_t$和$\ln m_t$具备协整关系时，协整回归可以表示为误差修正模型，其双变量一般表达式为：

$$\Delta \ln m_t = b_0 + b_1 \text{ecmm}_{t-1} + \sum b_{2i} \Delta \ln \text{ps}_{t-i} + \sum b_{3i} \Delta \ln m_{t-i} + u_{1i} \tag{8.22}$$

$$\Delta \ln \text{ps}_t = a_0 + a_1 \text{ecmps}_{t-1} + \sum a_{2i} \Delta \ln \text{ps}_{t-i} + \sum a_{3i} \Delta \ln m_{t-i} + u_{2i} \tag{8.23}$$

其中，Δ代表变量差分，a_i，b_i为系数，t代表年份，i为滞后期数，u_{1i}和u_{2i}为白噪声。式(8.23)中的误差修正项ecmps_{t-1}为$\ln\text{ps}_t$对$\ln m_t$进行最小二乘法(OLS)回归后的残差滞后一期序列，式(8.22)中的误差修正项ecmm_{t-1}为$\ln m_t$对$\ln\text{ps}_t$进行OLS回归后的残差滞后一期序列。在误差修正模型中，误差修正项ecmps_{t-1}和ecmm_{t-1}体现了长期动态趋势。由于经济系统的复杂性，生产性服务业增加值和制造业增加值之外的其他变量也可能导致二者之间发生因果联系。例如外商直接投资(FDI)不仅反映了其对生产性服务业的需求，而且反映了溢出效应对生产性服务业发展的影响。因此，我们将FDI_t引入误差修正表达式，形成三变量误差修正模型，公式表述为：

$$\Delta \ln m_t = b_0 + b_1 \text{ecmm}_{t-1} + \sum b_{2i} \Delta \ln \text{ps}_{t-i} + \sum b_{3i} \Delta \ln m_{t-i} + \sum b_{4i} \Delta \ln \text{FDI}_{t-i} + u_{1i} \tag{8.24}$$

$$\Delta \ln \text{ps}_t = a_0 + a_1 \text{ecmps}_{t-1} + \sum a_{2i} \Delta \ln \text{ps}_{t-i} + \sum a_{3i} \Delta \ln m_{t-i} + \sum a_{4i} \Delta \ln \text{FDI}_{t-i} + u_{2i} \tag{8.25}$$

其中，$\ln\text{FDI}_t$为外商直接投资的自然对数序列。将其作为控制变量引入模型后，我们能更准确地把握制造业和生产性服务业间的关系。如果ecmps_{t-1}和ecmm_{t-1}的回归系数在统计上显著，则意味着生产性服务业和制造业之间存在着长期相互影响，二者为双向Granger因果关系；反之，则说明二者相互影响不显著，即为单向Granger因果关系。

$\Delta \ln ps_t$ 和 $\Delta \ln m_t$ 滞后项的系数可以视为短期参数，表明了自变量对 $\Delta \ln ps_t$ 和 $\Delta \ln m_t$ 的短期影响。

（二）数据说明

考虑到理论认识的一致性及数据的可得性，本章将制造业细分为工业部门中除去采掘业和水电气生产等 9 个部门之外的全部行业部门。样本区间定为 1987—2015 年。数据选自历年《中国统计年鉴》、《中国高新技术产业统计年鉴》、《中国工业统计年鉴》和《中国经济普查年鉴》。本章对所有的数据进行了相应的指数平减。鉴于科技服务业增加值指数的缺失，用第三产业中其他产业增加值指数代替科技服务业增加值指数。

（三）经验分析

在分析生产性服务业和制造业的协整关系之前，首先进行序列平稳性检验。我们用 EViews 9.0 软件进行单位根检验，检验结果如表 8-1所示。

表 8-1　ADF 单位根检验结果

变　　量	检验形式（C,T,K）	ADF 检验统计量	临　界　值
$\ln m_t / \Delta \ln m_t$	$(c,t,0)/(c,t,0)$	−1.36/−3.45	−3.28/−3.29*
$\ln ps_t / \Delta \ln ps_t$	$(c,t,2)/(c,t,0)$	−1.47/−3.40	−3.30/−3.29*
$\ln FDI_t / \Delta \ln FDI_t$	$(c,t,1)/(c,n,3)$	−1.63/−3.75	−3.28/−3.08**

注：检验形式（C,T,K）分别表示单位根方程中常数项、时间趋势（n 表示无时间趋势）和差分滞后阶数，滞后阶 AIC 准则确定，Δ 表示差分算子。* 为 10% 的临界值，** 为 5% 的临界值。

由表 8-1 可知，各变量的水平序列均存在单位根，而一阶差分序列则是平稳序列，因此，各变量序列为 $I(1)$。由于不平稳时间序列不能直接进行回归，需要通过协整检验各变量是否存在协整关系，我们使用Johansen特征迹检验变量之间是否存在协整关系，检验结果如表8-2所示。由表8-2所示结果可知，在5%的水平下，三个变量间存在一个协整关系，即在95%概率度下，有理由相信生产性服务业增加值、制造业增加值以及外商直接投资间存在长期均衡关系。由于$\ln m_t$、$\ln ps_t$和$\ln FDI_t$间至少存在一组协整关系，我们进一步利用式(8.24)和式(8.25)组成的误差修正模型检验变量间存在的长期及短期因果关系。

表8-2给出了经GTS理论修正后的约束误差修正模型的检验结果，从检验结果可知，两个方程拟合情况较好。回归标准差不超过0.06，我们选择滞后一期的RESET检验通过了所设定误差修正模型的适用性。ARCH检验说明随机扰动项基本上是同方差的，并且不存在较大的波动幅度。

表8-2　$\ln m_t$、$\ln ps_t$和$\ln FDI_t$序列的Johansen特征迹检验结果

原　假　设	特　征　值	迹　　值	5%临界值	检验结果
$r=0$	0.89	73.06	28.63	无**
$r\leqslant 1$	0.37	9.53	13.57	最多一个
$r\leqslant 2$	0.06	0.21	3.24	最多两个

注：**表示在5%水平下拒绝假设；协整关系的AIC准则滞后阶数为二阶。

由表8-3可知，在约束模型中，$\Delta\ln m_t$回归方程误差修正项$ecmm_{t-1}$的回归系数为0.47，但未能通过10%的显著性水平检验；$\Delta\ln ps_t$回归方程误差修正项$ecmps_{t-1}$的回归系数为0.91，且在5%的水平上显著。这一事实说明，从长期看，制造业的增加值的提高是生产性服务业增加值提高的原因；反之，则不成立。这意味着，生产性服务业增加值与制造业增加值间存在单向因果联系。更具体地说，在长期内，我国制造业和生产性服务业间不仅存在一种稳定的均衡关系，而且生产性服务业发展的主要动因来自制造业发展对其所产生的需求，即生产性服务业与制造业关系中的“需求遵从论”适合中国。

表 8-3　有约束误差修正模型检验结果

变　　量	$\Delta \ln m_t$	$\Delta \ln ps_t$
$\Delta \ln m_t(-1)$	−2.03**	−0.81**
$\Delta \ln m_t(-2)$	−1.91**	0.57***
$\Delta \ln ps_t(-1)$	−0.53***	0.54**
$\Delta \ln ps_t(-2)$	0.68*	−0.39*
$\Delta \ln FDI_t(-1)$	0.81***	0.24**
$\Delta \ln FDI_t(-2)$	0.39	0.16**
$ecmm_{t-1}$	0.47	—
$ecmps_{t-1}$	—	0.91**
SER	0.02	0.06
RESET(1)	0.34	0.13
ARCH(1)	0.03	0.01

说明：括弧内数据为回归系数的 t 统计值。***、**、* 分别表示在 1%、5%和 10%水平下显著。RESET(1)为省略变量的拉姆齐 F 统计值，ARCH(1)为自回归条件异方差的 F 统计值。

生产性服务业是作为其他商品生产的中间投入而存在的。制造业的快速发展为生产性服务业发展开辟了广阔的市场，促进其发展。经验分析结果表明，在长期内，制造业与生产性服务业之间存在稳定均衡关系。可以预见，随着我国制造业的高速发展，生产性服务业也会获得长足的发展。在我国现阶段，生产性服务业发展的需求依赖性，导致生产性服务业发展滞后于制造业的发展。从发展经验看，只有当生产性服务业发展的滞后程度成为制造业发展的瓶颈时，才会引起新一轮生产性服务业的扩张，这样就导致生产性服务业发展远远滞后于制造业。

另外，由于体制、政策的原因，生产性服务业的市场准入门槛普遍高于制造业，管制较多，市场化程度较低。较高的准入门槛和狭窄的市场准入范围将大多数潜在投资者拒之门外，甚至其他行业的国有企业也难以进入。这进一步加剧了生产性服务业发展的滞后程度。

$\Delta \ln m_t$ 回归方程误差修正项 $ecmm_{t-1}$ 的回归系数在10%的水平下不显著。这一事实表明，在我国，生产性服务业发展对制造业发展的长期影响不明显。这可能是由于我国生产性服务业市场化程度低，国有企业在生产性服务业中占据主导地位，各种生产性服务普遍存在价格高而服务质量和效率低下的问题。因此，生产性服务业对制造业的成本降低以及生产效率提高的作用不明显。此外，我国制造业主要是劳动密集型的，附加值较低，以加工贸易为主，技术水平不高，缺乏产品设计和研发优势，造成企业在生产过程中生产性服务投入的比例较低。这就割裂了生产性服务业与制造业间的垂直联系，生产性服务业就不能有效提高制造业的竞争力，不利于制造业的发展。

我们进一步分析误差修正模型中的滞后项，发现两个方程中 $\Delta \ln ps_t$ 滞后项对 $\Delta \ln m_t$ 回归以及 $\Delta \ln m_t$ 滞后项对 $\Delta \ln ps_t$ 回归均通过5%的显著性检验。这说明制造业与生产性服务业间的发展关系在短期内互为因果，即二者的发展关系在短期内是一种互动关系。

在式(8.24)中，$\Delta \ln ps_t$ 滞后一期的回归系数为−0.53且在1%的水平下显著。这一事实表明，在短期内，生产性服务业每增加一个单位，在一个滞后期内对制造业发展有负效应。生产性服务业的发展阻碍或延缓了制造业的发展。这可能是由于在资源有限的条件下，生产性服务业发展所需要的投入的增加会使制造业投入相应减少。但在滞后二期，其系数为0.68且在10%的水平下显著。这说明，随着时间推移，生产性服务业增加值的提高促进了制造业的发展。这可能是由于生产性服务业投入的增加或效率的提高，拉动制造业需求的增加或者提升制造业效率，进而促进制造业的发展。制造业每增加一个单位，对生产性服务业的发展亦具有正负两种效应。在滞后一期，$\Delta \ln m_t$ 的回归系数为－0.81且在5%水平下显著。这说明，制造业增加值的滞后一期对生产性服务业的影响为负效应。而在滞后二期，其系数为0.57且在1%的水平下显著。这表明，在滞后二期，制造业的发展拉动了生产性服务业的增长，这可能是需求的滞后效应造成的。

实证分析表明，在我国，生产性服务业与制造业间发展的短期关系为“互动型”而长期关系为“需求遵从型”。这意味着，二者间的因果联系随着时间的延续而发生了明显的变化。更具体地说，在短期内，生产性服务业与制造业间的发展相互依赖，相互作用，互为发展；而在长期内，制造业的发展对生产性服务业的发展具有显著的影响，而生产性服务业的发展对制造业的发展影响微弱。这一现象可能是由转型期内我国市场体制的不完善以及服务业垄断经营所造成的。为了适应专业分工日益细化的趋势以及提升自身核心竞争力，在制造业发展过程中，不断将生产性服务业分化和外包，促进了生产性服务业“名义”上的增长。制造业在生产过程中不断加大生产性服务投入比例，促进了其“实质”增长。这些都促进了生产性服务业的发展。而伴随着服务过程中学习效应的释放，生产性服务业可以为制造业提供数量更多、质量更高的高级生产要素，提高了制造业的生产效率，进一步促进制造业发展。因此，在短期内，二者间的发展互为因果。然而，随着市场竞争的日趋激烈以及客户需求的多样化、个性化的日益增强，制造业企业为了争取市场份额、拓展生存空间、维持核心竞争力，必须不断进行技术创新，不断推出新产品，以满足市场日新月异的需求变化。这就要求上游的生产性服务业必须不断推出适合制造业需求的生产性服务。而目前我国经济中存在进入管制和垄断的服务业，如金融业、电信业、铁路运输业、信息传媒业等，服务业的垄断经营使其在不提高技术水平或者在没有进行服务创新的前提下获得垄断利润。这导致生产性服务业缺乏服务创新的动力，不能满足制造业的发展需要。因而，在长期内，生产性服务业发展对制造业竞争力提高的效果不明显，难以推动制造业发展。同时，长期以来由于竞争不足，加之不少服务行业同行政垄断相配合，各种生产性服务普遍存在价高质低的问题，抑制了消费，也抑制了自身的发展。一旦生产性服务业的发展远远滞后于制造业的发展，则会成为经济发展的瓶颈因素，引起政府决策部门的关注，进而开始新一轮的生产性服务业的短期扩张。

三、生产性服务业发展的区域差异

如何才能促进我国生产性服务业快速有序增长，助推工业结构转型和经济发展？解决这一问题的前提和关键在于理解我国服务业发展的各种特征，而区域经济发展严重失衡是服务业发展所面临的外部环境和约束条件。2016年，东部地区的生产总值占全国的52.3%，比中西部地区及东北地区21个省区的所有总和还高，这种差距忽略了具体区域经济发展的巨大鸿沟。以东部地区经济发达的天津市为例，2016年其人均生产总值达到11.51万元，而中西部地区经济相对落后的甘肃省则为2.75万元，仅为前者的23.89%。服务业自身的特性及内部细分行业性质的差异使其与经济发展水平或工业化阶段高度关联（韩德超、张建华，2008），那么，区域经济发展的严重失衡是否会导致区域服务业发展的水平或者阶段大相径庭呢？更具体地说，中国服务业发展是否也存在诸如其他领域存在的二元或多元结构呢？目前，理论界尚未给出明确的答案。显然，对这一问题的回答，不仅可以为服务业的发展提供理论支撑，而且可以为各地区调整促进服务业发展的相关政策提供借鉴参考。

（一）模型构建与数据说明

服务业在国民经济中的份额与人均收入具有相关性（江小涓，2011），这一观点已经被学术界普遍接受。基于对先行工业化国家经济的长期观察与分析，库兹涅茨曾预言，服务业的比重并不会随收入的变动而大幅增长。然而，精确刻画二者关系的相关研究从未止步。Chenery（1960）认为服务业所占份额与人均收入并不存在明晰的相关关系。但是，后续的研究并没有为这一观点提供足够的证据支持。Chenery 和 Syrquin（1975）发现服务业的比例随着人均收入的增加以递减的速率在提高，这可能是由于早期的服务业发展主要是以传统服务业为主，而传统服务业可能存在“鲍莫尔成本病”。与此相反，Kongsamut 等（2001）发现，前者随着后者的增加以一种线性关系稳定增长。随着新技术尤其是信息技术的广泛应用，以生产性服务业为代表的现代服务业不仅在世界范围内快速崛起，成为推动经济发展不可或缺的重要力量，而且生产效率得到大幅提高。以我国为例，进入 21 世纪以来，服务业生产效率平均高于工业（庞瑞芝，邓忠奇，2014），而这种变化主要缘于生产性服务业技术的进步。这不仅为对服务业的“鲍莫尔成本病”的质疑和批评提供了新的证据，同时使原有服务业的相关理论研究也变得更具争议性。基于此，Eichengreen 和 Gupta（2013）借助跨国数据，重新考察了服务业比重与人均收入的关系。他们发现，从世界服务业发展的进程来看，服务业部门呈现出两次阶段性的增长。第一阶段发生在人均收入不足 1800 美元（以 2000 年购买力平价美元计算）之时，在这个阶段，服务业的份额以一种下降的速率在增长，到大约1800美元时则趋于稳定。当人均收入达到4000美元左右时，服务业的比重又一次开始快速增长，直到以一种相对稳定的速度保持增长。服务业在不同国家的两次阶段性增长是在不同时间段相继发生的，造成这一现象的根本原因在于人均收入在不同国家或地区之间随着时间推移而产生的巨大差距。

在图8-1中，我们观察了1985—2016年服务业占比随人均可支配收入对数值增长而变动的情况。从图8-1可知，我国服务业在国民经济中所占比重不仅随着人均可支配收入的增长而不断提高，而且服务业增长的速率不一致。从整体上看，我国服务业的增长大致可以分为两个阶段：第一阶段从1985年开始一直持续至1992年，随后的4年时间内，尽管人均可支配收入在持续增加，服务业的占比却处于停滞状态；第二阶段是1996年至2016年，这一时期，伴随着人均收入的变化，除少数年份外，服务业占比快速增长，而且这一趋势依然在延续。我国服务业的这种阶段性增长是在特有的条件下发生的。其中，最大的一个外部特征就是区域经济发展的严重失衡。长期以来，我国的工业化大都由东部沿海地区率先启动和发展，凭借商业意识的历史积淀、区位优势及国家发展战略上的先发优势，这些地区充分发挥比较优势，迅速融入全球化进程并在国际市场上保持竞争优势，快速推进工业化进程，人均收入大幅提高。尽管通过东部地区的示范效应以及国家“中部崛起”和“西部大开发”战略的实施，中西部地区逐渐加快了赶超速度，然而，“马太效应”的显现及发展路径的锁定，使得东部地区与其他区域发展的差距并没有缩小，相反，鸿沟却在不断扩大。从工业化发展阶段来看，2016年末，我国整体上处于工业化中后期阶段。然而，东部地区基本上已经完成工业化，开始向后工业社会迈进，与此同时，西部相当多的地区依然处于从工业化初期向中期过渡的阶段。区域经济发展的严重失衡导致服务业发展的极度不平衡。2016 年，中、西和东北 3 个地区服务业总和占全国的比重为 43.9%，低于东部 10 个地区的 56.1%。从服务业内部结构来看，以生产性服务业为代表的现代服务业已成为东部地区的主导产业，而传统服务业则依然是广大中西部地区服务业发展的核心。2015 年，北京市生产性服务业增加值达到1.57 万亿元，而青海省为 700.32 亿元，仅为前者的 4.46%。与此同时，增加值在国民经济中占比分别为 67.94%和 28.97%。这种差异性使得在中国经济内部表现出小国或小型经济体之间才具备的各种特征。尽管小国经济发展可能也存在各种不均衡现象，但由于其经济规模相对较小，经济发展更多表现为同质性。而大国经济的特征更多表现为区域间的异质性，在一些地区进入新的发展阶段的情况下，另一些地区可能依然处在原来的发展阶段。更为具体地说，小国经济发展特征上存在的时间继起性可以转化为大国经济发展上的空间并存性。

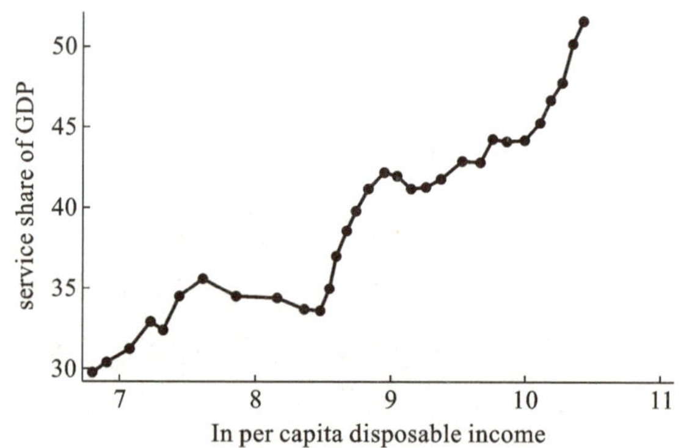

图 8-1　我国服务业占比与人均可支配收入对数散点图(1985—2016)

我们借用 Eichengreen 和 Gupta 的模型来检验我国服务业发展的二元结构特征，并构建如下回归方程：

$$\mathrm{Ser}_{it}=c+\theta_i D_i+\alpha_1 \ln Y_{it}+\alpha_2 \ln^2 Y_{it}+\alpha_3 \ln^3 Y_{it}+\alpha_4 \ln^4 Y_{it}+\mu_{it} \tag{8.26}$$

其中，Ser_{it} 是地区 i 在第 t 年服务业增加值在该地区 GDP 中的份额，代表服务业的发展程度，是模型的被解释变量。D_i 是地区虚拟变量，Y_{it} 代表地区 i 在第 t 年的人均可支配收入状况。作为模型的解释变量，θ 是虚拟变量的系数，α_1、α_2、α_3、α_4 是需要估计的参数，c 为常数项，μ 是随机误差项。

（二）数据来源与处理

本章选取全国 30 个省、自治区和直辖市 1987—2016 年服务业、人均可支配收入与国民生产总值的面板数据共计 900 个样本进行研究，书中未考虑港澳台地区和西藏自治区。本研究中 1992—2015 年的数据来自历年《中国统计年鉴》与各地区历年统计年鉴，2016 年的数据源于《中国统计摘要 2017》。考虑到数据的可得性，书中使用城镇居民人均可支配收入作为全国居民可支配收入的替代变量。其中，由于统计口径的变化，1996 年之前的人均可支配收入用相应的城镇居民人均全部年收入作为替代变量。各地区服务业增加值用相应的第三产业平减指数对其进行平减，国民生产总值利用国民生产总值平减指数进行平减，人均可支配收入利用人均可支配收入平减指数进行平减。为了更为精确地考察我国服务业发展的状况和特征，本章把中国 30 个省、自治区和直辖市分为东部地区中高收入组和中西部（含东北）地区中低收入组两类。其中东部、中部、西部和东北地区的划分采用国家统计局标准，具体划分如下：东部包括北京、天津、河北、上海、江苏、浙江、福建、山东、广东和海南共计 10 省（市）；中部包括山西、安徽、江西、河南、湖北和湖南等 6 省；西部 12 省（区、市）为内蒙古、广西、重庆、四川、贵州、云南、西藏、陕西、甘肃、青海、宁夏和新疆;东北3省包括辽宁、吉林和黑龙江。从人均可支配收入的角度划分,东部地区都属于中高收入组,而中西部(含东北)地区则属于低收入组,尽管东部地区的海南省和河北省并不属于高收入地区,而中西部地区的内蒙古自治区可以被划分到中高收入组。之所以没有进行调整,是因为这样的划分对研究的结论没有影响。

(三)实证分析

在运用面板数据估计之前,首先对模型进行检验,以了解固定效应和随机效应两种方法所估计的系数是否存在显著性差异。表8-4给出了不同区域收入组面板数据的Hausman检验结果。从检验结果看,各收入组在10%的显著性水平下均拒绝虚拟假设,因此,本章选用固定效应模型,估计结果如表8-4所示。估计结果表明,F值均在1%的水平下显著,说明模型拟合情况较好。

表8-4 人均收入对我国服务业所占份额影响实证结果

解释变量	被解释变量(Ser)					
	全国收入组		中西部地区收入组		东部地区收入组	
	固定效应	随机效应	固定效应	随机效应	固定效应	随机效应
$\ln Y$	267.03*** (0.001)	—	6.04*** (0.007)	1.76** (0.019)	135.58* (0.066)	—
$\ln^2 Y$	−37.23*** (0.002)	0.48* (0.052)	−5.06*** (0.007)	−0.10** (0.019)	−13.21* (0.052)	−1.15 (0.127)
$\ln^3 Y$	1.45*** (0.012)	−0.07* (0.072)	—	—	2.12** (0.043)	0.15*** (0.074)
$\ln^4 Y$	−2.178*** (0.003)	0.003* (0.067)	—	—	−3.03** (0.018)	−0.01*** (0.061)

续表

解释变量	被解释变量(Ser)					
	全国收入组		中西部地区收入组		东部地区收入组	
	固定效应	随机效应	固定效应	随机效应	固定效应	随机效应
D_i	0.95 (0.315)	0.58 (0.732)	—	—	—	—
c	−321.34*** (0.001)	−5.79* (0.052)	−6.24* (0.010)	−7.35** (0.026)	−232.51* (0.094)	19.03*** (0.08)
Hausman检验	26.33*** (0.002)		11.30* (0.0263)		19.08*** (0.000)	
F	58.32*** (0.000)	—	72.46*** (0.000)	—	68.17*** (0.000)	—
样本数	900		600		300	

注：括弧中数据为 p 值；***、**、* 分别表示符合 1%、5%、10% 的显著性水平。

第一栏是用全国人均可支配收入数据进行估计的结果。回归结果表明，$\ln Y$、$\ln^2 Y$、$\ln^3 Y$ 以及$\ln^4 Y$ 的系数均在 1% 的水平下显著。这意味着，人均可支配收入与服务业在国民经济中所占份额具有显著的正相关关系，验证了已有的研究成果。然而，一个更有意义的结论在于，人均可支配收入对数值四次幂的系数在 1% 的水平下呈现显著性。这意味着，我国服务业经历了两次较高速度的增长，即在我国由低收入阶段迈向中等收入阶段过程中，服务业经历了第一次较高速度的增长。随后，当人均可支配收入从中等收入步入中高收入时，服务业获得了第二次高速增长阶段和态势，与上述的经验观察结果相一致。这并不难理解，改革开放前，我国居民可支配收入水平较低，其中的绝大部分用于满足基本的物质需求，对服务的需求非常有限；此外，长期的计划经济使得服务缺乏足够的供给，这都导致服务业难以有长足发展。以 1983

年为例，我国第三产业在国民经济中的比重仅为22.3%，比第一产业还低7.3个百分点。这种现状一直持续到1985年，服务业占比达到29.4%，首次超过第一产业。此后，服务业继续保持增长。1992年，服务业在国民经济中的占比达到35.6%，而第一产业降低到21.3%。实际上，这一轮服务业的高速发展带有补偿性质，主要是弥补长期以来失衡的产业结构，尤其是服务业的发展滞后。改革开放后，人们可支配收入水平大幅提高，而经济体制改革的推进，则提升了服务业的供给能力，拉动服务业第一次大发展。随着市场经济的确立和工业化的快速推进，从1996年开始至今，我国服务业步入第二轮的高速增长期，这一轮服务业增长更多呈现出后现代的特征。与第一阶段增长有所不同，随着工业化的推进和人均收入水平的持续提高，旅游、教育、文化、体育和健康服务等提高生活质量的服务行业飞速发展，带动了现代消费性服务业发展。以旅游业为例，2016年，我国国内旅游总收入达3.9万亿元，连续两年实现12%的增长，在GDP中的比重超过10%。消费者对优质商品和相关服务的需求大幅增加。这要求在工业品附加值构成中，研发、软件与信息服务、财务法律中介等专业化生产性服务所占比重越来越高，从而使产品升级，提升品质，这导致生产性服务业"真实增长"。此外，随着竞争的加剧及分工的深化，企业为了增强核心竞争力，降低经营成本，将部分内部化职能如法律、售后服务等活动外部化，从而形成众多细分行业。从统计角度而言，原本内化在制造业内部的产值外化为生产性服务业的增加值，推动了服务业的"名义增长"。工业化的快速推进和人均可支配收入的提高，不仅改变了原有服务业的结构，而且推动了服务业的飞速增长。简而言之，从整体角度看，我国服务业经历了两轮高速增长。

第二栏对中西部地区收入组进行了检验。从表8-4可知，尽管lnY、

$\ln^2 Y$ 的系数通过了 1% 的显著性水平检验，人均可支配收入对数值的三次和四次幂的系数却不存在。这说明，中西部地区的服务业发展未能经历两轮较高速度增长，即仍处于服务业发展的第一个阶段。造成这一结果的主要原因可能是中西部地区工业化水平不高及人均可支配收入水平相对较低。工业化发展的滞后是中西部地区服务业尚未进入第二轮高速发展期的一个关键原因。生产性服务业的快速发展不仅是现代服务业高速发展的基石，也是服务业结构优化的必备条件，但这种发展离不开工业化的推进。在北京等东部发达地区已经迈入后工业化时代之际，甘肃省尚处于从工业化初期向中期过渡的阶段。加之，区域经济发展不平衡的锁定效应，使中西部地区在融入全球化的过程中处于不利地位，难以有效利用外部资源推动服务业跨越式发展。此外，较低的工业化水平导致人均可支配收入水平不高，广大中西部地区的居民将有限的收入更多用于维持基本生活消费，对具有高收入弹性的现代服务业缺乏足够的消费能力，难以有效拉动服务业尤其是现代服务业的快速增长。以居民消费为例，2015 年北京市城镇居民的恩格尔系数为 22.4%，而同一时期，甘肃省则为 33.3%。

最后，我们考察东部地区人均可支配收入与服务业份额间的关系。结果表明，$\ln Y$、$\ln^2 Y$、$\ln^3 Y$ 以及 $\ln^4 Y$ 的系数均在 10% 的水平下显著，与全国服务业发展的整体水平相一致，即东部沿海地区的服务业也经历了两个阶段的增长。与全国不同的是，两者参数、系数值的大小有所区别。这并不令人感到意外，以北京、上海为代表的东部地区从整体上已经完成了工业化进程，人均可支配收入达到发达国家的水平，已经或正在迈入服务经济时代。这意味着，东部地区已经跨过服务业发展的第一轮快速增长阶段，进入服务业发展的第二波高速增长时期，即进入以现代服务业尤其是生产性服务业为引领的经济发展时期。实际上东部发达地区服务业相继经历了两个阶段才使我国服务业在整体上进入了第二个阶段。中西部地区收入组的实证结果表明，中西部地区尚处于服务业发展的第一个阶段，以传统的消费性服务业作为服务业发展的核心。使我国从整体上迈入服务业发展第二阶段的也只能是东部地区服务业的发展。所以，东部地区的服务业发展必然经历了两波增长。总之，由于区域经济发展的差异，东部地区以生产性服务业为主体的现代服务业和中西部地区以传统服务业为主导的服务业将同时并存，从经验上验证了上述理论分析。

这意味着，我们需要采用差异化的策略推动我国生产性服务业的发展。对先行发展地区来说，应适应环境资源约束以及劳动力和土地成本提高的动态比较优势变化，迅速开启新一轮的体制机制改革试点和推广，合理划分政府与市场的边界，加速政府职能转变，营造良好的创新氛围和环境，实现发展由生产要素投入驱动向创新驱动转变，实现产业结构优化升级，促使现代服务业快速发展。而对于中西部地区来说，在加大硬件设施建设力度的同时，应更加关注改善软环境的建设，在不使生态环境恶化的前提下，积极承接劳动密集型产业的转移，推进工业化进程，提高人均可支配收入水平。要解放思想，扩大对外开放步伐，积极承接新一轮的国际服务业的转移，促进服务业实现跨越式发展。对中央政府而言，可考虑调整西部大开发政策，将政府主导的模式向市场主导、政府引导、政策推动的模式转变；加快财税体制改革，增强中西部地区政府用于发展环境建设的财力，提高中西部地区的人均收入水平；继续加大对中西部地区教育的投入，在中西部地区进行延长九年义务教育的试点，大力扶持职业教育，增强中西部地区人力资本的积累水平，为工业化推进和服务业的快速发展提供足够的支撑。

第五节 本章小结

在本章中，我们首先阐述了产业协调发展对工业结构优化升级的作用机理，重点分析了服务业与工业结构升级的一般机理，以为后续研究提供理论基础。随后，我们以美国、日本和欧盟为例，总结了它们“去工业化”和“再工业化”产生的背景、历程和经验，希冀为我国工业结构升级过程中如何保持产业协调发展，避免走入西方发展的误区提供借鉴和思路。接着，以工业化进程为线索，回顾了我国产业演进的历程、现状，从而诊断我国产业协调发展过程中存在的主要问题。本章最后指出了推动生产性服务业发展是促使我国产业结构协调发展和推动工业结构升级的基本路径，重点分析了生产性服务业与我国制造业之间的关系，并探寻在区域发展失衡的环境下，如何有效推动我国生产性服务业发展。研究发现中国服务业发展的一种特殊现象——二元结构，并利用分地区面板数据进行了经验证明。结果表明，从整体上而言，我国服务业经历了两个阶段的增长，即在低收入阶段的第一轮增长及伴随着收入水平的提高所经历的第二轮增长，但这并没有缩小我国服务业发展区域间的鸿沟。目前，东部沿海地区正处于以生产性服务业为代表的现代服务业高速发展的增长阶段，处于较高发展水平，即处于第二轮快速增长时期；而在广大的中西部(含东北)地区，传统服务业构成服务业发展的主体，处于服务业发展刚刚起步的第一阶段。由此出发，我们试图探寻中国服务业发展的差异化路径，以促进我国服务业整体快速发展。

CHAPTER 9

第九章

中国工业结构变迁中的政府作用与政策措施

从国际经验来看，各个国家尤其是后发国家都对工业结构优化升级进程进行了积极的干预。市场本身存在失灵和缺陷，后发国家更要面临市场不完善、产业体系不健全等局限，政府作用必不可少。但从政府作用效果来看，以日韩为代表的东亚国家推动了工业结构升级，但以巴西和阿根廷为代表的拉美国家则严重阻碍了其工业结构升级。那么，政府如何做才能有效推进工业结构升级？怎样评价政府绩效？工业结构的优化升级已成为工业化的重要手段和必然途径。中国正处于工业化发展的中期阶段，已经实现了从农业国向工业国的转变，并且已成为世界制造业大国。选择今后一段时期我国工业结构调整的方向和重点，除了立足于我国工业发展现状和未来工业结构变动趋势，还应充分考虑国内外发展环境变化因素。我国工业结构的优化升级，既面临挑战，也有着前所未有的机遇。工业结构如何优化升级？经济发展方式如何转变？产业之间如何实现协调发展？这些都是当下和未来一段时期内我国工业结构所面临的新的关键问题。

本章旨在从工业结构变动过程中政府作用的必要性、作用的主要领域等方面讨论政策的边界，立足于我国工业发展现状和未来工业结构变动趋势，探讨未来一段时期我国工业结构调整的方向和战略重点，并提出促进我国工业结构优化升级的战略举措与政策建议。

第一节 政府推进工业结构优化升级的方式、作用方向与政策领域

尽管政府干预并不总是有效，但大部分学者认为工业结构优化升级的顺利实现仍离不开政府的作用。特别地，后发国家还面临着市场机制不健全、产业发展非理性、资源匮乏等困境，政府作用更为重要。本节着重讨论政府推进工业结构转型升级的方式、作用方向与政策领域。

一、政府弥补市场作用的理论基础

工业结构优化升级，实际上是对资源进行再配置的过程，是将资源从低水平部门向高水平部门转移的过程。这一过程固然最终可以依靠市场自发力量得以实现，但需经历漫长而痛苦的过程。另外，市场存在固有的盲目性与滞后性，可能导致这个过程中的巨大资源浪费和结构性经济危机。而政府作为“看得见的手”直接介入经济，可以部分弥补市场机制的不足，缩短工业结构优化升级时间。因此，不论是发达国家还是发展中国家，工业结构调整都无法脱离政府的作用。具体而言，存在以下几个深层原因。

第一，市场是一个弱的信号指示器。市场信息的交流和传播会受到参与者有意放出的市场噪音等的影响，一方面将导致价格不能灵敏地反映现实的供求状况，另一方面使价格信号不能及时有效地传递。因此，这种滞后性和分散性使得微观主体难以完全依靠市场做出及时有效的判断，造成资源流向不适宜的部门，阻碍了工业结构升级。

第二，市场失灵现象时有发生。市场失灵是由于公共产品的缺失、

外部性、不完全信息及垄断导致的一种市场低效率状态。首先,由于公共产品具有“非排他性”,消费者在不支付或者少支付成本的情况下便可以享受利益,因此消费者有隐瞒自己真实需求的动机,市场调节形成的公共产品数量常常会不足。其次,研发等具有较强的外部性,存在着技术外溢,投入研发企业的收益往往无法弥补成本,从而降低企业投资研发的意愿,减缓技术进步的产生。最后,不完全信息和垄断等现象会扭曲市场信号,导致市场资源配置的无效率。

第三,发展中国家存在严重的市场残缺现象。据穆海平(1990)等的总结,发展中国家往往面临着种种市场不发达的情况。一是存在严重分割的市场空间结构。发展中国家商品经济与自然经济并存、城市成熟市场与农村初级市场并存的二元结构妨碍了资源的自由流动。二是要素市场不平衡。金融、土地、人才、技术信息等要素市场的发育程度不能适应经济发展的要求,特别是引导资源有效配置的价格机制不能有效起作用。三是市场竞争机制不完善。市场主体以国有企业和大型私有企业为主,具有先天的垄断性。另外,各级地方市场的保护主义盛行,微观市场主体缺乏企业家精神,单纯依靠市场的力量难以推动工业结构优化升级的顺利进行。市场“弱信号指示器”的特征、市场失灵以及市场残缺的存在,提供了政府发挥作用的空间。而发展中国家市场体制尚不完善,工业结构优化升级将面临更大的困难,客观上更要求政策干预。

后发国家正处于工业结构调整和经济结构转型的关键时期,受到市场经济制度起步较晚、经济发展水平低等各种历史性或先天性因素的影响,存在着大量市场障碍。主要体现在以下几个方面。

第一,衰退产业退出障碍。工业结构升级的一个重要表现是不断减少衰退产业份额。衰退产业是指不再符合市场需求、竞争力减弱、对经济发展推动作用变小的产业。但因为存在沉淀资本、劳动力转移、利益分配、生产要素转移等多种壁垒，衰退产业的市场退出难以通过市场作用顺利完成，导致资源被迫闲置或使用效率低下。

第二，新兴产业发展缺乏后劲。推动新兴产业的发展是工业结构优化升级的关键。一方面，发展中国家存在资源约束和不完善的要素市场，使得新兴产业无法顺利获得必要的资源。另一方面，新兴产业的发展需要一系列配套设施和上下游产业的配合，但协调失灵导致相关配套因素缺失。从而造成新兴产业发展缓慢，国家产业提升缺少动力。

第三，比较优势陷阱。随着全球化进程加快，发展中国家的企业为了避免国外企业竞争，更倾向投资于风险较小的传统行业，这可能会导致发展中国家长期停滞于低端产业或产业链的低端，从而陷入市场结构失衡及“比较优势陷阱”。

第四，“自我发现”的集体不作为。“自我发现”现象由 Hausman 和 Rodirk(2003)提出，主要指企业家通过调查发现本国擅长生产的产品和国际竞争优势产业的行为。“自我发现”行为是一国培育具有潜在竞争优势的新兴产业和选准合适的主导优势产业的关键，直接决定了工业结构优化升级的顺利进行。但发展中国家缺乏有效激励机制，知识产权保护体系也不够完善，这种“自我发现”行为无法获得应有的回报，造成“自我发现”的集体不作为。

第五，新兴产业的“潮涌现象”。“潮涌现象”由林毅夫(2007)提出，与“自我发现”的集体不作为现象相反，它是指比照发达国家产业结构升级路径，发展中国家大量企业蜂拥至某一新兴产业的现象。这种个体理性导致的集体非理性行为，将严重降低资源配置效率，造成该类产业过度竞争、资源浪费、产能过剩等问题。

二、政府推动工业结构优化升级应遵循的原则、方式和作用领域

日韩等东亚国家通过政府作用在短期内快速走上了工业化的道路，而巴西和阿根廷等拉美国家的政府支持行为反而使其工业化进程陷入了更深层次的僵局。那么，政府如何才能有效促进工业结构的优化升级？我们将从政府作用应遵循的原则及政府作用的领域两个方面进行讨论。

（一）政府作用应遵循的原则

经济学理论表明，在完全信息、完全竞争的环境下市场配置将是有效的。政府应确保市场机制顺利运行，或在市场不完全的领域发挥作用。本研究认为，政府应遵循以下几个方面的原则。

(1) 正确处理政府与市场的关系。历史经验证明，自由放任的市场经济与中央绝对控制的计划经济都是行不通的，最有效的方式应该是市场机制发挥基础性作用、政府支持发挥辅助性作用。以日本为例，20 世纪 70 年代日本政府的干预基本只发生在基础设施建设、传统产业、衰退产业和幼稚产业等市场机制无法发挥作用的领域，而在重化工等支柱产业中只起信息引导作用。随着经济全球化的推进，市场主体之间的关系变得更加错综复杂，市场信息也愈加瞬息万变，根本不可能存在完全掌握市场信息并及时做出正确反应的机构。政策作用与市场机制之间的关系应该是，在市场机制能够发挥作用的领域，政府的作用是保障市场运行效率，尽量避免对微观主体的直接干预；在不能依靠市场的领域，政府可以代替市场，通过直接干预的方式介入。

(2) 完善市场机制体制。大部分发展中国家都面临着不完善的市

场，政府可以从建立明确的产权制度、清晰的契约制度、灵活的金融制度等方面来修补市场缺陷。对发达国家而言，因为市场体制相对完善，政策支持的重点在于弥补市场失灵。公共产品的缺失、外部性、不完全信息及垄断等市场失灵现象的存在导致市场机制在很多场合不能完成对资源的有效配置。政府可以采取相关措施弥补：加强基础设施建设以弥补公共产品之不足；健全产权保护等制度，解决外部性问题；完善信息披露制度，解决信息不完全性问题；监督自然垄断行业，减少价格扭曲。

(3) 遵循比较优势原则。许多学者认为拉美国家政策作用绩效不佳的一个重要原因在于，大多数拉美国家只鼓励资本密集型的制造业发展，而没有扶持具有比较优势的产业，从而导致资源配置的效率损失。产业结构升级内生于一国的禀赋结构，只有按照比较优势选择的产业才会具有竞争优势。发展中国家在制定政策支持时，应该保证产业选择与要素禀赋结构相匹配，而不宜超越发展阶段过早进入某些行业。

(4) 随发展阶段和经济环境的变化做出相应调整。第二次世界大战后，以日韩为代表的东亚国家对工业结构的优化升级采取了积极的支持措施。在工业化初期，政府更多地以"市场替代"的形式出现。日本采取了直接干预的方式，通过对资源的倾斜分配、培育主导产业与支持大型企业等促进了工业结构的优化升级。这类政策支持的成功依赖于当时特定的战后体制环境。随着市场体制的建成，日本的"强政府"形态不再能够满足新的要求，政府对市场的替代反而抑制了微观主体的市场活力，最终造成20世纪90年代日本陷入长达8年的"平成萧条"。日本政府开始逐步从微观经济领域中退出，继而转向基础设施建设、公共品提供、金融体系和市场竞争环境完善等宏观领域。日本经济崛起—衰退—重新崛起的经验教训有力地证明了政策支持必须随着经济体制的变化做出相应调整。在经济建设早期，由于市场体制残缺、市场秩序紊乱和资源匮乏等不利因素的存在，政府支持对微观主体的直接干预是必要的，但随着市场体制的完善，政府支持必须逐步淡出直接干预领域，转而投向“一般性”的宏观领域，充分发挥市场机制的作用。

（二）政府推进工业结构优化升级的方式

（1）拓宽市场信息交流平台。“政府失灵”的一个重要原因是政府掌握的市场信息不完备甚至失真，导致政策本身出现错误。为了避免这种情况发生，政府应在制定相关政策之前，与相关专家、学者和利益相关体进行协商、洽谈，多聆听各界意见，及时掌握市场信息。政策制定应该在政府、企业、社会中间组织等主体反复协商的基础上完成。这种形式有利于政府掌握充分的市场信息，在制定政策时减少失误。

（2）完善政策制定程序。Hausman 等（2007）认为，政府在制定政策时面临三种问题，即信息问题（不知道需要投入何种公共产品）、激励问题（寻租激励可能比生产率提高带来的激励更大）和资源问题。解决这些问题的方法有：与私人部门建立对话机制，识别协调失灵，提供解决方案；建立预算机制，增强政府部门的责任感；建立监督机制，健全项目选择的原则以及一系列的运作原则。简而言之，政府应设计“能够准确选择政策工具以及确定经济活动”的程序。

（3）建立奖惩并施机制。在启动政策初期应该设立切实可行的目标，目标的设定应征求技术专家和学者等专业人士的意见，不宜过高或者偏低，即要求在政策执行者的能力之内并具备一定的挑战性。在项目实施期间，根据情况合理调整政策目标。最后，要求政策执行者自身对其表现进行报告。政策制定者不应只关注政策执行者在指定时间内的绝对表现，更应关注其表现的发展趋势。在实施政策时，必须定期验收和检查项目实施效果，建立错误政策的及时退出机制。

(4) 规范地方政府权责。导致中国政策绩效弱化的一个重要原因在于地方政府与中央政府之间存在力量博弈。中央政府出于全局考虑制定的政策可能与地方政府利益相违背，从而致使该类政策在地方上的执行力度不够。为了能使政策得以贯彻实施，应该着手规范各级政府之间的关系：为中央政策对地方政府的“放权让利”和“分级管理”等制度安排设置相应的宪法基础，减少机会主义行为；为各级政府之间的权限设置相关的规则及采取相应的惩戒手段，减少各级政府之间的博弈行为。

(5) 政府支持由“全能型”向“调控型”转变。为了适应新的更为开放的环境，政策支持的主要领域不能再集中于某项具体的经济活动，而应专注于基础设施建设和人才培养等领域。在充分发挥市场机制作用的基础上保证产业发展的效率。政府支持由“全能型”向“调控型”转变，政策支持从“选择性”向“一般性”转变。

(三) 政府作用的主要领域

政府干预工业结构优化升级的理论逻辑在于市场缺陷和市场失灵等因素的存在使市场的基础性作用无法顺利发挥。因此，政府作用的主要领域应在于通过提供一系列的制度安排完善市场体制，在充分发挥市场的基础性作用的条件下进行积极干预。具体而言，政府作用的主要领域应包括以下几个方面。

(1) 修补市场不足，保障市场机制的顺利运行。发展中国家存在着严重的市场机制缺失现象，如非统一市场、要素市场不健全以及不公平竞争等。这些市场残缺现象将导致市场价格机制及竞争机制不能充分发挥作用，资源难以依靠市场力量得以合理配置，从而对工业结构优化升级造成障碍。一方面，政府从建设统一市场结构、完善契约制度、明确产权制度、保障有序竞争等方面修补市场残缺，保障市场机制的顺利运行。通过市场这只无形的手在微观主体逐利过程中发挥的作用，带动工业结构向更合理有效的方向发展。另一方面，在那些经济发展水平低的国家，市场残缺无法在短期内通过制度建设的方式完全修补，为了促进资源的有效配置，政府可以在市场机制无法发挥作用的领域直接替代市场。

(2)完善信号传递体制，提高市场运行效率。正如前文分析的那样，由于市场通信系统的局限性和市场参与者特意释放的市场噪音等因素的干扰，市场无法及时准确地传递市场信号。一方面，市场价格不可能灵敏地反映市场的供求状况，市场供求状况也不可能灵敏地随着价格的指导而发生变化，因而市场供求机制和市场价格机制可能失灵。另一方面，供给者与需求者之间、投资者与企业家之间也存在着信息不对称，导致逆向选择和道德风险等问题，破坏了市场运行的效率。政府可以通过建立信息披露制度，搭建报纸、网站等信息平台等行为及时更新和披露市场信息，保证信息传递的真实性、及时性和对称性。通过增强市场透明度，强化市场信号显示等方式提高市场运行的效率。

(3)解决外部性，增强微观主体的创新活力。任何发明新技术或者发现新生产方式的企业都面临着潜在竞争者进行无成本模仿的信息外溢问题。潜在竞争者加入市场后，将抬高生产要素的价格或压低产品的价格，以至于最初进行创新的企业的收入无法抵消其总成本，这将打击企业进行创新的积极性。其实除了知识外部性外，还存在着信息的外部性、对员工进行培训的外部性等问题，这些都将使企业陷于消极的创新情绪中。在知识外部性无法内部化的情况下，任何一个理智的厂商都将选择放弃创新行为，而等待其他厂商创新后“搭便车”，整个生产系统将变成创新的“集体不作为”。创新活力的缺失将导致产业长期囿于低技术水平状态，难以向高层次的产业发展；国家将长期陷于低端化的产业结构，且难以实现从低水平均衡状态到高水平均衡状态的跳跃。而政府可以通过产权保护等一系列制度的建设和法律的颁布实施，使知识外部性内部化，或者通过提供补贴等方式弥补最初进行创新活动的企业的损失，增强企业的创新活力，从而推动工业结构的优化升级。

(4) 解决协调失灵，促进产业发展。当两类产业存在上下游关系时，经济体决定发展一种新的上游产业，这需要下游产业的进入支持。但由于产业的进入会产生高的固定成本以及进入新市场后对未来收益的不确定性，下游产业可能选择放弃在该地方建立生产网点，这时协调失灵的现象便产生了，这将同时阻碍这两类产业的发展。当经济体决定发展一种新的下游产业时，也可能存在着上游产业的不配合，这类协调失灵问题在现实世界里广泛存在。除了上下游产业之间的协调之外，新兴产业的建立还需要一些特定的基础设施和技术人才的配合。而公共产品等市场失灵的存在，将导致这类基础设施的建设和特定人才的供给不能满足新兴产业建立的条件，这也将阻碍新兴产业发展。政府可以通过直接投资基础设施、培训相关技术人才、对上下游产业进行补贴、成为两者之间信息交换的桥梁等方式来成功协调两者关系，从而解决协调失灵的问题，为新兴产业的发展扫清障碍。

(5) 合理配置稀缺要素，促使产业结构向高层次升级。当今世界的每一个国家都存在不同程度的要素稀缺性问题，要实现工业结构优化升级，首先需将稀缺要素从低水平部门重新配置至高水平部门。但是由于资本市场的不完善以及信息不对称的存在，投资者并不了解这类高水平产业的发展前景，秉着谨慎的原则，他们将拒绝向该产业的生产者提供资本。因此，单纯依靠弱小的私人部门难以完成欠发达地区从一个“落后部门的工业化阶段”至一个“集聚于更为发达的和资本密集型部门的工业化阶段”的跳跃。只有依靠政府的干预手段才能有效分配资源，从而帮助经济体实现快速的跳跃过程。

三、政府推进工业结构优化升级的作用方向与政策领域

在工业结构优化升级过程中，政府的作用必不可少。政府作用的方向旨在提供优化资源配置的制度安排、完善市场竞争环境和建设企业能力等方面；政府作用的发挥应该结合产业结构政策、产业技术政策、金融财税政策、资源环境政策等多个领域的政策制定。

（一）政府推动工业结构优化升级中的作用方向

在推动工业结构优化升级的过程中，政府的作用方向在于能为资源的有效配置提供一系列合理的制度安排，并且这种制度安排应根据经济发展阶段和经济环境变化做出适当的调整。在市场存在严重残缺的初级发展阶段，政府通过行政力量提供制度安排，通过直接组织市场、直接安排微观主体经济活动等行政干预形式来替代残缺的那部分市场，从而实现资源的有效配置。随着市场体制的日益完善，政府替代应该逐步弱化，政府对市场的直接干预应该逐渐让位于市场机制的作用，但这并不意味着政府应该逐步退出市场。市场机制作用的有效发挥离不开政府政策的支持。市场机制发挥有效作用的过程应该是政府通过积极提供一系列制度安排克服市场失灵的过程。

政策支持应该由“选择型”政策向“竞争型”政策转变。事实证明，

任何机构和组织在竞争过程发生前均无法确定哪个企业更具备竞争优势，任何事先确定“赢者”加以扶持的行为都会破坏市场竞争机制的有效运行。限制竞争的产业政策会造成垄断寻租和阻碍更有潜在竞争力企业发展的双重效率损失（赵坚，2008）。政府能够做的是为“国家变得擅长生产某些特定的产品”创造条件，让市场本身筛选出具有赢者特质的产业或者企业。政府应该制定“竞争型”政策，为那些具备潜在竞争优势的企业或行业发展创造公平的竞争环境。

政策支持应该以企业能力建设为导向。企业是国民经济的细胞，是经济建设的微观主体，直接决定了经济发展的状况。市场竞争实际上是企业能力构建的竞争，在企业能力构建竞争中胜出的企业才能获得竞争优势（赵坚，2008）。只有以企业能力建设为导向，通过提升企业能力，才能实现产业的内涵式增长和工业结构的优化升级。

（二）中国政府在促进工业结构优化升级中的政策领域

政府可以通过制定相关的产业结构政策、产业技术政策、竞争政策、金融财税政策和环境资源政策等来促进工业结构的优化升级。

1．产业结构政策

产业结构升级应该分为三个层次：产业间升级、产业深化和产业内产品结构升级。产业间升级是指通过协调工业体系中各个产业间的关系推动产业结构向更高层次的产业发展；产业深化是指抢占全球价值链中附加值高的生产环节；产业内产品结构升级是指在同一产业内用高端产品代替低端产品，加强产品品牌建设、提升产品质量和技术水平的过程。

在促进产业间升级方面，政府应该规划产业结构调整和转换的方向，通过对市场的引导加速产业结构的调整。这主要表现在政府对幼稚产业的培育、对主导产业的扶植及对衰退产业和过剩生产能力的有序退让等方面。具体而言，在选择对幼稚产业进行培育时，需要顺应产业结构演变客观规律，在经济比较优势的动态变化趋势上选择超越现有比较优势距离不远的产业作为发展目标；在确定主导产业时，应该采取"混合型诱致变迁"指导方式——首先由各行业根据市场力量进行"博弈"，在竞争中胜出的产业才能被政府选择为"主导产业"并进行重点扶持和培育；在对衰退产业和过剩生产能力进行有序退让时，除了使用必要的行政手段以外，还需要发挥市场的力量——政府需要在消除该类产业生产要素流动障碍等方面做出一系列的制度安排。

工业结构优化升级的另一个重要方面是实现产业深化和同一产业内产品结构的优化升级。随着经济全球化的推进，产业内甚至产品内的垂直化分工程度不断深化，国际贸易形式主要以产业内贸易甚至产品内贸易为主。国家参与全球化分工的形式转变为专业化生产同一产品内的特定生产阶段或同一产业内某个特定产品。要在国际贸易中占据有利地位，必须专业化生产全球分工体系中高附加值产品或处于高附加值生产环节。因此，我国工业结构的优化升级除了重新布局各个产业之间的关系外，重点在于推动产业深化和产业内产品结构的转化和升级。为了加速促进工业结构的优化升级，政府政策的制定和执行的对象应该从产业层次转换为企业和产品层次。

2. 产业技术政策

促进产业技术水平的上升是工业结构优化升级的一个重要内容。根据我国不同产业的技术发展情况，政府可以制定不同的产业技术政策。针对尚处于幼稚时期的产业，政府主要通过加快技术转移的方式促进工业行业的技术升级。在工业技术转移方面，实施"两步走"战略，即技术引进和技术扩散。技术引进是指从外国进口相对先进或本国缺少的技术，技术扩散是指引进的新技术在不同企业之间进行扩散的过程。一般而言，政府可以通过制定优惠的外资外贸政策来鼓励高新技术的引进：对高新技术设备的进口、引进减免关税；鼓励从事高技术产业的外资在国内投资办厂，并对该类外资企业予以一定的政策优惠等。在技术扩散方面，政府可以采取的措施有：推动相关知识产权保护制度的民间化和社会化，通过实验研究所和技术研究院从技术指导、进修、开发、情报、交流等各方面帮助企业进行技术扩散。

针对发展较为成熟的产业，政府需要制定以企业自主创新能力建设为导向的技术政策促进其技术升级。但现有的技术激励政策往往通过提供公共研发资助政策、优惠的税收政策和金融政策等资源激励企业对高新技术的开发，而忽略了需求导向性的技术激励政策的效果。政府为鼓励企业创新所给予的资金和各种优惠措施只是提供了良好的外部条件，无法从内部提升企业的创新能力。企业的创新能力应该是在不断寻求市场机会、满足市场需求的动态学习过程中累积起来的。因此，政府应该重视以需求为导向的技术激励政策的运用，通过给企业提供更多的学习机会提升其创新能力。比如，通过政府采购和促进工程承包等方式为企业提供学习机会；在其他条件相同的情况下鼓励优先使用国内自主创新产品等。

产业技术政策的另一个重要内容是完善科技成果转化机制。目前我国还存在着基础研究、应用研究和商业化能力割裂、错配的问题，科研机构的科技成果无法顺利转化为企业的生产能力。首先，政府应该推进官产学研合作，实现企业、大学和科研机构的有效结合，加强技术创新能力与商业化能力的融合。其次，政府应当完善技术市场，通过技术交易的形式加强科研机构与企业之间的交流，促进科研成果向企业生产力转化。

3. 竞争政策

在完全竞争的市场结构下，资源配置才能达到帕累托最优状态，任何限制竞争的行为都会造成效率损失。但在现实世界中，无可避免地会产生不正当竞争的行为以及大规模企业采用各种不正当手段来限制竞争以牟取暴利的行为。政府有必要采取一定的竞争政策以保证市场竞争机制的有效运行。

首先，政府应当通过制定“反不正当竞争法”和“反垄断法”等法律条文对市场上的不正当竞争和垄断行为进行约束，以及通过建立相对独立的机构维护公平竞争和市场秩序，从而净化市场竞争环境。与发达国家不同，我国市场上的垄断势力主要来自地方政府部门为了维护所属行业和所辖区域的企业利益滥用行政权力而形成的进入壁垒和市场分割（陈东琪，银温泉，2002）。因此，我国相关法律的制定除了控制私人部门滥用市场地位限制竞争的行为外，还应限制各级地方政府的行政垄断行为及地方保护行为。

其次，产业组织的优化应该在市场竞争机制的主导下进行，尽量减少政府的直接干预。政府对产业组织结构优化的作用应该以制定竞争型的产业政策为导向，避免事先选择“赢者”的扶持方式和“拉郎配”的企业整合方式。充分利用市场优胜劣汰机制，推动企业兼并重组，让高效率企业做大做强，迫使落后企业、技术和产能退出市场。如在促进优势企业“强强联合”和兼并落后企业方面，政府可以充当中介人的角色，为各个企业提供信息交流平台，在政策上予以支持和在法律上予以保护，但是应尽量避免从行政上强制性地要求企业联合。

4. 金融财税政策

首先，政府应该大力推进多元化融资渠道、多层次资本市场和投资体系的建设，通过建立国家专业投资银行、动员国内资金和引进国外资本等方式建立资金池，通过加强资本市场监管等方式提高资本市场的运行效率，引导资源流向具有竞争优势的产业和企业。

其次，政府应该为重点发展产业或企业制定优惠的贷款政策、上市融资政策、税收减免和信贷优惠政策。但在具体的扶持对象上，应该消除所有制观念，营造一个各类所有制主体都能同台竞技、金融财税予以支持的公平环境。

再次，加大政府财政支出力度，从需求层面推动优势产业和优势企业的发展。如增加政府对资助产品采购的财政支出、对消费者购买进行补贴等。

最后，在金融财税政策的具体执行过程中，应该注重“奖惩并行”策略的实施。在对企业采取金融支持、税收减免和提供风险基金等“胡萝卜”奖励形式的同时，应该对机会主义行为采取“大棒”惩罚形式。

5．环境资源政策

为解决资源约束的紧缩和环境压力的加大给我国工业结构优化升级带来的压力，政府应该制定相应的环境资源政策，迫使高能耗、高污染的产业不断消亡和节能环保的新产业不断产生。首先，政府需要改革和完善环境保护体制。通过“环境保护法”等立法形式，明令禁止高能耗、高污染项目的实施；限制严重污染环境的工艺和设备的使用；禁止生产、销售、进口和使用严重污染环境的设备等。其次，鼓励清洁生产工艺的开发利用和环保产业的发展。以高校和科研单位为依托，重点攻克污染治理技术、生态破坏恢复技术和综合利用技术的开发；鼓励企业增加在节能环保技术开发上的投入；通过财政支持和优惠的税收政策等重点扶持环保产业的发展。最后，积极利用海外资源。通过对外直接投资、战略合作和进口等方式充分利用海外的煤炭、石油和矿产等资源。

第二节
经济转型背景下我国工业结构升级面临的挑战与机遇

我国正处于工业化进程的中后期和城市化加速发展时期，经济全球化的深入发展使得我国开始融入全球分工体系，全球经济危机使得我国进入了工业结构战略性调整的关键时期。在此阶段，机遇与挑战并存，抓住和利用好重要的战略机遇期，积极应对挑战，对加快转变经济发展方式，促进工业结构的合理化和高度化，提高我国产业国际竞争力意义十分重大。

一、面临的新挑战

由于金融危机引发的全球经济震荡调整并未结束，国内外经济环境中的不确定因素仍然存在，我国工业结构调整升级面临着如下的新挑战。

一是经济全球化和金融危机使得我国产业发展面临的环境更加复杂化，扩大内需更加紧迫。经济全球化的发展使得我国融入国际分工体系，随着全球化进程的进一步深化和全球产业链的重构，这可能固化我国制造业低端分工地位，带来高能耗、高污染企业和产业，造成我国对外技术依赖，产生某些行业的外国垄断，在某些领域影响国家经济安全。

2008年国际金融危机导致外需急剧缩减，我国外贸出口连续大幅下滑，并通过外贸关联行业对实体经济产生严重冲击，导致工业生产大幅回落、经济增长急剧减速和就业形势恶化，充分暴露出经济增长过分依赖外需存在的巨大风险。第一，由于中国的赤字水平很低，具有实施扩张型财政政策的极大空间，所以有能力在全球经济的持续低迷中率先实现反弹，很可能会呈现出“V”形走势，即在短期内经济走向复苏，导致政府对传统的产业调整的动力减弱；第二，由于世界主要经济体在短期内不可能复苏，在中期内也将持续低迷，中国经济有可能呈现出“U”形走势，政府可能疲于应对中短期的危机而忽视长期的结构调整目标；第三，我国增加外贸出口将面临更多外部因素制约，难以继续依靠出口拉动经济较快增长，扩大国内需求特别是居民消费需求对工业结构调整压力加大。总之，在全球经济危机的冲击下，在将来相当长一段时期里，我国工业结构的战略性调整将面临巨大挑战。

二是全球价值链治理仍由大跨国公司掌控，“中国制造”面临着日益加剧的国际竞争。当前，跨国公司全球配置资源主要通过建立全球一体化生产体系来实现。跨国公司全球一体化生产体系依托全球资源，充分利用各国生产要素的成本优势，改善企业的成本结构，增强跨国公司在全球范围内的竞争力。随着经济全球化程度提高，大跨国公司不仅凭借雄厚的资本实力、创新成果积累占据着价值链的关键环节，而且利用海外直接投资、离岸外包、战略联盟以及其他形式的研发合作和制造合同等组织架构，在全球范围内不断扩展其战略资源的边界，并采取截断价值链、技术转移片段化等方式，牢牢掌控产业价值链的全球治理和整合，保持着行业领导者的地位。

中国通过大规模承接国际产业转移，工业领域吸收了大量外资，使“中国制造”在全球价值链的参与度不断加深。随着中国工业国际竞争力的提升，在国家加强自主创新政策导向的引领下，近年来，中国在装备制造、电子信息、资源综合开发利用等领域涌现出一批达到国际先进水平的自主创新成果，并在技术创新和规模扩张的共同带动下，逐步向价值链附加值更高、战略地位更重要的环节攀升。但在这些领域，发达国家并不会轻易放弃其优势，而将在技术升级、产品创新等方面与中国展开更为激烈的竞争。同时，还应看到，由于中国工业技术水平、生产方式和组织结构长期落后于发达国家，目前，在全球价值链分工体系中，中国仍处于中低端环节，产品附加值不高，劳动生产率较低。另外，自20世纪80年代以来，在利用外资过程中采取了“市场换技术”的方针，导致中国部分高技术产业发展对外部技术产生了一定程度的依赖，一些企业长期被“锁定”在低水平的加工环节，削弱了其升级发展的自主性。

三是劳动无限供给和低成本竞争的比较优势正逐步消失，发展劳动密集型产业面临挑战。在国际分工体系中，中国最大的相对优势就是丰富的、低成本的劳动力队伍，因此，在工业结构优化升级过程中必须充分考虑到这个基本国情，充分利用这个优势。迄今为止，中国庞大的劳动力队伍仍然保持逐年增加之势，这决定了我国的劳动力要素的低成本优势。较之发达国家，中国的劳动力成本优势十分突出，2007年中国制造业时薪仅相当于2005年英国的2.7%、美国的3%、日本的3.2%。即使与其他发展中国家相比，中国也仍然享有一定的劳动力低成本优势，例如中国制造业的工资水平仅为墨西哥的27%、巴西的17%。不过，目前中国的平均工资已经超过了巴基斯坦、斯里兰卡以及泰国。也有一些调查显示，印度和越南的劳动力成本比中国便宜。

然而，随着老龄人口迅速增加，中国的低成本劳动力优势将在21世纪中叶前逐渐消失。据全国老龄工作委员会办公室自2000年以来的首次人口调查显示，中国的老龄人口正以每年3.2%的速度增长，是总人口增长速度的5倍。中国目前的劳动力人口和退休人口的比例为6∶1，但这一比例将在2030至2050年间达到2∶1。因此，中国的“人口红利”(即人口负担较低、劳动力资源较为充沛)也将伴随人口老龄化而逐步消失。届时,庞大的社会保障成本将由已经减少的在职工人支付,中国劳动力将不再“便宜”。

此外,中国低成本竞争的诸多因素也在发生变化。例如,严格的建设用地规模控制和基本农田保护制度,以及土地招、拍、挂等供应方式的改革,使得土地资源不再无限制地低成本供给,土地交易价格迅速上升;原油、铁矿石等重要资源的进口需求持续大量增加,能源国内保障不足,能源资源价格持续上涨;人民币升值削弱了出口部门的竞争力,等等。低成本竞争的比较优势正逐步面临挑战。要素禀赋结构的变化势必带来工业结构的相应调整,特别是资本密集型和技术密集型产业的需求提升。然而,中国面临巨大的劳动力就业压力,其中包含大量非熟练劳动力,这就使得在工业结构调整时还需要大力发展劳动密集型产业,广泛解决就业问题。

四是资源环境约束日益严重,国际能源资源争夺加剧继续影响我国能源资源供应安全。我国自然资源人均保有量不足,资源消耗速度惊人。中国人均水资源拥有量低、人均耕地面积小、人均矿产资源量不足。我国人均石油储量只有世界平均水平的11%,天然气人均储量只有世界平均水平的4.5%,铁矿石人均储量只有世界平均水平的42%,铜矿人均储量只有世界平均水平的18%,铝土矿人均储量只有世界平均水平的7.3%。即使是我国储量比较丰富的煤炭资源,人均储量也只有世界平均水平的79%。此外,我国的资源消耗速度惊人、浪费严重,近几年来我国的耕地面积和水资源总量正逐年减少,各种能源和主要原材料的消耗量也正以惊人的速度增加,其增长速度高于同期经济增长速度(GDP增长率)。加之国际能源资源价格持续大幅上涨,对能源资源的争夺日益加剧,经济发展面临资源能源的约束日益严重。

“十一五”以来,国际能源资源价格持续大幅上涨,对能源资源的争夺日益加剧。而我国的基本国情是,人均储备资源相对不足,大量依赖进口石油、天然气和铁矿石等主要矿产资源。这不仅增大了我国经济发展成本,而且也影响到能源资源供应安全。我国正处在工业化、城镇化加速发展时期,消费结构的升级还会进一步增加对能源资源的需求,因此,确保能源资源供应安全对于实现全面建成小康社会的宏伟目标至关重要。

尽管2008年国际金融危机以来国际能源资源供求紧张暂时有所缓解,但供求关系长期偏紧的局面没有根本改变。"十三五"时期,我国能源资源供应安全仍面临许多挑战:一是受政治、经济、安全等因素影响,国际上围绕能源资源的争夺还会进一步加剧;二是出于地缘政治和意识形态等方面的考虑,一些国家对我国企业"走出去"参与海外能源资源合作开发设置种种障碍,有可能影响我国建立稳定的海外能源资源供应基地;三是国际能源资源价格仍有可能继续大幅上涨,能否以合理价格稳定地获取能源资源,始终是确保我国能源资源供应安全和降低工业化成本所必须面对的挑战。

我国生态环境比较脆弱,环保压力较大。一方面,我国国土面积广大,但生态环境比较脆弱。这主要表现在:沙漠、戈壁和海拔3000米以上的高寒地区面积大,这些国土在可以预见的科学技术进步条件下都是难以利用的;陆地平均海拔(1475米)是世界大陆平均海拔(830米)的1.78倍,山地丘陵占国土的65%以上,干旱地区或荒漠地区占国土的1/3以上,自然环境对生态的"应力"或"胁迫"较大地超过了全球平均水平,大致是后者的1.25倍。另一方面,我国的环境污染和破坏现象也十分严重,近几年来除了工业固体废料的排放量出现明显的下降趋势,烟尘和粉尘排放量上下波动外,其他污染排放基本维持上升趋势。

我国正处于工业化中期阶段,高能耗、高排放行业在工业中占有相当比重，很多工业生产制造环节还在使用落后的设备和技术，高污染的小钢铁、小焦炭、小水泥、小电石、小火电和小煤矿等屡禁不止，造成能源资源利用效率不高、环境污染严重，二氧化碳和二氧化硫排放量位居世界前列。由于我国工业结构不合理，经济发展方式转变缓慢，节能减排将是一项长期而艰巨的任务。随着后京都议定书时代的到来，“十三五”时期我国将面临更大的减排压力，不仅国内经济发展面临的资源环境硬约束增大，而且发达国家也会从各方面施压，要求我国承担减排责任，这对我国经济结构转型和转变经济发展方式提出了更高要求。

五是市场体制的基础作用亟待进一步完善，结构优化调整任重道远。当前，在宏观经济目标中，经济增长备受关注。在现行体制下，保持经济持续稳定增长成为宏观经济政策的中心议题。然而，我国市场体制还很不完善，地方保护主义与行政干预色彩浓厚，严重影响了市场机制的基础性调节功能效果。

二、面临的新机遇

虽然我国经济结构调整还存在诸多突出矛盾需要解决，但我国也具备一些有利于工业结构优化升级的条件。

一是消费结构转型升级加快，为进一步扩大内需创造了有利条件。随着中国经济持续高速增长，居民收入和购买力不断提高。从国际经验来看，人均 GDP 达到 3000 美元后，居民消费将进入加速转型升级的阶段。目前，中国人均 GDP 超过 4000 美元，居民消费处于加速释放的时期。近年来，住房、汽车、数码产品、旅游休闲、文化娱乐引发了新的消费风潮，中国居民消费结构升级和消费倾向转型的态势日益增强。2008 年国际金融危机爆发后，国家连续出台“家电下乡”“家电以旧换新”“汽车摩托车下乡”等扩大内需的政策，极大地刺激了居民消费，对农村消费升级的拉动作用和示范效应尤为显著。

尽管在拉动经济增长的投资、消费、出口三大因素中，以消费为主导的格局尚未形成，在中国建立内需型消费社会仍需时日，而且培育新的消费热点也有一定的难度，但随着中国经济增长和居民消费水平进一步提高以及社会保障体制的不断完善，在全球经济增长模式调整的促动下，国内需求作为经济增长主要动力的作用将不断增强，中国也将逐步进入大众高消费的时代，并由世界生产者向世界消费者转变，内需型产业将获得更大的发展空间。

二是经济全球化继续深入发展，外商直接投资促进我国制造业升级的发展空间较大。“十三五”时期，经济全球化将在曲折中继续深入发展，将为我国加快发展提供诸多机遇。一是有利于我国利用国际市场规模扩大和进一步开放稳定出口，发挥我国劳动力资源比较优势，参与国际竞争和国际分工，带动经济增长和就业增加；二是有利于我国企业“走出去”，开展国际能源资源合作开发，拓宽能源资源供应渠道；三是有利于吸引更多外商直接投资，引进国外先进技术、设备、人才和管理经验，继续推动国内技术进步和工业结构优化升级。

三是全球产业转移和新型绿色产业兴起为我国工业结构优化升级提供了新的契机。世界范围内产业的大规模转移成为全球工业结构升级调整的时代特征，经济全球化的加快和高新技术的发展则大大加速了这一进程。新一轮的产业转移以技术为先导、以服务为重点，呈现出领域集中化、方式主流化等特征。我们要抓住机遇，依托市场和创新，充分利用资源、环境优势，以服务业为重点、以可持续发展为目标，统筹兼顾，趋利避害，以此为契机实现工业结构优化和升级。而发展绿色新兴产业必将有利于我们利用节能环保技术改造提升传统工业、带动生产性服务业发展，从而推动整个工业结构转型升级。

第三节 我国未来工业结构优化升级的方向和战略重点

我国正处于工业化进程的中后期和城市化加速发展时期，城市已经成为社会的主要生产和消费地区，城市化与工业化相互依存、相互促进，成为发展的共生体。未来相当长一段时间内(可能到2025年)，工业在我国国民经济中的支柱地位还会存在。因此，未来工业结构优化升级的方向制定，应该立足于目前的基本国情和我国所处的发展阶段，加快转变经济发展方式，建立和发展符合我国国情的技术先进、附加价值高、节能环保、高效安全、吸纳就业能力强的现代产业体系，走一条不同于传统工业化战略的新型工业化道路。按照走新型工业化道路要求，应坚持以市场为导向、企业为主体，把增强自主创新能力作为中心环节，继续发挥劳动密集型产业的竞争优势，调整优化产品结构、企业组织结构和产业布局，提升整体技术水平和综合竞争力，促进工业由大变强。具体来说，未来我国工业结构调整优化的战略重点和关键领域有如下几个方面。

一、以创新推动"中国制造"升级为"中国创造"

进一步加强技术创新工作，着重在技术创新体系建设、技术支撑、创新成果的规模化生产和应用等方面，帮助行业和企业突破技术创新的制约因素，加快提升工业技术创新能力，增强产业核心竞争力。只有让我国工业走向创新驱动的发展道路，才能成功地将"中国制造"转变为"中国创造"。

一是大力推进以企业为主体、以市场为导向、产学研相结合的技术创新体系建设。切实做好国家级、省级企业技术中心认定和建设工作，以企业技术中心为核心，推进技术创新体系建设，整合社会创新资源，推动技术创新有效运行机制的建立；推进产学研合作，实现企业、高等院校和科研机构的有效结合，支持行业协会、产学研之间组建技术创新战略联盟，在非竞争关键共性技术联合研究、关键零部件研究开发、创新性人才培育等方面发挥重要作用；鼓励以技术创新能力强的骨干企业为龙头，带动配套企业，促进相关产业链上各类企业技术创新能力的普遍提升；积极构建为中小企业服务的技术平台，建立面向中小企业的科技中介服务体系。

二是促进新技术的推广应用，用高新技术和先进适用技术改造、提升传统产业。以综合利用、环境保护、节能减排、安全生产等为重点，实施产业技术示范工程，为加快推进技术改造提供技术支撑；围绕重点产业调整和振兴规划，以突破制约产业发展的核心关键技术瓶颈为目标，积极组织技术攻关，实施产业技术研发项目。

三是推动创新成果的规模化生产和应用。把科技成果转化摆在突出位置，积极实施标准战略，推进拥有自主知识产权的技术成果转化。在市场需求方面，为自主创新创造环境，形成在满足性能要求条件下优先使用国内自主创新产品的市场机制和氛围。

二、改造传统制造业，加快发展先进制造业

据估测，我国工业化进程将会持续到2020年以后，并且以工业为主的格局不大可能在2020年以前发生根本性改变，因而工业尤其是制造业的发展依然是我国目前发展的重点。受居民消费结构升级等内生因素的影响，重工业将会出现新一轮的加快发展。由于存在较大的就业压力，劳动密集型产业将在相当长一段时间内仍然保有相当的份额，

与此同时，劳动密集型产业本身需要不断进行产业升级，劳动密集型产业布局也将从东南沿海地区逐渐转移到中西部地区。

具体来说，首先，要重点加强自主创新和自主品牌建设，实现主导产业价值链的升级，获得产业价值链的治理权；其次，要用现代技术改造纺织、食品、轻工等传统制造业，进一步提高传统制造业的附加值和技术水平；再次，要加快设备更新的速度，尽快使我国制造业技术装备整体水平赶上当今世界先进水平，增强竞争能力；最后，要优化产业布局，加快原材料工业的整合，使其形成规模经济和集聚效应，降低区域间的产业同构度，提升原材料产品的档次和水平。坚决淘汰资源能源消耗大、技术含量低产业的落后产能，限制高能耗、高污染和资源型产业的发展。

三、培育新的主导产业，积极发展战略性新兴产业

中国未来产业发展将出现双重变化，一是传统产业转型，二是培育新兴产业，寻找新的经济增长点。当前全球角逐的新兴产业主要集中在新能源开发、节能环保产品推广、智能电网建设、新兴通信产业等领域，这些领域也恰是中国经济长期可持续发展比较关切的领域。

加快培育发展战略性新兴产业是实现工业结构优化升级的重点。工业转型升级的目的是转变发展方式，产业结构调整是转变发展方式的重要途径和主要内容。十七届五中全会要求发展结构优化、技术先进、清洁安全、附加值高、吸纳就业能力强的现代产业体系。落实到工业上，发展现代工业产业体系的主要途径是改造、提升制造业和培育发展战略性新兴产业。改造、提升制造业在很大程度上需要依赖战略性新兴产业为其提供技术、产品和装备。因此，加快培育发展战略性新兴产业就成为我国工业转型升级任务的重中之重。

四、大力发展生产性服务业，促进二、三产业协调发展

应优先发展现代服务业，特别是生产性服务业，以高新技术产业为驱动力，以现代服务业和现代制造业为发展的两个车轮，带动工业结构的整体升级。第三产业比重在“十一五”期间基本稳定，但由于城市化进程加快，国际制造业向中国转移形成相当规模后国际服务业的跟进，以及产业分工的细化、企业间交易活动的增加，生产性服务业的需求变得巨大，现代服务业将得到加速发展。加快发展生产性服务业是推进新型工业化、实现工业全面协调可持续发展的重要环节，是转变工业粗放型增长方式的必然要求。按照赫希曼关联效应选择基准以及国际经验，现代物流业、租赁服务业、研发服务业、信息传输业、计算机服务和软件业是我国走新型工业化道路必须重点发展的领域。

五、推广清洁生产工艺，发展低碳经济

“十一五”时期，资源瓶颈是工业发展中必须引起重视并着力解决的问题。与20世纪90年代不同，当前的资源瓶颈不是由于运输能力和资源开发投资不足，而是缘于高速发展的重工业对资源的巨大需求与中国资源蕴藏量相对不足的矛盾。因此，在积极探索保障资源稳定供给的方法和途径的同时，解决资源瓶颈更重要的是要坚持不懈地推进工业节能降耗。

一是要控制高能耗、高污染行业过快增长，加快淘汰落后产能。通过建立实施工业固定资产投资项目节能环保评估和审查制度，从源头控制“两高”行业发展；建立完善淘汰落后产能的退出机制和配套政策，

加大落后产能淘汰力度，禁止落后生产能力异地转移。

二是要强化重点行业、重点企业节能降耗和减排治污工作。修订、制定重点行业能耗、物耗和环保技术标准；制定并发布重点行业和中小企业节能减排指导意见；组织开展重点用能行业、企业能效水平对标活动，培育一批行业先进典型；制定并实施工业企业节能目标责任评价指标体系。

三是要推进节能技术进步。加快研发和推广节能新技术、新工艺、新设备和新材料，推动高用能行业技术进步和企业节能减排技术改造；用好技术改造专项资金，重点支持企业节能降耗、减排治污；用信息化等高新技术和先进实用技术改造和提升传统产业，提高能源利用效率，减少污染物排放。

四是要促进循环经济模式在工业领域的应用。在生产、流通和消费过程中，重视减量化、再利用和资源化，提高能源资源的利用效率和效益；通过工业园区等有效方式，实现集中供热、供冷、供电、供水和水处理的系统优化管理，以及通过上下游产业在空间上的集聚，实现资源的最大化利用。

五是要推动资源回收利用、再制造行业的发展。支持大宗工业废物、废旧金属、废纸、废塑料、废橡胶等再生资源的回收利用；扩大汽车零部件再制造试点，积极推动大型工业装备、机电设备和产品再制造；鼓励使用再制造产品和再生产品。

六是要从体制建设、政策激励和教育培训等多方面着手，把节能降耗的理念切实落实到工业设计、生产、管理、消费的各个环节，落实到工业产品的整个生命周期。

六、创立品牌，占领价值链高端

在中长期内，中国以出口为导向的经济发展路径不会发生根本性改变，这部分缘于中国的人口结构，部分缘于国内消费的刚性。短时间内消费难以成为经济增长的主动力，投资的高增长亦不可持续，这使得出口可能重新成为经济增长的主要动力之一。但金融危机后的出口导向战略会有所升级，它肯定也会和前一阶段大量依靠廉价劳动力的出口导向战略有所不同；为抑制出口导向战略的负面作用，必须做出长期和结构性的调整。由于资源禀赋的变化和经济危机的影响，经过国家对工业结构的战略性调整，高新技术产业和先进制造业在工业中的比重将会增大。

我国依据静态的劳动力比较优势成为世界制造业中心，但随着全球生产要素价格的高企、我国劳动力优势的消失、资本边际收益率的递减和环境成本的加大，这种粗放型的发展方式越来越不具有可持续性。由于技术过于依赖国外，特别是核心技术过于依赖国外，因而我国在国际产业分工中将有可能被固化于产业链的低端位置。因此，在继续引进国外先进技术的同时，必须将重点转移到自主创新上来，要通过禀赋升级，建立新的比较优势，实现由国际垂直分工向水平分工的转变。具体来说，要在某些关系国家安全的高新技术领域和我国已有优势的产业，大力推进原始创新；对已形成规模、国内外市场需求大的产业进行集成性自主创新，确立自己的品牌；对国内外差距大而又有可能引进和吸引外商投资的产业，要在引进基础上加强消化吸收与再创新。

七、引导投资合理布局，协调东、中、西部发展

为了防止投资过度集中于东部地区，政府应限制东部城市某些产业的投资，通过采取倾斜性政策，鼓励中西部相关产业的投资，从而推动东部地区产业向中西部地区有序转移。产业转移是中国工业化进程中的必然趋势，也是在发挥劳动力资源丰富的比较优势的同时，推进工业结构优化升级的重要途径。在以市场为导向、以企业为主体进行的跨区域产业转移中，应通过机制建立和政策引导，使产业转移向形成分工合理、特色鲜明、优势互补的区域产业布局方向发展。在产业有序转移的基础上，通过实施区域发展总体战略和主体功能区战略，构建区域经济优势互补、主体功能定位清晰、国土空间高效利用、人与自然和谐相处的区域发展格局，逐步实现不同区域基本公共服务均等化。

一是建立产业转移的协调机制。为协调市场行为与国家产业发展战略、不同地区发展目标之间的矛盾，要着手建立国家和省际产业对接及转移协调机构，建立日常工作联系，定期和不定期就区域发展战略、产业合作发展、产业转移对接、共同投资开发、重大项目推进等加强沟通与协调，建立稳定、高效的操作协调机制，促进转出地区和承接地区的产业对接。

二是引导产业转移的承接地从当地的主体功能区定位、资源禀赋条件、主导产业特征等实际情况出发，进行招商引资，使产业转移建立在资源节约、环境友好的可持续发展机制之上。即使是劳动密集型、低附加值、技术含量低的产业的转移也要坚持绿色发展，通过污染物排放、碳排放等方面规制措施，控制“三高”企业和项目的转移。

三是以工业园区为主要载体，鼓励产业集群的形成。产业转移能否成功的关键在于能否形成一定规模的产业集群。引导产业承接地区

在产业转移过程中以龙头行业和企业为重点，围绕优势产业集群的形成，积极引进关联度大、产业链长的投资项目，注重发展与其配套的相关企业，着力建设产业集群，提高工业化水平。

第四节 我国未来工业结构优化升级的政策措施

推进工业结构调整和优化升级，是转变经济增长方式、提高经济增长质量的重要途径和迫切任务。我国正处于经济发展方式转变这样一个特殊的过渡时期，协调好经济增长与发展方式转变间的关系，将短期稳定增长与长期结构调整相结合是产业政策调整的重要原则。

现有研究表明：影响我国1981—2005年间产业结构变化的宏观因素按其重要性大小排序依次为中间投入、相对价格变化、居民消费结构升级、固定资产投资比率、净出口变化以及居民消费占GDP比重（国务院发展研究中心，2011）。这说明未来我国应引导中间性组织和产业集群发展，促进区域经济协调；充分发挥价格机制作用，引导企业和产业发展；促进居民消费结构升级，推进产能过剩行业调整，促进投资结构优化；稳定产品出口，提升工业竞争力；培育新兴产业，积累发展新动能。在制度建设方面，深化政府管理体制改革和加快推进国家创新体系建设也将是下一步产业政策的重要内容。

一、工业结构优化升级的主要政策措施

（一）深化政府管理体制改革，优化制度环境

坚持市场配置资源的基础性作用，转变政府管制经济的方式，将政

府的管制职能由经济性管制转变到社会性管制。由过去的部门(结构性)倾斜向关键环节(功能性)支持转变,将产业政策作用于"市场失灵"的领域,充分利用价格和竞争等市场机制,尽量少采取随意性强的直接行政干预手段,为工业结构调整创造有利的制度环境。当前的重点工作如下。

一是对资源和能源的有效利用、环境保护等外部性问题进行管制。加快理顺资源要素价格形成机制,使资源价格真实反映市场供求关系、资源稀缺程度和环境损害成本,促进企业改变资源消耗大、环境污染重的生产方式;建立资源、能源审计制度,使其同现行的环境评价制度一道共同构成新的社会性管制制度。

二是加快政府投资管理体制改革。减少政府集中权力进行项目审批等直接行政干预手段,避免盲目建设和重复投资。市场准入制度要从经济型监管转向社会型监管,逐步建立一个企业自主投资的制度。政府还要增强信息服务等公共服务职能,引导企业的投资行为合理化,避免因信息不完备而出现大的投资决策失误。

三是提高产业政策的法制化程度。依法进行产业政策的制定、实施和修改,适应我国改革已进入现代法制市场经济阶段的要求。严格依法行政,充分发挥法制部门和行业协会在产业政策制定、实施和修改过程中的积极作用。

四是打破行业垄断,放宽市场准入制度,鼓励竞争,继续把竞争机制引入银行、证券、保险、铁路、民航、邮政、电信等领域。针对新一轮"国进民退"现象,从法规和政策制定上,明确给予民间资金进入基础产业、基础设施、金融保险、文教卫生和公共服务等五大垄断领域的"通行证",并通过具体的财税和金融支持政策,放宽股比限制,降低民间投资的准入门槛,激活并为民间投资提供便利。建立健全相关法律法规,强化服务业的规范服务、诚信服务和知识产权保护。鼓励民间资本参与国有资产重组和股份制改造，发展一批大型服务业企业集团，探索新的经营方式，提升市场竞争力。

五是改革官员考核机制。更侧重于考核地方政府的民生发展能力和服务能力，弱化GDP增长导向，在地方执行过程中也需加强引导和监督。强调“市场的归市场，政府的归政府”的市场经济原则，打破地方政府以自身利益取向代替当地产业资本进行利益取舍的现象。

（二）突出企业的创新主体地位，着力提升工业层次和技术水平

强化企业在自主创新中的主体地位，建立以市场为导向、产学研相结合的技术创新体系；大力实施品牌战略，鼓励开发具有自主知识产权的知名品牌；健全知识产权保护体系，加大知识产权保护的执法力度；完善自主创新的激励机制，实行支持企业创新的财税、金融和政府采购等政策；改善市场环境，发展创业风险投资，支持中小企业提升自主创新能力。完善对高技术企业及研究开发活动的税收优惠与加速折旧制度。

制定和完善提升自主创新能力的相关规划和产业政策，针对某些重要的战略性产业（如集成电路、飞机制造）以及具有重大应用前景的关键高新技术（如生物技术、新能源汽车等），建立国家重大创新工程。

完善产业技术供给体系，增强产业共性技术、关键技术开发及工程化能力；关注技术升级方向性问题，组织和支持有利于提高国际分工地位、具有外部效应的关键技术、共性技术的协作和联合攻关，建立合作研究机制。

转换“技术引进”模式，进一步采取鼓励性措施，吸引外资公司将研发中心迁入我国；把技术引进、消化吸收和自主创新结合起来，形成在

合作中提升自主创新能力的良性局面。

(三)发挥价格机制的基础性作用,引导企业和产业发展

长期以来,我国对资源类产品实行低价政策,价格构成既没有反映资源稀缺程度和市场供求关系,也没有反映环境治理成本,更没有考虑资源枯竭后的接续产业发展问题,实际上鼓励了无序竞争和过度投资。因此,若要改变地方政府热衷于发展高能耗、高污染产业的状况,提升产业结构,就必须对资源类产品进行价格改革。在水价、电价、煤炭价格、石油价格、天然气价格等一系列资源价格领域积极推进改革步伐。但此项改革涉及面广,情况复杂,要把握好价格调整的时机、节奏和力度,特别是要充分考虑低收入群体的承受能力。目前,随着油价改革的顺利进行和水价改革的启动,社会各方面对价格改革已经逐步达成了共识,而且国内外大宗商品价格尚处于低谷,这些都为厘清资源类产品的价格体系创造了较好的条件,应该抓住当前有利时机,加快调整进程。

(四)注重分类指导,加快产能过剩行业调整

金融危机是结构调整的一个机遇。应重视发挥市场机制的作用,改变“行政主导、扶大限小”的政策导向。要积极推动企业兼并重组,加快淘汰落后产能,优化产业组织结构。对于那些技术落后、产品没有足够竞争力的企业,政府救助的重点不应该是企业,而应是解决企业破产以后带来的问题,比如就业。对运行状况良好,有自主品牌、技术和核心竞争力的企业,政府应鼓励其采取不同的方式兼并其他企业。在此过程中,不同地区的利益格局会发生变化,国家需要通过调整财政、税收关系,来协调地区之间的利益关系。

具体来说,应根据不同产业发展情况,予以分类政策引导。

一是对于重化工业的发展,按照资源环境、安全生产、科学技术、用

工制度等提高市场进入门槛，控制新增产能；通过严格实行节能减排、淘汰落后产能的问责制，综合运用经济、法律、环保和必要的行政手段，加快推进淘汰落后产能工作；建立落后产能退出市场机制，妥善解决好企业在淘汰落后产能时的职工安置、企业转产、债务化解等问题。

二是强化和提升传统工业的新型化。加大企业技术改造；推动企业并购、重组、联合，支持优势企业做强做大，提高产业集中度；通过调整投资结构、扩大消费需求等措施，合理利用和消化一些已经形成的生产能力。

三是支持具有技术密集和知识密集、高附加值、高加工度特征的高技术产业和新兴行业发展，加大对中小企业发展的政策支持。特别需要重点关注的是推进部分产能过剩行业调整。进行这项调整，要综合运用经济、法律和必要的行政手段，充分发挥市场机制的作用。主要措施包括修订完善产业政策，综合运用节能环保等标准，提高准入门槛，加强清洁生产审核，实施差别电价等手段，加快淘汰落后产能。在石化、钢铁、船舶等行业的振兴规划中，淘汰落后产能以设备规模作为主要标准，这可能会导致小企业为避免被淘汰而投资相对大规模的设备，使产能过剩问题加重。建议淘汰落后产能以环保、能耗等技术经济指标作为标准，不以企业、设备规模作为标准而进行一刀切。此外，特别要防止产业组织重组中，由于地方政府的利益驱动出现国进民退进一步加重的现象。

（五）引导产业集群发展，推进区域协调发展

未来若干年，将是产业地区结构大变动的时期。政府应更加重视对产业地区结构的规划，以地区的环境容量、基础设施条件等作为约束变量，以形成地区间的合理分工、优化布局结构为目标，制定产业发展

地区规划，并建立相应的管理手段。以此为契机带动城市化进程，以工促农，以城带乡，努力形成城乡经济社会发展一体化新格局。

积极推进区域协调发展的立法工作，明确区域发展总体战略；建立全国统一市场，使各区域公平竞争，按照市场规律规划产业布局；把握产业政策的统一性和差别性，根据区域比较优势制定产业政策，使各地区的产业能优势互补、协调发展，对一些非竞争性产业要通过产业政策调控适当向相对落后地区倾斜；制订和实施产业集群倡导计划，根据产业的经济特性，促进专业化分工和相关企业在地域的相对集中，注重培育集群的形成、发展机制以及吸引要素集聚的机制。

（六）完善对外经济政策，提升工业国际竞争力

利用当前的有利时机，进一步推动我国由简单外向型战略向经济全球化战略转型。通过出口退税、金融支持等政策工具，对不同类型的工业产品给予不同的支持力度，引导出口产品结构升级，抑制资源类产品的出口；有选择性地进行招商引资，进一步完善《外商投资产业指导目录》的编制、更新和实施等各个环节；进一步鼓励对外投资，支持本国企业的跨国发展。总之，应调整对外经济战略，提高国际分工地位，提升整体技术水平和综合竞争力，促进我国工业结构优化升级。

二、关于进一步推进《中国制造2025》规划的若干建议

当前的中国，正处在新一轮科技革命和产业变革与国内经济转型的历史交汇处。制造业既是全球经济竞争的制高点，也是推动我国经济提质增效升级的主战场。为此，发达国家制定了“先进制造业伙伴计划”（美国）、“工业4.0”（德国）、“制造业白皮书”（日本）等一系列“再工业化”战略，同时也开始进一步强化贸易保护主义。中低收入国家依

靠资源、劳动力等比较优势开始争夺承接中低端制造业转移，全球产业格局正在重塑。中国是世界制造业第一大国，近年来部分领域技术水平发展迅速，但“大而不强”，存在核心技术缺失、高端产品依赖进口、自主创新能力不强等问题。当前我国制造业面临着发达国家“高端回流”和发展中国家“中低端分流”的双向挤压，与此同时，国内低成本优势正在丧失，而新的竞争优势又尚未形成。中国制造业转型升级和跨越发展，任务紧迫而艰巨。

2015 年 5 月，《中国制造 2025》规划适时出台，瞄准创新驱动、智能转型、强化基础、绿色发展等关键环节，部署发展制造强国的实施战略。准确把握了科技革命和产业变革趋势，为正在互联网冲击下的中国制造业带来了弯道超车的机会。《中国制造 2025》是我国实现制造强国目标“三步走”当中的第一步行动纲领，经过一年多时间的贯彻实施，“1＋X”规划体系，即规划本身及 11 个配套的发展指南已经编制完成，五大工程率先启动实施，智能制造试点示范项目在提高生产效率、降低能耗、缩短研制周期、降低企业运营成本等方面取得了明显成效，并在细分行业积累了可复制推广的经验模式。《中国制造 2025》国内外认知度和影响力显著提升，2017 年《中国制造 2025》进入全面实施阶段。

针对《中国制造 2025》贯彻实施中存在的主要困难，如高端产业低端化、低端产能过剩、“智能制造”遭遇挑战、产品质量有待提高、缺乏知名品牌、制造业高端人才匮乏等，我们提出以下对策及建议。

（一）以企业为主体推进创新驱动

构建以企业为主体的产学研相结合的创新体系，强调研发、技术标准和市场培育协同推进。重点厘清政府和市场的边界，避免政府对市场主体投资行为过度包办和代替。政府应该更加关注基础理论的研究和基础技术的开发，增加关键性、共性技术的有效供给，促进更多的科研成果转化为现实的生产力。进一步打破市场准入壁垒，释放民营企业创新的活力与空间。深化要素的市场改革，一方面形成要素价格对资源配置的引导作用，另一方面通过消除要素扭曲形成的垄断和暴利，提高制造业的相对收益率。最后要切实加强知识产权保护和服务，通过降低知识维权成本激励制造业企业获得创新收益。

（二）统筹规划，避免盲目发展和重复建设

将全国一盘棋和分类指导相结合，统筹规划，合理布局。把一些基础好、能力强的地区作为战略实施的重点地区，加强监测和引导。在关键领域实行竞争择优，避免盲目发展和重复建设。地方发展要创新发展方向、因地制宜实施方案。中央要加强对地方的指导，促进区域差异化发展，推动形成因地制宜、特色突出、区域联动、错位竞争的发展格局。同时，及时收集各地相关产业的发展情况并向全社会传播，让地方和企业可以在信息相对完整的基础上做出决策。

（三）形成中国独特的智能制造优势

正视我国工业化进程落后于发达国家的国情，利用好我国制造业大国和互联网应用大国的优势，继续推进工业化和“互联网＋”相融合，补齐短板，加快工业化进程，化不利为有利。注重提升综合集成能力，选择能够发挥中国人口和技能优势的技术路线，形成中国独特的智能制造能力。继续完善智能制造标准体系建设，引入高端装备武装产业。完善网络安全相关的法律法规，保障工业网络安全。

（四）在“一带一路”倡议下加强产品质量建设，强化品牌意识

首要做好产品与服务，注重品牌推广和创新，提升制造业企业国际化经营能力，弘扬我国企业家精神和工匠精神。加强企业间强强联合，产业链企

业协同作战，共享资源，增强叠加优势和抗风险能力。支持制造业企业参与海外投资并购，推动产业合作向高端环节延伸，延长加工贸易国内增加值链条，从而推动加工贸易转型升级。开发海外项目要充分了解当地情况和加强风险控制，不可为了订单而牺牲质量和价格。同时加强对外投资立法，完善应对贸易摩擦和境外投资重大事项的协调预警机制。继续深化金融领域改革，推动《中国制造 2025》与“一带一路”对接。

(五) 多层次高级人才培养

以“互联网＋”平台为媒介，推动产学研合作，打破信息不对称壁垒，整合来自企业、学校和研究机构的各类资源，实现产学研生态圈内部的资源转化与共享。针对先进制造人才的需求，建立健全制造业在职人员培训机制。对接“大众创业、万众创新”战略，优化创业环境，形成海外高层次管理和技术人才回溯的市场机制。以重大产业攻关专项为承接载体，鼓励企业大力吸引海外高层次人才。在引进国内外先进技术项目的同时，更加重视引进领军人才及团队。

附录 A

附表 A-1　工业两位数行业资本存量测算结果(1980—1984 年,单位:万元)

行　业	1980	1981	1982	1983	1984
煤炭开采和洗选业	6196490	6264711	6568338	7092734	7933478
石油和天然气开采业	1684600	2423973	3367421	4426885	5735380
黑色金属矿采选业	873941	868646	873919	903354	989243
有色金属矿采选业	898845	924511	976025	1038053	1150162
非金属矿采选业	1750096	1626610	1541906	1499536	1488519
农副食品加工业	1747677	1712284	1785633	1871000	1987827
食品制造业	761161	754581	797142	851655	931530
饮料制造业	454413	558456	744829	929100	1113083
烟草制品业	89890	166333	296635	408329	502646
纺织业	2799147	3072001	3674501	4286368	4826337
纺织服装、鞋、帽制造业	409735	410556	431534	459546	512817
皮革、毛皮、羽毛(绒)及其制品业	348664	349937	357244	361748	375796
木材加工及木、竹、藤、棕、草制品业	558876	545180	555459	577186	666190
家具制造业	480261	454133	443495	435513	449668
造纸及纸制品业	1243255	1219632	1208297	1235572	1315572
印刷业和记录媒介的复制	528576	498250	485257	480491	510043
文教体育用品制造业	153816	145472	142081	141392	150753
石油加工、炼焦及核燃料加工业	1029169	1154678	1225964	1357442	1545191
化学原料及化学制品制造业	6047863	5913376	5488300	5679077	6043314
医药制造业	396377	440437	513633	610205	746975
化学纤维制造业	533316	674310	820676	1004040	1158739
橡胶制品业	494492	478326	482478	498939	544425
塑料制品业	609204	633052	648303	683339	809675
非金属矿物制品业	5735944	5467281	5371293	5470648	5737302
黑色金属冶炼及压延加工业	6859580	6565273	6675433	6779813	7079824

续表

行　　业	1980	1981	1982	1983	1984
有色金属冶炼及压延加工业	2025706	1980520	1950718	2022661	2125662
金属制品业	1826569	1689765	1613370	1577352	1622560
通用设备制造业	7277352	6610039	6292746	6095582	6083523
专用设备制造业	4604708	4309009	4231178	4212371	4309330
交通运输设备制造业	3480744	3458527	3339112	3321053	3397040
电气机械及器材制造业	1384285	1374469	1365714	1382443	1477591
通信设备、计算机及其他电子设备制造业	1010045	1086023	1202730	1345724	1578039
仪器仪表及文化、办公用机械制造业	651684	608856	632482	659354	719356
电力、热力的生产和供应业	7334733	7507455	7828715	8452363	9417758
燃气生产和供应业	218470	258523	305205	365268	444409
水的生产和供应业	562768	582581	611211	651591	717583

附表 A-2　工业两位数行业资本存量测算结果(1985—1989 年,单位:万元)

行　　业	1985	1986	1987	1988	1989
煤炭开采和洗选业	8607224	9167093	9717291	10176638	10464609
石油和天然气开采业	7269443	8561352	10009415	11436450	12633908
黑色金属矿采选业	1041434	1094434	1196381	1238079	1220011
有色金属矿采选业	1232892	1354891	1493927	1650983	1753376
非金属矿采选业	1504883	1523839	1573012	1648252	1655494
农副食品加工业	2325968	2713860	3179208	3681883	3834962
食品制造业	1105562	1302704	1547462	1813789	2109081
饮料制造业	1498611	1933904	2463861	2878168	2907239
烟草制品业	572992	646013	760041	927518	999785
纺织业	5353302	6019682	7013598	8530522	8885231
纺织服装、鞋、帽制造业	605181	713521	817882	940067	968576

续表

行　　业	1985	1986	1987	1988	1989
皮革、毛皮、羽毛(绒)及其制品业	408566	450614	497875	564502	573951
木材加工及木、竹、藤、棕、草制品业	704782	767630	837871	938918	986493
家具制造业	462752	477077	513101	561405	558543
造纸及纸制品业	1468839	1690226	1981389	2342727	2453565
印刷业和记录媒介的复制	585625	672545	755493	822991	815217
文教体育用品制造业	172693	196493	235911	290315	308130
石油加工、炼焦及核燃料加工业	1710049	1936125	2310846	2823608	3060685
化学原料及化学制品制造业	6873577	7810391	9184198	10888885	11527184
医药制造业	891540	1064066	1319262	1713650	1897643
化学纤维制造业	1303844	1565756	1823719	2008612	2119041
橡胶制品业	617147	735474	860600	1013597	1031674
塑料制品业	1020483	1209148	1346208	1504264	1547789
非金属矿物制品业	6253497	6986910	7817712	8567427	8602079
黑色金属冶炼及压延加工业	7463709	8032849	9024491	10264048	10643242
有色金属冶炼及压延加工业	2335139	2638148	2983582	3322343	3373420
金属制品业	1711536	1842662	2079159	2323167	2355686
通用设备制造业	6075876	6155677	6360651	6611000	6459627
专用设备制造业	4396863	4521561	4733164	4968362	4907366
交通运输设备制造业	3693140	4013254	4527247	5077655	5278243
电气机械及器材制造业	1756760	2184385	2586714	2941847	2997873
通信设备、计算机及其他电子设备制造业	2093319	2529642	2885056	3405763	3704342
仪器仪表及文化、办公用机械制造业	744751	771514	799143	838202	826831
电力、热力的生产和供应业	10934930	13009929	15615267	18221511	19897644
燃气生产和供应业	556855	681600	793453	898410	962365
水的生产和供应业	807650	973531	1152701	1318049	1419282

附表 A-3　工业两位数行业资本存量测算结果(1990—1994 年,单位:万元)

行　　业	1990	1991	1992	1993	1994
煤炭开采和洗选业	11046834	11614280	12115083	12522706	12838751
石油和天然气开采业	13640119	14797459	15934473	16812784	17780046
黑色金属矿采选业	1196251	1189227	1293774	1405176	1551120
有色金属矿采选业	1823329	1917608	2084991	2122340	2152910
非金属矿采选业	1690641	1733300	1848539	2017850	2100638
农副食品加工业	3951707	4079473	4493153	4938139	5333666
食品制造业	2143738	2166291	2377146	2663005	2948396
饮料制造业	2903679	2848570	3037642	3405037	3652636
烟草制品业	1107879	1230440	1351125	1515947	1780402
纺织业	8921888	8938956	9540737	10231175	10688390
纺织服装、鞋、帽制造业	982001	1003624	1173405	1459633	1725854
皮革、毛皮、羽毛(绒)及其制品业	564206	563591	623185	725736	826029
木材加工及木、竹、藤、棕、草制品业	1029176	1027864	1103543	1257392	1446159
家具制造业	545995	535757	588595	658531	734042
造纸及纸制品业	2586311	2676870	3064489	3453204	3754715
印刷业和记录媒介的复制	824223	864295	1010597	1184779	1362849
文教体育用品制造业	317904	320396	356392	397333	438465
石油加工、炼焦及核燃料加工业	3383874	3712698	4094371	4608058	5276809
化学原料及化学制品制造业	12176160	12862787	13848795	14896819	16292887
医药制造业	2057737	2270324	2632957	3009760	3336579
化学纤维制造业	2259553	2376027	2696575	2927582	3192623
橡胶制品业	1074015	1111755	1237149	1398309	1554421
塑料制品业	1575684	1590114	1825751	2102285	2374942
非金属矿物制品业	8570470	8560035	9399442	10782184	12091871
黑色金属冶炼及压延加工业	10741918	11108072	12002612	13213092	14667285

续表

行　　业	1990	1991	1992	1993	1994
有色金属冶炼及压延加工业	3471631	3568701	3712063	4087226	4531877
金属制品业	2376992	2403203	2700164	3127153	3550263
通用设备制造业	6360954	6326610	6742232	7167865	7534458
专用设备制造业	4879224	4894020	5216286	5535979	5873737
交通运输设备制造业	5489678	5678470	6394805	7464903	8454365
电气机械及器材制造业	3051595	3071646	3452874	3965246	4391430
通信设备、计算机及其他电子设备制造业	4059271	4072652	4486455	4883302	5348710
仪器仪表及文化、办公用机械制造业	823328	815615	861418	945310	1008479
电力、热力的生产和供应业	22055020	23544620	25948520	28791175	32243036
燃气生产和供应业	1101913	1266779	1458586	1638602	1744272
水的生产和供应业	1557944	1732597	1999185	2357405	2780029

附表 A-4　工业两位数行业资本存量测算结果(1995—1999 年,单位:万元)

行　　业	1995	1996	1997	1998	1999
煤炭开采和洗选业	13286942	13873006	14656545	14932176	14916786
石油和天然气开采业	18758410	19909848	21525178	23173506	25371544
黑色金属矿采选业	1644739	1751583	1799140	1909835	1905644
有色金属矿采选业	2203292	2295974	2332389	2351096	2334507
非金属矿采选业	2098621	2146660	2145973	2139941	2101309
农副食品加工业	5823907	6344445	6800221	7029927	7335242
食品制造业	3277093	3645203	3955080	4225566	4541771
饮料制造业	3971870	4300987	4746404	4957282	5147835
烟草制品业	2087029	2216687	2366105	2492388	2588139
纺织业	11143601	11623251	11863011	11934471	12225577
纺织服装、鞋、帽制造业	1967317	2277240	2501118	2787461	3086592

续表

行　　业	1995	1996	1997	1998	1999
皮革、毛皮、羽毛(绒)及其制品业	903844	987539	1068485	1136405	1215642
木材加工及木、竹、藤、棕、草制品业	1665114	1916198	2129846	2195554	2260854
家具制造业	808344	893244	977951	1082806	1181851
造纸及纸制品业	4129572	4586104	5117288	6168195	6628670
印刷业和记录媒介的复制	1511974	1653931	1800835	1980808	2210433
文教体育用品制造业	476368	520588	596368	628534	670159
石油加工、炼焦及核燃料加工业	5959455	6734777	7811597	8473699	8910838
化学原料及化学制品制造业	18483587	20477500	21470033	22214208	22784309
医药制造业	3745428	4140174	4505518	4803525	5360633
化学纤维制造业	3364416	3529763	3662540	3754686	3724901
橡胶制品业	1678968	1864221	2050185	2144969	2196402
塑料制品业	2631146	2995249	3285393	3565627	3911655
非金属矿物制品业	13241363	14447769	15166441	15493026	15938783
黑色金属冶炼及压延加工业	16457374	17996719	18816960	19412133	19816353
有色金属冶炼及压延加工业	4866428	5189217	5330726	5412001	5625249
金属制品业	3948162	4426213	4736242	4995803	5287454
通用设备制造业	7821115	8131730	8424799	8569501	8699658
专用设备制造业	6134523	6401635	6598277	6683193	6836006
交通运输设备制造业	9487459	10394849	11302873	12320643	13037291
电气机械及器材制造业	4839555	5316022	5719734	6108684	6439163
通信设备、计算机及其他电子设备制造业	5862486	6514572	7266439	8210803	9238438
仪器仪表及文化、办公用机械制造业	1050179	1111430	1161713	1211440	1285645
电力、热力的生产和供应业	36127993	40677040	46766479	53489231	60123753
燃气生产和供应业	1837841	1997662	2174344	2422677	2614745
水的生产和供应业	3235098	3767586	4255764	4808310	5291798

附表 A-5　工业两位数行业资本存量测算结果(2000—2004 年,单位:万元)

行　　业	2000	2001	2002	2003	2004
煤炭开采和洗选业	14863582	15014051	15429339	16581789	18950832
石油和天然气开采业	26919738	28365569	29684890	31375014	33341082
黑色金属矿采选业	1929664	1957569	1996558	2264980	3104435
有色金属矿采选业	2377026	2455685	2562635	2822366	3277708
非金属矿采选业	2077945	2087448	2133203	2386662	2772210
农副食品加工业	7735228	8476646	9514820	11759951	14723690
食品制造业	5045737	5741227	6617361	8271677	10112169
饮料制造业	5401195	5742364	6140363	6885315	7837368
烟草制品业	2665078	2727698	2766563	2908890	3036794
纺织业	12888989	14127001	15901328	19575473	23450684
纺织服装、鞋、帽制造业	3459799	4040378	4734972	6025409	7453726
皮革、毛皮、羽毛(绒)及其制品业	1330179	1512941	1754432	2277811	2852920
木材加工及木、竹、藤、棕、草制品业	2392322	2627179	2947034	3664816	4790405
家具制造业	1300093	1483939	1714445	2180938	2763559
造纸及纸制品业	7285516	7851090	8322250	9849110	11693961
印刷业和记录媒介的复制	2437418	2749671	3140769	3873044	4859776
文教体育用品制造业	724736	824884	963269	1213669	1461302
石油加工、炼焦及核燃料加工业	9139065	9607297	10338309	11562216	14582882
化学原料及化学制品制造业	23452517	24608521	26246106	30563301	37000556
医药制造业	6032995	7211851	8841794	11268807	13942244
化学纤维制造业	3762387	3777325	3772087	4129353	4732815
橡胶制品业	2293966	2445514	2657762	3443408	4379640
塑料制品业	4413351	5180630	6162329	7587543	9355591
非金属矿物制品业	16575581	17910689	19880152	24326332	30484135
黑色金属冶炼及压延加工业	20457175	22063370	24595057	31150155	39068132

续表

行　业	2000	2001	2002	2003	2004
有色金属冶炼及压延加工业	5970920	6633748	7585363	9659847	12394169
金属制品业	5672604	6334115	7221814	9002905	11708730
通用设备制造业	8971945	9521029	10311254	12270280	15450582
专用设备制造业	7030920	7521207	8256391	10065923	12446108
交通运输设备制造业	14013951	15350635	17011782	20141491	24420732
电气机械及器材制造业	6966484	7712368	8602279	10142372	13053471
通信设备、计算机及其他电子设备制造业	10683332	12696795	15204762	18246279	22617796
仪器仪表及文化、办公用机械制造业	1384614	1615135	1941925	2491992	3098653
电力、热力的生产和供应业	68285809	75583804	82149974	90695718	106532665
燃气生产和供应业	2795237	2985116	3173832	3667115	4351494
水的生产和供应业	5778203	6262182	6751646	7853849	9316878

附表 A-6　工业两位数行业资本存量测算结果(2005—2008 年,单位:万元)

行　业	2005	2006	2007	2008
煤炭开采和洗选业	23666014	29318453	36113135	44847209
石油和天然气开采业	36633146	41070883	46299579	52452849
黑色金属矿采选业	4682979	6545834	8442129	11362850
有色金属矿采选业	4053489	5467671	7689518	10360362
非金属矿采选业	3489745	4589033	6062365	8082841
农副食品加工业	19847967	26304479	34416959	43313596
食品制造业	12762387	16613126	21097237	25429874
饮料制造业	9357757	11882263	15021187	18358663
烟草制品业	3158558	3378484	3547424	3810226
纺织业	28892679	34931740	41314920	46081989
纺织服装、鞋、帽制造业	9446861	12354480	15958595	19701478

续表

行　业	2005	2006	2007	2008
皮革、毛皮、羽毛(绒)及其制品业	3996708	5520748	7115942	8786589
木材加工及木、竹、藤、棕、草制品业	6497731	9025850	12717959	16607093
家具制造业	3945693	5522144	7565678	9927072
造纸及纸制品业	14259172	17157563	20363126	24093593
印刷业和记录媒介的复制	5987650	7547981	9176684	10935105
文教体育用品制造业	1934404	2559926	3380388	4189837
石油加工、炼焦及核燃料加工业	17831698	20848208	26216407	32766494
化学原料及化学制品制造业	46286430	57151573	72058316	91655550
医药制造业	16764690	19725861	22454354	25810598
化学纤维制造业	5302997	6070967	7261817	8142210
橡胶制品业	5349621	7427625	9415210	11404444
塑料制品业	11857362	15660309	19788458	24457332
非金属矿物制品业	37414553	46768007	60369886	79056114
黑色金属冶炼及压延加工业	48793721	56677949	64839516	74940906
有色金属冶炼及压延加工业	15889536	20076259	25363217	32841244
金属制品业	16345196	22676731	31025664	41561068
通用设备制造业	21465398	30513135	43025773	58510860
专用设备制造业	16706545	22309004	30449867	40215989
交通运输设备制造业	31741498	40473151	49740468	65098012
电气机械及器材制造业	16950426	22565855	28244442	39138499
通信设备、计算机及其他电子设备制造业	27357316	34460935	41589347	50294989
仪器仪表及文化、办公用机械制造业	3851932	4849834	5958312	7926976
电力、热力的生产和供应业	128685185	151760601	173934106	197731379
燃气生产和供应业	5297086	6429020	7972900	9135083
水的生产和供应业	10827082	12945581	16430106	19502647

参考文献

Reference

[1] Aghion Ph, Howitt. Growth Unemployment [J]. Review of Economic Studies, 1994, 61: 477-494.

[2] Aghion Ph, Howitt. Unemployment: A Symptom of Stagnation or a Side-Effect of Growth[J]. European Economic Review, 1991, 35: 533-541.

[3] Aghion P. Some Thoughts on Industrial Policy and Growth[R]. OFCE working paper, 2009.

[4] Akkemik K Ali. Labor Productivity and Inter-sectoral Reallocation of Labor in Singapore (1965-2002)[J]. Forum of International Development Studies, 2005, 30: 1-22.

[5] Alcorta L., Peres W. Innovation Systems and Technological Specialization in Latin America and the Caribbean[J]. Research Policy, 1998, 26: 857-881.

[6] Amighini A. China in the International Fragmentation of Production: Evidence from the ICT Industry[J]. The European Journal of Comparative Economics, 2005, 2(2): 203-219.

[7] Andersen E S. Satiation in an Evolutionary Model of Structural Economic Dynamics[J]. Journal of Evolutionary Economics, 2001(11): 143-164.

[8] Ando M. Fragmentation and Vertical Intra-industry Trade in East Asia[J]. The North American Journal of Economics and Finance, 2006,17(3):257-281.

[9] Ang B W, Liu F L, Chew E P. Perfect Decomposition Techniques in Energy and Environmental Analysis[J]. Energy Policy, 2003, 31 (4):1561-1566.

[10] Ann M, Brian C, Okubo S, Mark A. Planting, Integrating Industry and National Economic Accounts, First Steps and Future Improvements[EB/OL] NBER Working Papers Series. http://www.nber.org/papers/w11187.

[11] Ansuategi A, Perrings C A. Transboundary Externalities in the Environmental Transition Hypothesis [J]. Environmental and Resource Economics, 2000, 17:353-373.

[12] Arellano M, Bond S. Some Tests of Specification for Panel Data: Monte Carlo Evidence and an Application to Employment Equations[J]. Review of Economic Studies, 1991, 58 (2): 277-297.

[13] Arellano M, Bover O. Another Look at the Instrumental Variable Estimation of Error-Components Models[J]. Journal of Econometrics, 1995,68(1):29-51.

[14] Arrow KJ. Economic Welfare and the Allocation of Resource for Invention[M]//Richard R Nelson. The Rate and Direction of Incentive Acativity. Princeton: Princeton University Press, 1962: 609-634.

[15] Arundel A. Innovation Survey Indicators: What Impact on

Innovation Policy[R]. OECD, Science, Technology and Innovation Indicators in a Changing World, 2007.

[16] Auffhammer M, Bento A M, Lowe S E. Measuring the Effects of Environmental Regulations: the Critical Importance of a Spatially Disaggregated Analysis[J]. Journal of Environmental Economics and Management, 2009, 58: 15-26.

[17] Bai C E, Hsieh C T, Qian Y. The Return to Capital in China[J]. Brookings Papers on Economic Activity, 2006(2): 61-88.

[18] Bain J. Industrial Organization [M]. New York: Harvard University Press, 1959.

[19] Baldwin C Y, Clark K B. Design Rules: the Power of Modularity [M]. Cambridge MA: MIT Press, Boston, 2000.

[20] Baldwin J, Beckstead D, Dhaliwal N, etc. Productivity Growth in Canada[M]. Ottawa: Statistics Canada, 2001.

[21] Baldwin R E. The Case Against Infant-Industry Tariff Protection [J]. the Journal of political conomy, 1969, 77: 295-305.

[22] Barry F, Walsh F. Gains and Losses from Sectoral Relocation: A Review of Theory and Empirics [J]. Structural Change and Economic Dynamics, 2008(19): 4-16.

[23] Battese G E, T J Coelli. Frontier Production Functions, Technical Efficiency and Panel Data: With Application to Paddy Farmers in India[J]. Journal of Productivity Analysis, 1992, 3: 153-169.

[24] Beath J. UK Industrial Policy: Old Tunes on New Instruments? [J]. Oxford Review of Economic Policy, 2002, 18: 221-239.

[25] Bernd Goerzig. Depreciation in EU Member States: Empirical and

Methodological Differences [J]. EU KLEMS Working Paper Series,2007(17).

[26] Blundell R,Bond S. Initial Conditions and Moment restrictions in Dynamic Panel Data Models[J]. Journal of Econometrics,1998,87(1):115-143.

[27] Bond S. Dynamic Panel Data Models: A Guide to Micro Data Methods And Practice[J]. Portuguese Economic Journal,2002,1(2):141-162.

[28] Bozeman B. Technology Transfer and Public Policy: A Review of Research and Theory [J]. Research policy, 2000, 29 (4): 627-655.

[29] Braczyk H, Cooke P., Heidenreich M. Regional Innovation Systems[M]. London:UCL Press,1988.

[30] Brecher R A,Chen Z,Choudri E U. Unemployment and Growth in the Long Run: An Efficiency-wage Model with Optimal Savings [J]. Int Econ Rev,2002,43(3):875-894.

[31] Bresnahan T, Trajtenberg M. General Purpose Technologies: Engines of Growth? [J]. Journal of Econometrics. 1995,65(1):83-109.

[32] Cardoza G. Learning, Innovation and Growth: A Comparative Policy Approach to East Asia and Latin America[J]. Sci. Public Policy 1997,24(6):377-393.

[33] Casares E R. Productivity,Structural Change in Employment and Economic Growth [J]. Estudios Economicos, 2007, 22 (2): 335-355.

[34] Cassiolato J, Lastres H. Local Systems of Innovation in Mercosur Countries[J]. Industry and Innovation, 2000, 7(1): 33-53.

[35] Chang Y, Hong J H. Dotechnological Improvements in the Manufacturing Sector Raise or Lower Employment? [J]. American Economic Review, 2006(1): 352-368.

[36] Chang H. Industrial Policy and East Asia-The Miracle, the Crisis, and the Future[R]. the World Bank workshop on "Re-thinking East Asian Miracle", San Francisco, 1999.

[37] Chang H. Industrial Policy: Can We Go Beyond An Unproductive Confrontation? [R]. A Plenary Paper for ABCDE (Annual World Bank Conference on Development Economics), Seoul, South Korea, 2009.

[38] Charnes A, W W Cooper, E Rhodes. Measuring the Efficiency of Decision Making Units [J]. European Journal of Operational Research, 1978, 2(6): 429-444.

[39] Charnes A, Cooper W W, Rhodes E. Measuring the Efficiency of Decision Making Units [J]. European Journal of Operational Research, 1978, 2: 429-444.

[40] Chenery H. Patterns of Development, 1950-1970[M]. London: Oxford University Press, 1975.

[41] Chenery H, Hollis B, Robinson S, Syrquin M. Industrialization and Growth: A Comparative Study[M]. New York: Oxford University Press, 1986.

[42] Chung Y H, Fare R, Grosskopf S. Productivity and Undesirable Outputs: A Directional Distance Function Approach[J]. Journal of

Environmental Management,1997,51(3):229-240.

[43] Chung Y H, Fare R, Grosskopf S. Productivity and Undesirable Outputs: A Directional Distance Function Approach[J]. Journal of Environmental Management,1997(51):229-240.

[44] Clerides S K, Saul Lach, James R Tybout. Is Learning by Exporting Important? Micro-Dynamic Evidence from Colombia, Mexico, and Morocco[J]. The Quarterly Journal of Economics, 1998,113(3):903-947.

[45] Cleveland W S, Robust Locally. Weighted Regression and Smoothing Scatterplots[J]. Journal of the American Statistical Association,1979,74(368):829-836.

[46] Coe D T, Helpman Elhanan, Hoffmaister A W. North-south R&D Spillovers[J]. Economic Journal,1997,107:134-150.

[47] Coelli T J. A Guide to DEAP Version 2.1: A Data Envelopmeni Analysis (Computer) Program[R]. CPEA Working Paper,1996.

[48] Cohen W, Levinthal D. Absorptive Capacity: A New Perspective on Learning and Innovation[J]. Administrative Science Quarterly, 1990,35:128-152.

[49] Cohen W M, Levinthal D A. Innovation and Learning: The Two Faces of R&D[J]. Economic Journal,1989,99(397):569-596.

[50] Coskun Hamzacebi. Forecasting of Turkey's Net Electricity Energy Consumption on Sectoral Bases[J]. Energy Policy,2007, 35:2009-2016.

[51] Criscuolo C, Martin R. An Emerging Knowledge-Based Economy in China[J]. OECD Science, Technology and Industry Working

Papers,2004(4).

[52] David P A,Hall B H,Toole A A. Is Public R&D a Complement or Substitute for Private R&D? A review of the Econometric Evidence[J]. Research Policy,2000(29):497-529.

[53] Davies S, Morris C. A New Index of Vertical Integration: Some Estimates for UK Manufacturing [J]. International Journal of Industrial Organization,1995,13:151-177.

[54] Dedrick J,Kraemer K L,Linden G. Who profits from innovation in global value chains? A study of the iPod and notebook PCs[J]. Industrial and Corporate Change,2010,19(1):81-116.

[55] Démurger S. Infrastructure Development and Economic Growth: An Explanation for Regional Disparities in China? [J]. Journal of Comparative Economics,2001,29(1):95-117.

[56] Denicolo V. Patent Race and Optimal Patent Breadth and Length [J]. Journal of Industrial Economics,1996(44):249-265.

[57] Dornbusch R,Fischer S,Samuelson P A. Comparative Advantage, Trade,and Payments in a Ricardian Model with a Continuum of Goods[J]. American Economic Review,1977,67(5):823-839.

[58] Dosi G,Freeman C,Nelson R,Silverberg G,Soete L. Technical Change and Economic Theory [M]. London: Frances Pinter,1998.

[59] Esteve V,Tamarit C. Is There an Environmental Kuznets Curve for Spain? Fresh evidence form old data[J]. Economic Modelling, 2012,29:2696-2703.

[60] Etzkowitz H,Brisolla S. Failure and Success: the Fate of Industrial

Policy in Latin America and South East Asia[J]. Research Policy, 1999,28:337-350.

[61] Etzkowitz H, Leydesdorff L. The Triple Helix of University-Industry-Government Relations: A Laboratory for Knowledge-Based Economic Development[J]. EASST Review,1995,14(1):14-19.

[62] Fabricant Solomon. Employment in Manufacturing, 1899-1939: An analysis of its relation to the volume of production[R]. NBER working paper,1942.

[63] Fagerberg Jan. Technological progress, structural change and Productivity growth: a comparative study[J]. Structural Change and Economic Dynamics,2000,11(4):393-411.

[64] Fan Shenggen, Xiaobo Zhang, Sherman Robinson. Structural Change and Economic Growth in China [J]. Review of Development Economics,2003,7(3):360-377.

[65] Fan Liao,Wei. Can Market Oriented Economic Reforms to Energy Efficiency Improvement? Evidence from China[J]. Energy,2007, 35:2287-2295.

[66] Fare Rolf, Shawna Grosskopf, Mary Norris, et al. Productivity Growth, Technical Progress, and Efficiency Change in Industrialized Countries [J]. The American Economic Review, 1994,84(1):66-83.

[67] Fare R,Grosskopf S, Lovell C A K. Production Frontiers[M]. Cambridge:Cambridge University Press,1994.

[68] Fare R, Grosskopf S, Pasurka C A. Environmental Production

Functions and Environmental Directional Distance Functions[J]. Energy,2007(32):1055-1066.

[69] Farrel M J. The Measurement of Productive Efficiency[J]. Journal of Royal Statistical Society,1957,120:253-281.

[70] Feenstra R C. Integration of Trade and Disintegration of Production in the Global Economy[J]. The journal of economic perspectives,1998,12(4):31-50.

[71] Feldman M P, Audretsch D B. Innovation in Cities: Science-based Diversity, Specialization and Localized Competition[J]. European Economic Review,1999,43(2):409-429.

[72] Fisher-Vanden Karen,Gary H Jefferson. Technology Diversity and Development: Evidence from China's Industrial Enterprises[J]. Journal of Comparative Economics,2008,36(4):658-672.

[73] Fonfría Antonio, Isabel Álvarez. Structural Change and Performance in Spanish manufacturing: some Evidence on the Structural Bonus Hypothesis and Explanatory Factors [R]. Instituto Complute- nse de Estudios Internacionales Universidad Complutense de Madrid working paper,2005.

[74] Freeman C. The National System of Innovation in Historical Perspective[J]. Cambridge Journal of Economics, 1995, 19(1): 5-24.

[75] Fujita M, Krugman P, Venables A J. The Spatial Economy: Cities, Regions, and International Trade [M]. Cambridge: The MIT Press,1999:239-262.

[76] Fukuoka H, Weber W. A Directional Slacks-based Measure of

Technical Efficiency[J]. Socio-Economic Planning Sciences, 2009, 43: 274-287.

[77] Fung Hung-Gay, Donald Kummer, Jinjian Shen. China's Privatization Reforms[J]. Progress and Challenges, 2006, 39(2): 5-25.

[78] Furman Jeffrey, L, Michael, E, Porter, Scott Stern. The Determinants of National Innovative Capacity [J]. Research Policy, 2002, 31: 899-933.

[79] Garbaccio R, Ho M, Jorgenson D. Why Has the Energy-output Ratio Fallen in China? [J]. The Energy Journal: July, 1999 Issue.

[80] Garbaccio R, Ho M, Jorgenson D. Controlling Carbon Emissions in China, Environment and Development Economics, 2000, 4: 493-518.

[81] Gereffi G, Korzeniewicz M. Commodity Chains and Global Capitalism[M]. Westport: Praeger, 1994.

[82] Gereffi G. International Trade and Industrial Upgrading in the Apparel Commodity Chain [J]. Journal of International Economics, 1999(48): 37-70.

[83] Gerschenberg I. The Training and Spread of Managerial Know-how: A Comparative Analysis of Multinationals and Other Firms in Kenya[J]. World Development, 1987 (15): 931-939.

[84] Ginarte J C, Park W G. Determinants of Patent Rights: A Cross-national Study[J]. Research Policy, 1997, 26(3): 283-301.

[85] Glaeser E L, Kallal H D, Scheinkman J A, Shleifer A. Growth in

Cities [J]. Journal of Political Economy, 1992, 100 (6): 1126-1152.

[86] Goolsbee A. Does Government R&D Policy Mainly Benefit Scientists and Engineers? [J]. NBER Working Paper, 1998, (6532).

[87] Görg H. Fragmentation and Trade: US Inward Processing Trade in the EU [J]. Weltwirtschaftliches Archiv, 2000, 136 (3): 403-422.

[88] Grossman G M, Krueger A B. Environmental Impacts of a North American Free Trade Agreement [R]. National Bureau of Economic Research Working papers, 1991.

[89] Grossman G M, Rossi-Hansberg E. Trading tasks: A simple theory of offshoring [R]. National Bureau of Economic Research, 2006.

[90] Guellec D, Van Pottelsberghe B. The impact of Public R&D Expenditure on Business R&D[J]. Economics of Innovation and New Technology, 2003(12): 225-244.

[91] Guerrieri Paolo, Meliciani Valentina. Technology and International Competitiveness: The Interdependence between Manufacturing and Producer Services[J]. Structural Change and Economic Dynamics, 2005(4): 489-502.

[92] Hale G, C Long. FDI Spillovers and Firm Ownership in China: Labor Markets and Backward Linkages[J]. Federal Reserve Bank of San Francisco Working Paper Series, 2006(25).

[93] Hall R E, Jones C I. Why Do Some Countries Produce So Much

More Output Per Worker Than Others? [J]. Quarterly Journal of Economics, 1999, 114(1): 83-116.

[94] He J, Richard P. Environmental Kuznets Curve for CO_2 in Canada [J]. Ecological Economics, 2010, 69: 1083-1093.

[95] Helpman E, Trajtenberg M. A Time to Sow and a Time to Reap: Growth Based on General-purpose Technologies [R]. NBER Working Paper No. 4854, 1994.

[96] Hendriks P. Why Share Knowledge? The influence of ICT on Motivation for Knowledge Sharing [J]. Knowledge and Process Management, 1999, 6(2): 91-100.

[97] Hilton F G H, Levinson A. Factoring the Environmental Kuznets Curve: Evidence from Automotive Lead Emissions [J]. Journal of Environmental Economics and Management, 1998, 35: 126-141.

[98] Hodler R. Industrial Policy in an Imperfect World [R]. working paper, 2006.

[99] Holzl W, Reinstaller A. The Impact of Productivity and Demand Shocks on Structural Dynamics: Evidence from Austrian Manufacturing [J]. Structural Change and Economic Dynamics, 2007(18): 145-166.

[100] Hsu C W. Formation of Industrial Innovation Mechanisms through the Research Institute [J]. Technovation, 2005, 25 (11): 1317-1329.

[101] Hsuanm J. Modularity, Component Outsourcing, and Inter-firm Learning [J]. R&D Management, 2003, 33(4): 439-454.

[102] Hu Albert G Z, Jefferson G H, Qian Jinchang. R&D and Technology Transfer: Firm-level Evidence from Chinese Industry

[J]. Journal of Economics and Statistics, 2005, 87 (4): 780-786.

[103] Hu A G, G H Jefferson. FDI Impact and Spillover: Evidence from China's Electronic and Textile Industries[J]. The World Economy, 2002, 25: 1063-1076.

[104] Hu J L, Wang S C. Total-Factorenergy Efficiency of Regions in China[J]. Energy Policy, 2006, 34: 3206-3217.

[105] Hu M C, Mathews J A. China's National Innovative Capacity [J]. Research Policy, 2008, 37: 1465-1479.

[106] Hulten Charles R, Frank C Wykoff. The Estimation of Economic Depreciation Using Vintage Asset Price: An Application of the Box-Cox Power Transformation[J]. Journal of Econometrics, 1981, 15(3): 367-396.

[107] Hummels D, Ishii J, Yi K M. The Nature and Growth of Vertical Specialization in World Trade [J]. Journal of international Economics, 2001, 54(1): 75-96.

[108] Humphrey J, Schmitz H. How Does Insertion in Global Value Chains Affect Upgrading in Industrial Clusters? [J]. Regional Studies, 2002, 36(9): 1017-1027.

[109] Hussinger K. R&D and Subsidies at the Firm Level: An Application of Parametric and Semi-Parametric Two Step Selection models[R]. ZEW Discussion Paper, 2003.

[110] Imbs J, Wacziarg R. Stages of Diversification [J]. American Economic Review, 2003, 93(1): 63-86.

[111] Iordanis Petsas. The Dynamic Effects of General Purpose

Technologies on Schumpeterian Growth [J]. Journal of Evolutionary Economics, 2003(13): 577-605.

[112] Jan T S, Chen Y. The R&D System for Industrial Development in Taiwan[J]. Technological Forecasting and Social Change, 2006, 73(5): 559-574.

[113] Katsuno M. Status and Overview of Official ICT Indicators for China, OECD Science[R]. Technology and Industry Working Papers 2005.

[114] Keith P. What we Know about the Strategic Management of Technology[J]. California Management Review, 1990, 32(3): 17-26.

[115] Keller W. International Technology Diffusion[J]. Journal of Economic Literature, 2004, 42(3): 752-782.

[116] Kim S. Expansion of Markets and the Geographic Distribution of Economic Activities: The Trends in US Regional Manufacturing Structure, 1860-1987 [J]. Quarterly Journal of Economics, 1995, 110(4): 881-908.

[117] Kojima K. Direct Foreign Investment: A Japanese Model of Multinational Business Operation [M]. London: Croom Helm, 1978.

[118] Koopman R, Wang Z, Wei S J. How Much of Chinese Exports is Really Made in China? Assessing Domestic Value-added When Processing Trade is Pervasive[R]. National Bureau of Economic Research, 2008.

[119] Kumar S. Environmentally Sensitive Productivity Growth: A

Global Analysis Using Malmquist-Luenberger Index [J]. Ecological Economics,2006(56):280-293.

[120] Kumbhakar Subal C, M Denny, M Fuss. Estimation and Decomposition of Productivity Change When Production is Not Efficient: A Panel Data Approach [J]. Econometric Reviews, 2000,19(4):425-460.

[121] Kuznets S. Quantitative Aspects of the Economic Growth of Nations: II[J]. Econ Dev Change,1957,4:S3-S111.

[122] Lach S. Do R&D Subsidies Stimulate or Displace Private R&D? Evidence from Israel[J]. Journal of Industrial Economics,2002, 50:369-390.

[123] Lacus R. On the Mechanics of Economic Development [J]. Journal of Monetary Economics,1988,22:3-42.

[124] Laursen K, Salter A. Searching Low and High: What Types of Firms Use Universities as a Source of Innovation? [J]. Research Policy,2004,33(8):1201-1215.

[125] Lee K. Making a Technological Catch-up: Barriers and Opportunities [J]. Asian Journal of Technological Innovation, 2005, 13 (2): 97-131.

[126] Lee Y S. "Technology Transfer" and the Research University: A Search for the Boundaries of University-industry Collaboration [J]. Research policy,1996,25(6):843-863.

[127] Lee T, Wilde L L. Market Structure and Innovation: A Reformulation[J]. Quarterly Journal of Economics,1980(94): 429-436.

[128] Leyden D P, Link A N. Government's Role in Innovation[M]. London: Kluwer Academic Publishers, 1992.

[129] Li Shaomin, Jun Xia. The Roles and Performance of State Firms and Non-State Firms in China's Economic Transition[J]. World Development, 2008, 36(1): 39-54.

[130] Link A N, Siegel D S. Technological Change and Economic Performance[M]. New York: Routledge, 2003.

[131] Los B, Timmer M P, Vries G J. How Global Are Global Value Chains? A New Approach to Measure International Fragmentation[J]. Journal of Regional Science, 2015, 55(1): 66-92.

[132] Luc Avonds, Caroline Hambÿe, Bernhard Michel. Supply and Use Tables for Belgium: 1995-2002 Methodology of Compilation [J]. EU KLEMS Working Paper Series, 2007, 14.

[133] Malizia E E, Ke S. The Influence of Economic Diversity on Unemployment and Stability[J]. Journal of Regional Science, 1993, 33(2): 221-235.

[134] Markusen J R, Venables A J. Foreign Direct Investment as A Catalyst for Industrial Development [J]. European Economic Review, 1999(43): 335-356.

[135] Melitz M J. The impact of Trade on Intra-industry Reallocations and Aggregate Industry Productivity[J]. Econometrica, 2003, 71 (6): 1695-1725.

[136] Montobbio F. An evolutionary Model of Industrial Growth and Structural Change [J]. Structural Change and Economic

Dynamics,2002(13):387-414.

[137] Nazara S, Heweing G J D. Spatial Structure and Taxonomy of Decomposition in Shift-share Analysis[J]. Growth and Change, 2004(35):476-490.

[138] Oh D. A global Malmquist-luenberger Productivity Index [J]. Journal of Productivity Analysis, 2010, 34: 183-197.

[139] Pack H, Saggi K. Is there a case for industrial policy? A Critical Survy[R]. The world bank research observer advance access published, July 22, 2006.

[140] Peneder Michael. Industrial Structure and Aggregate Growth [J]. Structural Change and Economic Dynamics, 2003, 14(4): 427-448.

[141] Peneder Michael. Structural Change and Aggregate Growth[J]. Austrian Institute of Economic Research (WIFO) Working Paper, 2002(182).

[142] Ricardo Hausman, Bailey Klinger. The Structure of the Product Space and the Evolution of Comparative Advantage[J]. CID Working Paper, 2007(146).

[143] Rodriguez-Clare A. Multinationals, Linkages, and Economic Development[J]. American Economic Review, 1996, 86(4): 852-873.

[144] Rostow W. The Stages of Economic Growth: A Non-Communist Manifesto[M]. 3rd ed. Cambridge University Press, 1990.

[145] Rothwell R. Successful Industrial Innovation: Critical Factors for the 1990s[J]. R&D Management, 1992, 22(3): 221-240.

[146] Rothwell R. Towards the Fifth-generation Innovation Process [J]. International marketing review, 1994, 11(1): 7-31.

[147] Saif Benjaafar, Ehsan Elahi, Karen L Donohue. Outsourcing Via Service Competition [J]. Management Science, 2007, 53: 241-259.

[148] Sakakibara M, Branstetter L. Do Stronger Patents Induce More Innovation? Evidence From the 1988 Japanese Patent Law Reforms[J]. Rand Journal of Economics, 2001, 32(1): 77-100.

[149] Scotchmer S. Standing on the Shoulder of Giants: Cumulative Research and Patent Law[J]. Journal of Economic Perspectives, 1991, 5(1): 29-41.

[150] Sen A, Foster J E. On Economic Inequality[M]. Oxford: Oxford University Press, 1997: 31.

[151] Simonin B L. Ambiguity and the Process of Knowledge Transfer in Strategic Alliances [J]. Strategic Management, 1999, 20: 595-623.

[152] Stern D I, Common M S. Is There An Environmental Kuznets Curve for Sulfur? [J]. Journal of Environmental Economics and Management, 2001, 41(2): 162-178.

[153] Strassner E, Medeiros G, Smith G. Annual Industry Accounts: Introducing KLEMS Input Estimates for 1997-2003[J]. Survey of Current Business, 2005, 85(9): 31-65.

[154] Sturgeon T J. How do we Define Value Chains and Production Networks[R]. MIT IPC Globalization Working Paper, 2000.

[155] Susanto Basu, John Fernald. Information and Communications

Technology as A General-Purpose Technology: Evidence from US Industry Data[J]. German Econonmic Review, 2007, 8(2): 146-173.

[156] Swan P L. The International Diffusion of An Innovation[J]. Journal of Industrial Economics, 1973, 22(1): 61-69.

[157] Syrquin M, Chenery H. Three Decades of Industrialization[J]. The World Bank Economic Reviews, 1989(3): 152-153.

[158] Timmer Marcel P, Adam Szirmai. Productivity growth in Asian manufacturing: the Structural Bonus Hypothesis Examined[J]. Structural Change and Economic Dynamic, 2000, 11 (4): 371-392.

[159] Timmer M P, Erumban A A, Los B, Stehrer R, de Vries G J. Slicing up Global Value Chains[J]. The Journal of Economic Perspectives, 28(2): 99-118.

[160] Tone K. A Slacks-based Measure of Efficiency in Data Envelopment Analysis [J]. European Journal of Operational Research, 2001, 130(3): 498-509.

[161] Tone K. A Slacks-based Measure of Super-efficiency in Data Envelopment Analysis [J]. European Journal of Operational Research, 2002, 143(1): 32-41.

[162] Türkcan K, Ates A. Vertical Intra-industry Trade and Fragmentation: An Empirical Examination of the US Auto-parts Industry[J]. The World Economy, 2011, 34(1): 154-172.

[163] Varsakelis N C. The Impact of Patent Protection, Economy Openness and National Culture on R&D Investment: A Cross-

Country Empirical Investigation[J]. Research Policy, 2001, 30: 1059-1068.

[164] Vernon R. International Investment and International Trade in the Product Cycle[J]. Quarterly Journal of Economics, 1966 (80): 190-207.

[165] Wang Y. Functional Sensitivity of Testing the Environmental Kuznets Curve Hypothesis[J]. Resource and Energy Economics, 2013, 1: 3-16.

[166] Wang E C. Patterns and Sources of Structural Change in Taiwan: An Analysis of Input-Output Coefficients[J]. Journal of Asian Economics, 1997, 8(3): 369-392.

[167] Wang J Y, Blomstrom M. Foreign Investment and Technology Transfer: A Simple Model[J]. European Economic Review, 1992, 36(1): 137-155.

[168] Williamson J. Regional Inequality and the Process of National Development[J]. Economic Development and Cultural Change, 1965, 13(4): 3-45.

[169] Windmeijer F. A Finite Sample Correction for the Variance of Linear Two-Step GMM Estimators[J]. Journal of Econometrics, 2005, 126(1): 25-51.

[170] Winter S G. Schumpeterian Competition in Alternative Technological Regimes[J]. Journal of Economic Behavior and Organization, 1984(5): 287-320.

[171] World Commission on Environment and Development (WCED). Our Common Future [M]. Oxford: Oxford University

Press,1987.

[172] Wu Yanrui. Has Productivity Contributed to China's Growth [R]. Pacific Economic Review,2003,8 (1):15-30.

[173] Yang Xiaokai,Shi He-ling. Specialization and Product Diversity. American Economic Review[J]. American Economic Association,1992(2):392-398.

[174] Zaccomer G P. Shift-share Analysis with Spatial Structure: An Application to Industrial Districts [J]. Transition Studies Review,2006,13(1):213-227.

[175] 薄广文.外部性与产业增长——来自中国省级面板数据的研究[J].中国工业经济,2007(1).

[176] 蔡昉,都阳,高文书.就业弹性、自然失业和宏观经济政策——为什么经济增长没有带来显性就业?[J].经济研究,2004(9):18-47.

[177] 蔡昉,王德文.中国经济增长可持续性与劳动贡献[J].经济研究,1999(10):62-68.

[178] 蔡昉.中国又到了重工业化阶段了吗?[J].经济学动态,2005 (9).

[179] 曹吉云.技术进步对产品多样化的影响[J].经济科学,2008(1).

[180] 曹丽莉.产业集群网络结构的比较研究[J].中国工业经济,2008(8):143-152.

[181] 曾铮.我国经济周期性波动对产业结构的影响[J].财经问题研究,2008 (4).

[182] 陈东琪,银温泉.打破地方市场分割[M].北京:中国计划出版社,2002.

[183] 陈刚,张解放.区际产业转移的效应分析及相应政策建议[J].

华东经济管理,2001(2):24-26.
[184] 陈计旺.影响东部地区产业转移的主要因素分析[J].生产力研究,2007(5):99-101.
[185] 陈佳贵,黄群慧.工业发展、国情变化与经济现代化战略——中国成为工业大国的国情分析[J].中国社会科学,2005(4).
[186] 陈佳贵,黄群慧.工业现代化的标志、衡量标准及对中国工业的初步评价[J].中国社会科学,2003(3):18-28.
[187] 陈佳贵.中国工业现代化问题研究[M].北京:中国社会科学出版社,2004.
[188] 陈鹏,李建强.台湾工研院模式及其对建设共性技术研发机构的启示[J].中国高校科技与产业化,2010,08:54-57.
[189] 陈诗一.节能减排、结构调整与工业发展方式转变研究[M].北京:北京大学出版社,2011:15-51,75-103.
[190] 陈诗一.节能减排与中国工业的双赢发展:2009—2049[J].经济研究,2010(3):129-143.
[191] 陈心颖.产业结构、就业结构与经济转型升级——福建省的观察数据[J].福建论坛(人文社会科学版),2012(5):148-152.
[192] 陈耀.基于就业增长的工业化政策选择[J].首都经济,2003(8):10-16.
[193] 陈勇,李小平.中国工业行业的面板数据构造及资本深化评估:1985—2003[J].数量经济技术经济研究,2006(10).
[194] 程华.科技资助促进企业R&D研究[J].科研管理,2005(4):68-71.
[195] 程文,张建华.中国模块化技术发展与产业结构升级[J].中国科技论坛,2011(3):28-34.

[196] 程文，张建华．中国汽车产业模块技术发展与产业升级．中国软科学，2010(4)：44-49．

[197] 迟宝旭．国外高校科技成果转化机制及借鉴[J]．科技与管理，2005，1：118-122．

[198] 戴勇．外生型集群企业升级的影响因素与策略研究——全球价值链的视角．中山大学学报(社会科学版)，2009(1)：194-203．

[199] 戴志敏，丁峰，郭露．长三角城市群产业变动与就业结构协调程度分析：1994—2013年数据[J]．经济体制改革，2015(1)：64-68．

[200] 邓晓兰，鄢哲明，武永义．碳排放与经济发展服从倒U型曲线关系吗？——对环境库兹涅次曲线假说的重新解读[J]．财贸经济，2014(2)：19-29．

[201] 杜修立，王维国．中国出口贸易的技术结构及其变迁：1980—2003．经济研究，2007(7)：137-152．

[202] 樊福卓．中国工业结构变化与升级：1985—2005[J]．统计研究，2008(7)：19-25．

[203] 范红忠，汪小勤．“起飞”和“走向成熟”阶段生产与人口空间分布的演变——基于对现有理论研究的总结和日韩经验的实证分析[J]．华中科技大学学报(社会科学版)，2008(2)：34-40．

[204] 范红忠，周阳．日韩巴西等国城市化进程中的过度集中问题——兼论大中小城市的协调发展[J]．城市问题，2010(8)：2-8．

[205] 范红忠．有效需求规模假说、研发投入与国家自主创新能力[J]．经济研究，2007(3)．

[206] 范红忠．中国的城市化与区域协调发展——基于生产和人口空间分布的视角[J]．中国社会科学出版社，2010．

[207] 范建勇.市场一体化、地区专业化与产业集聚趋势[J].中国社会科学,2004(6).

[208] 范金,万兴.投入产出表和社会核算矩阵更新研究评述[J].数量经济技术经济研究,2007(5):151-160.

[209] 方行明,韩晓娜.劳动力供求形势转折之下的就业结构与产业结构调整[J].人口学刊,2013(2):60-70.

[210] 方厚政.日本超大规模集成电路项目的启示[J].日本学刊,2006(3):111-117.

[211] 冯春晓.我国对外直接投资对出口规模和出口商品结构影响的研究[D].武汉:华中科技大学,2010.

[212] 符淼.中国环境库兹涅茨曲线:形态、拐点和影响因素[J].数量经济技术经济研究,2008(11):40-55.

[213] 傅晓霞,吴利学.前沿分析方法在中国经济增长核算中的适用性[J].世界经济,2007,7:56-66.

[214] 甘智和.工业结构调整与发展研究[M].中国经济出版社,2000.

[215] 干春晖,郑若谷.改革开放以来产业结构演进与生产率增长研究:对中国1978—2007年"结构红利假说"的检验[J].中国工业经济,2009,2:55-64.

[216] 高传胜,李善同.中国服务业:短处、突破方向与政策着力点——基于中、美、日、德四国投入产出数据的比较分析[J].中国软科学,2008(2):16-22.

[217] 高德步,吕致文.新型工业化对我国未来就业的影响[J].经济理论与经济管理,2005(2):5-11.

[218] 龚仰军.产业结构研究[M].上海:上海财经大学出版社,2002.

[219] 龚轶,顾高翔,刘昌新,等.技术创新推动下的中国产业结构进化[J].科学学研究,2013(8):1252-1259.

[220] 龚玉泉,袁志刚.中国经济增长与就业弹性的非一致性及其形成机理[J].经济学动态,2002(10).

[221] 顾乃华,毕斗斗,任旺兵.生产性服务业与制造业互动发展:文献综述[J].经济学家,2006(6):35-41.

[222] 广华,范蓓蕾,陆铭.解析中国创新能力的不平等——基于回归的分解方法[J].世界经济,2010(2).

[223] 王传宝,刘林奇.我国环境管制出口效应的实证研究[J].国际贸易问题,2009(6):83-90.

[224] 郭克莎.三次产业增长因素及其变动特点分析[J].经济研究,1992(2):51-61.

[225] 郭克莎.中国工业化的进程、问题与出路[J].中国社会科学,2000(3).

[226] 郭庆旺,贾俊雪.中国全要素生产率的估算:1979—2004[J].经济研究,2005(6).

[227] 郭树言,欧新黔.推动中国产业结构战略性调整与优化升级探索[M].北京:经济管理出版社,2008:2.

[228] 韩德超,张建华.中国生产性服务业发展的影响因素研究[J].管理科学,2008(6):81-88.

[229] 韩德超.产业协调发展与工业结构优化升级研究[D].华中科技大学,2009.

[230] 韩德超.生产性服务业FDI对工业企业效率影响研究[J].统计研究,2011(2):65-70.

[231] 韩德超.生产性服务业与制造业关系实证研究[J].统计与决

策,2009(18):87-90.

[232] 韩玉雄,李怀祖.关于中国知识产权保护水平的定量分析[J].科学学研究,2005(3):377-381.

[233] 何德旭,姚战琪.中国产业结构调整的效应、优化升级目标和政策措施[J].中国工业经济,2008(5):46-56.

[234] 何永芳.四川产业结构调整与产业政策[M].成都:西南财经大学出版社,2001.

[235] 贺灿飞,谢秀珍.中国制造业地理集中与省区专业化[J].地理学报,2006(2).

[236] 洪银兴.从比较优势到竞争优势——兼论国际贸易的比较利益理论的缺陷[J].经济研究,1997(6):20-26.

[237] 侯晓辉,范红忠.城乡收入差距、市场规模与FDI的区位选择——基于中国省级面板数据的实证分析[J].华中科技大学学报(社会科学版),2007(4):71-75.

[238] 胡军,向吉英.转型中的劳动密集型产业:工业化、结构调整与加入WTO[J].中国工业经济,2000(6):20-24.

[239] 胡永泰.中国全要素生产率:来自农业部门劳动力再配置的首要作用[J].经济研究,1998(3):31-39.

[240] 黄群慧.中国工业现代化水平的基本测评[J].中国工业经济,2004(9):20-28.

[241] 黄新飞,舒元.贸易开放度、产业专业化与中国经济增长研究[J].国际贸易问题,2007(12).

[242] 黄勇峰,任若恩,刘晓生.中国制造业资本存量永续盘存法估计[J].经济学(季刊),2002,1(2):377-396.

[243] 贾根良.理解演化经济学[J].中国社会科学,2004(2).

[244] 简新华,向琳.新型工业化的特点和优越性[J].管理世界,2003(1).

[245] 江飞涛,李晓萍.直接干预市场与限制竞争:中国产业政策的取向与根本缺陷[J].中国工业经济,2010(9):26-36.

[246] 江静,刘志彪,于明超.生产者服务业发展与制造业效率提升:基于地区和行业面板数据的经验分析[J].世界经济,2007(8):52-62 .

[247] 江小涓.我国出口商品结构的决定因素和变化趋势[J].经济研究,2007(5):5-17.

[248] 江小涓.服务全球化的发展趋势和理论分析[J].经济研究,2008(2):4-18.

[249] 金碚.中国工业化经济分析[M].北京:中国人民大学出版社,1994.

[250] 克瑞斯提诺·安东内利.创新经济学,新技术与结构变迁[M].刘刚,等,译.北京:高等教育出版社,2006.

[251] 赖明勇,包群,彭水军,张新.外商直接投资与技术外溢:基于吸收能力的研究[J].经济研究,2005(8).

[252] 蓝庆新.基于模块化的中国制造业升级战略研究——以汽车产业为例[J].中国科技论坛,2008(7):36-40.

[253] 李斌,刘丽君.序列投入产出表的研究[J].北京:北京理工大学学报,2002(4):258-261.

[254] 李斌,彭星,欧阳铭珂.环境规制,绿色全要素生产率与中国工业发展方式转变——基于36个工业行业数据的实证研究[J].中国工业经济,2013(4):56-68.

[255] 李博,胡进.中国产业结构优化升级的比较和测度分析[J].管理科学,2008(2):86-93.

[256] 李博,温杰.中国工业部门技术进步的就业效应[J].经济学动态,2010(10):34-37.

[257] 李博,张建华.基于KLEMS体系的产业中间投入核算研究[J].湖南工程学院学报(社科版),2008(2):1-6.

[258] 李博,左月华.中国出口产业结构演变模式研究:1996—2006[J].国际贸易问题,2008(7):3-8.

[259] 李博.中国工业结构优化升级的进程分析与综合测评[D].华中科技大学,2008.

[260] 李金滟,宋德勇.专业化、多样化与城市集聚经济——基于中国地级单位面板数据的实证研究[J].管理世界,2008(2).

[261] 李金滟.城市集聚:理论与证据[D].华中科技大学,2008.

[262] 李京文,郑友敬.技术进步与产业结构选择[M].北京:经济科学出版社,1989.

[263] 李敬,冉光和,万广华.中国区域金融发展差异的解释——基于劳动分工理论与Shapley值分解方法[J].经济研究,2007(5).

[264] 李军.收入差距对消费需求影响的定量分析[J].数量经济技术经济研究,2003(9):5-11.

[265] 李俊霖,莫晓芳.城镇居民收入分配差距、消费需求与经济增长[J].统计与决策,2006(10):95-96.

[266] 李玲.中国工业绿色全要素生产率及影响因素研究[D].广州:暨南大学,2012.

[267] 李平,江飞涛,王宏伟.重点产业调整振兴规划评价与政策取向探讨[J].宏观经济研究,2010(10).

[268] 李强,薛天栋.中国经济发展部门分析兼新编可比价投入产出

表[M]. 北京:中国统计出版社,1998.
[269] 李善同,高传胜. 中国生产者服务业发展与制造业升级[M]. 上海:上海三联出版社,2008:149-177.
[270] 李胜文,李大胜. 中国工业全要素生产率的波动:1986—2005[J]. 数量经济技术经济研究,2008,5:43-53.
[271] 李实. 中国个人收入分配研究回顾与展望[J]. 经济学(季刊),2003 (2).
[272] 李世祥,成金华. 中国能源效率评价及其影响因素分析[J]. 统计研究,2008(10).
[273] 李文溥,陈永杰. 经济全球化下的产业结构演进趋势与政策[J]. 经济学家,2003(1).
[274] 李小平,卢现祥. 中国制造业的结构变动和生产率增长[J]. 世界经济,2007,5:52-64.
[275] 李小平,朱钟棣. 中国工业行业全要素生产率测算[J]. 管理世界,2005,4:56-64.
[276] 李晓. 东亚奇迹与"强政府"[M]. 北京:经济科学出版社,1996.
[277] 李佐军. 对工业化的重新认识及其现实意义[J]. 当代经济科学,2004(3).
[278] 李佐军. 借鉴国外经验,走资源节约型工业化道路[J]. 经济要参(内部刊物),2006(14).
[279] 李佐军. 正确理解新型工业化[J]. 华中科技大学学报(社会科学版),2007(2):94-99.
[280] 李佐军. 中国工业路向选择:重化工业还是信息化[J]. 经济前沿,2004(11).
[281] 梁琦,詹亦军. 地方专业化、技术进步和产业升级——来自长三

角的证据[J].经济理论与经济管理,2006(1).

[282] 林淼,苏竣,张雅娴,陈玲.技术链、产业链和技术创新链:理论分析与政策含义[J].科学学研究,2001,4.

[283] 林秀丽.中国省区工业产业专业化程度实证研究:1988—2002[J].上海经济研究,2007(1).

[284] 林毅夫,苏剑.论我国经济增长方式的转换[J].管理世界,2007(11):5-11.

[285] 林毅夫.潮涌现象与发展中国家宏观经济的重新构建[J].经济研究,2007(1):126-131.

[286] 林毅夫.新结构经济学——重构发展经济学的框架[J].经济学季刊,2010(10).

[287] 林兆木.关于新型工业化道路[J].宏观经济研究,2002(12).

[288] 刘传江,吕力.长江三角洲地区产业结构趋同、制造业空间扩散与区域经济发展[J].管理世界,2005(4).

[289] 刘力.产学研合作的历史考察及本质探讨[J].浙江大学学报(人文社会科学版),2002(3):109-116.

[290] 刘霖,秦宛顺.收入分配差距与经济增长之因果关系研究[J].福建论坛(人文社会科学版),2005(7):79-82.

[291] 刘生龙,胡鞍钢.基础设施的外部性在中国的检验:1988—2007[J].经济研究,2010(3).

[292] 刘世锦.我国进入新的重化工业阶段及其对宏观经济的影响[J].经济学动态,2004(11).

[293] 刘伟,张辉.中国经济增长中的产业结构变迁和技术进步[J].经济研究,2008,11:4-15.

[294] 刘伟.工业化进程中的产业结构[M].北京:中国人民大学出

版社,1995.

[295] 刘志彪,张杰.我国本土制造业企业出口决定因素的实证分析[J].经济研究,2009(8):99-113.

[296] 刘志彪,张少军.中国地区差距及其纠偏:全球价值链和国内价值链的视角[J].学术月刊,2008(5):49-55.

[297] 刘志彪.全球价值链中我国外向型经济战略的提升——以长三角地区为例[J].中国经济问题,2007(1):9-17.

[298] 刘志彪.生产者服务业及其集聚:攀升全球价值链的关键要素与实现机制[J].中国经济问题,2008(1):3-12.

[299] 刘治平.发达国家科技成果转化机制初探[J].科技与管理,2006,2:93-96.

[300] 卢锋.服务外包的经济学分析:产品内分工视角[M].北京:北京大学出版社,2007.

[301] 卢根鑫.国际产业转移论[M].上海:上海人民出版社,1997.

[302] 卢艳,刘治国,刘培林.中国区域经济增长方式比较研究:1978—2005[J].数量经济技术经济研究,2008,25(7):54-66.

[303] 鲁晓东,赵奇伟.中国的出口潜力及其影响因素[J].数量经济技术经济研究,2010(10):21-35.

[304] 陆铭,陈钊,万广华.因患寡,而患不均——中国的收入差距、投资、教育和增长的相互影响[J].经济研究,2005(12):4-14.

[305] 罗建华.国际产业转移与中国区域经济的发展[J].陕西科技,2005(1):8 -10.

[306] 罗良文.城乡收入分配差距与社会消费需求[J].理论月刊,2003(8):52-55.

[307] 罗勇,曹丽莉.全球价值链视角下我国产业集群升级的思路

[J].国际贸易问题,2008(11):92-98.

[308] 罗勇,曹丽莉.中国制造业集聚程度变动趋势的实证研究[J].经济研究,2005(8).

[309] 吕铁.制造业结构变化对生产率增长的影响研究[J].管理世界,2002,2:87-94.

[310] 吕新军,胡晓绵,张熹.中美高技术产业间技术扩散模式比较分析——基于投入产出与社会网络方法的分析[J].科技进步与对策,2010(4):51-56.

[311] 吕政,黄群慧,吕铁,周维富,等.中国工业化、城市化的进程与问题——"十五"时期状况与"十一五"时期的建议[J].中国工业经济,2005(12).

[312] 吕政,刘勇,王钦.中国生产性服务业发展的战略选择——基于产业互动的研究视角[J].中国工业经济,2006(8):5-12.

[313] 马风涛,李俊.中国制造业产品全球价值链的解构分析——基于世界投入产出表的方法[J].国际商务(对外经济贸易大学学报),2014(1):101-109.

[314] 马敏娜.我国居民收入差距扩大对消费需求的影响[J].当代经济研究,2001(1):68-70.

[315] 马向前,任若恩.中国投入产出序列表外推方法研究[J].统计研究,2004(4):31-34.

[316] 马子红.区际产业转移:理论述评[J].经济问题探索,2008(5).

[317] 毛晖,汪莉,郭鹏宇.中国环境经济手段的减排效应[J].税务研究,2014(6):40-43.

[318] 聂国卿,陆远如.转型期我国收入分配不公对经济增长影响研究[J].求索,2004 (12):11-13.

[319] 宁晓青,陈柏福.中国经济周期波动与产业结构变动关系的实证分析[J].中央财经大学学报,2008(11).

[320] 牛大勇,李柏洲.汽车金融公司的产业价值链整合对自主品牌汽车集团的启示[J].上海金融,2007(8):13-17.

[321] 潘士远,金戈.发展战略、产业结构与产业结构变迁——中国的经验[J].世界经济文汇,2008(1):64-76.

[322] 彭建平,张建华.大中型工业企业科技活动支出效果经验分析[J].当代财经,2008(1):60-65.

[323] 彭建平,张建华.国有、三资企业高新技术产品出口绩效比较[J].改革,2007(9):84-88.

[324] 彭建平,张建华.基于动态面板数据模型的我国R&D投入效果实证分析[J].系统工程,2007(12):47-52.

[325] 彭建平.共性技术自主创新与工业结构优化升级[J].湖南工程学院学报,2010(3):1-5.

[326] 彭建平.自主创新与工业结构优化升级[D].武汉:华中科技大学,2008.

[327] 平芳,徐伟民.政府的科技激励政策对大中型工业企业R&D投入及其专利产出的影响——上海市的实证研究[J].经济研究,2003(6):45-53.

[328] 蒲艳萍,吴永球.经济增长、产业结构与劳动力转移[J].数量经济技术经济研究,2005(9):19-29.

[329] 蒲艳萍.转型期的产业结构变动与中国就业效应[J].统计与决策,2008(7):113-115.

[330] 齐建国.中国总量就业与科技进步的关系研究[J].数量经济技术经济研究,2002(12):24-29.

[331] 齐舒畅.我国投入产出表的编制和应用情况简介[J].统计研究,2007(5):3-6.
[332] 齐鹰飞,王伟同.人口发展与产业结构调整:经济可持续发展的双驱动力——“人口发展与产业结构调整”学术研讨会综述[J].中国人口科学,2014(4):121-125.
[333] 钱纳里,鲁宾逊,赛尔奎因.工业化和经济增长的比较研究[M].吴奇,王松宝,等译.上海:上海三联书店,1995.
[334] 钱学松.企业内部资本配置和金融体系二分法[J].中南财经大学学报,2007(5):92-96.
[335] 钱雪松,邹薇.多维任务、两层次代理和企业内部激励[J].世界经济,2008(11):34-49.
[336] 钱雪松,邹薇.股权分置改革的对价方式选择——理论模型与实证研究[J].南大商学评论(经济学版),2007(12).
[337] 钱雪松.公司金融、银行业结构和货币政策传导[J].金融研究,2008(11):13-28.
[338] 钱雪松.金融发展和经济增长:文献述评[J].南京财经大学学报,2007(6):43-47.
[339] 乔学斌,姚文凡,赵丁海.互动与共变:高等教育结构、毕业生就业结构与产业结构相关性研究[J].东南大学学报(哲学社会科学版),2013(4):122-126,136.
[340] 秦昌才.社会核算矩阵及其平衡方法研究[J].数量经济技术经济研究,2007(1).
[341] 邱启照.促进就业是新型工业化道路的优先政策选择[J].学术交流,2004(3):32-36.
[342] 任国强,夏立明.收入分配对消费需求的影响研究[J].商业研

究,2005(5):5-8.

[343] 尚启君.我国能否跨越以劳动密集型工业为主导的工业化阶段[J].管理世界,1998 (3):69-73.

[344] 申学武.高校产学研联合模式中存在的问题及最优化模式构想[J].科技进步与对策,2001(12):110-111.

[345] 沈利生,王恒.增加值率下降意味着什么[J].经济研究,2006(3):59-66.

[346] 施平,郑江淮.创新与产业专业化变迁:江苏例证[J].产业经济研究,2010(6).

[347] 史春云,张捷,高薇,杨旺.国外偏离——份额分析及其拓展模型研究述评[J].经济问题探索,2007(3):133-136.

[348] 史丹.产业关联与能源工业市场化改革[J].中国工业经济,2005(12).

[349] 史丹.我国经济增长过程中能源效率的改进[J].经济研究,2002(9).

[350] 史丹.中国能源效率的地区差异与节能潜力分析[J].中国工业经济,2006(10).

[351] 史修松.产业融合与产业模块化研究[J].现代管理科学,2006(8):37-41.

[352] 史忠良,等.产业经济学[M].北京:经济管理出版社,1998.

[353] 束克东,辛昌茂.基于模块化生产方式的创新机制研究[J].合肥工业大学学报,2007(8):48-51.

[354] 宋德勇,李金滟.集成型和创新型区域优势产业培育的两种思路——中部地区优势产业培育的案例研究[J].经济地理,2007(1):36-40.

[355] 宋泓，柴瑜.三资企业与我国产业结构调整——对外贸易视角的实证分析[J].管理世界，1999(6).

[356] 宋洪远，马永良.使用人类发展指数对中国城乡差距的一种估计[J].经济研究，2004 (11)：4-15.

[357] 宋锦剑.论产业结构优化升级的测度问题[J].当代经济科学，2000(3)：92-97.

[358] 宋涛，郑挺国，佟连军.基于面板协整的环境库兹涅兹曲线的检验与分析[J].中国环境科学，2007，27(4)：572-576.

[359] 苏东水，等.产业经济学[M].北京：高等教育出版社，2000.

[360] 苏明中.外资并购我国上市公司中期绩效的实证分析[J].国际贸易问题，2008(11)：99-103.

[361] 苏学愚，李中明.房价过高对消费需求的影响[J].企业家天地(下半月)，2005(3)：101-102.

[362] 孙浩，王秋彬."两型社会"目标下产业集群的演进路径：武汉城市圈的选择[J].中国科技论坛，2009(2)：71-75.

[363] 孙琳琳，任若恩.中国资本投入和全要素生产率的估算[J].世界经济，2005，12：3-13.

[364] 孙琳琳，任若恩.资本投入测量综述[J].经济学(季刊)，2005，4(4)：823-842.

[365] 孙鹏，顾晓薇，刘敬智.中国能源消费的分解分析[J].资源科学，2005(5).

[366] 孙学光.中国新型工业化进程分析与科学推进研究[D].武汉：华中科技大学博士论文，2008.

[367] 涂涛涛.FDI对中国工业部门技术外溢效应研究.武汉：华中科技大学，2008.

[368] 涂涛涛.外商直接投资对中国企业创新的外溢效应研究:基于垂直联系的视角[J].南方经济,2009(7):16-25.

[369] 涂涛涛.外商直接投资行业间溢出及相关影响因素分析[J].珞珈管理评论,2010(2).

[370] 涂正革,肖耿.中国的工业生产力革命:用随机前沿生产模型对中国大中型工业企业全要素生产率增长的分解及分析[J].经济研究,2005,3:4-15.

[371] 涂正革.环境、资源与工业增长的协调性[J].经济研究,2008(2):93-105.

[372] 万广华.不平等的度量与分解[J].经济学季刊,2009(1).

[373] 王兵,刘光天.节能减排与中国绿色经济增长——基于全要素生产率的视角[J].中国工业经济,2015(5):57-69.

[374] 王达.产业结构变动对能源效率的影响研究——基于广州市的数据[D].华中科技大学,2010.

[375] 王凤荣,王慧.价值链理论视角的我国企业集群隐性升级[J].山东大学学报(哲学社会科学版),2007(6):81-89.

[376] 王积业.产业结构:从适应性调整转向战略性调整[J].经济学家,1997(3).

[377] 王俊松,贺灿飞.技术进步、结构变动与中国能源利用效率[J].中国人口·资源与环境,2009(2).

[378] 王洛林,江小涓,卢圣亮.大型跨国公司投资对中国产业结构、技术进步和经济国际化的影响——以全球500强在华投资项目为主的分析[J].中国工业经济,2000(5).

[379] 王品慧,潘若愚.基于偏离份额分析法的安徽省工业结构实证分析[J].华东经济管理,2008(1):19-23.

[380] 王秋彬,张建华.武汉市高新技术产业竞争力的“钻石模型”分析[J].中国科技论坛,2008(12):71-75.

[381] 王秋彬.工业行业能源效率与工业结构优化升级[J].数量经济与技术经济研究,2010(10):49-63.

[382] 王秋彬.加快发展高新技术产业[N].经济日报,2008-05-12.

[383] 王秋彬.能源约束下的工业结构优化升级研究[D].华中科技大学,2009.

[384] 王秋彬.中国能源工业内部的可持续发展能力分析[J].中国集体经济,2010(5):34-36.

[385] 王少国,刘欢.北京市产业结构与就业结构的协调性分析[J].经济与管理研究,2014(7):85-90.

[386] 王先庆.产业扩张[M].广州:广东经济出版社,1998.

[387] 王小鲁,樊纲.中国收入差距的走势和影响因素分析[J].经济研究,2005 (12):24-36.

[388] 王永齐.贸易结构、技术密度与经济增长——一个分析框架及基于中国数据的检验[J].经济学(季刊),2006(3):1007-1023.

[389] 王岳平.开放条件下的工业结构升级[M].北京:经济管理出版社,2004.

[390] 王岳平.我国工业化发展状况及其政策建议[J].经济研究参考,2000(51).

[391] 王争,郑京海,史晋川.中国地区工业生产绩效:结构差异、制度冲击及动态表现[J].经济研究,2006,11:48-71.

[392] 王志刚,龚六堂,陈玉宇.地区间生产效率与全要素生产率增长率分解(1978—2003)[J].中国社会科学,2006,2:55-66.

[393] 王志华,董存田.我国制造业结构与劳动力素质结构吻合度分

析——兼论“民工荒”、“技工荒”与大学生就业难问题[J]. 人口与经济,2012(5):1-7.

[394] 卫平,冯春晓. 中国出口商品结构高度化的影响因素研究[J]. 国际贸易问题,2010(10):24-31.

[395] 魏楚,沈满洪. 结构调整能否改善能源效率:基于中国省级数据的研究[J]. 世界经济,2008(11).

[396] 魏楚,沈满洪. 能源效率及其影响因素:基于DEA的实证分析[J]. 管理世界,2007(8).

[397] 魏后凯. 中国制造业集中状况及其国际比较[J]. 中国工业经济,2002(1).

[398] 魏礼群. 坚持走新型工业化道路[J]. 求是,2002(23).

[399] 魏敏,李国平. 基于区域经济差异的梯度推移粘性研究[J]. 经济地理,2005(1).

[400] 温杰,张建华. 中国产业结构变迁的资源再配置效应[J]. 中国软科学,2010(6):57-67.

[401] 温杰. 中国产业结构升级的就业效应[D]. 武汉:华中科技大学,2010.

[402] 吴建中. 汽车零部件企业的自主创新[J]. 汽车与配件,2007(50):15-18.

[403] 吴敬琏. 谨防结构调整中出现片面追求重型化的倾向[J]. 经济管理文摘,2004(21).

[404] 吴敬琏. 中国增长模式抉择[M]. 上海:上海远东出版社,2005.

[405] 吴军,笪凤媛,张建华. 环境管制与中国区域生产率增长[J]. 统计研究,2010(1):83-89.

[406] 吴军,张建华. 环境管制与中国区域生产率增长[J]. 统计研

究,2010(1):83-89.

[407] 吴军.环境约束下中国地区工业全要素生产率增长及收敛分析[J].数量经济技术经济研究,2009(11):17-27.

[408] 吴军.环境约束下中国经济增长绩效研究[D].武汉:华中科技大学,2010.

[409] 吴树山,孔繁河,潘苏,王平,马平.我国产学研合作模式与机制及其创新[J].科技进步与对策,2000(7):94-96.

[410] 武力,温锐.1949年以来中国工业化的“轻重”之辩[J].经济研究,2006(9):39-49.

[411] 西蒙·库兹涅兹.现代经济增长[M].北京:经济科学出版社,1982.

[412] 肖群稀.跨国公司技术转移路径与中国汽车工业技术进步[D].上海:上海社会科学院,2007.

[413] 肖兴志,彭宜钟,李少林.中国最优产业结构:理论模型与定量测算[J].经济学(季刊),2013(1):135-162.

[414] 邢斐,雷启振,张建华.我国公共研发政策实施的有效性考察[J].中国科技论坛,2009(2):13-17.

[415] 邢斐,张建华.我国创新支持政策:理论分析及其有效性检验[J].当代经济科学,2009(4):63-69.

[416] 邢斐,张建华.外商技术转移、创新激励与东道国引资政策[J].财经研究,2008(11):122-133.

[417] 邢斐,张建华.外商技术转移对我国自主研发的影响[J].经济研究,2009(4):63-69.

[418] 邢斐.外商技术转移对我国技术创新的影响[D].武汉:华中科技大学,2009.

[419] 邢斐.专利保护对我国创新活动影响的实证分析[J].科学学研究,2009(10):1496-1500.

[420] 徐顽强,李华君.高技术产业对传统产业的技术外溢运行过程研究[J].科技管理研究,2008(7):511-514.

[421] 徐顽强,李华君,徐现祥,周吉梅,舒元.中国省区三次产业资本存量估计[J].统计研究,2007(5):6-13.

[422] 徐文成,薛建宏.经济增长、环境治理与环境质量改善[J].华东经济管理,2015,29(2):35-40.

[423] 许广月,宋德勇.中国碳排放环境库兹涅次曲线的实证研究——基于省域面板数据[J].中国工业经济,2010(5):37-47.

[424] 颜鹏飞,王兵.技术效率、技术进步与生产率增长:基于DEA的实证分析[J].经济研究,2004,12:55-65.

[425] 杨东进.嵌入全球价值链模式与自主全球价值链模式的绩效比较分析——以轿车产业为例[J].经济经纬,2008(3):34-37.

[426] 杨公仆,夏大慰.产业经济学教程(修订版)[M].上海:上海财经大学出版社,2002.

[427] 杨国辉,孙霞.我国银行中介对产业结构升级影响的实证研究——基于动态面板模型的分析[J].南方金融,2009(4):19-22.

[428] 杨国辉,孙霞.银行结构与经济发展的因果关系——基于中国地区面板数据的实证检验[J].南方金融,2008(1):26-29.

[429] 杨国辉.中国金融对产业结构升级调整的影响研究[D].武汉:华中科技大学,2008.

[430] 杨红亮，史丹.能效研究方法和中国各地区能源效率的比较[J].经济理论与经济管理，2008(3).

[431] 杨林，高宏霞.经济增长能否自动解决环境问题——倒U型环境库兹涅次曲线是内生机制结果还是外部控制结果[J].中国人口资源与环境，2012(8)：160-165.

[432] 杨秋明，姜海蓉，魏丽.就业结构与产业结构协调性及其影响因素——以江苏省为例[J].企业经济，2013(2)：159-162.

[433] 杨小凯，张永生.新兴古典经济学与超边际分析[M].北京：社会科学文献出版社，2003.

[434] 杨治.产业政策和结构优化[M].北京：新华出版社，1999.

[435] 姚芳等.偏离-份额法的修正及中国工业竞争力分析[J].软科学，2005(6).

[436] 姚洋，张晔.中国出口品国内技术含量升级的动态研究——来自全国及江苏省、广东省的证据[J].中国社会科学，2008(2)：67-84.

[437] 姚战琪，夏杰长.资本深化、技术进步对中国就业效应的经验分析[J].世界经济，2005(1)：58-67.

[438] 姚战琪.生产率增长与要素再配置效应：中国的经验研究[J].经济研究，2009，11：130-143.

[439] 叶宗裕.中国资本存量再估算：1952—2008[J].统计与信息论坛，2010，25(7)：36-41.

[440] 叶作义，张鸿，下田充，藤川清史.全球价值链下国际分工结构的变化——基于世界投入产出表的研究[J].世界经济研究，2015(1).

[441] 于君，钟昌标，安辉，王成岐.内向FDI对中国出口扩张影响的

实证分析[J].华中科技大学学报(社会科学版),2007(4):76-80.

[442] 于媛媛,孙文远.全球价值链分工中的中国产业升级战略[N].中国经济时报,2007-01-04.

[443] 余东华,芮明杰.基于模块化网络组织的知识流动研究[J].南开管理评论,2007(10):11-16.

[444] 余慧倩.长三角需审慎对待国际产业转移[J].江南论坛,2004(6):9-10.

[445] 宇德海.新兴产业与中国跨越式发展[J].中国经贸导刊,2002(19):46-47.

[446] 袁晓玲,张宝山,杨万平.动态偏离——份额分析法在区域经济中的应用[J].经济经纬,2008(1):55-58.

[447] 袁志刚,朱国林.消费理论中的收入分配与总消费——及对中国消费不振的分析[J].中国社会科学,2002(2):69-76.

[448] 臧旭恒,张继海.收入分配对中国城镇居民消费需求影响的实证分析[J].经济理论与经济管理,2005(6):5-10.

[449] 张车伟,蔡昉.就业弹性的变化趋势研究[J].中国工业经济,2005(5):22-30.

[450] 张陈俊,章恒全.新环境库兹涅次曲线:工业用水与经济增长的关系[J].中国人口·资源与环境,2014,24(5):116-123.

[451] 张东辉,司志宾.收入分配、消费需求与经济增长——来自中国农村的证据[J].福建论坛(人文社会科学版),2006(9):9-13.

[452] 张建华,程文.中国经济转型与发展模式创新[N].中国社会科学报,2011-01-11.

[453] 张建华,李博.KLEMS核算体系与产业结构优化升级研究

[J].当代经济研究,2008(4):12-16.

[454] 张建华,孙学光.我国居民储蓄存款误差修正模型与分析[J].数量经济技术经济研究,2009(4):129-138.

[455] 张建华,涂涛涛.结构突变时间序列单位根的“伪检验”[J].数量经济技术经济研究,2007(3).

[456] 张建华,温杰.促就业≠救企业——对工业结构优化升级相关问题的探讨[N].中国经济导报,2009-08-15.

[457] 张建华,许娜,蒋冰冰.国际金融危机下的中国产业发展——2009中国经济发展论坛第二次会议综述[J].华中科技大学学报(社会科学版),2009(9):77-81.

[458] 张建华,郑文.武汉市新兴产业发展的选择研究[M].北京:社会科学文献出版社,2010.

[459] 张建华.包容性增长与创造公平机会和共享成果为导向[N].中国社会科学报,2010-10-19.

[460] 张建华.创新激励与经济发展[M].武汉:华中科技大学出版社,2000.

[461] 张建华.从武汉城市的新定位看武汉产业发展的战略选择[J].改革研究,2010(2):26-29.

[462] 张建华.发展经济学与中国经济发展[M].武汉:华中科技大学出版社,2009.

[463] 张建华.工业化进程中企业网络组织的创新与应用[M].北京:中国财政经济出版社,2005.

[464] 张建华.全球产业发展主流是寻求新增长点[N].湖北日报,2009-07-14.

[465] 张建华.新兴产业的局部赶超完全有可能——浅谈国际金融危

机下中国产业发展的目标定位与重点选择[N]. 中国经济导报，2009-08-08.

[466] 张建华，等. 基于新型工业化道路的工业结构优化升级研究[M]. 北京：中国社会科学出版社，2012：249-292.

[467] 张捷. 奇迹与危机[M]. 广州：广东教育出版社，1999.

[468] 张军，陈诗一，Gary H Jefferson. 结构改革与中国工业增长[J]. 经济研究，2009，7：4-20.

[469] 张军，高远，傅勇，张弘. 中国为什么拥有了良好的基础设施[J]. 经济研究，2007(3).

[470] 张军，吴桂英，张吉鹏. 中国省际物质资本存量估算：1952—2000[J]. 经济研究，2004 (10)：35-44.

[471] 张军，章元. 对中国资本存量K的再估计[J]. 经济研究，2003，7：35-90.

[472] 张军. 为增长而竞争：中国之谜的一个解读[J]. 东岳论丛，2005(4)：15-19.

[473] 张抗私，王振波. 中国产业结构和就业结构的失衡及其政策含义[J]. 经济与管理研究，2014，(8)：45-53.

[474] 张美玲，赵旭强，潘晔. 产业结构与就业结构协调发展研究[J]. 经济问题，2015(3)：76-79.

[475] 张培刚，张建华. 发展经济学[M]. 北京：北京大学出版社，2009.

[476] 张培刚，张建华. 新中国60年工业化战略转变[N]. 湖北日报，2009-09-29.

[477] 张培刚，张建华，等. 新型工业化道路的工业结构优化升级研究[J]. 华中科技大学学报(社科版)，2007(2)：82-88.

[478] 张培刚. 发展经济学教程[M]. 北京：经济科学出版社，2001.

[479] 张培刚.农业与工业化(上卷:农业国工业化问题初探)[M].武汉:华中科技大学出版社,2002.
[480] 张培刚.农业与工业化(中下合卷:农业国工业化问题再论)[M].武汉:华中科技大学出版社,2002.
[481] 张其仔.比较优势的演化与中国产业升级路径的选择[J].中国工业经济,2008(9):58-68.
[482] 张倩,张建华.论我国加工贸易的技术溢出效应[J].科技管理研究,2007(3):68-70.
[483] 张少军,李东方.全球价值链模式的产业转移:商务成本与学习曲线的视角[J].经济评论,2009(2):65-72.
[484] 张少军.全球价值链模式的产业转移与区域协调发展[J].财经科学,2009(2):65-72.
[485] 张守一.投入产出分析研究的新成果[J].数量经济技术经济研究,2005(7).
[486] 张艳华,李秉龙.中国城乡居民收入差距与消费需求的定量研究[J].农村经济,2004(4):4-7.
[487] 张燕生.WTO后过渡期我国产业发展的问题和对策[J].华中科技大学学报(社会科学版),2007(2):89-93.
[488] 张哲.区域分工、专业化与产业结构调整机理探讨[J].财经论丛,2004 (4).
[489] 赵红军.交易效率:衡量一国交易成本的新视角——来自中国数据的检验[J].上海经济研究,2005(11).
[490] 赵坚.我国自主研发的比较优势与产业政策——基于企业能力理论的分析[J].中国工业经济,2008(8):76-86.
[491] 赵建军.关于发展不同要素密集型产业的理论争论及其启示

[J]. 当代财经，2005(1)：85-90.
[492] 赵建军. 论产业升级的就业效应[D]. 北京：中共中央党校，2005.
[493] 赵文军，于津平. 贸易开放、FDI与中国工业经济增长方式——基于30个工业行业数据的实证研究[J]. 经济研究，2012(8)：18-31.
[494] 赵彦云，刘思明. 中国专利对经济增长方式影响的实证研究：1988—2008年[J]. 数量经济技术经济研究，2011(4)：34-48.
[495] 郑京海，胡鞍钢. 中国的经济增长能否持续：一个生产率的分析视角[J]. 经济学(季刊)，2008，7(3)：118.
[496] 中国社会科学院工业经济研究所课题组. "十二五"时期工业结构调整和优化升级研究[J]. 中国工业经济，2010 (1).
[497] 钟春平，徐长生. 产品种类扩大、质量提升及创造性破坏[J]. 经济学(季刊)，2011(2)：493-522.
[498] 钟春平，徐长生. 信贷约束、信贷需求与农户借贷行为：安徽的经验证据[J]. 金融研究，2010(12)：189-206.
[499] 周明生. 经济周期与产业结构升级的政策选择[J]. 贵州财经学院学报，2010 (3).
[500] 周叔莲，吕铁，贺俊. 新时期我国高增长行业的产业政策分析[J]. 中国工业经济，2008(9)：46-57.
[501] 周叔莲. 中国产业政策研究[M]. 北京：经济管理出版社，1990.
[502] 周文兴. 中国城镇居民收入分配与经济增长关系实证分析[J]. 经济科学，2002 (1)：40-47.
[503] 周煜，聂鸣. 基于全球价值链的中国汽车产业升级路径分析[J]. 科技进步与对策，2007(7)：83-87.
[504] 周振华. 产业结构优化论[M]. 上海：上海人民出版社，1992.

[505] 朱劲松,刘传江.重新重工业化对我国就业的影响——基于技术中性理论与实证数据的分析[J].数量经济技术经济研究,2006(12):82-92.

[506] 朱南,刘一.中国地区新型工业化发展模式与路径选择[J].数量经济技术经济研究,2009(5):3-16.

后记

Postscript

本书是本课题组经长期研究积累的成果，部分内容来自课题组主要成员前期研究。从2006年起，结合工业化和产业结构升级，我先后承担了两项国家社科基金重大项目、科技部重大研究项目、国家发改委"十二五"规划项目、湖北省"十二五"和"十三五"规划项目、中国科协重大调研项目等，许多青年教师、博士生、硕士生和本科生参与了研究。本套丛书立项后，我特别就中国工业结构转型升级问题进行专题规划，两年前就已规划了大纲并着手写作。在写作中，有关章节参考并吸收了前期阶段性研究成果，例如第二章吸收了喻璐关于工业行业TFP的测算，第三章吸收了邢斐（第一、二节）和赵英（第三节）的部分研究成果，第四章吸收了王秋彬（第一节）、李慧君（第二至四节）的部分研究成果，第五章吸收了温杰（第一至三节）、王慧丽（第四节）的部分研究成果，第六章吸收了程文（第二、三节）的部分研究成果，第七章吸收了赵英的部分研究成果，第八章吸收了韩德超的部分研究成果。最后，我又根据最新经济发展形势，就全书内容做了统一修改与完善。在参考文献和书稿校对过程中，杨少瑞、徐梦雨、金帅、郑冯忆、任仕美等同学付出了劳动。在此，一并表示感谢！

作者

2017年10月1日

图书在版编目(CIP)数据

中国工业结构转型升级的原理、路径与政策/张建华等著. —武汉：华中科技大学出版社，2018.8

（中国经济转型与创新驱动发展研究丛书）

ISBN 978-7-5680-3989-5

Ⅰ. ①中… Ⅱ. ①张… Ⅲ. ①工业经济结构-研究-中国 Ⅳ. ①F424

中国版本图书馆 CIP 数据核字(2018)第 081141 号

中国工业结构转型升级的原理、路径与政策 张建华 等 著

Zhongguo Gongye Jiegou Zhuanxing Shengji de Yuanli、Lujing yu Zhengce

---

策划编辑：周晓方 陈培斌 责任编辑：史永霞

封面设计：原色设计 责任校对：李 琴

责任监印：周治超

出版发行：华中科技大学出版社(中国·武汉) 电话：(027)81321913

武汉市东湖新技术开发区华工科技园 邮编：430223

录 排：华中科技大学惠友文印中心

印 刷：武汉市金港彩印有限公司

开 本：710mm×1000mm 1/16

印 张：30.5 插页：2

字 数：378 千字

版 次：2018 年 8 月第 1 版第 1 次印刷

定 价：268.00 元